查尔斯·汉迪管理经典

理解组织

原书第 4 版

UNDERSTANDING
ORGANIZATIONS

|4th edition|

[英]查尔斯·汉迪 著　张国萍 王泽瑶 译
Charles Handy

机械工业出版社
CHINA MACHINE PRESS

图书在版编目（CIP）数据

理解组织：原书第 4 版 /（英）查尔斯·汉迪
（Charles Handy）著；张国萍，王泽瑶译. -- 北京：
机械工业出版社，2025. 5. --（查尔斯·汉迪管理经典）.
ISBN 978-7-111-78061-8

I . C936

中国国家版本馆 CIP 数据核字第 20255094KV 号

机械工业出版社（北京市百万庄大街 22 号　邮政编码 100037）
策划编辑：石美华　　　　　　　　责任编辑：石美华　高珊珊
责任校对：颜梦璐　李可意　景 飞　　责任印制：单爱军
天津嘉恒印务有限公司印刷
2025 年 7 月第 1 版第 1 次印刷
170mm×240mm·29 印张·1 插页·399 千字
标准书号：ISBN 978-7-111-78061-8
定价：129.00 元

电话服务　　　　　　　　　网络服务
客服电话：010-88361066　机 工 官 网：www.cmpbook.com
　　　　　010-88379833　机 工 官 博：weibo.com/cmp1952
　　　　　010-68326294　金 书 网：www.golden-book.com
封底无防伪标均为盗版　机工教育服务网：www.cmpedu.com

推荐序
Foreword

"书中的观点并非首次被提及，只是之前人们未曾以此方式阅读过。"这句话是对《理解组织》早期版本的评论，它很好地说明了这本书经久不衰的原因。查尔斯·汉迪的写作方式使书中重要的话题变得真实且易懂。在他的文字中，我们仿佛看到了工作中的同事和我们自己，我们会意识到那些在组织生活中视为理所当然的，并且不会刻意思考的事情。我们能够认同他的观点，也能感受到他的真诚。书中类似隐喻的阐述可能会对我们形成阅读挑战，但我们也总是庆幸，因为他的书中没有晦涩难懂的行话。

《理解组织》中的主题选得很好，因为它们具有通用和持久的特性。自1976年本书首次出版以来，主流的分析方法不断变化，但人们仍然关心如何激励他们的下属、同事和上司，如何产生影响力和领导力，如何建立和管理有效运行的团队，以及如何发展个体和组织。

在整本书中，读者可以将概念和框架与自己的经验或组织环境联系起来。这种对应联系让阅读这本书更像是一段个人探索之旅，而不是对无尽学海的无味跋涉。"那又怎样"的挑战在本书第二部分得到了很好的展现。在这里我们被鼓励思考如何将知识付诸实践。这种学术性和相关性的双重挑战是管理和组织研究的另一隐含信息，现在许多人认为这本书是同类研究中最为成功的一本。

安德鲁·M.佩蒂格鲁
华威商学院

第 4 版前言

Preface

当我开始执笔撰写这本书（第 1 版）时，关于管理或组织的图书寥寥无几，尤其是在英国。当时的图书大多是为了学术研究，而不是为那些实践中的从业高管准备的。大多数实际从事管理和组织工作的人认为，这主要是常识问题，你要么有领导和管理的才能，要么没有。不幸的是，常识也并非人人都知道，当你发现自己没有领导才能时，通常为时已晚。

当时我评论说，在英国有三种职业不需要任何培训或资格认证——父母、政治家和管理者。然而不幸的是，这三种职业是我们社会中最重要的三个角色。很少有人愿意接受一个仅在学校苦读、只有理论没有实践的医生的治疗，一不小心，我们就会成为医生的失误案例之一。就像过去的管理者一样，当管理者唯一的知识来源是学校时，社会将付出巨大代价。

我写这本书，是因为我觉得，常识和直觉式的领导力需要建立在对人类社会如何运作的更深刻理解之上。当时我认为如此，现在仍然这样，组织不是由麻烦的个体组成的无生命的物体，如果这些个体真的只是所谓的人力资源（我们给"个体"起这个名字，并希望他们像叉车一样听话，或者像我们的计算机一样可编程），那就更容易处理了。像"战略""结构"和"系统"这样的词很容易让人误以为只要把这些事情做好，其余的问题就会迎刃而解且跟着变好。

当然，组织不是物体，而是微型社会。那些领导组织的人必须理解组织中人们的需求和动机。统治者和管理者只能在被统治者和被管理者同意的情况下有效地进行统治和管理，这意味着他们必须考虑权力以及权力的来源，考虑他们可以依靠的选区选民和派系，以及沟通和说服的技巧，换句话说就是政治。他们必须顺应组织的特点，这意味着要理解其文化的价值观和本质，即"这里的运作方式"。这本书就是关于所有这些内容的。

今天情况有所不同。父母和政治家仍然大多在毫无准备的情况下进入角色，但人们越发期望管理者在承担任何重要职责之前，都要具备一些基本的技能和知识。当我开始写这本书时，英国只有两个 MBA 项目，现在已有一百多个。书店里塞满了针对在职经理的各种开本且质量参差不齐的图书，充满了最新的万灵药方或噱头。不是所有的书都值得一读，有时我们似乎用巫医术替代了传统的常识。因为管理现在被定义为一项技能，所以我们可能会误以为它可以像计算机或烹饪一样被教授。事实上，它不能。它只能通过学习来掌握，即便现在，也只能在经验中学习。但是，通过理解来引导和启发可能对每个人来说都是一种更温和的体验，并且可以缩短学习周期。这就是为什么这本书对于任何对组织及其运作，以及如何让他们更好地工作感兴趣的人来说，仍然是必读之物。在准备这篇新前言时重新审视这本书，我意识到，尽管时代背景发生了变化，但其大部分核心信息和见解仍然是关键的，正如第三部分所明确指出的那样。

然而，我很高兴地注意到，人们在组织中使用的语言已经开始发生变化。建构、指挥和控制等旧的工程语言正在让位于领导、协调和说服等更具政治性的语言。我们更多地谈论群体和团队，而不是层级结构和等级制度，更多地谈论咨询建议而不是命令他人，愿景与盈亏底线变得同等重要。在这种情况下，一直主张应该如此的这本书成为未来更直接的指南。

我的希望是，阅读在提供实用性的同时，也能带来愉悦的体验，因为没有理由认为学习不应该令人愉快，学习有时甚至可以是有趣的。我在书中加入了许多我自己和他人的趣闻轶事和例子，部分原因是脱离现实的理论是空洞的幻想，也因为我希望你将自己的管理故事加入进来。这样，这本书不仅是我的，也是你的，同时我希望你会对结果感到满意。

英格兰诺福克郡迪斯镇

目录
Contents

　⊖　原书中，专栏 1-1 无标题。为和原书一致，中文版亦保持无标题形式。后同。

第三部分 深入研究指南

第一部分
概　念

—

Part 1

THE CONCEPTS

第 1 章

关于本书

1.1 引言

1.1.1 组织行为不可预测性

刚开始研究组织中人员的时候，我期待着可以看到像行为科学中那种具有确定性和绝对明确的知识，我期望能发现如同自然科学那样确信和亘古不变地规范人们和组织行为的法则。然而结果令我感到失望，我看到了大量的概念和观点，发现人们往往为了一些显而易见的事情和琐碎小事而费尽心力地研究和仔细求证。但是这其中并没有潜藏不变的规律。组织中依然只有局部在高效地运转着，那些最令人兴奋的想法并非总是奏效。

这种失望和懊恼，最初带来了沮丧和幻灭。但我很快意识到，也许除了生理心理学中的一些例外情况外，对组织中人员的研究并不关乎预测的确定性，这有两个非常好的理由：

（1）影响任何特定组织情景的变量的多样性如此之大（图 1-1 显示超过 60 种），以至于在实践中不可能获得所有变量的充足数据，来预测这些多重变量相互关系的精确结果。

（2）人类似乎天生就能够克服许多对其行为产生的影响。

我意识到，我们应该像历史学家一样，用情境解释或系统诠释法来理解组织现象。这种方法可以让我们对趋势预测抱有一定程度的信心。然而，要是想像自然科学那样精确量化这些趋势，是不合适且不现实的。

作为人类个体，我们应当乐于接受这种不确定性，因为这种不确定性保证了最终的独立性。作为管理者，或是潜在的人类组织者，我们可以从以下事实中获得一些安慰：

（1）在大多数时间里，多数变量保持不变。

（2）在大多数情况下，大部分个体不会忽略影响因素而逆势行动。

（3）大多数解释对未来和过去都有效。

（4）当研究对象从个体向群体转变时，预测性往往会得到改善。

专栏 1-1

直到 17 世纪中期，外科手术都是由理发师来进行的，而不是医生。这些理发师未受过教育也没有文化，他们用学徒期间学到的各种方法"折磨"患者。而医生们奉行字面上"不会对患者造成身体伤害"这一誓言，他们太"道德"了，以至于不愿进行手术切割，甚至连旁观手术都不行。但是，如果按照规则进行，手术由受过专业培养的博学的医生主持，这位医生要坐在远远高于辩论台的讲台上，照着一本拉丁文经典著作大声朗读理发师应该执行的操作步骤（当然，理发师们听不懂这些）。毫无疑问，如果患者死亡，通常会归咎于理发师的操作失误。相反如果患者幸免于难，则往往被认为是医生的功劳。无论哪种情况，医生都会得到更高的酬劳。

近来的组织理论现状与 4 个世纪前的外科手术有一些相似之处。在该领域之内并不缺乏相关书籍，事实上，在许多商学院中，组织理论是管理学科中教授的主要课程。这些组织理论的书中有很多重要且有价值的内容，正如外科经典文献有很多真正有价值的东西。但在实践中管理者常常感到他们像"做手术的理发师"一样，这并不是说作为"实干家"的他们抵制、排斥理论。大多数管理者，尤其是大公司的管理者，在经历了惨痛的教训后才深刻认识到绩效取决于正确的组织。但实践中的管理者通常不理解组织理论家，反之亦然。

资料来源：Drucker, *The Practice of Management*, 1954.

1.1.2　组织理论的局限性

图 1-1 说明了研究组织有效性何以如此复杂。图中列出了超过 60 个不同的变量。实践中，大多数管理者可以建议更多的变量，或者是以更多不同的方式对这些变量进行分组。看着这张复杂的图，你就能明白为什么组织理论家倾向于关注一组变量，例如工作动机，以期得到一些发现或者试图掌握一些结论。同时你也能明白为什么务实的管理者会对学术理论家说"是的，非常棒，可是这对我的实际工作毫无帮助"。

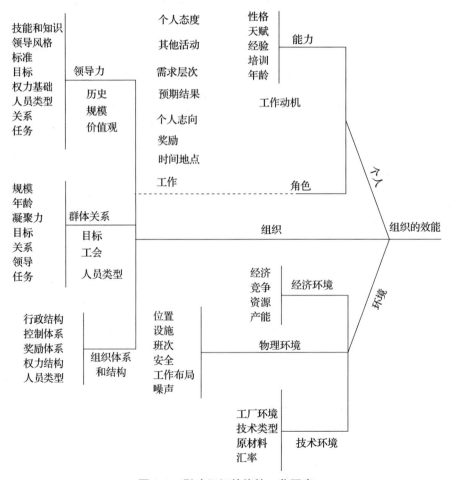

图 1-1　影响组织效能的一些因素

图 1-1 还展现了"诱惑"的危险，这些诱惑往往来自熟悉的事物。例如，我们知道如何应对竞争或者工会，所以在任何问题情况下，我们都会不论难点、不分情境、有选择地关注这个变量或这一组变量。不幸的是，如果习惯了选择性聚焦某些变量，就会失焦并忽略许多其他变量。我自己也经常对一种新的训练形式（比如群体动力学）充满热情并为其所吸引，但在实践中冷静思考后，发现它只涉及或者说只能解决更复杂情况的一个方面。咨询公司因为对组织运转的某些方面比较有经验（例如体系制度和组织架构），就将自己的名声压在了对这些变量问题的处理上，这种行为是有风险的，因为它们很有可能在无关紧要的问题上做得非常出色。这好比房子失火你却调整时钟一样，徒劳无功。

所谓的"还原论"，就像它名字一样，就是依次逐一分解、梳理每个变量。这个方法可能适合一些学者和分析师，但是对于需要将众多变量综合在一起以发挥作用的管理者来说并不适用。那些没有研究过图 1-1 的管理者还在兜售一种专利疗法，企图"一招鲜吃遍天"，要小心他们。

1.2　组织理论的效用

1.2.1　组织分析与行动的平衡

分析是行动的重要前提。它不能代替行动，没有行动或执行的分析仍然只是空洞的分析，经常被视为令人恼火的诡辩。或者说，就像是一只蜈蚣仰面躺在水沟中思考"如何使用自己的腿"一样让人生气。过度的管理分析会导致管理瘫痪，但是未加分析的行动只会变成纯粹的冲动。事实上，很少有行为属于纯粹的冲动行为。随着人们逐渐成熟，大多数人在成年之前就已经建立起了自己的一系列概念，用来解释观察到的现实。许多概念属于我们无意识的认知，更准确地说，它们通常被称为信念、直觉或者假设，有些时候甚至被称为神话、刻板印象和迷信。

组织理论旨在寻求一套连贯的概念框架来代替这些假设集合。如果对其加以正确理解和使用，这些概念应该能够：

- 帮助我们解释过去，然后，帮助人们理解当下。
- 了解现在从而有助于预见未来。
- 通过预测未来，从而更多地影响未来，并减少意外事件的干扰。

1.2.2　组织分析与概念化理解

不要低估了当下的概念化理解的价值。西方文化中的一个刻板印象是，人是环境的主宰，或者应该成为主宰。当任何一件事情出现问题或者朝着意想不到的方向发展时，我们倾向于归咎于个体，即我们自己或其他人。就我个人经验而言，这种个人主义倾向会对组织造成大量不必要的创伤或者引发个人焦虑。事实上，如图 1-1 所示，个体及其能力只是影响环境的众多因素之一。正确理解组织理论的相关概念，既能给处于紧张状态的个人带来很多安慰，让紧张焦虑的个体放松下来，也能让他们执行管理者下达的分析任务，这些任务包括：

（1）识别任何情况下的关键变量。

（2）预测变量变化可能带来的结果。

（3）选择他能够影响和应该影响的变量。

即使只产生了负面的知识或对消极情况的理解，即在某种情况下某些行为将是无用的，管理者仍然能从中获益。因为在组织中，就像在生活中一样，我们通过知道不该做什么和认识到我们必须做什么来取得进步。

专栏 1-2

百夫长答道："我对这个人说去，他便去。对他说来，他便来。我对仆人说做这件事，他便去做。"

这位百夫长正在解释他的组织模式。这个模式对在他所处的时间和地点为他工作的人来说是有效的。于是他由此设想这个模式对任何人、在任何地点都是适用的。

我们任何人的脑海中都有一些组织模式，虽然未经阐述说明和构思模拟，但是这些模式依然非常强大，或许我们是从自己初次参与的组织中得到的，也有可能是从早年间读过的书籍和看过的电影中得到的。对于大多数人来说，我们参与的第一个组织是学校、军队，或者家庭。它们塑造了我们对于权威的看法，形成了我们对他人的期望，以及我们与他人的亲密程度和行为方式。

这些潜藏在我们的潜意识中的模式，在错误的地方可能会是危险的，因此我们需要了解我们脑海中的这些模式。

1.2.3 组织成功的概念与应用

本书包括：一些概念框架，这些框架在解释组织现象方面非常有用；有关这些概念框架在特定组织问题中应用的讨论。

这本书采取了不拘一格的视角。虽然在第 3 章中提出了进一步研究的观点，但本书并没有针对之前已提出的所有观点进行全面回顾。这些概念具有内部一致性，是用来解释的工具，并非传统自然科学中的精确定义。其中的许多概念将会也应该符合成功管理者们的直觉和信念。

我想起一位参加管理发展项目的学生。他 35 岁时就凭借一己之力赚到了 50 万英镑。"为什么来这里进修呢？"我问他，"以你的成就，你可以来这里教学了。""不是这样的，"他回答说，"我来是想探究自己如何实现了这样的成功？"他很清楚如果他无法解释自己的成功，就没有办法复制自己的成功。

组织理论的解释性工具也是为了达成这一目的。组织已经存在了数千年，许多组织成功了，也有许多组织遭受了失败。组织理论的目的就是解释成功组织与失败组织间的差异，找出有用的部分并将其概念化，从而理解什么有效的，以便将来能够复制组织的成功。从具体特殊事件中概括总结一般规律，从错综复杂的个体事件中找到共性线索。如果本书可以帮助读者重新解释自己的经验，以便更好地理解和概括归纳，那么本书的使命便达成了。

借用一下英国诗人蒲柏一句关于智慧的名言：理论是优美的自然，常被人所思考，但从未被如此精妙地表达。

1.2.4 组织诊断与管理决策

本书的主题可以说是："诊断"是有效管理的核心。当然，有幸运的管理者，他们最喜欢的补救措施和治理手段恰好适用于治理组织的弊病；一些管理者遇到了健康和活力绽放的组织，这时的组织百毒不侵；也有小部分管理者通过自己的意志力和人格魅力将一个病态的组织拉向了健康发展。然而，大多数的我们最好还是依赖于对图 1-1 中的变量相互作用的准确解读。要做到这一点，我们需要理解变量间如何相互影响，或者说变量间相互影响的方式或理论。我们需要知道哪些变量是我们可以改变的，以及我们如何通过改变这些变量来改变整个形势。

本书将帮助我们了解这些。它将提出一些关联机制，还有一些图表，能够帮助我们解读组织中预示着困难和成功的迹象，并将其与可能的原因联系起来。虽然理解有助于问题诊断，并能带来对未来更好的预测能力和更大的影响力，但是了解一切并不意味着能解决一切问题，这仍然是事实。诊断也带来了分歧和困境，那就是对所有变量进行优化几乎是不可能的。对组织有好处的措施往往并不总是有益于组织中的所有成员，而且也并非所有变量都是容易改变的。"有效性"这一高度概括性的词语含义宽泛，它没有回答"为什么或对谁有效"。尽管目标和目的的特质可以反馈到一组变量中（见图 1-1），但这些问题仍未得到解决。

目前没有任何理论可以解开这一困境。诊断可以阐明和澄清问题，但很少解决问题。这仍然是一个判断题，即管理角色的最终理由是否正当。因此，请不要在本书或组织理论中寻找有关如何管理的详细建议，而是应该在书中寻找解释性方案来明晰和澄清你的组织困境。

专栏 1-3　问题诊断还是职能性短视

作为一位综合管理项目的主任，我曾经研究过一个所谓的多学科问题，这将有助于参与者理解管理职能领域的相互关联性。

在我看来，最近一家全美知名公司的破产倒闭事件将是一个很好的例子。我向项目课程教学团队的同事们提出了这个建议。

经济学专家说："这是一个很好的想法，这是一个对需求曲线峰值预测失败的典型例子。"

会计专家说："确实，这个组织从来没有理解过现金流这个概念，这是一个很好的案例研究。"

组织理论专家说："我很乐意参与其中，这个案例表明了一个中心化集权型组织会变得多么僵化。"

"这有点太明显了，这是唯一的问题，"市场营销专家说，"明摆着，就是他们的分销系统和定价政策的问题，灾难是不可避免的。"

我不禁想，如果一切都是对的，那么他们中有谁会比其他人更正确呢？

1.3　组织理论的性质和历史

对组织中的人进行研究已经不是什么新鲜事了。孔子就是这方面的专家，希腊人以及所有发现如何有效组织大量人口的文明也都精于此项研究。亚里士多德也对组织理论提出过一些不容忽视的见解。

在近代，人们开始更系统地思考组织中的人。起初，一个流行的观点是将组织视为机器，人是机器上的零部件。机器可以被设计、指导、控制、加速或减速，这使得机器使用起来非常方便，它们可以由外部代理人"管理"。事实上，管理学的许多语言都曾经借用自工程学，后来又从电子工程中借用了连锁系统和反馈回路的说法。这种语言非常具有诱惑力，它暗示了组织是（或者说可以成为）为我们所控的设备，可以用来实现我们的愿望。

尽管今天还有许多管理者喜欢使用这种语言，并认为这种语言是有效的，但对于组织的思考，相比较早期，已经走了很长的路并有了很大程度的发展。现在回看，可以分为七个思想学派。这些思想没有一种被证明是完全错误的，同样也没有一种是完全正确的。就像组织本身一样，组织理论从最开始的一个简单理论逐渐发展得越来越复杂，到现在也许根本不应该称为理论。

（1）科学管理学派。建立在弗雷德里克·泰勒的开创性研究基础上（见专栏1-4）。从各方面讲，泰勒都是一位很有个性的人。科学管理理论试图指导组织应该如何运作。它提出了一些听起来很简单的命令，如提前计划、计算操作和各类事务、分配任务和责任、限制控制范围、检查结果等。尽管只是些基本常识，但在当时（19世纪80年代）那个时代，这仍然是向前迈出的一大步。但这一学派忽视了"人"这一因素，人们被排除在外，组织中的个体不是那么容易被组织起来并严格管制的，组织也不像规则所设定的那样简明和稳定。

专栏1-4 泰勒和科学管理学派

弗雷德里克·泰勒是科学管理之父。他观察到许多手工工作效率低下，他着迷于研究这些现象。其中最有名的就是他对生铁搬运工及其工作的研究。在19世纪末，生铁搬运工负责把沉重的铁块搬运到钢铁厂。为了研究，泰勒跑去钢铁厂里观察负责铲煤的工人，他惊奇地发现，在使用相同尺寸铁锹的情况下，工人们每次可以铲起 3.5 磅[⊖]的碎煤，而对于马萨巴山脉出产的煤，每铲可以达到 38 磅。经过与工人们实验后，他发现每铲 22 磅是最佳负荷量，这可以使工人们实现最大的日工作量吨位。于是泰勒安排了一系列不同尺寸的铲子，以适应不同类型的煤炭。最终的结果是，进行该实验的伯利恒钢铁厂将劳动力由原有的 600 名减少到了 140 名。同时钢铁厂向剩余的 140 名男性工人支付了比原来高出 60% 的工资，前提是他们每人每周达到精确计算的工作目标。

在砌砖工作方面，泰勒描述了一个名叫弗兰克·吉尔布雷思的专业砖瓦匠的工作，在经过 18 个月的仔细实验后，这位砖瓦匠向他的工友们展示了如何通过一些简单的装置，使他们可以仅用 5 个动作就完成砌砖，而不是之前的 18 个动作。例如，搭建一个平台将砖块固定在砖瓦匠方便操作的高度，而不是堆放在地上，通过这个简单的装置，砖瓦匠们拿取砖块可以更方便。随后吉尔布雷思将他的想法扩展到对所有可能的操作动作进行全面分类，并命名为"思布雷克"（therbligs），这是将他自己的姓从后往前拼写而得。

很明显，这确实是工时与动作研究的开端，同时也是工业工程学的开端。时至今日它依旧成立，简单的事情总是可以通过更简单的方式完成。

然而，泰勒犯了一个错误，他将自己的观点延伸得太远。他说："这是一个普遍规律，如果没有来自全然不同教育背景的人们的善意帮助和合作，即使是适合从事任何特定行业的人也无法了解其所在行业的科学。"这一陈述难免让人将组织视为一个系统，一些人设计了它，另一些人运作它。

资料来源：F. W. Taylor, *Scientific Management*, 1947.

（2）人际关系学派。切斯特·巴纳德是一位商人，他不仅能够著书，同时也能够清楚地思考自己的所作所为。他是第一位坚称组织不是机器而是合作社区的人。人们不得不被说服。权威真正来自你所领导的人，而不

⊖ 1 磅 =0.453 592 37kg。

是来自上层领导你的人，这一观点的提出是在 20 世纪 30 年代。接着是对于生产率的研究，以及其他类似研究，特别是在西屋电气公司霍桑工厂进行的实验。霍桑实验的结果显示了非正式组织的重要性，以及个体的士气和情绪对组织绩效的重要价值。

（3）科层制学派。1910 年，马克斯·韦伯于撰写了关于德国科层组织的文章，文章中提及科层制（官僚主义）这一概念，但是直到 20 世纪 40 年代他的书才被翻译并传入美国及其他英语国家，在这些国家引发讨论。他将科层制和官僚主义描述为组织中不可或缺的组成部分，并表示支持，但这一观点并没有得到广泛认可。有趣的是，除了那些喜欢明确自己地位、职责、管理阶层和规章制度的组织内人士外，似乎没有人赞成科层制。我们需要注意，不能将科层制的所有概念连同它的名字一起抛弃掉。

（4）权力、冲突和决策学派。20 世纪 50 年代，菲利普·塞尔兹尼克在研究田纳西河流域管理局时意识到，组织并不像看起来那样合乎逻辑，即使是那些所谓的民主组织也是如此。组织的不同部分有不同的目标，并各自为实现这些目标而斗争。权力、权力的数量和权力的分配被提出来，人们开始研究冲突，研究决策的实际制定方式，而不是需要遵循的应有制定方式。西蒙和马奇指出，人类在智力、信息甚至时间上不可避免地受到限制，人们通常不会追求最佳的解决方案，而是选择一个勉强可行的解决方案。他们建议，要理解一个组织，最好的方式是研究其决策方式。通过观察决策是如何做出的，以及组织与个体的对话方式和所使用的词汇来实现对组织的最好理解。

（5）技术学派。在 20 世纪 60 年代，英国的琼·伍德沃德又提出了另一个观点，她指出，人们所从事工作的技术性质会对组织结构类型产生巨大影响。正如同样来自英国的伯恩斯和斯托克所建议的那样，常规或机械化的操作需要基于大规模的科层制机构，而一次性产品或组织职能化等"有机"工作则需要依赖临时团队和委派责任。劳伦斯和洛希通过加入环境因素进一步深化了这一观点。稳定的环境需要科层制组织，而快速变化的环境需要更为灵活的组织。事后看来，这是显而易见的，但在当时却是一道洞察力的光芒。

（6）系统学派。随着一切都变得复杂，人们开始倾向于支持开放系统理论。这一理论将组织视为开放系统，吸收各种资源，对资源进行加工处理，然后转换为产品并输出。在系统思维中，一切事物都相互影响，每件事物都是一个更大事物的一部分，没有什么可以独立存在或被独立理解。就像经济学一样，系统思维可以解释一切，但很少能进行预测，尽管如此，彼得·圣吉等作家借鉴杰伊·弗雷斯特的《工业动力学》进行了模型构建，使系统思考更具有实用性。

（7）学院派。在上述理论发展的同时，组织的社会学家和人类学家开始坚持认为，每个组织都是独特的历史片段。组织有着自身的目标，身处不同的环境，有自身的做事方式和影响力模式。因此，其他思想学派的观点在某种程度上都是适用的。组织不是天然的合作场所，它的确需要科层制度和官僚规则，但逻辑未必占上风。因为不同的人看待事物的方式和视角不同，优先级也不同，而且，技术和市场使一些事情变得不可能，而另一些事情成为必要，即使并不如你所愿。"企业文化"成为这一学派思想中的流行词语，意味着每个组织有自己的行为方式，但也隐晦地暗示它们的方式未必是最好的或唯一的方式。

所有思想流派都做出了一定的贡献。明智的做法是兼收并蓄，从每一种思想中汲取有益的东西，汇编成类似本书所试图做到的个人选集，这也是本书想要实现的目的。如图 1-2 所示，如果我将本书涵盖的众多主题分为"人""权力"和"实用性"三类，我的偏见就显露出来了。对我来说，组织首先是一个迷人的个体集合体。挑战在于如何使他们成为富有成效和有用的共同体。这就需要以多种形式使用权力，同时也需要理解组织的背景、历史和目标。你可以说这是实用政治或者是组织的实际状态。我将这些称为实用性，因为如果我们不能将其转化为实用和有价值的东西，我们所有的理解又有什么用呢？

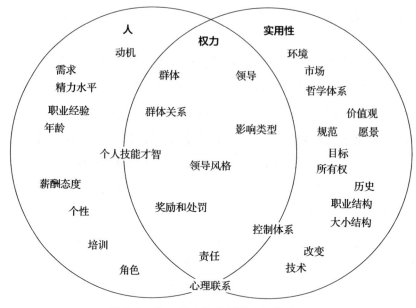

图 1-2　人、权力和实用性之间的关系

加雷思·摩根在他引人入胜的《组织印象》一书中提出了另一种观点，他认为隐喻和类比赋予了我们对组织的理解，为此他在书中探讨了一系列不同的隐喻，例如：

- 组织作为机器。
- 组织作为有机体。
- 组织作为大脑。
- 组织作为文化。
- 组织作为政治系统。
- 组织作为精神禁锢（心理监狱）。
- 组织作为波动和变革。
- 组织作为统治工具。

他强调，人们的思维方式决定了其行为方式。因此，请确保自己首先思路清晰，并始终意识到，对一个问题的思考方式不止一种。他认为，每一个隐喻都有价值，因为它提供了洞察力，可以给人带来独到见解。在思考时，我们不应该狭隘地盲目思考，而应该追求"隐喻的禁令"，或是获得"比喻的启示"。当你与组织"打交道"时，没有一个正确答案是唯一的。对一些人来说，这似乎并不令人感到欣慰，但我一直觉得这是一种自由与摆脱约束的、令人兴奋的观点。

专栏 1-5

泰勒不仅计算了生铁搬运工和铲煤工的工作，在徒步越野时，他还会不断地用腿进行实验，以发现如何用最少的体力走最长的距离，计算翻越围栏的最简单方式、徒步手杖的理想长度。

说到此，加雷思·摩根回忆道，泰勒生长于一个富裕的清教徒家庭，家中一向强调工作、纪律、整洁以及情绪控制。此后，泰勒的生活被控制需求所主导，他希望能够掌握自己生活的方方面面。

泰勒将这种个体对控制的需求融入了他对组织的设计中，这些设计恰好符合当时的社会情绪，多年来都非常有影响力。也许在某种程度上，我们都是深陷于过去的囚徒中，我们的组织模式只是我们童年时代的反映。这里没有对错真理，只是个性不同而已。对于任何一个有志成为理论家的人来说，这都是一个发人深思的想法。

资料来源：*Images of Organization*, 1986.

1.4　如何使用本书

1.4.1　本书框架

本书第一部分包含了一系列模型、框架，可以帮助我们更好地理解人和组织。我选择了六个，这些是我发现的最有用的，如"动机"和"领导力"，是所有关于组织的图书中常见的主题；如"权力与影响力"和"政治"，却奇怪地鲜为人知。这些框架有重叠之处，比如在谈论领导力时不免会谈及激励动机，在谈论政治时也不可能不提及群体。不同的模型和概念集可以用来描述相同的现象，这是正常的。我们观察世界的角度各不相同，每个角度所见也略有不同，真理将是所有视角和观点的结合。

第二部分将根据第一部分中介绍的概念，审视一些关键的和当前的组织问题。部分意图在于演示如何将这些理论应用于实践，因为理论和实践这两者经常被严格地被分隔开来：一个书架装满了关于理论模型的书本，另一个书架则是关于当前实践的建议和窍门。这部分的讨论并不打算综述回顾当前的最佳实践，而是试图解释，是对一些我们都认同的某些理论的含义进行阐释，这种阐释往往是具有争议性的。

第三部分适用于那些希望了解我的思想、概念和理论来源的人，或者是希望更深入研究探讨任何主题的人。在这部分中，对第一部分和第二部分的每一个章节都有所阐释，这些阐释包括以下内容。

（a）简要概述相关领域的理论。

（b）推荐一些我找到的特别有用或具有启发性的资源。

（c）书中提到的主要研究的引用。

我尽量避免在书中使用脚注或参考文献，希望读者可以更多地关注思想本身，而非其来源，希望最终产生的模型和结论本身比引领我找到它们的混乱过程更有用。对于那些好奇的和更有耐心的读者，第三部分提供了一个通往原始资料和深入阅读的捷径。但我并未尝试提供文献综述或完整的参考书目。其他人已经做得比我好得多，我只列出了其中的一部分。

我尽量保持第一部分和第二部分在内容、结构布局和语言风格上的简洁明了。俄国小说那种悠闲轻松的风格对于忙碌的组织理论学生来说可能是不适宜的。与其让读者们惊叹于我学识的渊博或者例子的众多，我宁愿多花些时间用来对这些思想进行沉淀，反复阅读，将它们应用到个人的经验中。

1.4.2 如何用本书学习

本书的撰写基于这样一种信念，即更深入地理解组织及其运作方式有助于构建更有效的组织。然而，如果你认为仅仅通过阅读文本就能得到这种理解，未免有些太天真了。如果真能如此，那么琳琅满目的图书、期刊和报纸早就应该造就一个比我们今天所观察到的更为明智和通情达理的世界了。

理解和学习的过程要复杂得多，人们普遍认为这一过程包括四个主要阶段。

第一阶段：质疑。个体开始自问：问题存在吗？是什么问题？我需要了解什么以便应对它？如果没有经过某种形式的质疑，个体只会盲目相信教师的教条既合适又有用。毫无疑问的学习将是短暂且没有得到充分利用的，这种学习更多的是靠死记硬背，类似于一种仪式，而非真正的对问题的重新评估。孩子们在晚上不断重复记忆一首诗，第二天早上还可以背下来，但到了第二天晚上就会忘记，这是因为他们在学习之前没有经过质疑，这首诗无法与他们的经历产生联系。在我们的学习中，我们应该向外部的实践经验学习，而不应拘泥于模型中向内学习。

第二阶段：概念化。在探索了问题的性质之后，我们必须将其概念化。我们需要学会将这个问题的"特殊"经验置于更普遍的背景或框架中。如果能做到这一点，那么不仅能够解释这一个问题，还能够解释其他所有类似的问题。概念化将特殊性问题升华为普遍性问题。没有概念，特殊的经验就变成了简单的轶事。一种被谈论但没有学到的体验，只是一个谈资，无法从中学习到什么。只有当下一个经验与上一个经验完全相同时，前面得到的经验教训才能派上用场，才能应用于下一次。

第三阶段：实验。第 1 章的论点是，更好的理解能带来更好的预测，而更好的预测可以带来更有效的行动。这种基于概念的行为在这里被称为实验。在这里，作为科学家的个体正在检验他的假设。我们从小就通过公式直观地表述了万有引力定律，并不断以此为基础进行实验。这些实验行为检验了我们的概念是否正确。如果成功，概念将更牢固地植入一个人的脑海中。如果我们不验证这些概念，不对这些概念进行实验，它们将始终是遥不可及的理论，一如象形文字对普通人的作用。

第四阶段：巩固。 这是最后一个阶段。概念被内化，并开始在脑海中融合。实验阶段已经过去，新的假设成为未来行动的基础。它们已经成为个体的一部分，从而影响和改变了个体的习惯行为。至此我们可以说学习过程已经完成。

对于一个寻求自我发展的人来说，这种巩固只是新一轮探索和一个新理解周期的开始。但如果没有巩固阶段，概念化和实验只是有趣的假设，在实践中毫无用处。在阅读本书的过程中，读者应该不断推动自己在这个学习循环中前行。有些专栏有可能开启对你有所帮助的练习。

专栏 1-6　两条智慧金言

追求简单，并在找到后，质疑它。

——詹姆斯·科南特

常识是在 18 岁之前形成的偏见。

——爱因斯坦

第一部分和第二部分中的专栏内容除非文中特别提及，否则并不十分重要。它们旨在通过提供例子、对核心概念的更完整定义以及有趣的研究，来充实正文的基本内容。把它们放在专栏里，是为了将辅助材料与主要论点分隔开。读者们可以根据自己的兴趣选择性地阅读这些专栏内容。

因为本书的第一部分对第二部分中的用语进行了解释，所以读者们按从头到尾的顺序去阅读是明智的。如果需要关注某个特定主题或问题，也可以根据目录按需翻阅。

最后，在第三部分中，我承认自己仍旧有未解决的问题和未掌握的知识，或者说知识债务。在这一领域，任何人在学习和教学时，在组织中工作时，在与自己的管理者共事时，都会无意识地吸收他人的观点来修正自己的想法。随着时间流逝，许多原始的想法消失了。一些新想法的证据可能会被回忆起来，但它的来源被遗忘了；可能可以记起一些新想法的蛛丝马迹，但遗忘了它的出处。许许多多无名的、未知的或者被遗忘的人用各自的方式为这本书做出了贡献，特别是伦敦商学院的同事们，我的具有批判性、启发性的学生们，以及我所认识的众多管理者和高管们，他们在塑造这本书中的思想方面所起的作用比他们所知道的或我所能统计的以及文字记述的要大。

Chapter 2

第 2 章

工作的动机

2.1 引言

　　一位隐士坐在山洞中，他读着星期日的报纸了解一天的大事小情。他反复思索报纸里的人们为什么会做这些事情。为什么如此渴望成为美国总统？为什么无休止地追求企业兼并？为什么在获得财富积累和地位之后，又重返商业战场创立另一个商业帝国？人们为什么如此热衷于买卖房产，富裕了房屋中介却扰乱了家庭秩序？人们为什么要换工作？为什么和伴侣离婚？为什么选择向阳而居？又为什么会起诉自己的邻居？人们为什么努力工作？为什么要在某个时间工作？归根结底，是什么因素决定了这些，这些因素为什么会有效操控人们的生活和工作？

　　必然有许多特定的情况可以用压力和事实来解释。但是，在我们内心深处，是否有一种力量或一种普遍的机制，推动着我们朝某个方向发展？我们能否通过观察内部决策过程，来感知并回答这些关于个体或群体的行为机制问题？男性在工作中是被性别特征和竞争情绪所支配，还是在无休止地追求幸福快乐？换作女性，情况又有什么不同？女性在决定优先事项的方式上是否与男性不同？这些关于个体内部决策过程的知识体系被称为激励动机理论。

　　"激励"是一个具有多层含义的模糊的词语。字典中将激励定义为及物动词，因此它通常拥有主语和宾语，比如 X 激励 Y，Y 受到 X 的激励。但是 X 可能是一件事还是一个人？你能激励别人吗？还是只有金钱、饥饿、地位或者情感需求才能激励他人？你的动机是源于缺乏某种东西，即你会被自己所缺少的东西激励吗？从某种意义上说，口渴意味着缺乏液体，或是仅仅借助于对某种事物的缺乏来表达对某种事物（如水）的渴求，抑或是两者皆有？我们模棱两可地使用着"激励"这个词，这是否意味着我们不确定它的真正含义？

若能洞悉并预见个体的动机，我们就可以通过改变激励过程的要素，来影响他们。这算是施加影响的操纵，还是规范行为的管理？毫无疑问，对激励的如此理解可以带来巨大的力量，因为它对行为的控制是无形的，不带明显的控制标志。早期关于激励的研究强调关注激励个体付出更多努力和发挥更多才能为其雇主服务的方法。顺理成章地，许多早期的理论家致力于找到一种能够保持个体基本尊严和独立性的解决问题的方法。

或许我们应当庆幸，我们没有找到确保激励的公式。然而，现在我们对个体如何分配抱负目标、时间、精力和才华而达成决策的过程，有了更为清晰的理解。这个决策往往是无意识的或本能的，如同我们寻找食物以满足生理需求，抑或是当受到威胁时寻求安全以满足心理需求；有些决策也可能是一个慎重的、深思熟虑的决定，比如离职或者加入一家企业，以满足或优化职业生涯目标。我们会发现这个决策过程是复杂而独特的。这种特殊性会具体到不同个体和不同情况。因此，没有一个通用的公式可以保证适用于所有情况，但是理解这个过程有助于人们解释在工作中遇到的一些问题和困难。

理解决策过程有助于影响组织成员做出更好的决策。所谓更好的决策，往往是在更了解决策可能产生的影响和结果的情况下做出的。

本章试图提供对于决策过程的理解。首先，从早期的激励动机研究方法的综述和回顾开始，每种方法都有其一定的理由，但都不够充分。其次，介绍早期激励动机理论的另一种方法，探讨心理契约法及其应用。最后，总结决策过程中的激励方法，并提炼获得的启示。

专栏 2-1

　　所有人都追求同一个目标：成功或幸福。获得真正成功的唯一途径是在投身于社会服务中充分展现自己。首先，有一个明确的、清晰的、切实可行的理想——一份长远的人生和职业规划、一个努力达成的目标。其次，通过必要的途径来达到目的——智慧、金钱、物质和方法。最后，为达到目标不断调整方法。

——亚里士多德，公元前 384—前 322 年

2.2　早期动机理论

2.2.1　理论概览

　　早期动机理论可以分为三大类。

　　满意度理论。满意度理论的假设是，满意度高的员工工作更为高效。

　　激励理论。激励理论的假设基于强化原理，即"胡萝卜"法或者称为"报酬激励"法。鉴于员工的良好表现给予特定的报酬或鼓舞时，他们会更加努力地工作。

　　内在动机（本能）理论。该理论研究者认为，人不同于动物。如果给他一份有价值的工作，并允许他继续做下去时，他会做到最好。这是来自因工作本身的满足感而带来的回报。

2.2.2　满意度理论

　　研究中很少有证据表明，一个满意度高的员工会更加努力地工作。然而，一些强有力的支持性观点显示，满意度高的员工更倾向于留在同一个组织工作。还有研究发现，满意度与员工心理健康水平呈正相关关系。这表明，关注工作条件和员工士气将降低员工离职率和缺勤率，但不一定

会提高员工的工作效率。赫茨伯格的发现和研究成果为此提供了解释（详见 2.3.2）。

这个主题下的理论可以归纳为，当员工喜欢他们的领导或者对他们的工作团队满意时，工作状态最好。

有研究认为，如果满意度与工作效率相关，那么可能是工作效率提高了员工的满意度，而不是员工的满意度提高了工作效率（见 6.3.1）。

2.2.3　激励理论

激励理论认为，个体会为了获得期望的回报和奖励而加倍努力。

尽管激励理论建立在强化原则的基础上，但该领域的大多数研究聚焦于将薪酬或金钱作为激励因素。从某种程度上讲，关注薪酬激励是合理的，因为金钱充当了许多其他奖励（比如地位和独立性）的"替代品"。然而这种情况在美国更接近现实，因为大多数研究是基于美国而不是欧洲的样本完成的。

专栏 2-2

你的工作中最重要的两个影响因素是什么？

	年轻的城市专业人员（%）	所有其他员工（%）
金钱	22	40
独立性	40	35
令人满意的工作	50	32
喜欢同事	14	25
愉快的环境	11	25
对公共利益的贡献	33	15
重要的职业生涯规划	10	15
不知道 / 无答案	3	3

资料来源：芝华士富豪报告，《美国工薪阶层：20 世纪 90 年代新兴价值观》。

1989 年，英国工业协会调查了 1 063 名成年员工，研究发现受访者认为拥有一份有趣而愉快的工作、获得安全感和做有价值事情的感受，这些激励因素比获得基本工资更重要。

资料来源：The Industrial Society, 'Blueprint for Success', 1989.

激励理论在满足以下条件时有效：

（1）个体认为增加的报酬和奖励值得其付出额外的努力。

（2）绩效可以衡量，并明确归因于个人。

（3）个体渴望得到特定奖赏。

（4）提升后的绩效不会成为新的最低标准。

这些条件通常适用于企业经理人，或者小规模制造业中的工人。在前三个条件中，如有任何一个条件不适用，个体往往会将奖励视为对工作环境的整体改善，并将根据满意度理论做出反应。如果违背条件（4），将会出现严重的信誉问题。

2.2.4 内在动机（本能）理论

内在动机（本能）理论来源于最初由马斯洛提出和倡导的关于人类需求的一些普遍假设。

马斯洛将人类的需求分类如下：

（1）自我实现的需求。

（2）尊重的需求。

（3）归属感和爱的需求（社交和友谊的需求）。

（4）安全需求。

（5）生理需求。

马斯洛主张，只有当需求得不到满足时，需求才会成为激励因素。

他进一步说明，人类的需求大致按照上述必然包含的需求层次结构发挥作用。低阶需求（生理需求和安全需求）在被满足之前是占主导地位的，这两种需求被满足后，高阶需求才开始发挥作用。许多直观的证据可以支持这一概念。如果你正在挨饿，那么尊重的需求就显得无关紧要，这时只有食物才重要。当你感到足够温暖时，进一步提高温度不会激发你的动机，即需求得到满足后，这一需求不会成为激励因素。需求在得到满足后变得不那么重要，不具有强烈的影响力。遗憾的是，研究证据并不支持这一观点，除非需求处于非常原始的水平。阿尔德弗将马斯洛的需求层次理论简化为三类：生存的需求、与他人相处（相互关系）的需求，以及个人成长的需求。他还尽力强调，我们每个人都可能处于不同的水平。

内在动机（本能）理论学家麦格雷戈和利克特的假设是，高阶需求在现代男性和女性中比我们所认为的更为普遍。特别是，我们可以从工作本身获得很大的满足感。前提是这是我们自己的工作，也就是说，我们在决定工作内容和工作方式时有一定的自由度。内在动机（本能）理论认为个体参与度会增加动机，这种方法意味着，只要是真正地参与，投入时间和注意力或者参与群体行为通常都会增加动机。奖励往往存在于任务本身或个体与群体的关系中。理想的做法是创造条件，使绩效本身成为一个目标，而不是实现进一步目标的手段。经理在其中是同事、顾问和资源，而不是老板。

这些理论很有吸引力，但有证据表明，它们在以下情况下，效果不佳：当技术使个体无法控制其工作设计时，如在工艺加工、大规模或大批量生产的车间场景中，个体没有强烈的自我实现需求，除非他们喜欢专制的领导。

专栏 2-3

盖尔·希伊在他的畅销书中生动描绘了男女生活模式的差异："如果女性有伴侣来操持家务，在家里照顾呕吐的孩子、修理汽车、和油漆工争论、去超市采购、核对银行账单、倾听每个人的问题、准备派对晚宴、每晚为家人提供精神支持，想象一下这位女性职业扩张的可能性，她能够写出多少本书，创办多少家公司，获得多少个教职，担任多少个政治职务。"

抑或是，正如琼·柯林斯所说："每个职业女性都需要一个妻子。"然而，盖尔·希伊进一步指出，尽管男性和女性都可以表现出主动行为和应答行为，但我们的文化强调，对年轻男性来说，主动行为是以牺牲应答为代价的，而年轻女性则相反。希伊指出，在谈论自己的前半生时，男性谈论的是他们做了什么事，他们发起的行动和操作性行为，而女性谈论的是她们回应过什么人和她们的应答性行为。

资料来源：Reported by Gail Sheehy in *Passages*, 1976.

因此，人们发现内在动机（本能）理论在那些智力较高和独立性较强的个体处理具有挑战性的问题时最有效，比如在研发实验室或一些咨询公司。现实和研究证据也支持这一假设。

2.2.5　基本假设

这些理论都源于一些关于人的基本假设。在很大程度上未经证实，这些理论往往体现了其所处时代背景的主导情绪或舆论氛围。沙因将它们分成以下几类，有趣的是，从工业革命时期开始，这些分类在不同历史进程中相互依存。

（1）理性经济人假设。人们的主要动机来自经济需求。人类本质上是被动的动物，被组织操纵、激励和控制。我们的感觉和情感本质上是非理性的，组织必须是系统的和有效的，以便能够控制这些感觉和不可预测的人类特质，这是麦格雷戈的 X 理论假设所提出的逻辑。但幸运的是，并非所有人都是如此。有些人是能够自我激励、自我控制并掌控自己的情绪的。这类群体需要承担管理其他群体的责任。

（2）**社会性假设**。人类本质上是社会性动物，通过与他人构建关系而获得基本的群体特性认同感。由于必要的工作合理化分工，许多工作本身的意义已经被剥离或消失，我们必须在工作的社会关系中寻找。管理只有在能够调动和依靠这些社会关系的情况下才是有效的。因此，关于领导风格和群体行为的问题非常重要。

（3）**自我实现假设**。人们主要是自我激励和自我控制。我们在工作中追求情感和理解力的成熟，并且有能力做到这一点，追求更具判断力和更理智地胜任工作。外部控制和压力会削弱我们的自主权，进而会影响我们的动机。但只要有机会，人们会自愿将个体目标与组织目标结合起来，个体与组织之间存在着激励相容。

（4）**复杂性假设**。沙因提出了"复杂人"的概念。人是多变的，具有可变性。人有许多动机，这些动机在任何时候都具有一个复杂的层次结构，但这一结构会随着时间和情境的改变而改变。我们无须追求在任何情况下都满足全部需求。我们可以运用各种管理策略来从容应对，这将取决于我们对不同需求的看法，以及它们是否适应不同的形势和情况。

（5）**心理假设**。该假设是由莱文森继雅克和扎莱兹尼克之后提出的一个分类观点。莱文森提出，人经历生理和心理发展阶段，会形成一个复杂的、不断发展演变的、成熟的有机体。人们逐渐形成了愿为之奋斗的自我理想。除了饥饿、性欲、攻击等基本欲望，人们内心最强有力的激励动机是让自己更接近理想自我的需求。现实中我们对自己的认知与理想自我之间的差距越大，我们对自己就越愤怒，越感到悔恨。工作是人们社会身份特征的一部分，也是我们自我理想的构成部分，如果我们想要"被激励"，组织或群体就必须为我们提供机会，让我们在工作中朝着自我理想努力。

2.2.6 理论和假设

我们认同的理论将影响我们对管理和组织中的人员的看法。满意度理论和激励理论遵循理性经济人假设，引导人们采用讨价还价的方法，专注于外在的工作条件、金钱和附加福利。内在动机（本能）理论、自我实现理论、心理理论的追随者则将更关心为个体创造发展和实现自我才能的机会，注重为组织中的个体提供合适的工作环境和正确的工作类型。

专栏 2-4　X 理论和 Y 理论

道格拉斯·麦格雷戈在 20 世纪 50 年代阐述了两套关于组织中人的命题和假设，即 X 理论和 Y 理论。

X 理论

（1）一般人天性懒惰，希望尽可能少工作。

（2）缺乏雄心，不喜欢承担责任，更希望被领导。

（3）天生以自我为中心，对组织需求漠不关心。

（4）天性抗拒改变。

（5）容易轻信受骗，不是很聪明，是骗子和煽动者的最佳对象。

对管理的影响如下：

（1）管理层负责组织生产企业的要素（资金、材料、设备、人工）以实现经济目标。

（2）对员工而言，这是一个指导他们努力尝试、激发他们的动机、控制他们的行动、调整他们的行为以适应组织需要的过程。

（3）必须对个体进行说服、奖励、惩罚、控制，必须有针对性地指导他们的活动。

Y 理论

（1）人们并非天生被动或抗拒组织需求。他们之所以成为这样是因为在组织中积累了类似经验。

（2）动机、发展潜力、承担责任的能力、为实现组织目标而采取行动的意愿，这些都存在于人的身上。管理的责任是让人们能够重组改造和发展自己的人性特征。

（3）管理层为实现经济目标而负责组织生产企业的各个要素，但其根本任务是安排经营条件和方法，引导人们通过自己的努力来实现组织目标，从而最好地实现个体目标。

资料来源：McGregor, *The Human Side of Enterprise*, 1960.

此时，读者可以停下来思考一下以上这些学者对人的假设和相匹配的动机理论。因为现在我们要将更多变量注入其中，甚至比沙因的复杂性假设或莱文森的心理假设的变量更多，整个问题也将变得更加复杂。现在，从个体决策过程的基本模型开始，我们逐步拓宽假设，更全面地理解人们如何回答本章开头提出的三个问题。加入这些假设能够使模型更符合现实的复杂性，但与此同时，也增加了构建模型的难度，尤其是人的心理现实问题太复杂了。为了完成分析，并避免过于复杂，我们不得不以刻板印象，或过度简化的方式进行思考。但是理解潜在的复杂性是有意义的，在此过程中我们可以直面偏见、假设严苛和刻板印象的问题，这个简化过程也将会为行动提供更好的基础。

2.3　建模方法

2.3.1　理论模型

面对各种各样的激励方法，我们可以构建一个理论模型，该模型可以解释一些研究中看似矛盾或缺乏支持的结论，并将不同理论的各种要素整合起来。

基本模型的框架如图 2-1 所示。个体在这种模型形式下处理一个个决策是最容易理解的，即做或不做某事，过或不过某种生活，是否分配时间、精力和才能。这种方法基于这样一种理念，即我们是自我驱动的有机体，在某种程度上可以控制自己的命运和对压力的反应，可以确定目标并选择实现目标的道路。这种方法的一些版本被称为路径—目标理论（乔尔戈普洛斯）。

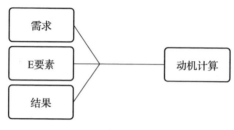

图 2-1　个体决策模型

这个模型仅仅说明每个人都有一定的需求和期望的结果。我们通过计算来决定投入多少"E"（E要素代表努力、精力、激情、支出等）。计算的过程并不总是如上述那样冷静或深思熟虑，这一点我们随后还会讨论。现在我们先给模型增加一些具体内容。

2.3.2　个体需求

几乎所有的动机理论都对个体需求或驱动力做了一些假设。这些假设被以各种方式分类、列出并命名。其中一些最有用的分类如下。

（1）马斯洛需求层次理论，以及阿尔德弗的简化版。

（2）罗斯利斯伯格和迪克森对马斯洛需求层次理论进行了丰富和完善。他们在生理需求和安全需求的基础上，增加了以下内容：

- 友谊与归属需求。
- 正义与公平对待需求。
- 依赖—独立需求。
- 成就需求。

（3）赫茨伯格的双因素理论。赫茨伯格的研究认为，在任何工作环境中，人们都可以分辨出令人满意和导致不满意的因素。有趣的是，这些因素不是彼此对立的，处理导致不满意的因素并不能将其转变成为令人满意或有激励作用的因素。总的来说，导致不满意的因素与工作条件有关，如公司的政策和管理、监督、工资、人际关系和物理工作条件，赫茨伯格把这些因素称为保健或维持因素，它们是成功激励的必要条件。而令人满意的因素包括成就、认可、工作本身、责任和晋升，赫茨伯格将这些称为激励因素。良好的保健因素可以回答"为什么在这里工作？"这一问题，而激励因素回答的是"为什么努力工作？"这个问题。

（4）麦克利兰需求理论。麦克利兰和他的同事深入探究了不同文化和社会各阶层人们的思维方式。他们将这些反应分为三类，每一类都代表着一种可识别的人类动机或需求，分别是：

- 归属感需求。
- 权力需求。
- 成就需求。

大多数人都会有这几种需求，但程度各不相同，很少有人各种需求的程度旗鼓相当。

权力需求。依据麦克利兰测验的定义，大多数管理者都表现出较高的权力需求。高度的权力需求通常会导致非建设性的威权主义和消极的独断专行。然而，如果这种权力需求与成就需求相结合，就可能带来富有成效和令人满意的结果。因此，对权力有某种程度上的需求似乎是管理者成功的必要条件。然而，拥有它并不能保证成功。

归属感需求。对归属感有高度需求的个体往往更关注发展和维持人际关系，而不是决策。这类人常常被视为无效的帮手，可能是因为他们不够专注于任务。然而，大多数人可能都有某种程度的归属感需求，但成功人士很少以它为主导需求。

成就需求。成就需求程度高的人喜欢承担责任、承担适度的可控风险、了解自己的表现情况。除非受到其他需求的调节，否则高度的成就需求可能会导致个人主义，从而不太可能在需要协调他人利益的组织中取得成功。

（5）罗伯特·阿德雷凭借对动物种群的观察总结出了三种基本需求（身份、安全和刺激需求），并在他的著作《领地法则》中进行了详细阐述。

这些不同类别的需求并不是互斥的。任何人都可以在这份清单上添加更多需求。我们也不必局限于 3 个或 5 个需求的列表。我自己的需求列表包含了上面提到的所有需求，因为每一种需求都有它发挥作用的时候。心理学家默里列出了 30 种需求，这可能过于宽泛，不便用于分析。使用某些特定需求的好处是，已经有研究开发出了量化这些需求的方法。关于需求，真正重要的是要记住以下几点：

首先，每个人都有自己的一套需求，而且这些需求可能会大不相同。其次，需求列表中每个需求的相对重要性会随着时间的推移而改变。例如，在经济不景气和裁员时期，安全需求会突然变得至关重要，此时将自我实现作为激励手段就没有什么意义了。

推测特定需求层次结构的起源，或者个体之间的差异，是很有探讨价值的事情。这将引导我们更深入地了解人格和行为理论，而这超出了本节的讨论范围。但至少，我们能够列出在考虑个体需求集合时必须考虑的影响因素。

遗传或早期环境。所有理论学家都认为这一点至关重要，但众所周知，要将遗传影响与早期环境影响区分开来是非常困难的。通常个体天赋更容易被归功于遗传基因，而志向水平和自我理想通常是受环境影响的。

教育。通过改变一个人在教育环境中的模式，我们可以改变他的需求设定，从而改变他需求的优先级。麦克利兰还把教育方法用于提高一个人对成就的需求水平。

个体的自我概念。个体对其个人能力、社会地位、抱负程度的评估将影响每种需求的强度。自我概念本身很大程度上受到早期环境、教育以及我们选择的榜样——父母、老师、朋友的影响。

经验。个人的生活经历、年龄，以及过去某些需求的满足程度，都会影响我们当前的需求集。在人生的适当阶段没有被经验满足的需求，常常会不自然地长期占据主导地位。40岁的时候可能永远没有机会满足自己在青少年时期对玩乐和叛逆的需求。

2.3.3 动机计算

动机计算是整个决策问题的核心。这是决定人们在特定活动或一系列活动中消耗多少 E 要素的机制。

大多数动机理论都关注"努力"（effort）的消耗，这个词的含义可能太窄了。确实出现了一组以"E"开头的词，这些 E 要素的组合有助于拓宽动机理论的应用范围。

例如能量（energy）这个词。我们的精力或能量水平是有限的。无论这是否属实，我们无疑能够决定如何分配我们自己的能量储备。动机理论需要解释这个决定。同样，这也适用于兴奋、热情、情感的投入、时间的消耗、金钱的消耗以及激情的释放。

专栏 2-5

霍兰德描述了不同需求取向的人应该如何选择不同的工作环境，以适应他们的技能和需求。

（1）**现实需求者**。现实需求者追求客观、具体的目标和任务，喜欢操纵事物——工具、机器、动物和人。他们最适合农业、工程、户外保护工作和类似的实际工作。

（2）**知识需求者**。思想理念、文字和符号对这些人很重要，他们最适合需要抽象和创造力的任务，建议选择科学、教学或写作工作。

（3）**社交需求者**。这些人以其人际交往能力和对他人的兴趣而闻名。社会工作和咨询是他们可能的职业生涯，以及加入他人的组织。

（4）**传统需求者**。传统需求者通过遵循规则并选择社会和客户认可的目标来应对生活。会计、办公室工作和行政管理通常非常适合他们。

（5）**进取者**。精力旺盛、热情、支配力和冲动是这些人的标志，适合销售、政治、创业或外交服务等。

（6）**艺术特质者**。这些人善于利用感觉、直觉和想象力来创造形式和产品，最明显的是从事表演艺术、写作、绘画和音乐工作的人。

资料来源：Holland, *Making Vocational Choices*, 1973.

每个人的算法都不一样。我们都见过这样的例子，当所有人都觉得条件无异时，却有人决定倾尽全力，而其他人则退缩或袖手旁观。对于每个人而言，这个算法包括三个独立的要素：

（a）需求的强度或显著性。

（b）预期"E"将导致特定结果。

（c）该结果导致（a）中的需求强度降低。

举个例子：如果一个人对权力有强烈需求，赋予其一项任务并承诺在任务结束时晋升，他会根据以下信念在任务上投入精力：良好的表现将带来晋升（期望）；晋升将满足他的权力需求（有效性）。

如果这两个条件中的任何一个不适用，人们将不会花费超过保持就业所需的能量（假设我们对安全的需求正在发挥作用）。这个例子引出了计算动机的另外两个重要因素：

第一，主观性强。个体自行决定，其他人的意见不一定是正确的。

第二，需求强度、期望和工具性之间的关系是乘积关系，即如果其中任意一项为零，则结果为零。

动机的计算问题还有两个方面值得注意。

一方面，计算行为可能完全是无意识的，也可能是完全有意识或深思熟虑的。无意识的计算我们称之为"本能",有意识的计算就是"计算"了。如果计算过程是无意识的或本能的,个体就会对最直接的需求做出反应。如果计算维持在本能水平,对"再喝一杯"的渴望尽管是不理智的,也会占上风。另一方面,计算的时间跨度可以从即刻到几十年不等。也就是说,动机计算可以考虑接下来半小时、第二天或明年的结果。时间跨度越长,需要考虑的需求就越多,例如,对健康的渴望与对饮料的需求之间的平衡。

另一方面,个体的心理成熟度可能表现在更自觉的计算上,以及对支出回报的时间跨度的延长上。小孩子似乎会做出近乎本能的计算,目的是立即得到结果。随着个体心理的成熟,这种计算似乎变得更自觉,而且常常因此变得更复杂,个体对回报的时间跨度也更长。偶尔,对于高度分析型或情感上缺乏安全感的人来说,E 要素带来的计算结果和回报所需的时间跨度可能有所不同,会导致计算失灵,表现为惰性、退缩或崩溃。在这些情况下,减少可选择项、限定时间范围和缩短时间跨度,可能能够帮助个体恢复正常的计算。例如,假期通常会产生这种效果,即通过休整可能帮助个体恢复动机计算。

然而,不要认为生活就是一系列无休止的计算。如果真是这样,任何有思想的人都不会一大早就从床上爬起来开始计算的一天。生活中的大多数决定都是基于先例做出的。类似的情形通常会引起类似的反应,而无须特意激活计算。我们关注的是开创先例的决定、新的决策、改变或首次采取行动的决定、离开或加入一个群体的决定,以及加倍努力或停止尝试的决定。

2.3.4 结果

显然,当预期结果不明确时,计算将变得困难,甚至是不可能。在这种情况下,个体必须根据可能的结果做出自己的决定,更常见的是,根本不做任何计算。鉴于此，我们应该审视"目标管理"和"参与式管理"等管理需求背后的原则依据。如果个体对期望的结果拥有一定的发言权，他们至少能够完成个体的计算。

然而，该模型还解释了这样一个发现，如果个体获得的奖励报酬取决于他们达到同一标准的程度，他们通常会将标准设定得比奖励与标准绩效不挂钩时更低，即目标管理可能会降低绩效。显而易见，理性选择的计算结果会告诉我们："当工具性（即获得奖励的可能性）越大，结果越低时，即如果较低的业绩更有可能获得奖励，为什么要花费精力来获得更高的结果，或是付出额外的努力来取得更高的业绩呢？"因此，人们会将目标结果设置得较低。有趣的是，那些从工作表现中获得满足感的高成就需求者设定的也只是适度的标准。

同样有趣的是，在目标设定方面最常见的发现是，提高绩效的一个最重要因素是设定目标。没有对预期结果的了解，就不可能完成计算。此外，在不了解实际结果的情况下，无法检查计算是否正确或合理。莱维特和穆勒等（1951 年）已经证明，绩效会随着反馈数量和对结果的了解程度的增加而提高。他们还观察到，对结果一无所知的人会伴随着高度敌意和低工作满意度。另外，无论反馈是积极的还是消极的，高水平的反馈都会带来高度的自信和友好的态度。设定目标后就将其抛诸脑后只会带来挫败感，就像一个不计算击球数，只是散步溜达的高尔夫球手。如果不知道自己的分数或没有分数意识，他的动力很快就会枯竭。

专栏 2-6　计算的证据

科尔布、温特和伯卢发现，当商学院的学生出于自身意愿致力于实现一个新目标，而不是被迫接受，并从彼此那里得到更多反馈时，成功学生的比例从 5% 上升到了 61%。

凯、弗伦奇和迈尔发现，在评估访谈中，如果纳入自我提升的具体目标，62.5% 的人能够实现自我提升，如果未纳入自我提升目标，实现率只有 27.3%。

　　罗和罗素在一个实验性的游戏情境中证明，持续未能实现目标会导致个体最终为自己设定的目标比他们合理达成的目标更低，也就是说，如果我们发现无法实现目标，我们就会降低目标。

　　霍普发现，在解决问题的练习中取得成功会导致 69% 的人的期望水平上升，而失败则会导致 50% 的人降低期望。

　　列文在 1936 年指出，除非目标被个体认为是可以实现的，否则个体不会接受目标。他还强调了一个事实，即一个人的同事或同龄人群体对群体目标水平有很大的影响。一个高成就的群体将提高其所有成员的期望和抱负。

　　吉哈德证明，持续的成功会增加目标的吸引力。换句话说，如果你认为你的努力或投入的精力会得到回报（高期望和高工具性），那么很自然的会觉得这一切都是值得的（提高显著性）。

2.3.5　复杂模型

　　基本模型现在变得更加复杂，如图 2-2 所示。

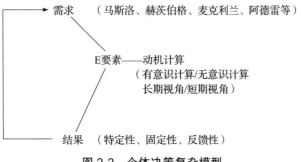

图 2-2　个体决策复杂模型

　　必须重申的是，人们并不是每次做决定时都会进行这一连串的计算，记住这个模型之所以有用，是因为它是最根本的潜在决策机制。然而，每种计算都受限于一种契约，一种个体与在他的生活中扮演不同角色的群体之间的心理契约。

2.4 心理契约

就像在大多数工作环境中，组织和个体之间存在一份法律合同，明确规定了在什么情况下谁向谁提供了什么，以换取对某件事物的回报。同样，个人和组织之间也有一份隐含的、通常未明确说明的心理契约，无论是在工作组织、社会组织还是在家庭中。这种心理契约本质上是一系列期望。我们期望从组织获得一系列结果，这些结果将满足我们的某些需求，作为回报，我们将投入一部分精力和才能。同样，组织也有一系列期望和它的清单，它将就此给我们支付薪酬或其他回报。

由此可以得出三个重要结论。

（1）大多数人都同时属于不止一种组织，会有不止一份心理契约。我们没有必要在一份契约中要求满足我们所有的需求，也很少有人这样做。例如，作为一名经理，你不能假设所有员工都把他们的自我实现或成就需求纳入他们与你的合同中。

（2）当契约双方对心理契约的理解不一致时，契约会成为纠纷、冲突或诉讼的根源。例如，组织对心理契约的看法往往比个人更为全面，这可能会导致个人产生被剥削的感觉，或者组织认为个人缺乏合作或参与的意愿。

（3）只有双方以相似的方式看待心理契约时，个人的动机计算才可预测。当这种情况发生时，人们的对话就好像他们了解彼此的"动机"一样。

2.4.1 适当的心理契约

根据占主导地位的心理契约类型，可以对组织进行分类。主要契约类型是：

（1）强制契约。

（2）计算契约。

（3）合作契约。

2.4.2　强制契约

强制契约占主导地位的组织有监狱、集中营和监护精神病院。个体被他无法控制的力量所束缚，从而违背意愿地成为组织中的一员。因此，在这类组织中，心理契约不是个体自愿签订的，控制手段是规则和惩罚，权力掌握在一小部分人手中，个体的任务是服从和遵守，作为回报，他将免受惩罚。这些组织通过剥夺个体的大量身份特征（通过制服、编号、减少与外界接触等方式）和强调遵从性来加强控制。不幸的是，有些机构，如一些学校、医院甚至工厂，如今确实可归为此类。如果是强制契约占主导地位，那么任何对"E"力量的期望都必须局限于那些能够通过惩罚的恐惧来激发出的力量。

2.4.3　计算契约

在计算契约占主导地位的组织中，契约是自愿的。通常会有相当明确的货物或金钱交换，以及所换取的服务。

控制权由组织的管理层保留，但主要表现在他们向个人提供所需事物的能力上。"所需事物"不仅包括金钱，还包括晋升、社交机会，甚至于工作本身。研究表明，绝大多数人即使没有经济需要，也会继续工作，因此，在计算契约下，除了物质奖励，提供工作岗位和工作场所也是一种理想的回报。对大多数工业组织中的员工来说，这种心理契约是主导。这是一种完全现实的契约形式，但该契约下 E 要素的增加必须由组织以某种方式支付。如果组织试图在薪酬不变的情况下获得更多的 E 要素（例如，威胁剥夺个人的工作机会），那么该契约对个人来说就变得更具有强制性，员工也会相应地调整他们在契约中的立场和角色。

2.4.4 合作契约

在合作契约下，个体会倾向于更加认同组织的目标，并在追求这些目标时变得更富有创造力。作为回报，除了合理的奖励外，个体还被赋予更多参与目标选择的发言权，以及更多在选择实现目标的手段方面的自由裁量权。管理层放弃了大量的日常控制权，但部分通过选择人员的权利和对财务资源的分配权，保留了最终控制权，使其对某些目标拥有否决权。

许多管理层都有一种明显的趋势，即推进其组织的心理契约朝着这个方向发展。当这些提议举动被拒绝时，他们有时会感到惊讶和生气，他们通常没有意识到以下两点：

（1）对管理层而言有意义且值得承诺的组织目标，对于较低层级的员工来说可能并不那么重要。

（2）共同承担目标和决策的责任会给个体带来关怀和快乐，也会带来负担。并非所有的个体都希望在人生的某个阶段将这些关怀纳入他们的心理契约中。

简而言之，你不能将一份心理契约强加给任何人，否则它将被视为一种强制性手段。签订契约的自由是合作契约的先决条件之一。

2.4.5 心理契约的应用

适用于不同组织的心理契约并不像上述分类那样清晰明确。此外，一个组织中可能同时存在多种类型的契约，甚至可能每个管理者都有不同的契约。

专栏 2-7　工人对工作的期望与上级的预期对比

（%）

	工人	班组长		工长	
	评价自己	评价工人	评价自己	评价班组长	评价自己
经济变量					
固定工作及稳定工资	61	79	62	86	52
高工资	28	61	17	58	11
养老金和其他老年福利保障	13	17	12	29	15
不必过于努力工作	13	30	4	25	2
满意度变量					
与同事相处融洽	36	17	39	22	43
与上级相处融洽	28	14	28	15	24
完成高质量工作的好机会	16	11	18	13	27
做有趣工作的好机会	22	12	38	14	43
其他变量					
良好的晋升机会	25	23	42	24	47
良好的工作环境	21	19	18	4	11
案例总数	2 499	196	196	45	45

注：每项百分比总计超过 100%，因为包含了对每个工人的三级评价。

资料来源：Kahn. 'Human relations on the shop floor' in Hugh-Jones (cd.), *Human Relations and Modern Management*, 1958.

当契约的一方，即个体，发现组织的不同部门有不同的期望时，这种多样性会让他们感到困惑。

随着任务的变化，契约也会随之改变，这是合理的。

例如，研发部门工作人员的心理契约可能与车间员工的心理契约有所不同。然而，契约常常会因为个体管理者对人性的一般假设以及我们进行动机计算的方式有不同的看法而发生变化。这些正是之前提到的刻板印象和过度简化（见 2.2.6），它们在很大程度上影响了我们对待人和管理人的方式。

2.5　总结和启示

2.5.1　主要论点总结

早期的动机理论：

- 满意度理论。
- 激励理论。
- 内在动机（本能）理论。

这些理论都在某些情况下奏效，但没有一种是普遍适用的。它们都基于一些对人的基本假设，即：

- 理性经济人假设。
- 社会性假设。
- 自我实现假设。
- 复杂性假设。
- 心理假设。

图 2-3 是动机影响个体决策方式的模型。

图 2-3　动机影响个体决策方式模型

该决策模型在心理契约中运作，这种心理契约包括：

- 强制契约。
- 计算契约。
- 合作契约。

现实中很可能是这三种情况的混合，其中一种占主导地位。在任何一个群体中运作的契约的类型通常取决于管理者对个体的假设。

2.5.2 启示

我们的建议是：

（1）每个人都建立一个动机计算机制，用于制定开创性的先例决策。

（2）该机制在个体与群体或组织之间的心理契约的范围内运作。

（3）当组织和个体对心理契约的看法一致时，无论契约的实际性质如何，"动机"都会发生。

（4）因此，不存在绝对"正确"的激励动机理论，需要适合个体和特定情境。

这其中蕴含着哪些意义呢？我们是否推倒过一些公认的具有可操作性的对人和动机的简单化观点，而剩下一个过于复杂和多变的无法使用的模型？

确实存在这种危险。但那些刻板的假设和过度简化的观点似乎并没有带来更好或更有效的组织。模型的复杂性确实是一个难题，但至少有一些普遍的含义是明确的：

（1）管理者需要更深入、更清晰地思考他们对组织中起作用的心理契约的看法。要求员工做什么，如何控制员工，如何组织员工，如何奖励员工，所有这些都取决于心理契约。如果个体与组织契约不符，人们的工作效率会降低，并可能产生意想不到的后果。

寓意：心理契约将成为选择领导风格和组织工作方式的一个重要因素。

（2）如果管理者希望改变组织的控制方式或影响力方式，他们必须意识到自己正在改变心理契约。例如，权力下放涉及许多人的责任级别的改变，你不能仅仅假设每个人都想要这种改变。

寓意：心理契约常常是任何变革问题的核心所在。

（3）如果通过动机计算做出的决策没有得到预期结果，即如果我们发现我们的期望计算是错误的，而 E 要素并未带来预期的结果，我们就会经历所谓的"失调"。失调是指现实与我们期望之间有差异。对于大多数人来说，这是一种心理不适或压力。如果不解决，所有的压力症状都会出现（这些将在第 3 章中讨论）。为了解决失调问题，我们可以：

- 增加 E 要素。
- 重新计算期望值，即降低目标结果。
- 重新计算工具性，即决定我们实际上不需要这个结果。

第 5 章将更全面地讨论失调问题。在这里，我们必须注意，在目标或预算设定中，这种困境随时可见。动机计算模型解释了我们每个人如何能够以上述方式之一行事。如果我们要选择增加 E 要素，我们只有在对结果水平感到确信时才会这样做。换句话说，只有在某种类型的心理契约下实施时，"预算"才会成为提高绩效的手段。而相对于其他契约，它们将被视为一种控制装置，个体将通过其他方法来解决失调情况。

寓意：动机计算解释了预算的大部分问题。

2.6　金钱或薪酬激励

当你做一项关于激励动机的研究时，不将金钱或者薪酬收入作为激励因素是不合适的。然而，正如最近的一篇评论综述所总结的那样："尽管人们普遍认为金钱是奖励和改变工作行为的主要机制，但对它的作用机制和原理知之甚少。"

原因是显而易见的。金钱作为动机因素的价值将取决于个体动机计算、受金钱或薪酬收入影响的需求的显著性、任何动机计算 E 要素可能带来的更多金钱奖励的预期，以及金钱和薪酬激励在满足需求方面的工具性。

　　这里无法综述金钱和薪酬激励的作用，但有一些重要的观点需要提出。

　　（1）金钱包罗万象。在这些众所周知的需求分类中，没有一个将金钱列入其中。但是，它们通常假设金钱在满足从生理到自我实现的每一个层次需求方面都起到了重要作用。但这一假设在多大程度上是真实的，将因个体而异，可能也会因文化而异。大多数人自述的需求清单并没有把金钱放在首位，当然这也可能反映了一种文化偏见（"钱是不好的，但钱能买到的东西是好的"）。

　　（2）金钱是比较的基础，是可以精确计量评价的。金钱在这一点上区别于其他大多数激励因素，其他激励因素都不能精确衡量。因此，作为衡量比较的标准和尺度，金钱有独特作用，它可以实现与过去比较，与其他组织比较，或者与其他个体比较。由于金钱往往伴随着地位提升，责任加重，成功、独立或安全感的提高，因此金钱是被比较和被谈论的要素，而不是潜在隐含性因素。人们经常观察到，我们更关心对我们不利的比较，对那些有利的比较则不以为然。换句话说，我们把金钱当作比较的标尺。当任何一种比较不利、不公平时，我们会感到不满。如果比较有利，我们却会将其归因为"运气"。正如赫茨伯格所说，从某种意义上讲，并不是作为保健因素的金钱或工资收入发挥激励作用，而是"公平"。薪酬的绝对水平通常不是问题，重要的是个体间薪酬差异、个体薪酬曲线、未来期望和自我概念间差距等一系列比较所体现的公平水平。

　　关于雅克使用"自由裁量时间跨度（判断时距）"作为衡平法以实现公平基础的想法，我们将在第二部分中进行讨论。工会的许多争论其实关乎的是公平，而不是金钱本身。劳勒发现，在缺乏信息或信息不对称的情况下，我们会高估同事的薪酬，并由此感到不满，这进一步强化了一个论点，即相较于金钱本身，公平性更为重要。

　　（3）金钱是一种强化激励。我们从对动物实验的研究中获知，如果定期给予一些期望的物品作为强化物，那么激励因素将收效甚微，其作为动机的效果很小。因此，以年度递增的薪酬或工资收入很可能被视为一种工作条件，而不是与员工的特定努力相关。只有少数几类销售人员体验到，他们的收入与特定工作直接相关，众所周知，他们对金钱和薪酬收入的激励作用反应强烈。与计件工资挂钩的激励措施通常在一段时间内效果良好，但有证据表明，与额外给予金钱奖励一样，产出的多样性和控制权同样具有激励作用。此外，如果计件工资与个体挂钩，可能会带来不安全感，但如果与群体和团队挂钩，则会分散其激励作用。

尽管存在诸多困难，第二部分仍将论证，相比于安全感、地位或工作满意度，在组织的一些部门中，薪酬是一种更简单、最终成本更低的奖励方式。但这种奖励必须考虑到公平性或员工感知的不平等所带来的影响。

2.7　结论

在对动机理论进行概述之后，读者或许和我一样，对该领域的许多研究工作感到失望。我曾希望动机理论能够揭示出生活的真谛和生命存在的理由，从而回答开篇所描述的隐士的困惑。然而，结果却发现人被视为一种半意识机制，以一种部分可预测的方式对各种冲动做出反应。"这不是我"，我哭诉道，虽然我可以在模型中认出许多我的同事，以及那些存在于组织想象中的匿名员工的身影。

在这种失望的心态下，我认识到动机理论是一种有用的方法，可以理解大多数个体如何根据自身特点，在他们的生活中做出短期及中期人生抉择。在组织中，对于任何寻求激活"E"力量或引导其实现任何特定目标的人来说，这些都是重要的决定。但前提假设很重要，因为动机是内心运作和自我内部发挥作用的过程。但是对于"我"的本质认同，必须用其他方式来解释。然而，这一结果对于动机过程的运作至关重要，因为我的"自我"就是该过程发挥作用的重要组成部分。"我"是每个心理契约的一方，我确实有一系列重要性不同的需求，但这些需求是如何形成的呢？是通过遗传还是环境的偶然？我对此有发言权吗，还是我只是一个无能为力的受害者？

2.7.1　自我概念

"自我"、自我概念、自我理想以及其如何形成，这些议题是所有关于动机研究的基础。正如前文所述，莱文森确实提出，自我理想的吸引力，即一个人对自己可能成为什么样的人的认知，是基本的动力。

凯伦·霍尼认为，神经症的核心在于神经症患者倾向于用无法实现的理想来评判自己，自我价值感的缺失和自我厌恶的感觉来自过高的自我理想——高成就需求者则会避免这样做。尽管不像莱文森描述得那么具体，但我们很容易理解一个人对自己应该成为什么样子的观念会影响不同需求的重要性。当我从组织高管转变成为教育工作者和学者时，我发现新的自我概念迫使我降低了对某些物质需求的重视，并重新唤起了其他需求，比如同事的尊重。

专栏 2-8　托尔斯泰论强化自我概念

无论一个人的地位如何，他必然形成对人生的总体看法，这将使他自己的活动显得重要而正当。

人们通常认为，小偷、杀人犯、间谍、妓女知道自己的职业是邪恶的，一定会为此感到羞耻。但事实恰恰相反。那些因命运、自身罪孽或错误而被置于某种地位的人（无论这个地位多么不合乎常规），都会采取一种整体的生活观，使他们的地位对他们来说显得正当和值得尊敬。为了支持他们的人生观，他们本能地只与那些接受他们的生活观念和生活地位的人交往。当小偷吹嘘自己的技术，妓女炫耀自己的堕落，或者杀人犯吹嘘自己的残忍时，这让我们感到惊讶。但这只是因为它们的数量有限并且我们生活在不同的环境中（这就是重点）。但是，当富人夸耀自己的财富（即掠夺）时，我们难道不会观察到同样的现象吗？当军队指挥官为自己的胜利（即杀戮）感到自豪时；当那些身居高位的人吹嘘他们的权力（即暴力）时，情况又如何？我们看不到他们生活观念和善恶观念的腐败，并且为他们的立场辩护，只是因为拥有这种腐败观念的人的圈子更大，而我们自己也属于这个圈子。

资料来源：Tolstoy, *Resurrection*.

我们对自我概念的形成知之甚少，其中包括：

（1）自我概念很大程度上来自我们生活中选择的榜样。青春期和成年早期往往是我们摒弃旧榜样、寻求新榜样的时期。我们有时会抛弃父母榜样，有时也会重新回到父母的怀抱。个别教师对我们的重要性可能远远超出他们的工资或社会地位。在同一个村里长大的男孩，在同一所学校读书，他们会有一套始终如一的参照体系和模式，并且形成自我认知的过程相对顺畅，很容易形成自我概念。然而，那个因才智出众而被提升至不同参照群体的男孩，则面临艰难的抉择。

理查德·霍加特在《识字的用途》一书中描述了来自工人阶级家庭的文法学校男孩如何使用两种不同的口音，一种在学校使用，一种在家里使用，以此来区分生活中受到的两种影响。父母难以承受被子女拒绝作为榜样的现实，更难以接受自己对亲生骨肉的自我概念的影响甚微。然而，随着社会流动性和灵活性的日益增强，越来越多的年轻人将面临更多的榜样选择。

（2）自我概念的形成并非一帆风顺，常常离不开创伤。青春期是一段艰难的时光。正如《冬天的故事》中的牧羊人所评论的那样："我希望没有10岁到23岁之间这个年龄阶段，或者青年人可以在睡梦中度过这段时间：因为在这期间，除了让姑娘怀孕、冒犯长辈、偷窃和打架之外，没有什么好事。"

（3）大众媒体或许促成了所谓的青年文化的形成，这一文化拥有其独特的规范、价值观和象征符号，为年轻人提供了另一种极具影响力的自我认知模式和自我概念模型。广大年轻人群体成了所谓的"参照群体"。我们可能在不同事物上拥有不同的参照群体。在迈尔斯的一项研究中，青春期女孩选择同龄人（同龄女孩）作为最重要的参照群体，在处理事务时尤为如此，在服装、书籍等方面有各自的品位。然而，在更重要的事情上，父母更受青睐，被优先视为参照群体。例如，面对自己同样喜欢的两个男孩，要决定到底与谁约会，只有1/3的人会接受朋友而非父母的建议。

（4）同辈群体的影响可能被过分强调，但无可否认，选择榜样或参照群体的困难确实可能导致许多疏离、退缩和难以应对的叛逆行为。肯·洛奇在1971年根据莱恩的作品改编的电影《家庭生活》精彩地记录了一个家庭面对此问题的经历。

（5）随着年龄的增长，我们倾向于形成一种自我概念。然后，我们往往会通过置身于自我概念大致相同的人群中来保护这种选择，并且确认我们的自我概念是合理的。因此，我们倾向于生活在类似的人群中，挑选反映我们价值观的报纸、俱乐部，并在度假时选择那些不会挑战我们的自我概念的地方。我们可以忽略对我们所选择的自我概念的批评，要么拒绝它的来源（想着"他只是一个老糊涂"），要么通过身体上的回避来避免招致恶语的机会，例如不与自己选择的群体以外的人交往。

但不同的或创伤性的经历常常会导致我们修正理想的自我概念，即我们的自我理想。对于许多经历过战争的人来说，战争就是这样的经历——他们找到了一套新的榜样和新的生活模式，并在战后彻底改变了他们的生活方向。学术休假、大型教育项目、住院或入狱，都可能对个体的自我概念产生重大影响。这种变化并不总是让人感到舒适，因为它可能意味着生活的全面转变，因为心理契约已不再以相同方式发挥作用。你过去喜欢的工作、安全感、规律的工作时间，如今或许成了你想要摒弃的。一个脱离自己的环境结婚的女孩经常会遇到一套新的行为模式，从而导致她的自我概念发生变化，而这种变化可能需要数年时间才能重新稳定下来。若女性运动代表了一种自我概念的新模式，则可能会对许多女性造成深刻的困扰。

专栏 2-9　原生者与棋子

原生者是指那些认为自己是生活主宰的人。他们认为自己的所作所为是自己自由选择的结果，他们之所以这样做是因为他们自己想这样做，活动的结果对自己来说是有价值的。他们仔细思考自己在这个世界上想要什么，并选择最重要的目标，排除那些太容易或太冒险的目标，意识到自己的能力和局限性。简而言之，他们是自己命运的主人、棋局的主宰，掌握着自己的命运。

棋子指的是那些认为某人或某物掌控着自己的命运的人。棋子会认为自己的所作所为是他人强加的。他们之所以去做，是因为被迫如此，而活动的结果也不会给他们带来自豪感。由于感觉外部因素占主导，棋子不会仔细考虑生活中的可能目标，也不关心自己能做些什么来推动自己的事业。相反，他们希望好运降临，幸运女神对他们微笑。

你是哪一个？你是原生者还是棋子？

资料来源：Charme, *Personal Causation*, 1968.

我们在生活中扮演的角色或身份在一定程度上是由我们的自我概念决定的，但反过来它们也会影响自我概念。正如"一个人在其一生中会依次扮演许多角色"一样，我们也可以同时过着不同的生活。因此，一个专制的经理可能是一个顺从的丈夫，或者一个严厉的指挥官也可能拥有一个幸福的家庭。这种角色的相互作用及其影响将在下一章中进一步讨论；在这里，我们只需要注意这样一个事实，即我们可以"融入"角色，这实际上意味着我们改变了自我概念，以便更好地适应角色的要求和我们看待自己的方式。

2.7.2　心理上的成功

阿吉里斯等学者认为，个体会不断提升自我价值感，或者增强自我概念。他们通过寻求心理上的成功来实现这一目标。如果满足以下条件，人们就会体验到心理上的成功：

（1）为自己设定一个具有挑战性的目标。

（2）自己确定实现该目标的方法。

（3）目标与自我概念相关联。

体验到心理上的成功会让我们感觉更有能力，赋予我们一个更有能力的身份。一般来说，一个人越感觉自己有能力，他就越有可能在对自己重要的领域承担风险，而越不需要像之前描述的那样四处保护自己的自我概念。"我们都是蠕虫，"温斯顿·丘吉尔曾经说过，"但我却实在地相信我是一只萤火虫。"

反之，心理上的失败会导致目标降低，渴望保护自我概念并避免使其受到可能的伤害。失败往往会导致未来的低成就，正如成功往往会催生更多的成功一样。习惯于失败的人，一旦取得成功，往往会"功成身退"和"见好就收"，因为他们害怕成功。

心理成功的一个重要方面是，个体应该感到目标的实现归因于自己的努力或付出的精力。如果成就出于偶然，或者实现目标的方法是由他人决定的，那么成就感就会降低。反之亦然，如果可以把失败归咎于运气、制度或另一个同事，那么心理失败感就会减少。在专业术语中，这称为归因理论。

根据这个理论，心理成功即使不是个体的主要需求，也是个体的各种需求之一。如果你相信这一点，那么对动机计算的影响将是巨大的。如果一个目标与个体的自我概念无关，即不能满足其心理成功的需要，那么整个计算的总和将会减少，消耗的"E"也会减少；如果达成目标的方法不是由个体自己选择的，那么这个目标将无法满足他心理成功的需要，整个计算的总和也将会减少。

专栏 2-10 失业对心理成功的威胁

谢菲尔德大学的彼得·瓦尔列出了经研究确定的失业可能带来的九种心理影响。

（1）财务焦虑，2/3 的工薪阶层收入减少一半或更多。

（2）失去多样性，可去的地方越来越少，可做的事情也越来越少。大多数失业者睡得更多，做更多的家务和看更多的电视。

（3）失去牵引力，生活中可供人们遵循和追求的结构越来越少，需要完成的目标和任务也越来越少。

（4）决策范围缩小，自由度增加，但可自由选择的空间和实质内容减少，选择也减少。

（5）技能发展较少，一个人的技能的发挥空间通常较少，通常没有那么多可以施展技能的途径。

（6）更多心理威胁，在工作面试、信贷申请和社会交往中遭遇更多拒绝。

（7）不安全感增加，尤其是对未来的不安。

（8）人际交往减少，因为缺钱、无工作可做而减少社交联系。

（9）地位丧失，以及与工作角色相关的自我概念（自我认知）的丧失。

彼得·瓦尔指出，这些因素并不适用于所有人。

那些对工作不太投入的人、年长或年轻的人、中产阶级、女性和健康的人：这些人似乎都比其他人遭受的痛苦要少。当失业来袭时，作为中年工人阶级且全身心投入工作的人处境艰难。

资料来源：P. Warr, 'Work, Jobs and Unemployment'. *Bulletin of the British Psychological Society*, 1983.

换句话说，我们不仅需要了解个体在任何心理契约中的需求图谱，而且还必须了解他的自我概念以及他希望自我概念发展的方向。然而，尽管我们可能同意心理成功是所有个体都需要的，但我们很可能想质疑它在每个人的需求层次中的首要位置。对于我们中的一些人来说，心理上的成功可能不再重要，或者它从未重要过，但对另一部分人来说，心理成功可能是至关重要的。因此，总的来说，我们需要认识到动机计算可以帮助我们理解一个人分配"E 要素"的决策过程。但影响计算、影响需求显著性的因素是多种多样的。我们的自我概念、我们所处的角色、我们的心理契约、我们对情境的感知都涉及其中。我们需要深入理解组织中人们的行为，而不仅仅是激励的过程。

第 3 章

角色与互动

3.1 引言

想想你自己或任何个体在生活中扮演的所有角色，可能是一位高管、父亲、妻子、园丁、高尔夫球手、替罪羊，抑或是中间人。哪一个是最本质的你？或者说，抛开这些角色，你还剩下什么？你可以请 10 位最了解你的朋友，让他们写下对你的描述。他们的描述会大相径庭吗？你是谁？在所有角色中，你始终如一吗？你的女儿在办公室里会不会认不出你来？你是否超越了一系列角色表演的集合？你应该是怎样的？

许多小说都是围绕着身份问题展开的。厘清混乱的角色观点，是个令人头疼的事情。如果你在生活中扮演了不同的角色，比如成为一名女性而不是男性，成了一名教师而不是经理人，又或者是一位化学家而非职员，你现在会有所不同吗？角色在多大程度上塑造了一个人的个性？是情境造就人，还是人造就情境？

动机理论让我们得以窥见人们为何会这样行动，但这还远远不够。角色理论，即研究个体及其所扮演角色的理论，为我们提供了更多的线索。或者说，它将提供一种新的语言、一种新框架来帮助我们理解为什么这个世界不如想象中那样易于驾驭，人们为什么会承受压力和负担，为什么组织中会滋生误解和冲突。角色理论提供了一种将关于个体的理论与关于组织的理论联系起来的方法。

有人认为，在通信、社会流动性、教育、财富和机会等方面的改进所带来的主要结果是为每个人提供了更多可供选择的角色。我们不再受限于出生于哪个社区，就注定要继承父辈的职业，不会和他们住同一所房子并且和街坊邻居结婚。现在又有谁能预知我们的孩子将会在哪里生活、结婚、工作？或是他们会成为什么样子的人呢？预设的角色或许沉闷乏味或限制性强，却能带来确定性和安全感，并形成一致的自我概念。毫无疑问，角色多样性、角色机会和角色的多元化是令人向往的，但是它们也带来了复杂性、不确定性、不安全感和压力。在组织内部，其运营活动的规模和运营复杂性、变革的速度和影响力扩散的速度都使得个体的角色变得更加复杂。工作组织在我们的社会中的主导地位有所增强，随之而来的是工作角色与家庭角色、职业角色与社会角色相融合的问题。个体是所有这些压力下的关键点。每个人会如何应对？他们的行为是否可以预测？他们能够得到帮助吗？组织是如何帮助或阻碍他们的？这些都是本章关注的问题。

接下来，我们将讨论角色理论的相关概念、角色压力以及压力的含义，然后转向对角色含义的进一步探讨：

- 对他人的个体感知。
- 与他人的个体互动。

无论何时何地，每个人都在与其他人的关系中扮演着一个角色。他在该角色中的表现主要取决于以下两个影响因素：

- 内在力量，即他的个性、特质和技能。
- 情境力量。

这两个因素在一定程度上是相互作用的。个性会受到所处情境的影响。而情境在一定程度上又取决于其中参与者的性格。在心理学领域中有很多争论都集中于情境或环境对人的行为和个性的影响上。领导力理论（将在第 4 章中讨论）的很多争论集中于个体对情境产生的影响上。本章将会侧重于情境力量的影响，即角色理论的有关概念如何帮助我们理解并预测个体的行为和表现。

3.2 角色理论的相关概念

3.2.1 角色集

在分析任何情境时，所关注的特定个体通常被称为焦点人物。他拥有焦点角色，可以被视为坐在一群人中间，在该情境下与所有人以某种方式互动。这群人被称为他的角色集。例如，在家庭情境下，一个人的角色集可能如图 3-1 所示。

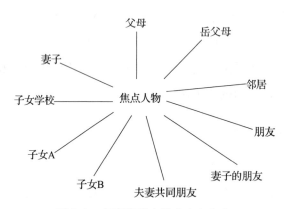

图 3-1 家庭情境中的个人角色集

角色集应包括该个体所拥有的所有角色，除了那些轻微琐碎的互动角色。在任何角色集中，涉及的人通常比最初预期的要多，这就是绘制自己在特定情境下的角色集通常是一种有益的经历的原因之一。

3.2.2 角色定义

在任何情境中，个体角色都是角色集中对焦点角色的期望的组合。这些期望通常是按职业来界定的，有时甚至具有法律效力。

律师和医生的角色定义在法律和文化层面都相当明确。同样，电影明星或银行经理的角色定义在文化层面也颇为清晰，甚至可以说是过于明确。

个体常常发现自己难以摆脱文化传统为其设定的角色。不仅仅是医生或律师的角色行为模式受限制，如果你长时间担任这一角色，它迟早会成为你的一部分，成为你的个性特征。因此，我们有理由认为，会计可能都是一个模子里刻出来的，金发女郎之间也存在诸多相似之处，这些都是角色期待强加给他们的结果（见专栏 3-6）。

通常来说，弄清楚自己在某一特定时刻扮演的角色是很重要的。很明显，角色标志能够帮助我们做到这一点。最简单的角色标志就是制服。袖口上的条纹数量或者肩章能非常精确地界定你的角色，它赋予你在特定情境下执行某些特定任务的权限。如果你需要进一步理解角色标志的意义，请想象一下，若你在午夜时分昏暗的街道上盘问一个陌生人，却未身着警察制服，那将会是怎样的情景？

在社交场合中，着装通常被认为是一种角色标志，用以表明聚会的性质和正式程度，偶尔也用来展现一个人当下的社会地位。如今，这种在着装中模糊角色标志的趋势或许算得上是一种民主化，但是同时也造成了一些人的不安全感。失去了角色标志，谁又知道谁扮演了什么角色呢？

我们或许都曾在某些时刻感到困惑，甚至愤怒，因为我们未能识别某位重要人物，对某位主席趾高气扬而不够尊重，或是粗鲁无理地面对部长，仅仅因为他们没有穿着适合自己身份的服装。

地点是另一种角色标志。即使是面对同一人，管理者们在办公室内和办公室外的举止态度往往也会大相径庭。他们通过地点的变化来表明自己角色的转变，比如说从老板变成朋友。事实上，如果你希望改变自己的角色，就必须找到一些外在信号和明显标志来表示自己正在这样做，否则你的改变会受到阻碍，无论你多么努力想和属下成为朋友，下属仍会继续把你视为自己的上司。在角色发生重大变化的情况下，例如从学生到毕业生，从士官到军官，从单身到已婚人士，角色的转变必须有非常明显的标志，因此产生了仪式。有趣的是，我们可以观察到，人们对婚礼仪式的重视程度有所下降。这或许可以视为一个迹象，从单身到已婚的角色转变已不再剧烈，因此不需要公开的标志性变化。

在组织机构中，办公室门牌和办公家具通常被用作角色标志。尽管这些以及其他的地位特权通常令人不满，然而在民主社会中，它们可能发挥着类似制服的作用，即为角色提供明确的标志。毕竟，缺乏明确的角色标志往往会导致人们对焦点人物的角色期待产生混淆或分歧。

3.2.3　角色模糊

当焦点人物或其角色集中的成员对其在特定时间所扮演的角色存在一些不确定性时，就会产生角色模糊。塑造角色定义的关键期望来自个体本身，即焦点人物自己。如果他们对自己角色的认知不清楚，或者他们对角色的认知与角色集中的其他人不同，就会产生一定程度的角色模糊。这是一件坏事吗？不一定。因为能够塑造自身角色是许多人渴望的自由之一。然而，这种模糊性可能导致角色压力，这将在后面讨论。职位说明的优点就在于减少了角色模糊。不幸的是，除了较低级别外，职位说明很少是完整的角色定义。在中层和高层管理级别，职位说明经常只是一张职责清单，很少提及更加细微和非正式的角色期望。结果便是使个体有一种不自在的感觉，觉得还有些言犹未尽，也就是说，增加了角色模糊感。

专栏 3-1　角色模糊和管理者

在诺曼·梅尔及其两位同事共同进行的一项研究中，几个组织机构的多名副总裁被要求每人挑选一位直属下属，要求每位副总裁非常熟悉这位下属的工作，并定义这位下属的角色（包括主要职责、这些职责间的优先级以及胜任该职位所需的资格条件）。随后，这些被挑选出来的下属们被要求独立地定义自己的角色（针对相同变量）。结果表明，每一对上下级之间的一致性大约为 35%。

资料来源：改编自 Maier, Read and Hoover, 'Breakdowns in bosssubordinate communication'. Foundation for Research on Human Behaviour, 1959。

工作情境中被引用最多的角色模糊的例子为：

- 不确定如何评估一个人的工作。
- 不确定晋升空间。
- 不确定职责范围。
- 不确定他人对自己的绩效期望。

如果从另一个角度来看角色模糊，即从角色集成员的视角来看，焦点人物角色的不明确可能会给角色集成员带来不安全感，导致他们缺乏信心，产生烦恼甚至是愤怒。在一个管理者身上我们可以识别出以下角色：

高管、规划者、政策制定者、专家、奖惩控制者、仲裁者、榜样、团队代表、替罪羊、顾问、朋友、教师。

如果不能通过某种角色标志来清楚地表明焦点人物现在扮演哪个角色，那么对方也没有办法以适当的方式进行回应，甚至可能会产生误解。例如，焦点人物以教师的身份与我们交谈，而我们却把他视作企业高管的训话，我们实际上可能会听到完全不同的信息。

3.2.4　角色不相容

角色集成员的期望众所周知，但作为同一角色的特征却相互矛盾时，就导致了角色不相容。例如，一个人的上级可能明确地表示他希望有一种结构严密、规则导向的领导形式，而他的下属却希望拥有一个随意、轻松、友好的风格。同一个人的直属上级和职能上级的期望不同是角色不相容的一个常见情况。

然而，最难处理的角色不相容可能是他人对个体的角色期望与个体自我概念之间的冲突。最明显的例子就是道德问题，公司的行为准则可能与个体道德标准存在不一致。当感到角色要求或期望"与我们不符"时，或者是被迫扮演不符合自我形象的角色时，我们被迫产生的压力更微妙，同时也更具侵入性，我们会以一种在心理而非道德意义上与我们的个人身份相矛盾的方式行事。一些研究表明，成功的管理者对自己的身份有着非常清晰的定义，从某种意义上说，是以自我为中心的。然而很明显，想要在大型组织的中层获得成功，通常需要以组织为中心。这表明许多成功的管理者在他们的职业生涯的某个阶段，必须经历这种特殊形式的角色不相容。其后果和应对方法我们将在角色压力部分讨论。

3.2.5　角色冲突

角色冲突是由于一个人在同一情境中必须扮演一个或多个角色而产生的。每个角色的期望可能都非常明确，而且每个角色的期望之间都是相容的，但是角色本身可能会存在冲突。例如，职业女性经常发现，她被期望在同一时间既满足人们对于女性的期望，又符合人们对于传统的和成功男性高级管理者一样的期望。这两种角色之间存在冲突。所有管理者都扮演着图 3-1 中列出的各种角色，这些角色中有许多都存在冲突。许多成功的男性高管发现，作为丈夫或者父亲，与管理者的角色之间存在冲突。尽管这些角色可能存在于不同的角色集中，但它们可能会以导致冲突的方式相互影响，导致个体无法同时扮演好这两个角色。

专栏 3-2　喜剧歌剧中的角色冲突

小镇领主（Pooh-Bah）和小镇裁缝（Ko-Ko）的对话精彩再现了角色冲突。

小镇裁缝：领主，我大婚之时，庆祝活动要持续 7 天，活动要办得盛大气派。我想咨询你这大约需要多少费用？

小镇领主：以我的哪个身份来说？作为第一财政大臣、宫廷大臣、总检察长、内务大臣还是私人秘书？

小镇裁缝：我们假设是私人秘书吧。

小镇领主：以您的私人秘书的身份建议，我想说，鉴于是城邦承担大婚支出，不要对自己吝啬，要办好办盛大。

小镇裁缝：有理。既然是城邦负担，那便不必客气。这是你的建议。

小镇领主：这是作为您的私人秘书的建议。当然，您得理解，作为财政大臣，我还是得说，我有责任确保节约。

小镇裁缝：哦！但你刚刚才说，"不要对自己吝啬，要办好办盛大"。

小镇领主：这是身为您的私人秘书的角色建议。

小镇裁缝：嗯，现在你又说必须注意节约。

小镇领主：这是作为财政大臣的忠告。

小镇裁缝：我明白了。过来这里，财政大臣听不到我们的谈话。（他们穿过舞台。）现在，作为我的法律顾问，你建议我怎么处理这个问题？

小镇领主：哦，作为您的法律顾问，我会毫不犹豫地建议您"试试看，冒险吧，碰碰运气"。

小镇裁缝：谢谢。（握手）我会的。

小镇领主：作为首席大法官，我有责任确保这一切没有违反法律。

小镇裁缝：我明白。到这边来，首席大法官听不到我们说话。（他们穿过舞台。）那么，现在，作为我的第一财政大臣，你如何建议呢？

小镇领主：当然，以第一财政大臣的身份，我可以提议一项特别拨款来支付一切费用。作为反对党领袖，我会拼尽全力进行反对，这是我的责任。或者，以会计长的身份，我可以把账目做得一团糟，以至于作为审计总长，我永远也发现不了其中的欺诈。但是，作为提提普小镇的大主教，我有责任谴责我的不诚实，并将自己移送给身为总检察长的我自己。

小镇裁缝：这太棘手了。

资料来源： W.S.Gilbert, *The Mikado.*

所以我们需要将角色冲突（冲突的角色）与角色不相容（冲突的期望）区分开，它们不是一回事，但最终结果却是相同的，那就是角色压力。

3.2.6 角色过载

角色过载是角色冲突的另一种形式。大多数人可以处理一定程度的角色冲突，即一系列不完全匹配的角色集。然而终有一天，当一个人需要处理的角色数量变得过多时，就会经历角色过载。这与工作过载不同，工作过载通常意味着在一个角色中要做的事情太多。它也有自己的问题，即通常是疲惫导致压力，但这种问题的性质与角色过载不同，角色过载关注的是角色的多样性和数量。

从执行者转变为管理者往往伴随着工作过载向角色过载的转变。加班可能是应对工作过载的一种可行策略，但它可能不适用于角色过载。这可能会让人感到困惑，他们之前作为一个执行者时运用这一策略，并获得成功，却在作为管理者时发现它失效。

3.2.7 角色负荷不足

在组织的较低层级中，一个被忽视但非常实际的问题是角色负荷不足。这种角色冲突形式出现于个体感觉角色定义与其自我概念不符，也就是说，当前角色不符合他们可以处理更大职责或更多角色的能力。例如，当一个组织的招聘部门录用了一名新毕业生，并通过谈论各种机会扩大了他的自我概念，然而新员工却得到一份他个人认为远远低于他的能力水平的工作时，这种自我概念就会受到强烈冲击。这份工作是否真的低于他的能力已经变得无关紧要——关键是个体的感知导致了角色负荷不足。在组织中担任审计角色的个体，比如质量控制、财务部门的成员，或者某些计算机部门的员工经常会遭受角色负荷不足的困扰。实际上，他们处于"如果一切顺利，他们就不被需要"的位置上。

初次进行任务分派时，个体往往也会产生一种角色负荷不足的感觉，刚刚被授权的管理者会感到自己多余而毫无用处。角色负荷不足是角色冲突的一种形式，它也许是对个体自我概念威胁最严重的形式。正如下面将要看到的，它是最隐蔽但又最容易被忽视的组织效率的破坏者。

3.3　角色压力

现在，我们来探讨这些角色问题，并研究处理这些问题的一些方法。

3.3.1　角色压力概述

角色模糊、角色不相容、角色冲突、角色过载和角色负荷不足等所有的这些问题都会导致角色压力。压力可能是积极的，也可能是消极的。大多数人在一定程度的压力下能展现出最好的表现，但如果压力的形式不当或压力过大就会对其造成伤害。组织管理中的一个主要任务是控制压力水平。

方便起见，我们将有益的压力定义为角色增压，有害的压力定义为角色紧张。然而除了通过产生的影响来区分角色增压和角色紧张，并没有其他更为明确的方法来区分它们。

3.3.2　角色紧张的症状

当焦点人物产生角色紧张时，他通常会表现出以下症状。

（1）紧张。通常表现为烦躁、对琐事过分关注、极度讲究精确度或患病，将注意力集中在眼前，将情况两极化——"黑"和"白"的极端，导致刻板的反应，并增加对谣言和群体压力的敏感性。

（2）士气低落。通常表现为对组织的信心不足，对工作表达不满，或感到无能为力。

（3）沟通困难。通常很难与个人交流，甚至完全中断交流，变得沉默寡言和内向孤僻。缺勤是这种症状的极端形式。

当然，我们不能仅仅通过这些表象症状就断定一个人产生了角色紧张，也有其他形式的组织问题会导致这些症状。但是，如果角色紧张是产生这些行为症状的根本原因，那么下一步就是识别角色问题的类型。有时，只需要观察一个人缓解压力的方式，就可以断定问题所在。

3.3.3 应对角色紧张的策略

这里有一些常用办法可以缓解角色紧张，但大多是应对策略而非解决策略，治标不治本。

（1）压抑。个体虽然表现出所有的问题症状，但仍否认存在问题。笑声或幽默行为通常是压抑的症状，过度饮酒或吸烟也是如此。

（2）退避。个体在心理上设置屏障，或离开组织。

（3）合理化。个体认为冲突是不可避免的，必须接受并与之共存。

此外，针对每种类型的角色问题还有单独的缓解办法。如果问题是角色模糊，个体可以尝试澄清自己的角色定义：

- 通过向角色集的其他成员施加自己的期望。
- 通过向角色集的关键成员（尤其是直属和职能上级）要求明确岗位说明或参照岗位先例来明确角色定义。

个体可以通过一些方法缓解角色不相容问题。如通过个体评估对于角色集中更重要或地位更突出的成员给予更高的优先级，降低对于其他成员的期待。举例来说，在我们的直属上司和行政领导之间，我们经常根据他们对我们来说的政治重要性进行抉择。或者我们可以向受影响的各方询问角色不相容的解决措施（我们可能并不总是能够做到这一点）。

缓解角色冲突的方法有：

- 降低其中一个角色的显著性或重要性，这样一来在该角色中表现不佳就不会再困扰自己，例如，减少父亲角色的显著性，从而允许自己选择适当退出该角色。
- 通过协商将生活划分为独立的部分，使得角色不会相互重叠，并建立规则和程序来维持这些部分及其相应的优先级，例如将周末留给家庭。

应对角色过载的方法包括：

- 降低某些角色的重要性，在这些领域表现出低绩效，但接受这一结果与这些目标的重要性降低的一致性。
- 通过协商重新分配角色责任和优先级。

可以通过以下方式减轻角色负荷不足对个体的影响：

- 通过行使个体的刺激性权力（在第 5 章中被描述为负面权力）来提高自己在组织中的可见度和存在感。
- 除了扮演自己的角色外，额外承担其他人的角色。

通过观察这些解决策略，我们可以发现，在每种情境下，第一种策略总是单方面的策略。有时这意味着单方面重新定义优先级（解决失调的一种方法）；在其他情况下，则意味着单方面重新定义工作职责和范围。单方面的策略会招致其他相关人员的对抗，通常会导致问题进一步升级。不幸的是，在压力条件下（通常意味着紧张或退避），单方面的策略比合作策略更自然地出现在脑海中。

第二种策略（除了角色负荷不足之外）都是合作策略。有充分证据表明，与角色集的成员建立密切和积极的人际关系可以大大减轻角色问题的影响。当与涉及的其他人有着积极的关系时，同样程度的角色冲突会让人感受到更少的紧张感。不幸的是，角色问题会导致人际关系恶化。角色不相容或角色冲突往往会引发对同事的信任、喜欢和尊重程度的下降。这种倾向会导致单方面的解决方案，而这些解决方案往往是适得其反的。

在角色负荷不足的情况下，个体似乎无法启动任何合作策略，除了要求扩大角色——一种被视为专横或傲慢的策略。第一种单方面策略——使用负面或刺激性权力——是如此诱人，以至于很难不去尝试。大多数个体发现他们有能力启动新的系统、规则或程序，这些将有效地使他们的角色在组织中更加突出，从而重新定义他们的角色。这些策略都是合规的，事实上，由于它们通常被视为对提高效率的渴望，它们甚至是受到认可的。但如果它们源自角色负荷不足，实际上就会妨碍组织的正常运行。

第二种策略很难以合作的方式进行，因此结果要么是导致人际冲突，要么是造成工作重复，或者两者兼而有之。

由于角色负荷不足对我们的自我概念具有潜在的不利影响，因此抵制扩大自己工作岗位的企图非常艰难。事实上，如果这样表述，这可能确实是有益的。但实际上，大多数处于角色负荷不足的工作岗位的人只能通过侵占他人的角色和责任来扩大他们的工作范围，因为他们往往处于组织的中下层。

专栏 3-3　角色和压力

在一项对100名年轻冠心病患者的研究中，鲁塞克和佐曼发现，25%的人曾同时从事两份工作，45%的人每周的工作时间超过60小时。在91%的病例中，长期的情绪压力出现在心脏病发作之前。

马戈利丝等人对 1 496 名在职者进行了抽样调查。他们发现，工作过载与逃避性饮酒、旷工、动力不足、自尊心降低以及未向雇主提出建议显著相关。

卡恩等人发现，角色模糊的男性会体验到较低的工作满意度、更高的与工作相关的紧张感、更强烈的徒劳无功感和较低的自信心。

施罗姆等人收集了以色列 762 名男性基布兹（集体社区）成员的数据。他们发现，角色冲突与异常心电图结果之间存在显著关系，但这一显著关系仅针对管理者。随着职业阶层的降低，角色冲突与异常心电图结果之间的关系逐渐减弱。在体力劳动（例如农业）者中，这一相关性最低。

梅特林和沃费尔发现，个人的沟通网络越复杂，就越容易出现压力症状。

平查尔研究了 2 000 名前往医疗中心的英国经理人，发现身体压力情况与年龄和承担责任的水平有关，尤其是需要对人负责的那些职位。

资料来源：Cooper, *Psychology and. Management*, 1981.

3.4 压力的影响

3.4.1 简介

压力可以是激励性的（增压型压力），也可以是有害的（紧张型压力），二者的分界线部分取决于情境及其所造成的问题，还取决于个体及其能够容忍压力甚至是从压力中获益的程度。

3.4.2 情境导致压力

有五种组织情境很可能会给个体带来角色问题，从而导致压力。

（1）对他人工作的责任。前文已经提及了典型的"管理"情境中固有的角色模糊、不相容和冲突。在某种程度上，管理者的任务是调和群体与组织、群体和个体、自我和上级之间重叠或冲突的目标。一项研究表明，随着个体在组织中地位的提高，角色压力也会增加。

（2）**创新职能**。负责创新活动的人所遇到的主要角色问题是优先级事项冲突。一般来说，组织中的权力中心倾向于保持现状，这将给创新部门的管理者带来高度的角色模糊感——他是否应该进行创新？他还会发现日常工作职责与创新性工作之间存在大量冲突。因为这两种工作对心理的要求不同，很难由一个人同时承担。

（3）**整合型或边界性职能**。协调者、联络人或外部联系人的角色似乎特别容易产生压力。这可能是由于他们在应对需求或资源时缺乏控制。他们常常成为跨群体冲突的焦点，如组织内部冲突或者组织与其环境之间的冲突。

（4）**人际关系问题**。那些与上司、下属或同事关系有问题的人，毫不奇怪地表现出压力症状。一项研究发现，压力大的个体抱怨得不到上司的反馈和关怀。对于一些人，特别是那些技术导向的人来说，需要与他人合作并通过他人进行工作是一种令人担忧的复杂问题，如果遇到人际关系上的问题，很快就会成为一种负担。莫里斯提到了管理者所承受的"人际关系十字架"，两边是同事，上面是老板，下面是下属。对于一些人来说，这个十字架是激励的；但对于许多人来说，这是一种压力。

（5）**职业的不确定性**。如果未来的职业前景变得不确定，这种不确定性很快就会变得压力重重，并且会波及整个工作。对于人到中年的中层管理者来说，他们会面对一些特别的问题，比如被裁员、短时间达到顶峰或被提拔到难以应对的岗位上。技术、市场和公司结构的快速变化，使得个体压力变得越来越令人担忧，也越来越受重视。

专栏 3-4　压力的四种类型

卡尔·阿尔布雷克特定义了四种压力类型。

（1）**时间压力**。感觉没有足够的时间来完成必须做的事情。截止日期迫在眉睫，工作堆积如山。可以通过设置优先级和规划每天的工作来改善。时间压力可能源于角色过载。有些人对此感到兴奋，在其中茁壮成长，有些人则培养出一种"明天再说"的拖延态度。

（2）**情境压力**。以各种形式存在的角色压力，有时会因特定情境中的个体性格或行为而加剧。本章列出的策略应该对此有所帮助。

（3）**预期压力**。通常称为"担忧"，有时被称为"空穴来风的恐惧"。这种感觉是认为某种未知灾难即将发生、没有消息就是坏消息，或者最糟糕的可能性最有可能发生。将担忧打包起来并"搏击"它是消除忧虑的一种方法，就像《飘》中的奴隶："星期四是我的担心日。每个星期四，我都会坐下来，然后为各种事情担心一番。"

（4）**相遇压力**。这是在应对一个或多个难以相处、令人不愉快或可能不可预测的人时的焦虑，或者当常规的社会行为规则似乎不再适用时产生的一种轻微恐慌。本能反应是退缩到自己的官方角色背后，或者尽可能采取正式的方式，比如写信而不是见面。

资料来源：Albrecht, *Stress and the Manager*, 1977.

3.4.3 压力——人格变量

对于组织来说，选择能够承受压力的人来承担固有压力的角色显然非常重要。已知有几种人格变量与压力管理有关，它们包括：

（1）**社交性**。善于建立牢固的人际关系的人比独立的个体更能忍受压力，后者虽然经常建立融洽的人际关系，但不足以建立深厚的根基来应对紧张的情境。独立或自主的人在事情变得困难时常常会从人际关系中抽身，转而采用单方面的策略解决角色问题。

（2）**情感敏感度**。在任何冲突或模糊情境下，情绪敏感度高的人往往会比敏感度低的人更紧张。但是完全不敏感往往会导致糟糕的人际关系，所以在情绪敏感度方面还是需要处于"快乐的中间地带"。

（3）**柔性／刚性**。有证据表明，角色集的成员会在他们认为有效的领域施加压力。因此，那些被视为灵活的人往往会比那些坚定并已经证明了施压徒劳的人受到更多的压力。

一般来说，意志坚强且不太敏感的个体感受到的压力较小。人际关系深厚的人可以承受更大的压力。强硬的管理者在组织生活中承受压力的能力更强，但有时会以牺牲那些本应能使组织变得更有效、更易被接受的人际关系为代价。他们有时甚至会因此而自我毁灭。

3.4.4　压力对组织的影响

设计一个没有任何角色冲突因而没有压力的组织几乎是不可能的。这既容易又危险，但是，我们不能走向另一个极端，完全让个体自己去处理组织中普遍存在的角色模糊和冲突，无论是在企业、医院、学校，还是慈善机构。压力不应该是敬业的管理者引以为荣的标志。如专栏 3-5 所示，A 型人格的人充满活力，他们是推动组织前进的动力，但如果放任不管，他们可能会给自己和他人造成巨大的伤害。

专栏 3-5　A 型和 B 型

弗里德曼和罗森汉姆首先区分了 A 型和 B 型人。研究发现，具有某些行为特征的个体（A 型）比低风险的 B 型个体更容易患冠心病。

A 型人特征为"极度竞争、追求成就、攻击性、急躁、不耐烦、不安、过度警觉、言辞冲动、面部肌肉紧绷，以及感到时间紧迫和责任挑战的压力"。而 B 型人则更加悠闲。

在美国，一个由 3 400 名没有心脏病的男性组成的全国性样本，通过一组精神科医生的评判，被定为 A 型或 B 型。两年半后，年龄在 39 ～ 49 岁的 A 型男性患冠心病的发病率是 B 型男性的 6.5 倍。50 ～ 59 岁的 A 型男性的发病率比 B 型男性高出 1.9 倍。当进行类似研究时，本笃会和特拉普会修道士的研究也得出了类似的结论！

1976 年，霍华德等人研究了 236 名经理，并发现极端的 A 型行为与一系列已知的风险因素（高血压、胆固醇、甘油三酯、尿酸、吸烟和缺乏锻炼）相关。

如果任由个体自行处理时，他们往往会：

- 采取单方面策略，从而在其他地方引发角色问题。
- 将压力带到组织之外，比如带入家庭或酒吧（家庭本就不应该成为丢弃组织问题的垃圾箱）；或者试图自行承受压力，导致精神崩溃或人际关系破裂。

因此，个体需要：

- 了解合作解决角色问题的价值（上级可以通过发起组织相关人员会议，或者提供更清晰的任务和职位描述来为个体提供帮助）。
- 为自己创造"稳定区域"，以便得到适当的休息、娱乐和外部刺激（组织可以通过在各个层面上使其在文化上被接受来为个体提供帮助）。
- 通过更清晰地定义工作和生活中的优先事项和目标，来更好地看待自己的问题（组织可以通过提供更好的目标设定、职业规划和建议来为个体提供帮助）。

3.5 感知他人

3.5.1 角色感知

角色理论是解决我们如何看待其他人这一棘手问题的关键。如果我们非常了解一个人，比如朋友、亲戚或关系密切的同事，那么我们倾向于将他们视为一个人，包括他们所有的个体差异。E. M. 福斯特在小说中区分了扁平人物和圆形人物形象。"检验圆形人物的标准是他是否能够以令人信服的方式令人惊讶。如果他从不让人惊喜，他就是扁平的。如果他不让人信服，那么他就是一个假装圆形的扁平人物。"他提出，"圆形人物形象里面有生活的不可预测性。"他将狄更斯笔下的大多数人物与托尔斯泰和简·奥斯汀笔下的人物进行比较，认为他们都是扁平的。那些我们熟悉的人会成为圆形人物，但是在组织中，我们花了大量时间与那些对我们来说是扁平的人在一起，因为我们永远无法充分了解他们，无法知道他们隐藏的深度。

在与我们并不完全了解的人交往时，我们必须做一些假设，关于他们是什么样的人，他们的动机是什么，以及在任何情况下他们的反应或行为可能是什么。为了做到这一点，我们要：

- 收集资料。
- 将信息归类。
- 做一些预测。

归类。首先让我们考虑一下归类。在整理资料时，归类法是非常有用的方法。但是它们也有风险，因为归类是根据一定的假设或预测完成的。"教授健忘""老年男性不易改变"，这些都是刻板印象。我们知道这些说法是不准确的。我们不能在以上任何陈述前加上"所有"，因为我们知道每种说法都有例外。然而，刻板印象确实是一种简单的思考方式。如果我们能把某人归入一个刻板印象的类别中，那么他就变得可预测，并且更容易应对。专栏 3-11 显示了学生对于教师的同一行为做出了截然不同的反应，这是因为他们受到了刻板印象的影响。了解一个人的角色——他是医生、教授还是钢铁工人——我们就会对这个人做出各种快速的假设。

专栏 3-6 职业角色的影响

特尔曼和迈尔斯研究了美国文化中男女个性的差异，并得出以下结论：

男性直接或间接地表现出更强的自我主张和攻击性；他们表现出更多的刚毅和无畏，举止、语言和情感更粗狂。女性则表现得更加富有同情心和怜悯心，更胆小，更讲究并且对美更加敏感，总体上更情绪化……即使是更严格的道德家同样也存在感情控制力上的不足（不那么明显的是），还有体格上的弱点。

沃勒对"教学对教师的影响"进行了研究。他总结了自己的印象：

教师身上似乎有一种个性上的刻板和不灵活，人们认为这是当教师的人的特征。呆板正式的礼节好像绷紧的石膏，青年教师每天早晨打上领带时把自己装进那种僵硬而正规的外壳，据说，时间一长，这个外壳就凝固起来，使他再也无法摆脱。教书教得够久的，对什么话题都会变得兴味索然……教学的态度、权威的态度，以及随之而来的平淡、确凿的语调，都是随着他在教室里的互动而逐渐形成的。如果这些特征在广大教师中普遍存在，那是因为这些特征在今天的学校中具有生存价值。如果他们加入教职时没有这些特征，他们必须培养这些特征，否则就会面临学术上的失败。

默顿谈到了扮演官僚角色对角色担任者的影响：

官僚生活是按照分级职业生涯的组织方式来规划的，通过论资排辈晋升、养老金、增量工资等组织设施来体现纪律行动和遵守官方规定的激励。官员在很大程度上确实会被默许调整自己的思想、情感和行为，以适应这一职业生涯的前景。但是这些手段……也导致了过分关注严格遵守规定，从而导致胆小、保守和技术主义。

资料。 为了把某人归入一个类别，我们需要关于他的信息。这些信息可能是公开的声誉、已发布的事实或私人传闻。所有这些数据都是先验信息，它们可以让你建立起对个体的印象，并在其到来之前做出一些假设。我们也会使用线索——穿着、言谈、行动、手势。过去常说，当一个英国人走进一个房间并向女主人问好时，其他每个英国人都会判断出他来自何处、受过何种教育、赚了多少钱以及如何赚钱。角色标志当然是一种非常有用的数据来源。如果逃犯通过戴上牧师领和深色西装来使用牧师的角色标志，他们就是在试图暗示一种特定的刻板印象，以及与该刻板印象相关的所有行为假设。然而，大多数人在他们收集感知数据时非常不科学。例如：

（1）我们收集的信息很少。大多数面试的结果似乎在前3分钟内就已经决定了。我们通过最早获得的感知信息形成刻板印象，并认为这足够了。对于一些人来说，X是伦敦政治经济学院的学生，这样简单的信息就足以让他们对其行为做出一系列预测，其中许多将是错误的。对于专栏3-11中的学生，只需要改变一个形容词就能改变他们对代课教师的刻板印象。

（2）我们非常容易陷入选择性感知的错误。我们只感知我们想要感知的。我们寻找资料来支持我们最初的假设，并忽视或不注意矛盾的证据。由于我们无法记录所有感官带来的数据，我们会专注于我们想要看到的内容，并忽视或不看到不符合我们感知的事物或行为。面对同样的商店橱窗，家庭主妇可能会轻易地"看到"与她丈夫"看到"的完全不同的物品收藏。在伦敦商学院使用的一项管理游戏中，一个小组的指令包括"你向X小组的负责人汇报"。在几乎每一次练习中，这个小组都没有意识到他们所处的是被认为是下级的位置。他们没有忽视或违背指令；他们实际上是没有感知到。他们从感知屏幕中"选择性地"忽略了它。

（3）收集数据的顺序很重要。专栏3-8提供了一些证据用以支持这样一个观点：如果收到了先前的信息，那么后来的信息就会受到影响。部分原因可能是基于很少信息而快速形成的刻板印象。

（4）我们自己的角色会影响我们的感知。同一组事实从不同角度看会有不同的看法。这是另一种选择性感知。

专栏 3-7　角色和符号

　　法尔的熟悉意义定律……可以用一条曲线来表示，但更清楚的表述如下：

　　　　联席董事迈克尔·耶茨（Michael Yates）的称呼为迈克（Mike）。

　　　　助理董事迈克尔·耶茨的称呼为迈克尔（Michael）。

　　　　部门经理迈克尔·耶茨的称呼为耶茨先生（Mr Yates）。

　　　　第二助理迈克尔·耶茨的称呼为耶茨（Yates）。

　　　　学徒迈克尔·耶茨的称呼为迈克尔（Michael）。

　　　　夜间守卫迈克尔·耶茨的称呼为迈克（Mike）。

　　资料来源：S. Potter, *One-upmanship.*

　　迪尔伯恩和西蒙对这个主题进行了一项实验，实验对象是来自不同职能领域的高管。这些领域包括销售、会计、生产等。他们各自收到一份对某一管理情景的描述，并被要求确定案例中所描述的公司的主要问题。该案例旨在鼓励他们采取公司全局的视角来分析回答。但是大多数高管都认为公司的主要问题与自己的职能角色有关。因此，83% 的销售主管提到销售是公司面临的最重要问题，而非销售职能的主管中只有 29% 的人这么认为。针对同一主题，巴格利进行了另一类型的实验。把立体镜（立体镜可以让人的两只眼睛分别看到不同的图像）分发给来自墨西哥学校和美国学校的教师。研究人员让他们同时看到立体镜中的两幅图片——一幅是斗牛士，一幅是棒球运动员。然而大多数墨西哥人看到了斗牛士，大多数美国教师只看到了棒球运动员。这说明国家角色影响了他们的感知。

3.5.2　角色感知的影响

　　我们感知他人及其角色方式的影响是多种多样且重要的。下面列举了一些较为有趣的影响。

刻板印象的陷阱。在《屈身求爱》一书中，查尔斯·马洛认为他住在一家客栈，并认为哈德卡斯尔先生是客栈老板。因此，马洛根据他对客栈老板的刻板印象来回应哈德卡斯尔先生。然而，实际上，哈德卡斯尔是马洛未来的岳父，他的行为举止完全符合未来女婿的标准。而接收到了与他们对对方角色刻板印象强烈冲突的信息的这两个人物的困惑和沮丧，对观众来说，是非常有趣的，观众知道他们在扮演什么角色。

专栏 3-8

图 3-2 是一张著名的视错觉图片。你可以将它看成一个年轻女孩，也可以看成一个老妇人。霍夫施泰德描述了他如何向班上一半的学生展示图片的一个稍微改动的版本，只显示 5 秒钟，这时只能看到年轻女孩。然后，他又向剩下的学生展示另一个版本，同样只显示 5 秒钟，这时只能看到老妇人。经过这样的预先处理后，他向所有人展示了完整的模棱两可的图片。

图　3-2

他说，结果令人惊讶。大多数"被条件化"的人在看到年轻女孩后，只看到了模糊图片中的年轻女孩，而那些看到老妇人的人则只看到了老妇人。然后，他要求每个组尝试帮助对方看到他们看到的东西，直到每个人都看到了两种图像。两个组都发现很难将自己的观点传达给对方，并相互抱怨对方的"愚蠢"。

资料来源：Hofstede, 'Motivation, Leadership and Organization. Do American Theories Apply Abroad?', *Organizational Dynamics*, Summer 1980.

如果个体没有给出关于自己角色的明确信息，他们可能会让接触到的人感到困惑或恼怒，或者更常见的情况是，被贴上一个他们并不想要的刻板印象的标签。

记得我第一次遭遇负面刻板印象，是第一次在美国参加一个学习小组，我在前三个小时里一言不发，觉得其他人——他们都是美国人，比我有更多的观点要表达。结果，我在复盘会议上惊讶地发现，尽管我什么也没说，他们对我仍然有一个清晰的印象，认为我是一个势利眼、学术上自大傲慢、保守、心胸狭窄、不友好的人，甚至还娘娘腔！由于我没有提供任何证据以反驳，他们就把自己对英国人的刻板印象贴在了我身上，其中大多数是不好的。从那以后，初次与人会面时，我都会用一些时间来提供一些信息让对方了解我，以抵消对方最开始的成见。

与刻板印象有很大出入的单方面决定的行为，并不总是受欢迎的。管理者不像个管理者；牧师混迹在酒吧中，甚至脱下了他的牧师领。这些行为一开始就会引起**角色混淆**，让人反感。专栏 3-10 中提到的实验展示了当孩子们单方面重新定义他们的角色时家庭中会发生什么。在企业中，顾问经常受到角色混淆的困扰。他自己把自己看作一个帮助者，但常常被视为间谍、破坏既定秩序者，或是裁员的前兆。如果他不习惯这种经历，他可能会对这种角色的替代刻板印象所激起的敌对情绪感到惊讶。

总的来说，明智的做法是牢牢记住，要预测其他人的行为，就必须将其他人置于角色和刻板印象中。他们会根据任何可用的信息行动，首次接收到的信息可能会过度影响他们，让他们很难改变自己的第一印象。如果任何人不满意现有信息可能带来的刻板印象，那么最好尽快提供替代信息或更清晰的角色标志。

光环效应。人们强烈地倾向于遵循他人对他们的看法。主教往往会表现出主教所期望的行为，父亲开始符合父亲的刻板印象。被认为聪明的孩子实际上会变得聪明（见专栏 3-9）。那些被认为是不满分子的人往往会变得不满。如果你希望你的孩子聪明，就对他们表现得好像他们是聪明的一样对待他们。如果你希望你的下属变得负责，就对他们表现得好像他们已经负责了一样。胆怯的新军官在行动中会发现自己表现出意想不到的勇敢，因为这是角色要求的一部分。

这一现象很容易观察到，似乎有两个原因。

（1）人们倾向于把自己的期望强加于角色扮演者。对于聪明的学生，老师往往会提高标准并给予他们更多的鼓励，促使他们不断提高。在某些情况下，士兵也可以逼迫军官下达命令并承担指挥责任。内阁部长发现他的车在等待着他，演讲已经安排妥当，约会也已经安排好了。通常，在短期内遵循角色的期望比改变角色更容易。不符合角色期望会被视为失败或偏离，没有明显成功的偏离行为被视为失败。只有非常自信的人才会偏离，即推翻角色期望。通常，孩子更容易将自己的表现提高到老师期望的水平，而不是改变期望水平。

（2）大多数人不喜欢模糊不清的情况。新角色具有很多模糊性。加入一家公司，晋升到新的管理层，外派到另一家机构，都是充满着模糊性的情况。显性的角色期望是解决角色模糊的一种方法，这些期望来自"重要他人"（对角色扮演者重要的人）。值得庆幸的是，新来的人会尽可能地按照自己所被要求的或期望的去做。在大学里，由于学院合并或者人事调动而加入一些新人，让他们感到不安的最好方法就是不提供任何关于院校结构、规则或角色规范的提示。相反，一个详细的日程清单，包括什么时间吃饭、如何完成任务的说明，再配上一位非常称职的秘书，就能给新员工带来安全感并使其顺从。教育学院早就发现，忙碌的学生是满意的学生，至少在他们忙碌的时候是这样。

专栏 3-9　角色期望与自我实现的预言

在教育领域中，有许多关于自我实现预言的研究，其中最著名的研究来自哈佛大学社会心理学家罗伯特·罗森塔尔和莱诺尔·雅各布森。罗森塔尔关注的是积极的自我实现的预言，即如果孩子被预测会有所改善，他们确实会进步，若是显示出消极的形式，即学生因老师的消极预测而在学业或行为上退步，两者具有同等的教育意义。罗森塔尔的实验结果在细节上非常复杂，其主要发现可以简要总结如下。

一所美国小学的学生接受了"哈佛习得变化测试"。老师们被告知，这项测试将挑选出那些可以预期取得显著的学业进步的学生。实际上，这个测试只是一个智力测试。罗森塔尔随机选取了 20% 的学生，他告诉老师们，这些学生是进步明显的人。在老师们得知所谓的进步者的名字后，没有采取进一步行动，直到所有学生一年后都接受了智力再测试。罗森塔尔假设，如果老师们相信所谓的进步者确实会在学业上取得进步，那么他们可能会影响事件，使预测成真。结果支持了这样的解释。一年后，被指定为进步者的孩子们确实在智力方面取得了明显的进步。一年级的进步者平均比其他学生高出 15 个智商点，在二年级，进步者平均比其他学生高出 9 个智商点。在这两个年级中，有 1/5 被指定为进步者的学生获得了 20 个智商点以上的提升。和老师评估的一样，进步者在阅读方面也取得了显著的进步。罗森塔尔能够证明老师对进步者并没有投入更多的时间，他将结果归因于老师和学生之间的互动质量。

资料来源：Hargreaves in *Interpersonal Relations and Education*, 1972.

光环效应的影响是相当大的。通过对待他人就像是你希望他们成为的那样，可以轻易地创造出正面或负面的自我实现预言。假设男人是野兽，结果就会把他们当作野兽来对待，而他们也就会表现得像野兽，从而证实你的假设。积极的自我实现预言并不像消极的预言那样万无一失。必须要有基本的能力被激发出来。在罗森塔尔的智商实验中，并非所有被认为会突飞猛进的孩子都如预期那样发展。其中一个孩子在一年结束时智商下降了 6 点。然而，当人们说"工作造就人"时，他们的意思是个体是否能够达到对其角色的期望。可能并非足够多的人发现自己的角色期望难以实现——消极预言比积极预言更普遍，因为积极预言需要信念和信任。然而，正如人们所说，一个人生平只使用了自己才能的 20%，那么考虑到通过调整角色期望来释放我们大多数人心中潜藏的大量"E"能量，这将是一件多么令人兴奋的事情。

3.6　与人互动

3.6.1　简介

我们与人的互动在很大程度上受到我们对他们的感知、他们的言行举止的影响。我们的感知反过来又受到我们与他们的角色关系以及我们对他们角色的看法的影响。个性、人际交往技巧、情境结构和领导者的素质等也是影响我们互动的因素。在这里，我们关注角色及其感知对个体行为的中介效应。我们将考虑个体与另一个体的互动以及个体在群体中的互动。

3.6.2　与个体互动

我们已经看到，在新的互动中，任何人首先做的事情就是将对方归入某种角色中。角色的种类可能各不相同，可能是职业型（人事经理）、社交型、行为型（酒鬼）或混合型的（银行家）。通过互动，我们可以预测他们的反应以及他们所持的态度。

当角色不清晰时，个体就需要试探，就像在鸡尾酒会上的两个陌生人一样，以找到适合对方的角色类别和情境结构。除非他们能找到一种一致的定义情境的方式，否则沟通将受到影响。如果人事经理认为自己在提供建议，但被视为在下达指令，被提建议者会感到被冒犯，而且人事经理不会理解这种冒犯。在任何特定情况下，相对角色的共识需求可以通过将每个人想象为角色的父母、成人和孩子之一来加以说明。如果个体 X 想要与个体 Y 之间像成年人与成年人一样进行互动，但 Y 却将其理解为家长对小孩说话的方式，那么他们之间的互动就会导致误解，甚至会引起反感。当我妻子对我说"剪刀放在哪里了？"时，我对于这个简单问题的反应会根据我所认为正在起作用的关系类型（如图 3-3 所示）而变化。如果我感觉她是在以母亲对淘气小孩的口吻和我说话，我可能会带着怨气回答："我怎么知道，你刚才还用着呢。"如果我将她当成一个寻求帮助的效率不高的小孩，我可能会回答："你不知道它们总是在左上角的抽屉里吗？"但如果是成人对成人的情境，我的回答可能是："我想我把它们落在客厅的桌子上了。"

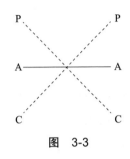

图 3-3

我们还可以利用对角色分类的需求，按照我们所希望的情况来影响环境。在派对上，朋友在一群陌生人中故意对"你是做什么的？"这个常见问题做出"什么都不做"这一回答，从而制造了含糊甚至敌意。当他们说："哦，你是自由职业者了，对吧？"时，他回答说："不，我什么都不做。"这种阻断性的回答让他们无法对他定位，从而阻碍了进一步交流。也有人会尝试扮演新角色，让人们误以为他是电视名人，或者声称自己是一位杰出的作家。角色定义会左右整个互动过程。或者你可以为别人强加一个角色定义。"您在某个领域是一位知名专家。"这种方式就是把对方定位为专家。对方可能会觉得这个角色定位很悦耳，从而履行角色要求。

专栏 3-10 家庭中混淆的角色期待

加芬克尔曾经要求他的一些学生在自己家中表现得像客人一样，回校后报告结果：

家庭成员惊呆了。他们积极地尝试使这种奇怪的行为变得可理解，并恢复情况的正常外观。报告中充满了震惊、困惑、焦虑、尴尬和愤怒的描述，也有家庭成员指责学生吝啬、考虑不周、讨厌或无礼。家庭成员要求解释：发生了什么事？你怎么了？你被解雇了吗？你生病了吗？你为什么那么自以为是？你为什么生气？你是疯了还是只是愚蠢？一个学生在母亲的朋友面前问她是否介意他从冰箱里拿点零食："介意你吃点零食吗？你多年来一直在这里吃零食，从来没问过我。你怎么了？"一个母亲对她的女儿感到愤怒，因为她的女儿只有在有人对她说话时才开口，她开始尖叫，对女儿进行愤怒谴责，指责她不尊重和不服从，学生的姐妹劝说母亲，母亲也拒绝息事宁人。一个父亲责骂他的女儿，说她对他人过得好不好不够关心，行为像一个被宠坏的孩子。

资料来源：改编自 Garfinkel, *Studies in Ethnomethodology*, 1967。

许多问候的礼节，如介绍、适当的着装或非正式程度的指示等，都是澄清角色情况、表明谁是谁、谁应该做什么以及何时做的方式。除了定义角色关系外，我们还可以寻找线索来了解他们在这些角色中的行为方式。他们是热情友好的、多疑的，还是威胁性的？我曾经在一个大型开放式办公室工作。一天早晨，经理走进来，迅速穿过办公室，来到角落里有隔断的办公室。他路过时，对我邻座的同事说了声"早上好，托尼"，但对我没说什么。经理一进了他的办公室，托尼就转向我。"我想知道那是什么意思，"他说，"是不是在给我下套，准备在今天上午给我一记重拳？还是他对你有意见，不理你是在警告你？"另一个解释是，老板赶时间压根没注意到我。但这个解释对于托尼来说过于浅显，无法满足他想从老板那里得到情绪线索的需求。

专栏 3-11 名声问题

哈罗德·凯利进行了一项实验，测试先前印象对感知和行为的影响。在麻省理工学院的一个心理学课上，一些学生被告知他们通常的教师不在，将由一名代课教师代替。然后，学生们收到了一份有关代课教师的信息：

某某先生，是麻省理工学院经济与社会科学系的研究生。他在另一所学院有过三个学期的心理学教学经验。这是他在这里教经济学课程 EC.70 的第一个学期。他今年 26 岁，已婚，是一名退伍军人。认识他的人认为他是一个相当冷漠的人，勤奋、批判、务实和坚定。

对于班上一半的学生，先前的信息中包含了"非常热情"而不是"相当冷漠"。在课程结束时，学生被要求对教师在一些特质上进行评分，结果发现接收到"热情"信息的学生评价教师更为体贴、更加随和、更具社交性、更受欢迎、性情更好、更幽默、更人性化，而接收到"冷漠"信息的学生则不然。此外，由于课程采用了讨论小组的形式，凯利能够记录下学生与教师发起口头交流的次数。接收到"热情"信息的学生中，有 56% 参与了讨论，而接收到"冷漠"信息的学生中，只有 32% 参与了讨论。

> 资料来源：改编自 Kelley, 'The warm-cold variable in first impressions of people', *Journal of Personality*, 1950。

实际上，非语言沟通的重要性并不亚于使用具体的语言，非语言沟通甚至更重要。非语言暗示通常是我们确定互动中对方的目标、意图和期望的最佳方式。任何有机会的人都应该研究或记录一次没有声音的互动（录像带可以有效地用于此目的）。你会惊讶地发现自己能从互动的言外之意中发现那么多内容。对眼神交流、身体接近和互动中的特征进行的详尽研究，证明了我们不用语言也能进行交流。出于这种原因，默剧是演员培训中的重要元素。对那些经常要和陌生人交流的人来说，了解我们给别人的非语言线索，无疑是非常有益的。

在互动情境中，我们探寻彼此的目的是找到以下问题的答案。

- 对方的角色是什么？
- 对方是如何理解自己的角色的？
- 对方的目标是什么？
- 对方期待从这次互动中获得什么？
- 对方的直接意图是什么？
- 对方将如何对待我？

这些问题的答案可能会导向相当错误的结果。莱恩指出了三个复杂的层次：直接视角（我的想法）、元视角（我认为你对我的看法）和双元视角（我认为你认为我怎么想）。为了更清楚地理解，我们来看一个莱恩的例子：

直接视角

约翰不爱玛丽　　　　　　　　　　　　　　　　玛丽不爱约翰

元视角

约翰认为玛丽爱他　　　　　　　　　　　　　　玛丽认为约翰爱她

双元视角

约翰认为玛丽以为自己爱她　　　　　玛丽认为约翰以为自己爱他

他们都不想伤害对方；与其解开误会，他们可能更愿意结婚。

管理者与下属的关系很容易陷入这种混乱。如果一个管理者误认为一个中意的下属不喜欢自己，他的行为很容易让这位下属开始认为管理者不喜欢自己。就这样，他们都开始相信对方不喜欢自己，尽管这种表面的不喜欢只是他们对对方感情的错误解读的反应。如果你认为莱恩对这个问题的系统化表述看起来复杂，那么在真实生活中许多角色关系下的复杂性就更甚了。

当涉及文化的混合时，视角问题和误解的危险就会加剧。文化可以是明显的国家文化，如在专栏 3-12 中所述，也可以是不那么明显的员工和管理者、专业人士和管理者之间的文化。对你而言，意味着某事的行为，可能被对方解读为完全不同的意思，会引发错误的元视角。在我看来一个角色的显著特征可能对你来说并不显著。英国人被教导将口才能力与智慧联系起来，因此他们倾向于认为不善言辞的人愚蠢。当他们遇到不善言辞的科学家或沉默但高效的工程师时，他们会认为遇到困难，并错误地认为这些科学没有智慧。在感知和被感知过程中，有必要弄清楚对方认为对任何角色而言都至关重要的线索是什么。

专栏 3-12　跨文化元视角

我们正在与法国合作伙伴进行谈判，达成意向协议的时刻已经到来。法国人立刻将一份文件推到桌子上，要求我们签署我们声明的意向的四份副本。像典型的英国人一样，我们认为在这个阶段要求签署反映了我们的诚信问题。毕竟，我们已经表示同意他们提出的行动方案，此时并不需要法律文件。显然，对方不信任我们。我们气愤地回答说签名是不必要的。基于一种官僚制传统，法国人认为我们不会签名，现在这么做意味着什么？显然，他们不信任我们，想要保留操纵的余地。其实在谈判过程中，在每个阶段都通过签名来记录谈判过程是常规做法。

多亏一位美国人的加入，才避免了这场跨文化误解。只有这位美国人发现线索被错误解读了。

3.6.3　与群体互动

关于小组运作的讨论将在后面的章节中进行。在这里需要认识到，小组情境给个体带来了相当多的角色问题和身份问题，这反过来又给组织带来了问题。

组织问题。对于组织来说，个体必须被组织成小组，以便充分利用成员的各种技能和能力，但过分强调小组可能会削弱个体的贡献；而过分强调自主的个体可能会妨碍群体认同的发展。

个体问题。对个体来说，小组或家庭是理想的心理家园。没有它们，个体可能会变得过于以自我为中心，以至于在组织情境中无法有效地工作，并且可能剥夺他们丰富的人际关系。但过于深入地融入一个小组可能意味着牺牲个体的某些特质。

只有那些曾经在小组中工作或生活过的人才能完全理解群体对个体的压力。群体的压力不一定是明显的，它们可以是隐性的，仅仅因为与群体不一致，就可能成为一种顺从群体的压力。群体往往会形成自己的身份认同。群体倾向于发展出自己的身份。群体压力的一般性质是要求个体分享这种身份认同，成为群体的一员，即使这意味着要牺牲一部分个体的身份特质以服从群体（见专栏 3-13）。

专栏 3-13 群体一致性压力

克拉奇菲尔德设计了一种实验方法来测试这些压力。每次 5 名受试者坐在单独的隔间中，彼此间有屏幕分隔开来。每个隔间有一个面板，上面有一排编号的开关，受试者可以使用这些开关来对屏幕上显示的项目做出判断。面板上还显示了信号灯，指示其他 4 名成员对该项目的判断。在会议期间，任何人都不被允许说话。

事实上，受试者被实验者欺骗了。5 个面板之间没有电连接。每个个体接收到的信号实际上都是由实验员从主控面板给出的，这样他就可以在个体做出选择之前向其呈现任意四种选择的组合。然后，个体可以遵循大多数人的意见（即从众）或保持独立。在一个小时的会议中，可以向 5 名受试者展示多达 50 个项目，这些项目可以是事实或逻辑、观点或态度。一些总体发现包括：

（1）当呈现两个数字，其中一个比另一个大 1/3 时，大部分人会跟随大多数，大多数似乎认为较小的数字实际上更大。在 50 名军官的样本中，有 46% 的人顺从。

（2）在军官中，没有一个人在私下被问及时同意这样的说法："我怀疑我是否能成为一个好领导。"但在测试情境下，有 37% 的人表示同意。

（3）在顺从程度上存在较大的个体差异。

（4）在一个小时的会议中，一些人变得更加顺从，一些人变得更加独立，但整体水平相对保持稳定。

（5）后来再次进行单独测试时，一些（但不是所有的）顺从行为都被改变了。保留的程度因个体而异。

资料来源：Crutchfield, 'Conformity and Character', *American Psychology*, 1955.

简单地说，这意味着要遵循群组的规范、习俗和标准。个体可以选择：

- 出于便利而没有真正信念地遵从（顺从）。
- 全面接受群体的规范（内化）。

- 拒绝规范、群体或两者都拒绝（反从众）。

有很多证据表明，小组对个体要求与群组保持一致或接受规范的压力很强，特别是：

- 当问题模棱两可，不明确时。
- 当个体与小组其他成员长时间在空间上比较接近时。
- 当个体缺乏对其观点或行为的支持时。

个体在受到群体压力的影响而顺从的程度上存在差异。特别是：

- 更聪明的人不容易轻易遵从。
- 顺从者往往更焦虑，缺乏自发性。
- 顺从者缺乏自信心。
- 自主的人不容易轻易遵从。
- 顺从者往往在社会价值观上很传统。

为了保持一些个体特质，个体将寻求在群体中扮演一个角色。有很多可能的分类角色。我们在这里只列举一些作为例子。如沃伦所述，有些人采取行为主义的观点，认为每个人都可以选择以下角色之一：

- 朋友和帮手。
- 强壮的战士。
- 逻辑思考者。

实际上，在任何群体情境下，我们可能会选择这三种风格的混合。但不管我们是否意识到，我们可能都有一种特征行为模式，可以用图表的方式表示，即将我们自己置于一个三角形中，而这三个角则是这三种角色，如图 3-4 所示。思考一下你的行为实际上有多大的变化，你的同事是否会同意你的评估，以及这种风格是不是群体完成特定任务所需要的，这些都是很值得的。大多数群体需要这三种角色的结合；缺少其中一种，群体可能会迫使个体扮演其不习惯的角色，就像当工作顾问发现自己作为临时领导时，不得不放弃他最喜欢的"逻辑思考者"姿态，转而成为一个"强壮的战士"。

每个群体都需要这三种角色的某种结合，才能完成任务，保持其作为一个群体的存在。由谁来提供哪种角色元素在一定程度上取决于组织角色，也在一定程度上取决于个体的性格。这时可能会出现一种新的角色问题：

图 3-4　三种行为模式

- 个体正在竞争某种角色。
- 个体的行为角色与他们的组织角色不符（例如，助理职员是一个强壮的战士）。

更多随性的列表包括以下角色。

喜剧演员。他甘当群体其他成员特别是主持人的笑柄。然而，当任务变得重要起来时，喜剧演员通常会被丢弃，因为他们不再必要。缺乏安全感的人常常发现这一角色是确立自己在群体中身份的捷径。它能给个体带来受欢迎度，对他人不构成威胁。但不幸的是，喜剧演员的角色很难摆脱。许多人因为一开始就抓住了这个角色而被群体忽视。

组织者。在群体初步形成时，组织者通常由外向型人格的人担任，群体成员对此感到欣慰，因为终于有人站出来领导大家了。组织者通过成为群体的代表或非正式领导，在不需正式领导在场或采取行动的任何事情上确立自己的身份。诸如安排会场、组织社交活动以及许多杂务，都会落到他的头上，他会愉快地承担起来。

评论员。这不是一个受欢迎的角色，因为它对其他成员有一定的威胁。担任这一角色的人通常很聪明，但对现实感到幻灭，承担起对会议进行偶尔评论的责任，例如"据我计算，我们现在已经花了一个小时讨论报告的

开头段落……"，这种评论行为通常很有用，但其他群体成员很少认为它
有用。

叛逆者。对于叛逆者，标新立异是其确立自己身份的一种方式，你可
以利用自己与所在群体之间的任何差异。例如，总是要求对事情定义的做
法可以被利用来确立一个人在群体中的早期角色，有时甚至可以很幽默。
有人则总是唱反调，以此来获得这一角色。成为公认的敌人无疑是获得关
注的一种方式。少数群体的成员经常利用这一事实来获得"合理叛逆者"
的角色。

贝尔宾围绕着在任何任务执行群体中所需的一系列角色（或行为模式）
建立了一整套群体有效性理论。这些将在研究群体运作的章节中进行更详
细的阐述。在《人间游戏》中，埃里克·伯恩围绕着诸如强奸犯、冷淡女
人等角色夸张地分析了群体游戏。总的信息很清楚——角色在群体中很重
要，因为它们发出了有关预期和要求的行为的信号。成熟的群体允许人们
不时地切换角色。永远被困在一个意外扮演的角色中是一件糟糕的事情。
对于学校里的孩子来说，逃脱他们在第一个学期中扮演的角色可能是一个
问题——随着生活的进展，这个问题同样存在且重要。角色是一种强有力
的框架构建工具，需要认真对待。

3.7　角色理论的意义

3.7.1　角色理论

本章介绍了角色理论的概念，作为理解个体在组织、群体和配对中面
临困境和解决问题的一种方式。这些概念包括：

- 角色集——与焦点人物互动的人们。
- 角色定义——角色期望的结果。

- 角色模糊——角色期望不清晰。
- 角色冲突——角色冲突或重叠。
- 角色过载——角色过多。
- 角色负荷不足——角色过少。

在组织中，角色问题表现为：

- 紧张。
- 士气低落。
- 沟通困难。

解决这些问题的策略可以是：

- 应对机制——压抑、退避、合理化。
- 单方面策略。
- 合作策略。

角色压力是组织内在的：

- 它可能是积极的（角色压力），也可能是消极的（角色紧张）。
- 它主要发生在管理、创新或整合领域。
- 一些个性对压力的容忍度更高。

角色对于交互作用很重要，因为它们提供了一个分类，可以将关于人的数据放入其中并做出一些假设。在寻求角色澄清时，我们经常依赖于不充分的信息，拒绝相互冲突的证据，并受到早期印象的影响。这可能导致：

- 角色混淆的问题。
- 光环效应。

在与个体或群体互动时，我们不断寻求角色明确，因为互动双方角色认知的不一致将导致误解。

在群体互动中，角色是保护个体及其身份免受群体对一致性施加的压力的一种方式，也标志着期望从每个人那里获得的贡献类型。

3.7.2　角色理论的启示

角色理论更适合解释情境，而不是预测。但是，正如第 1 章所强调的，解释会带来理解；而理解，尽管不能带来预测，至少会增加我们对处于大群体和小群体之间、工作群体和家庭群体之间、个体和个体之间夹缝中人物的宽容和同情。

压力在我们的社会中是一个重要因素。被诊断为心理疾病的压力症状在社会的各个领域中变得越来越普遍——也许不应该用"心理疾病"这一个叫法。青少年、成功的管理者，抑或是一个曾经成功过的管理者，他们身上的压力一次次地带来焦虑和紧张。社会的问题不仅仅是组织的问题，还包括压力的管理，以防止它变成焦虑和紧张。角色理论是一种看待压力、受压力影响的个体以及导致压力的情境的方式。组织和个人需要做的事情还有很多。

（1）适当地划分角色，特别是在工作和家庭之间。妻子参与丈夫的工作往往只会给她带来角色紧张，而不会减轻丈夫的压力。假期、外出旅行后的休息时间、周末，都是将家庭与工作分开的机会，但这些都只有经过组织的同意才能实现。

（2）为角色转换做好准备。需要更多关注学习新角色的方法，而不是学习新技术或任务集。成功的经理往往每两年就会有一次职务变动。这本身已经很有压力了，没有具体的时间来定义角色、设定角色期望或处理角色关系，仅仅改变位置的行为就足以带来压力。如果再加上模棱两可的因素，压力很容易就会变成紧张。

（3）鼓励副业，把副业作为解决高管角色负荷不足问题的途径之一。经常情况下，一个人不能按照自己的地位和薪资期望为组织做出相应贡献。

因此，不应该暗示他不能为另一种类型的组织或工作做出贡献。应该鼓励他从经理转变为顾问，从组织内部人员变成独立工作者，或从商人转变为地方政府官员。另一种选择是安全感，但通常伴随着一种特别贬损的角色负荷不足的形式。老年高管的角色负荷不足正在变成一个只有政府与机构合作才能解决的重要社会问题。

（4）记住，组织中许多问题都源于角色紧张、角色误解、角色负荷不足或由于错误的角色期望而导致的沟通问题。通常，从角色理论的角度讨论问题，能够使问题迎刃而解。凯特·莱温多年前曾说过："没有什么比一个好的理论更实用的了。"

我们的时间大量花在互动上，无论是在家里与家人或朋友相处，还是在工作中与同事互动，或是在街上与陌生人互动，但是我们自己或我们的孩子在这个方面的正式训练却很少，这似乎很奇怪。现在这一领域正在发展一套训练方法，但其中大多数都侧重于互动的操作层面，即沟通的实际行为。然而，角色以及对角色的认知，却在所有个体互动中起着基础性的作用。对角色认知的理解以及角色在互动中所起作用的理解无疑有助于减少我们普遍存在的一些误解。这并不是讨论个体互动所有方面的好地方的一本书。第三部分有一些关于对这个有趣领域进一步阅读的建议。

Chapter 4

第 4 章

领导力

4.1　引言

　　现在谈论"领导力"这一话题似乎显得有些过时。它让人联想到堑壕战和帝国统治，暗含着一个人凌驾于另一个人之上的意味，这可能会引发人们对形成精英阶层和特权阶层的担忧。一群大学生问道："领导力为什么是必要的？""难道一群聪明、有良好意愿的人不能在没有领导的情况下解决任何问题吗？"然而，无论称之为主席、协调员、代表还是组织者，在所有组织中都需要有个体作为连接点，将各个群体联系在一起，并作为另一群体的成员在组织的其他地方代表他们的群体。

　　任何曾经负责组织或协调他人工作的人，或者任何试图通过他人来完成任务的人，都会面临群体管理的问题。但是对人的管理，是大多数人或早或晚都要做的事情。尽管我们时不时地认为自己其实可以做得更好，但我们肯定不会公开承认这一点，当然也不会去寻求这方面的指导，也几乎不愿意讨论这个问题，除非以轻松幽默的方式。因为管理人是所有健全男女都能从容应对的事情。

　　或者说，"领导力"（用一个更好的词来说）是不是一种与生俱来的特质？领导者是天生的还是后天培养的？任何人都可以成为领导者，还是只有少数幸运儿才能做到？是否存在一个特别的诀窍或者独特的行事风格，如果我们学会它，就能从此改变我们的生活？我们是否有应该模仿的榜样，可以学习的伟大人物？我们是不是必须受到众人的喜爱才能成为一位行事有效的领导者？还是恰恰相反，民心和高效不可兼得？

关于领导力本质的假设不仅影响了特定的机构和组织，还影响了各国政治体系的整体形态、教育体系的设计以及政府的管理。例如，在英国，人们认为领导者的某些基本特征和品质要么是与生俱来的，要么是来自早期环境的熏陶，从而形成了一种领导者阶层，其教育体系旨在培养被认为在领导者身上最可取的特征。第二次世界大战可能是这一持续趋势中的一个里程碑，因为它证明了不同出身、不同教育背景的人都有可能成为大有作为的领导者。军队中重新设计的军官选拔程序正式承认了这一点。自这场战争以来，领导力问题被广泛讨论，从而对教育、政府服务的录取程序以及工业企业管理都产生了影响。

但是人们对于领导力这一话题仍然存疑。任何人都可以成为有效的领导者吗？还是传统观念是对的，领导力就是与生俱来的？对于领导力问题的最终答案的探索，促进了数百项研究的开展，产生了相应的研究理论，其中许多理论都是为了寻求合理的解释来证明研究者对社会本质的观点是正确的。理论家们推测，领导力的秘密在于领导者的风格，或者在于任务和情境的性质，或者确实在于领导者的个性特征。

需要首先说明的是，就像动机一样，寻求领导力问题的最终解决方案被证明是组织理论中的另一个圣杯之旅，人们一直在无止境地追索，没有秘密诀窍。但是，更好地理解整个问题的本质可能会有助于对个别情境提出更好的解决方案。这就是本章的目标。

解决领导力问题的方法通常分为三大类：特质理论、风格理论和权变理论。每种理论似乎都包含了一些真理要素，但归根结底，都未能充分解释有效和无效领导之间的差异，因此在各种情况下普遍适用性不高。本章将简要讨论和回顾这些理论。然后，一个更复杂但更可能更现实的模型将为理解领导力情境提供一些帮助。

4.2 特质理论

4.2.1 研究结果

特质理论基于一个假设，即个体比情境更重要。如果我们能够识别出成功领导者的独特特征，我们就能找到解决领导力问题的线索，即使我们无法培养出优秀的领导者，至少我们可以选择出优秀的领导者。到 1950 年，已经有 100 多项研究建立在这一假设之上。不幸的是，当整体观察优秀领导者的这些特征时，只有 5% 的特征是普遍的。在某种程度上，这种多样性可能反映了研究人员自身不可避免的偏见，他们预先设定了领导者应该具有的品质或特征，然后不可避免地根据自己的期望来"定制"他们的访谈和研究工具。但另一方面，这种多样性也表明，优秀的领导者可以有各种不同的来源，其成功的特质也会因情境而异。但是大多数研究都指出领导者应该具有以下特质：

- 智力应该高于平均水平，但不需要是天才水平。特别擅长解决复杂和抽象的问题。
- 主动性。具有独立性和创造力，以及感知何时需要采取行动并主动行动的能力。这一点似乎与年龄有很大的相关性，即在 40 岁后这种能力会下降。
- 自信。对自身能力、抱负水平，以及对自己职业最终社会地位的期望较高。

最近，一家大型跨国公司的研究表明了另一个因素：直升机因素。这是指能够超越具体情况的细节，并感知其与整体环境关系的能力。

此外，大多数成功的领导者似乎都拥有以下特点：

- 良好的健康状况。
- 高于平均身高或明显低于平均身高。

- 来自社会上层社会——经济阶层。

其他研究提到了热情、社交能力、正直、勇气、想象力、果断、决心、精力、信仰，甚至阳刚之气。

4.2.2 批评意见

总的来说，这些理论受到批评有以下原因：

- 没有人能同时拥有全部这些品质（见专栏4-1）。
- 现实中有太多例外情况，有些人不具备这些主要特质但依然作为领导者取得了显著成功。
- 如果简化最基本的特质，那么只取前三。而这最多也只能成为必要条件而非充分条件，即好的领导者具备这些特质，但拥有这些特质并不总是意味着一个人会成为优秀的领导者。
- 这些特质定义得如此含糊，以至于在实践中毫无用处。

专栏4-1 一位领导者的愿望

希望我成为管理层期望我成为的那种领导者。希望我具有神秘的力量，使我能够在任何时候都能够给出令员工满意的关于政策、规章制度和程序的解释，即使从未有人向我解释过。

希望我具有耐心和好脾气，帮助我教导和训练那些心不在焉和迟钝的员工。

希望我具有对同事超越一切理解的爱。让我能够以身作则，通过温和地劝诫而非暴力，引导那些倔强、顽固、不善的工人走上正道。

希望我内心平静安宁，从此不再在午夜不安的睡眠里惊醒，哭喊着："老板到底有什么我不具备的东西，他是怎么得到这些的？"

希望我微笑，即使这会让我疲惫不堪。

希望我成为更好的领导者，培养出理解、宽容、同情、智慧、洞察力、平静、心智阅读和预见力等高尚的品质。

到那时，希望我达到了我的管理层为我设定的崇高目标，成为这个世界上拥有所有优秀品格的领导者的典范。

虽然这些对于特质理论的批判非常实际，但是可能会导致我们在研究领导力的时候过低评价这一理论。实际上，大多数管理人员的选拔都是基于某些假设的、往往不明确的特质进行的，即在什么条件下哪些特质最有效或最必要。

在一定程度上，特质理论的衰落，风格理论和权变理论的兴起可能都是民主文化使然。因为风格理论和权变理论的隐含假设是，只要行为得当，或者根据情况采取适当的行为，任何人都可以成为卓有成效的领导者，而特质理论似乎暗示了优秀管理者是一个拥有继承或获得所需特质的精英管理人员群体。

4.3 风格理论

4.3.1 简介

风格理论的背后假设是，与采用其他领导风格的经理相比，采用特定领导风格的管理者的员工会更加努力（因此更有效）地工作。通常比较的领导风格是专制型和民主型。这两种风格的主要区别在于权力重心。在极端的专制型领导风格中，权力掌握在领导者手中，决策、调解、控制以及奖惩的权力都归领导者独自行使。而在民主型领导风格中，权力和责任以某种方式与群体共享。普遍认为，人们在民主条件下会比在专制条件下产出更多。或许有人认为应该补充"其他条件相同"的前提，但事实上并不是所有的研究或理论都添加了这个限定因素。

这种观点的一个理论依据是，参与承担这些责任能够满足个体的自我实现需求和尊重的需求，因此会更加努力。另一套理论认为，个体参与会影响其对工作中的激励和多样性的需求，从而激发个体做更多的努力。

4.3.2　分类

许多领导力理论，甚至是整个管理理论，都建立在领导风格问题的基础之上，即专制还是民主。表4-1将它们按照专制和民主的程度进行了分类，虽然相关理论提出人会认为这样的术语过于简化了他们的观点。

表　4-1

	专制			民主
哈比森／迈尔斯	专制式	家长式	咨询式	参与式
利克特	系统 1	系统 2	系统 3	系统 4
坦南鲍姆／施密特	领导者控制	共同管理	共同管理	群体管理
弗鲁姆	领导者决策	咨询	分享	授权
俄亥俄州研究项目	结构维度			考虑
赫塞／布兰查德	命令	劝说	参与	代表

专栏 4-2　一厢情愿

道格拉斯·麦格雷戈在离任安提阿克学院校长时曾说：

我曾相信，我相信领导者可以作为一种顾问角色在组织中发挥作用。我以为自己可以不摆出"老板"的样子……我以为也许自己可以做到让每个人都喜欢我——良好的人际关系可以消除所有的矛盾与分歧。但我大错特错。过了几年，我终于意识到，一位领导者不能逃避行使权威，就像他不能逃避对组织发生的事情承担责任一样。

由于"专制"和"民主"这两个词可能带有情感色彩，而其他描述也带有其特定创作者的意味，因此在本书中，当我们想要提到这些领导风格时，通常会用结构化风格和支持性风格这样的泛称来表达。

4.3.3　风格理论的证据

有证据表明，支持性风格有如下特征：

- 与下属满意度相关。
- 与较低的员工流动率和申诉率相关。
- 减少的群体间冲突。
- 通常是下属喜欢的风格。

还有许多实例表明，支持性风格与更高生产率相关。但是：

- 在所有研究中来看，不同风格生产率的差异仅为 15%，这一数字远低于一些理论家所期望的水平。
- 有证据表明，可能是更为高效的工作才带来了更具支持性的领导风格，即因果关系可能与原来的猜想恰恰相反。
- 在一些实验研究中，领导风格被当作实验变量进行控制，但未能得到领导风格确实能改善生产率的证据。在六项可用的研究中，有四项报告了不同风格之间的生产率没有差异，一项报告称结构化风格更为有效，另一项报告则称支持性风格更有效。
- 已经证明，有些人更喜欢受到指导和管束，特别是那些独立性需求较低的个体，以及在有些文化中不允许下属越级参与领导事务。
- 在重复性或日常性工作中，结构化的领导风格在短期内会创造更高的生产率，但通常伴随着较低的士气。（有一个待考证的观点认为，士气不高会导致最终生产率的下降。）

专栏 4-3　管理方格

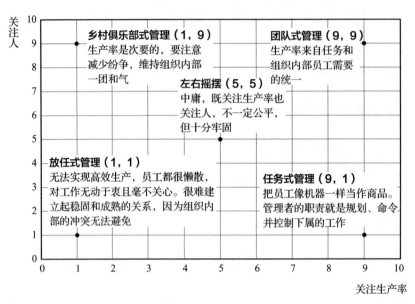

资料来源：Blake and Mouton, 'The Management Grid', 1964.

4.3.4　结论

研究结果表明，仅凭领导风格并不能回答有效领导力的问题。事实上，今天许多主张风格理论的学者也不会认为领导风格是唯一的答案。然而，有充分的迹象表明，在心理契约的激励下，支持性风格将会带来个体更高程度的满足感和更高的群体工作参与度。这未必是生产率提高的原因，但它是一个良好的基础。总的来说，领导力有效性显然不仅仅取决于风格。因此，就有了"权变理论"。

专栏 4-4　角色和模式

在对领导风格的研究中，亨特发现角色和风格之间存在一些有趣的矛盾。

例如，人事经理在任务导向维度上的得分高于人际关系维度上的得分。福利人员、税务人员等在考虑维度上得分较高，这可能解释了对他们不解决问题的批评。一线员工通常是以人际关系为导向的，但他们把这种特质隐藏起来，认为这是软弱的表现。

4.4　权变理论

4.4.1　简介

权变理论家更具体地考虑了领导情境中涉及的其他变量，特别是任务、工作群体以及领导者在工作群体内的位置。

4.4.2　费德勒的理论

费德勒特别关注领导者与群体之间的关系以及任务结构。他认为这两者是选择最有效领导风格的决定因素。他的结论很有意思，在研究了多个组织的领导情境后，他发现，当情境对领导者非常有利或非常不利时，结构化的领导风格最有效。当情境的有利程度处于中等时，支持性的领导风格效果最好。在"有利于领导者的情境"中，费德勒指的是：

（a）领导者受到群体的喜欢和信任。

（b）任务清晰明确。

（c）领导者在群体中的权力很大，即领导者能够给予奖励和惩罚，并且得到组织内员工的支持。

专栏 4-5　心理距离远的管理者

费德勒表明，在评估下属时，更有效的群体领导者表示他们与下属之间保持着相当的心理距离，相比之下，低效群体领导者更亲近下属。这种现象的解释似乎是，如果管理者与下属在情感上过于亲近，他就无法很好地控制和管束下属；同样，如果管理者在情感上依赖于下属也是如此。

现在已经有了一种巧妙的方法可以测量心理距离。管理者需要根据各种心理特征对他最喜欢和最不喜欢的下属进行评分。这两个评分之间的差异越大，管理者与下属之间的心理距离就越远。因此，心理距离较远的管理者（PD 管理者）拒绝那些与他无法轻松合作的人，而心理距离较近的管理者（PC 管理者）对下属更加宽容，或者他会根据某些其他标准接受或拒绝下属，而不仅仅是看他能否与下属共同工作。有人认为，心理距离较远的管理者"广交朋友，但知交不多：他喜欢与人相处，但不想对他们产生情感上的依赖"。

费德勒在他对小型合作社管理的研究中表明，PD 管理者是一位"任务专家"：

（1）PD 管理者在与上级和下级的交往中更注重以角色为导向。

（2）PD 管理者认为自己是一位专业的管理者，定期与下属进行员工会议。

（3）PD 管理者要求并从上级那里获得了相当大的自由度。

相比之下，PC 管理者更像是"人际关系"专家：

（1）PC 管理者认为，自己的主要工作就是确保与上级和下级之间的人际关系顺畅。

（2）PC 管理者有与人建立紧密的非正式关系的强烈倾向。费德勒发现，PC 管理者某些特征表明他们有控制和占有他人的需求。

（3）PC 管理者很少召开正式会议。

PD 管理者只有被群体成员非正式地接受时，才能有效提高群体生产率。如果这个条件没有达到，那么群体将不会"听从"他，他也无法影响群体行为。总之，在上述条件成立时可以确认，PD 管理者在处理任务问题方面更有效率，与 PC 管理者相反，他们更倾向于正式化角色关系。

费德勒通过一个空军基地指挥官的经历说明了这种对任务的强调和角色的正式化……当他与这些军官非常亲近时，他们似乎感到安全，并不过多担心他们各自工作的效率。但是，当他变得更加保守和以角色为导向时，他的副指挥官们开始担心是否出了什么问题，他们对自己在组织中的地位感到不太确定，并把他们的焦虑转化为更加关注工作。结果，基地的效率显著提高了。

资料来源：Summarized by Kelly in 'The organizational concept of leadership', *International Management*, 1970.

在以上这些因素中，费德勒认为领导者与群体之间的关系最重要。他的研究结果总体上与许多实践经验一致。当任务清楚明确、领导者强大且备受尊敬时，人们期望他能够继续工作并进行直接化的指导。当任务模糊且领导者处于相对弱势的地位时，他的最佳策略是采取结构化的指导方式，此时让群体参与其中会被视为完全放弃领导权。另外，当一位受人尊敬的领导者遇到了模糊任务时，就要采取更为支持性的领导方式，这样才能激励群体发挥出最大能力。费德勒的总基调是，组织可以通过规划任务，或者提高领导者与群体之间的正式权力，或者调整群体构成，以便给领导者创造一个更有利的工作氛围。他认为这种方法可能比期望领导者适应不断变化的环境更为现实。

费德勒对领导力的见解颇具价值，尤其是提醒了我们，有时候保持距离和以任务为中心可能比民主方式更有效。然而，他的研究也受到了批评，原因是他只研究了一些少数特例性的群体，如篮球队、爆破工作组、钢铁工人和小型合作社的成员，而且他的数据不足以支持他的主张。更重要的是，费德勒通过将问题限制在任务的性质和领导者与下属之间的关系上，使问题过于简单化。大部分人的生活可要比篮球比赛复杂多了。

4.4.3　弗鲁姆的树形模型

弗鲁姆对于复杂问题的解决办法是，提出领导者有五种风格可以选择。但他接着又说正确的选择依赖于按顺序回答 7 个问题。五种风格如下。

- AI：你使用当时可用的信息自己解决问题或决策。
- AII：你从下属那里获取必要的信息，然后自己决定解决问题的方案。
- CI：你分别与相关的下属讨论问题，听取他们的想法和建议，然后自己做决定。
- CII：你与下属小组讨论问题，然后自己做决定。
- GII：你与下属小组讨论问题，然后共同做决定。

7个问题可以像决策树一样排列出来：

（1）是否存在一种决策比另一种更好？（如果没有，就选择AI。）

（2）领导者有足够的知识独自做出决定吗？（如果没有，避免选择AI。）

（3）问题是否清晰且结构化？（如果不是，选择CII或GII。）

（4）下属是否必须接受这一决定？（如果不是，那么AI和AII都是可能的。）

（5）下属是否会接受你的决定？（如果不会，那么选择GII更好。）

（6）下属对组织发展的目标是否与你一致？（如果不是，那么选择GII是有风险的。）

（7）下属之间会起冲突吗？（如果是，那么选择CII更好。）

　　这是一个非常理性的决策模型，弗鲁姆发现它可以很好地帮助管理者描述和规划自己的决策过程。然而，有人提出疑问，那就是领导者的言行是否一致？而在实践中，领导者不仅仅是与群体共同决策或为群体做决策。看起来，即便是弗鲁姆这个更为复杂的模型似乎也还是不够复杂。

4.5 "最佳匹配"方法

4.5.1 描述

　　在领导者面对任何问题的时候，他都应当考虑以下四类影响因素：

（1）领导者本人。他偏好的工作风格和个人特点。

（2）下属。当前情况下他们偏好的领导风格。

（3）任务。工作本身、目标和技术。

这三个因素及其契合度又都在某种程度上取决因素（4）。

（4）环境。领导者在组织中的处境、群体和任务的重要程度。

"最佳匹配"方法认为，没有所谓的"正确"领导风格，但当领导者、下属和任务的要求相互匹配时，领导力将最有效。这种匹配可以通过从"严格"到"灵活"的尺度来衡量。

严格 ────────────────────────────────────── 灵活

这个尺度没有固定的衡量标准，这是一种主观性很强的低精确度分析工具。在任何情况下，都应该把这三个因素大致标注出来。例如：

严格 ────────────────────────────────────── 灵活

领导者──────

下属　　　　　　　　　　　　　　　　──────

任务　　　　　　　　　　　　　　　　──────

在这种情况下，领导者非常倾向于结构化的领导方式，而他的下属希望对自己的工作任务有更多的控制权，任务定义比较模糊，没有严格的时间限制。在这种情况下，任务和下属"匹配"，但领导者处于孤立状态。

在任何这样的情况下，这三个因素都有朝着彼此靠拢的倾向。如果它们保持太过分离的状态，群体运作将失效，或者任务将无法完成。在上述描述的情况中，一个强大的领导者通常会尽其所能将下属和任务拉向自己。在这个过程中，他可能会违反与下属之间的心理契约，削弱任务的执行效果。或者，他可能会调整自己的风格以适应其他两个因素的要求。他能否在不失去信誉的情况下调整自适应风格将取决于组织环境。在进一步分析这个衡量标准如何运转之前，让我们更详细地看看这三个因素。

专栏 4-6　双足动物和三足动物

阿利斯泰尔·曼特说，世界上有两种人，其中一种永远不该被提拔到高位。这种人将生活和成功视为与他人关系的表现——为个人生存而控制、支配或诱惑其他人。这些人是"双足动物"或者"掠夺者"。

另一种人是"三足动物"或者"建设者"（与二元思维者相对的三元思维者）。对于他们来说，问题不在于"我是否能赢"，而是在于"为此付出有什么意义"。对于这些人来说，所有关系都有第三个角度——任务或目的。曼特说，他们可以为了某种高尚目的而承担个人风险，并且能够观察自己在关系中的表现。他们可以说是能看穿其中的奥妙。

曼特认为，掠夺者或双足动物的心态可能会一时兴盛，但这种有缺陷的领导方式最终会自我毁灭，而如果你问人们在自己的经历中有没有伟大的领导者的例子，他们会提到那些在追求任务或愿景（第三个角度）时不妥协的老师、经理、父亲（或更可能是母亲）。

詹姆斯·麦格雷戈·伯恩斯所说的"变革型领导"是三元思维，而"交易性领导"更接近双足动物的模式。同样，阿多诺的权威主义人格的概念适用于掠夺者，而不是建设者。在家庭、学校、政坛和企业中，我们需要更多的建设者，而不是掠夺者，但英国传统培养的是掠夺者，而不是建设者。

资料来源：A. Mant, *Leaders We Deserve*, 1984.

4.5.2　三个因素

领导者。对于领导者来说，严格或灵活可以解释为结构化或支持性。在尺度上的首选位置取决于：

（1）价值观体系。他觉得下属可以在多大程度上参与规划、决策、控制？他如何定义领导者的工作？他对组织效率、下属满意度、个人成功的重视程度有多大？

（2）对下属的信任度。如果觉得下属技术能力很强且值得信任，那么会给予下属更多的工作自主权。

（3）习惯风格。尽管大多数人希望自己能够灵活应变，但他们通常有一种自我感觉最舒适的工作方式——这就成了他们的习惯风格。

（4）对个人贡献的评估。如果他觉得自己对群体的贡献至关重要，他就更倾向于结构化和更多的控制。

（5）对确定性的需求。一个放弃对局势控制的领导者会降低结果的可预测性。如果他对可预测性要求很高，对模糊性的容忍度很低，那么他将倾向于尺度的"严格"一端。同样，不愿承担风险的人更不愿意放弃控制权。

（6）压力程度。压力和紧张通常会导致更严格的领导风格。

（7）年龄。年长的人似乎更倾向于结构化领导风格。

专栏 4-7　文化的产物

马基雅维利在 16 世纪初把领导力理论描述得近似操纵理论。这种理论基于这样一个假设：领导者拥有并且应该拥有远超其追随者的权力（即存在着较大权力距离的文化）。与此同时，托马斯·莫尔在同一时期的英国描述了一个基于共识的乌托邦，理想情况下权力分配更加平等（即存在着较小权力距离的文化）。因此，16 世纪的领导力理论在很大程度上受到文化偏见的影响。

霍夫斯泰德认为，这种文化偏见在 20 世纪依然存在。他的研究表明，意大利仍然更习惯于较大的权力距离。法国、墨西哥和巴西也是如此。而丹麦、瑞典、奥地利、以色列和新西兰则更喜欢较小的权力距离，因此会寻求共识型的领导方式。而英国、美国、加拿大和荷兰处于中间位置，这或许可以解释为何这些国家会产生更具折中色彩的权变理论。

领导力也关乎追随力。你只能成为下属感到舒适的那种领导者。在斯堪的纳维亚奏效的领导方式，在墨西哥未必就能行得通。

资料来源： G. Hofstede, *Culture's Consequences* (Abridged Edition), Sage Publications, 1984.

领导者内在的这些因素经常会互相冲突。然而，最终结果是将领导者放置在与特定群体相关的严格与灵活连续区间上的某处。这将是考虑任何特定任务或目标的个人出发点。接下来需要考虑的就是，一个人能够从尺度上的这个出发点移动多远。

下属。他们对特定领导风格（结构化或支持性）的偏好将受以下因素影响：

（1）对自身智力和能力的评估。能力越强、越专业，通常就想要更多的控制权。

（2）与群体和领导者的心理契约。契约是否规定了参与度，还是仅是一份让人满意的契约？

（3）对问题的兴趣以及对其重要性的看法。他们不会热衷于在琐事上参与太多。

（4）对模糊性的容忍度或对结构的需求。

（5）群体的过去经验。他们习惯参与吗？他们习惯一起工作吗？他们是否尊重彼此的能力？新人、经验不足或不信任的人往往在开始时需要结构化风格的领导。

（6）文化因素。较年轻、受教育程度较高、可能自由长大的人往往参与意识更强。社会中大多数的民主规范强化了这种趋势。处于创造性情境中（如研发和营销）的人往往希望对自己的工作负责。

任务。任务应该是预先计划还是随机应变？这将取决于：

（1）任务的种类。是决策还是实施？它需要主动性还是服从性？是否是例行的行政职能？是创造性质的（例如研发），解决问题性质的（例如咨询）还是开拓性质的（例如新产品营销）？一般来说，如果是一个有开放式解决方案的问题，那么它会倾向于尺度的灵活端；封闭或有限的问题会倾向于严格端。

（2）时间。参与需要时间。短期目标会推动任务走向尺度的严格端。

（3）复杂性。这可能有两种情况。技术或概念上的复杂性通常会将任务推向尺度的灵活或开放式的一端；组织复杂性会将其推向结构化或严格端。

（4）错误的重要性。①在创造性或解决问题的任务中，参与的智慧越多越好，但这种参与会耗费时间。更结构化的方法可能不够完美或缺乏创造性。我们会反思，其中 60% 的解决方案重要吗？或者方案结果是可取的吗？②在执行或控制功能中，严格的控制可能是必要的，以防止发生任何错误，例如制造载人航天火箭。

（5）任务的重要性。不重要的任务不值得花费时间或注意力，也就是应该进行严格的结构化。

4.5.3　对"匹配"的分析

对于任何特定情况，都应该把三个因素粗略地绘制在严格与灵活的尺度上。在实践中，这通常由领导者自己完成，我们必须认识到他的分析可能存在偏见。所有分析的目标都是消除偏见，代之以客观性。显然，领导者越客观，分析就越有用。

在许多情况下，不会完美匹配。在某种程度上，我们可以对不匹配的性质进行概括：

（1）在许多中层管理情境中，由于管理者和被管理者都相对年轻且受教育水平较高，他们偏好支持性或灵活的风格。但很多时候，根据通常的定义，任务就是需要结构化和严格的控制机制。

（2）高层管理受到年龄和中层管理任务经验的影响，在尺度上偏向于严格，但面临着需要更灵活的方法来解决的开放性问题。

（3）销售主管，他们在高度结构化和控制的职位上成长，并被提拔到一个拥有众多市场营销专家向他们汇报的岗位时，常常发现这个岗位的工作和新下属对灵活性会提出更高的要求，这对他们的习惯性风格构成了巨大挑战。

（4）技术和计算机的作用往往是提高可预测性而使工作更加规范化。这可能与员工或管理层希望增加灵活性的愿望相悖。

4.5.4　实现最佳匹配

面对"领导者本人、下属、任务"这三个因素不太匹配的情况，领导者必须考虑调整其中的哪一个以实现匹配。理论上，领导者的风格最容易调整——特别是如果其他两个因素已经在某种程度上相互契合。这解释了为什么要强调领导风格的重要性。

然而，尽管领导者的风格在理论上是最容易在短期内调整的，但重新设计、定义任务（例如工作扩大化）或发展工作群体可以获得更多长期的收益。

4.5.5　环境

现在必须讨论第四个因素，即环境。领导者、下属和任务并非独立存在。情境背景会极大影响领导者调整以上三个因素的自由度。环境的六个关键方面包括：

（1）领导者在组织中的权力地位。

（2）领导者与群体的关系。

（3）组织规范。

（4）组织的结构和技术。

（5）任务的多样性。

（6）下属的多样性。

这些环境因素中最好优先考虑两点：领导者在组织中的权力地位；领导者与群体的关系。

这两个因素——费德勒所考虑的因素中的两个——可以被看作影响领导者调整其风格和任务自由度的因素。领导风格的变化可能导致不可预测性以及下属缺乏信心、可靠性和信任，除非领导者已经得到他们的信任和尊重。比起纯粹的法定权力，基于专业知识和成就的权力可以给予领导者更多的自由度。大多数组织任务都不是孤立的，它们对组织的其他部分都有一定的影响。因此，重新界定任务，无论是在时间跨度、复杂性、范围还是影响方面，都需要领导者与受影响的组织部分进行协商。霍兰德提出了"特质信用"这一概念来解释领导者的自由度。如果领导者在过去行为中获得了群体认同（遵规守纪的良好记录、成功或者地位），那么他就可以用这些信用来换取特立独行。另外，如果他本来就没有什么信用可言，那么即使他做出出人意料或令人不悦的行为也没有什么损失，但如果他成功了，他将获得一切。而当领导者处于中层位置时，他就必须小心谨慎并遵守群体的规范：组织规范；组织的结构和技术。

在组织中，领导者并不能完全自由地、随心所欲地行事。组织有自己的要求，如工作时间、上下级关系和回报率；还有组织的规范，比如奖惩方式、对待下属的方式。例如，尼尔·拉克汉姆和他的同事发现，在某个公司的美国分部，有效的领导者被期望对下属严厉，而在英国却没有这种期望。在一定程度上，所有的管理者和主管都需要遵守这些组织规范，特别是那些在组织中地位较低的人。组织也有正式的结构和程序。这不仅仅意味着工作很难被重新定义，更意味着重新定义工作可能需要改变组织的结构。分权式或项目制的组织允许管理者重新定义他们的领导风格和任务，但在某些技术类型的组织（如流程制造）中，分权是不被允许的，因为这些组织：任务多变；下属多变。

大多数管理者发现，因为以下两个因素使得最佳匹配被进一步复杂化，从而很难实现：

（1）他们有各种各样的任务要完成，从复杂的长期任务，到更加抽象的任务，如建立团队或培养下属，再到日常例行任务。每项任务的最佳匹配可能都不同。要通过灵活性管理多样性需要与群体保持非常良好的关系。

（2）但是，团队经常变化，部分原因是实际的工作群体可能被重新定义以适应不同的目的，也有原因是个体随着生活和事业的发展而进入或退出不同的群体。考虑到这种复杂性，也难怪管理者放弃寻找最佳匹配方案，而将其习惯性风格强加于任务和下属头上。

相关管理理论文献往往强调群体关系的重要性，这也不无道理，因为一个领导者的适应能力很大程度上取决于他与群体的关系。鉴于群体的不断变化，领导者需要投入大量精力来建立必要的关系。

专栏 4-8　三环模型

约翰·阿代尔对一个非常成功的领导力培训模型进行了完善，我们在任何领导情境中都可以看到三个相互重叠的圆环：

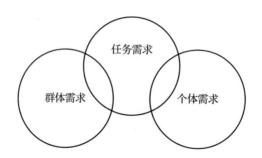

阿代尔强调了区分个体和群体的重要性。个体需求、群体需求和任务需求之间很难实现完美匹配。领导者的工作就是意识到这种情况并加以管理。为此，他需要一种功能性方法，包括以下八个要素：

（1）定义任务。

（2）规划。

（3）任务汇报。

（4）控制。

（5）评估。

（6）激励。

（7）组织。

（8）以身作则。

培训应围绕着这八个要素的原则和实践进行。正如阿代尔所指出的，风格不仅仅是做出决策这一相对直接的任务。

因此，尼亚斯在有关学校领导力的研究中使用了三个衡量尺度：结构维度、关怀学生和决策集中。结果显示，教师们希望他们的校长更关注第一个和第二个，降低第三个的权重。换句话说，为了实现在任何特定情境都适用的"最佳匹配"，领导者首先必须建立一个更通用的形象和风格，来为行动留出余地。

与"被动的"或"波旁式"（专制式）校长不同，"积极"的校长表现出更高水平的个人和职业承诺，给予他人支持和鼓励，为学校设定明确的目标，而这些目标在一定程度上是开放的、可协商的，能够为整个学校创造凝聚力。教师似乎希望被领导，而不是被放任自流。"被动的"校长会放任太多事情，他们在结构维度和决策集中方面得分较低，在关怀学生方面得分也不太高。他们常常发现自己左右为难。费德勒说，他们唯一的希望是采用更结构化的方式，但他们的性格又排斥这种方式。"波旁式"校长过于独断，不懂得体恤他人，他们很难从严格的结构化风格中摆脱出来，因为员工对他们的信任很少或没有。

因此，像任何领导者一样，校长必须塑造环境，而不仅仅是被环境影响。领导力也并非凭空行使。首先要搭建好舞台，再粉墨登场。

4.6 新的综合理论

4.6.1 背景

近年来，人们重新燃起对领导力而非管理的兴趣，也许正如阿比盖尔·亚当斯在 1790 年写给托马斯·杰斐逊的信中所说，"伟大的需要呼唤伟大的领导者";也或许是因为我们逐渐意识到,人们更愿意被领导而不是被管理。沃伦·本尼斯和伯特·纳努斯采访了 90 位来自商界、公共服务领域、艺术或体育界等不同领域的领导者,最终得出他们对领导力的新的综合见解。

"管理者是把事情做正确的人,而领导者是做正确事情的人",这是他们的主要结论,与彼得·德鲁克 30 年前的观点不谋而合。他们有一个深刻的印象,那就是受访者对其所领导组织的目标和方向的关注远超过琐碎细节。

特质理论受到了冷落。确实,几乎所有成功领导者都是白人男性,但作者认为这更多的是美国企业界中性别歧视和种族歧视的遗留问题,而不是领导者本身的原因。另外还有一点令人惊讶的事实,那就是几乎所有领导者仍然维持着与自己第一任配偶的婚姻而且对婚姻充满热情。除此以外就没有共同的特征了。他们有的善用右脑,有的善用左脑,个头高低不一,胖瘦各异,有进取和内向之分,行事风格多种多样。

4.6.2 描述

本尼斯和纳努斯从采访中提炼出了 4 个主题或必要的能力,他们称为战略,可以总结为:愿景、沟通、信任和自我认知。这些战略并不妄图告诉你如何在特定情境下达到完美匹配。最好将它们视为行动自由的必要条件。不具备它们,或者不具备近似它们的能力,任何一个想要成为领导者的人都不太可能成功。我们可以逐一来看每个战略。

愿景。领导者传达的愿景能给员工树立信心,让他们相信自己能够将梦想变成现实。本尼斯和纳努斯说这让他们想起萧伯纳的《人与超人》中的一个角色:"生活中真正的快乐,是意识到自己被赋予了伟大目标的使用价值,是成为自然的力量,而不是成为满腹牢骚、自怨自艾的小团子,抱怨世界没有围着你转,来让你开心。"

沟通。如果只有你自己怀揣梦想,这个梦想则毫无用处。最好是所有人一起做一个"梦",然后由领导者加以表达,并以某种方式捕捉它,使其潜入每人的想象之中。有些领导者使用语言沟通，有些用可视化模型，还有一些是通过言传身教。

信任。信任意味着始终如一和诚实，让人相信某人和某个组织能够说到做到，无论发生什么情况。海军上将里科弗称其为"勇敢的耐心"。史瓦斯摩尔学院前校长西奥多·弗兰德三世在谈到这一点时曾说："领导力意味着，尽管理想存在诸多模糊之处，实现理想也困难重重，但你仍需认清自己正引领自己走向何方：从已然的自我走向希望成为的自我。"别人能相信你就是你自己吗？

自我认知。这 90 位领导者不是自我崇拜者，他们了解自己的价值和弱点。他们扬长避短，有意识地在个人特质和组织需求之间找到契合点。没有人能够无处不精通。他们普遍擅长的是让他人感到自己正在做的事情很好，为自己感到自豪。自我认知以及由此带来的"情感智慧"使人能够信任他人做他们擅长的事情，无须时刻寻求他人的认可，能够接纳他人而不是对他们评头论足。

总而言之，领导者是能够制定并传达愿景，从而给其他人的工作赋予意义的人。这项任务太重要了，不能仅仅只交给组织上层的少数人来做。无论哪种情境都需要领导者。有趣的是，日语中没有"领导力"一词，领导者被认为与群体不可分割。事实上，任何想要与他人或通过他人一起完成某事的人都可以并且应该学习领导力的课程。我们每个人都可能在某个时刻承担起领导角色。

4.7 总结

本章回顾了有关领导力的主要理论，并提出了一个看待这一主题的更全面的方法。

回顾的理论包括特质理论、风格理论和权变理论。我们建议的方法是基于权变理论的扩展，称为"最佳匹配"方法。这种方法要求领导者和下属的风格偏好以及任务要求沿着从严格（或结构化）到灵活（或支持性）的尺度进行排序。

为了有效执行任务，领导者、下属、任务这三个因素的要求必须在尺度上"匹配"在一起。实现匹配的方式，即哪些因素将会适应或被适应，取决于环境（或组织背景），包括：

- 领导者在组织中的权力地位。
- 领导者与群体的关系。
- 组织规范。
- 组织的结构和技术。
- 任务的多样性。
- 下属的多样性。

领导者需要发展愿景、沟通、信任和自我认知来做到这一点。群体或部门的领导是组织效能的关键组成部分，但它会导致角色复杂、角色不相容、角色冲突、角色模糊，从而产生角色压力。为了帮助管理这种复杂性，有以下事情可做：

（1）组织需要知道和理解。

（2）组织需要做的事情。

（3）个体需要做的事情。

（4）个体和组织都需要做的事情。

我们会在第 5 章中详细阐述这一部分。

4.8　关于领导力的一般结论

4.8.1　迫切需要

现在的组织理论呈现出一种趋势，就是弱化个体和群体领导者的重要性，而强调结构、控制系统和氛围等因素。然而，本书的第 5 章会提到，这些领域的发展趋势再次凸显个体作为"黏合剂""桥梁"或"催化剂"的重要性。

无论使用什么词语，组织内部群体的领导始终是组织效能的关键因素。本章的讨论应该已经表明，领导者的角色是复杂的，充满着模糊性、不相容性和冲突性。尽管分析模型不总是使问题更易于解决，但至少可以帮助我们理解复杂问题。可以从以下几方面实现这一点。

（1）高级管理人员需要更好地理解群体或部门经理角色的复杂性。缺乏理解会导致刻板印象，进而导致领导模式的单一化。充分理解领导情境的复杂性和多样性，有助于发现当前情境和领导力要求之间的差距。

（2）高级管理者需要帮助其他领导者减少角色的复杂性，方法包括：

- 清晰的角色定义。
- 降低工作群体构成的多样性。
- 给个体更多的自由，允许个体追求非常规的风格。管理中最困难的任务之一就是容许下属以与自己不同的方式行事。
- 以结果而不是方式来评价效果，也就是通过绩效而不是风格。
- 给人以充分的时间来取得成果，不要频繁地调换他们的岗位。

（3）个体需要学会：

- 制定并传达清晰的任务愿景，使群体达成共识。
- 允许其他人影响这一愿景，以便他们对其做出承诺。
- 建立起群体的信任和尊重，以便在必要时调整自己的领导风格。
- 记住，成功履行大使角色对于他们在群体内自由行事至关重要。
- 记住，他们在下属面前代表的是组织，因此应该践行上述对高级管理人员所倡导的所有原则。

（4）个体和组织应该牢记，符合上述要求的个体往往会具备以下特质：

- 对模糊性有较高的容忍度，善于处理开放性问题。
- 善于区分人和情境。
- 有清晰的自我认知，通常伴随着自信心。
- 拥有较高的 E 因素储备，特别是精力。
- 愿意为自己和同事设定适度高的标准，并给予和接受绩效反馈。

4.8.2　区别化的特质观

所有这些合在一起，可以称为"区别化的特质观"。虽然特质派和风格派已被一个更复杂的模型所取代，但已有的经验告诉我们，仍然有些人在总体上比其他人更适合当领导。研究表明，这些人就是具有前文列出的那些特质的人，因为他们能够处理好本章所介绍的复杂模型。

在特定情况下，某些特定的品质或特定的风格将会有效，因为它们会更恰当。从这个意义上说，几乎每个人都能成为有效的领导者，只要他们能找到适合自己的环境。组织也可以更多地适应工作内容，以更好利用可用人才。

但是组织始终需要"管理者"，也就是那些在各种情况下都能发挥领导作用的人。他们需要一个选拔标准。上面列出的标准将提供一个起点。它们与前文提到的智力、正直和直升机视角有关，但是可以更加精确地定义和衡量，并且可以与特定情境的要求相关联。这些标准将根据每个组织的文化（第 7 章）和其特定的领导要求进行调整。在某个组织的某个部分，拉克姆及其同事发现，理想的领导者特征包括：

- 确保人们理解沟通内容。
- 给出具体的目标。
- 事情进展不顺利时勇于承认。

4.8.3 结论

个体如何提升领导能力？组织又该如何助其一臂之力？这将在后续章节中详细讨论。4.8.1 中列出的特质不是在教室里就能教出来的，它们在一个人长大成熟并加入组织时就已经定型了，有就是有，没有就是没有。早期的环境和教育显然与此密切相关。然而，个体和组织都可以在已有的基础上再接再厉。唯一有效的方法是：

- 将个体置于能考验主要特质的真实的或人为的情境中。
- 通过具体示例，帮助他们理解如何改进这些特征。

为此组织需要：

- 设计"领导力学习"情境，即使这可能会扭曲组织结构的短期效率。
- 更加关注组织中的"教练角色"。把这一职责留给直接上级是不现实的，因为"教练角色"和"领导者角色"很难结合在一起。在压力下，"教练角色"很容易被忽视或放到次要位置，转而强调决策角色。除了直接上级，其他人往往能更客观地帮助在领导情境中挣扎的初级员工。也许这种"导师角色"在组织中需要更多的认可并成为一个正式角色。

专栏 4-9　六位成功的领导者

麦考比研究了大西洋两岸六位成功的领导者，他们在不同类型的组织中担任不同职务，从田纳西州的领班到苏格兰的工厂经理，从工会领导到国会议员，其中包括一位女性政府官员和一位瑞典首席执行官。这六人既有不同之处，又有相似之处！

他们都具备某些特质——智慧、雄心、意志和乐观。所有人都是有说服力的沟通者。尽管他们出生背景大相径庭，但他们对权威都持有批判的态度。他们都会从繁忙的管理工作中抽出时间，思考自己组织的使命是否服务于社会和员工。他们是实用主义者，不是理想主义者，但其中一些人也非常清楚，他们不会为了权力而牺牲他人。例如，工会领袖布鲁斯通不愿为了竞选工会主席而牺牲友谊，而苏格兰的里夫斯则不会为了成为国家领袖而牺牲家庭。

麦考比观察到，他们不会试图控制每个人。他们会花更多时间来达成共识，而不是控制事物或处理错误。他们捍卫人类尊严、公平和自由等基本价值观，包括即使在大多数人都反对的情况下也应倾听他人意见的权利。他们不觉得自己必须赢得每场竞争，而是从战略的角度处理冲突，必要时会准备撤退，但不会失去对长远目标的追求。

资料来源：M. Maccoby, *The Leader*, 1981.

专栏 4-10　十所优秀学校

英国皇家检察院巡查了了十所不同类型的中学。无论从哪个标准来看，这些学校都很成功。他们得出结论：

"它们的共同之处就是具有有效的领导和有利于成长的氛围。他们强调协商、团队合作和参与，但毫无例外，这些学校成功的最关键因素是校长的领导能力。毫无例外，校长们都具有想象力和远见，但又带着现实主义，这使得他们能够把握现状，同时展望可实现的未来目标。他们认识到既要设定明确的智育目标，也要设定德育目标，并要有能力将这些目标传达给教职员工、学生和家长，以赢得他们的支持，并将自己的政策付诸实践。他们对教职员工和学生的同情理解、平易近人、幽默感和恰到好处的评判，以及他们对工作的奉献精神，赢得了家长、教师和学生的尊重。"

资料来源：*Ten Good Schools*, 1977.

Chapter 5

第 5 章

权力和影响力

5.1 引言

动机理论、角色理论、领导力理论都旨在描述人们为何会有某种行为，以及如何能够使他们按某种规则行事。现在我们是时候以更普遍的视角来综合性地探讨权力和影响力这个问题了。

权力和影响力构成了精妙的组织，乃至所有精妙的互动关系。影响（力）是指个体 A 试图改变个体 B 的态度或行为的过程，而权力则是使个体 A 能够实现这一目标的手段。组织可以被视为各种影响力模式的精细交织体，个体或群体试图影响他人以特定的方式进行思考或行动。为了理解组织，我们必须掌握权力和影响力的本质，因为它们是连接组织成员和组织目标的纽带。然而，权力和影响力是不受欢迎的词汇，是我们在日常交流中避之唯恐不及的。一方面也许是因为它们暗示了一种等级制度关系，即一个人的地位凌驾于另一个人之上。然而，我们也认识到，在任何规模的群体或社会中，等级关系都是必然存在的。另一方面或许是因为权力和影响力在某种程度上侵犯了个体在行动上的自由。

但如果说真是这样，那么在现代社会的组织生活中，只有像鸵鸟一样的人，才能继续存在并保持其对个人自由的理想完好无损。完全的个人自由是隐士的特权，当今社会也许只有孤独的艺术家、诗人、流浪者或嬉皮士才能享受这种奢侈。因为与任何群体、家庭、公司或社会建立心理契约，都需要通过某种程度地放弃个人自由，以换取归属感的回报。霍曼斯认为，所有的互动都涉及某种对等的交换——以某种东西换取回报。那么一个人应该放弃多少个人自由？如何定义个人自由，在什么范围内可以做到自由？谁可以影响我，我又可以影响谁？哪些影响方法是可以容忍的，哪些不可以？有哪些方式可以对抗影响力，哪些途径可以获得影响力？这些问题都深深地植根于组织生活的实践之中。任何希望理解组织的人都必须努力解决这些问题。

影响力是一种大多数人无论在哪个方面都希望增强的能力，即使他们并不想承担可能随之而来的责任。许多研究表明，组织中的个体希望在工作中拥有更大的影响力，还有一些证据表明，那些认为自己具有影响力的个体对工作投入更多，并显示出对工作更感兴趣，也更愿意积极投入到工作中。影响力带来的责任让人有了参与感和投入感。在成功或失败中，甚至在疾病中也是如此（管理者比员工更容易患上身心疾病）。利克特研究发现，个体若认为自身具有更大的影响力，群体的工作效率会更高。

本书对权力和影响力进行了区分。但在日常生活中，不是每个人都区分二者，理论家们也不尽然。权力和影响力经常引起歧义，一方面是因为"权力"（power）在英语中是一个名词，不能像法语那样有一个与之匹配的动词，而英文中的"影响力"（influence）既是名词也是动词。为清晰起见，本书将用"影响力"来表示使用权力（其动词形式），而保留"权力"来表示其背后的资源。另一个可能会加深困惑的词是"权威"。当权力是合法的并且被官方认可和支持时，我们会使用权威这个词来表达。因此，说"某人具有影响力"是一种简化的表达，完整的表达是"某人有影响他人的权力"。说某人有权威，是一种承认和接受对方权力来源的简化表达。

如果 A 要影响 B，首先 A 必须对 B 有一定的了解，了解 B 的动机计算、心理契约和角色。只有这样，他才能知道什么事情可能会影响 B。这些我们已经在前面的章节中探讨过了。然后，A 必须了解在那种情况下可用的影响力方法，以及支撑它们的权力来源。这是本章最直接的关注点。

我们在第 4 章讨论了群体正式领导中涉及的特定影响力行为。但正式领导只是个人影响力的一个方面，也是组织中影响力体系的一种表现形式。无论在任何组织中担任任何角色，个体都有一定的权力和影响力。当我们谈论争论或说服、威胁或诱惑、爱或恨时，我们谈论的就是个人影响力；而当谈论群体压力或顺从、社会化或宣传、教育或发展时，我们讨论的则是组织或群体影响力。

对社会科学家来说，影响力和权力的研究被证明是一个"无底的沼泽"（达尔）。该领域有许多零碎的研究——但很难将它们整合成一个连贯的清楚易懂的描述画面和框架。本章将尝试把这些研究按照一个合乎逻辑的连贯思路整理出来。首先，我们将描述那些构成影响力方法基础的各种权力来源。其次，使用任何特定的影响力方法都会涉及有关个体、情境和响应机制。最后，我们总结探讨这些发现对管理者的启示。

5.2　作为影响力来源的权力

5.2.1　权力分类和特征

在社会或组织环境中，人们对权力进行了各种分类。这里采用弗伦奇和雷文提出的一种分类方法。个体影响力的权力来源包括强制权力（即强制性权力）、资源权力（即奖赏性权力）、职位权力（即法定性权力）、专家权力（即专家性权力）和个人权力（即参照性权力）。

在描述这些特定的权力来源之前，我们需要掌握一些基本常识。

（1）权力的相对性。如果 A 的权力来源对 B 来说无关紧要，那么在这种情境下，这种权力来源就无效了，即 A 将无法影响 B。一个群体以其威望和声誉令一个人生畏，但在另一个人看来却显得荒谬。枪炮能使一个人沉默，却能刺激另一个人反抗。贿赂能使一部分人动摇，但也可能使其他人反感厌恶。任何人的有效权力都会随着其行使权力的群体的变化而不断变化。

（2）权力的平衡。大多数影响力的情境，甚至大多数关系，都能在权力方程式中达到平衡。权力很少是单方面的，即使是囚犯也能反击。例如，破坏性权力或本章稍后介绍的"负面权力"，总是能以某种形式为每个人所用。当权力方程式极度不平衡时，权力似乎最为明显和极端。因此，拥有权力来源并不意味着一个人可以影响别人。这取决于他能在权力方程式两边代入什么和投入多大权力，同时需要注意，一种权力可能会抵消另一种权力，就像金钱和资本带来的资源权力可以否定专业知识带来的专家权力。

（3）权力的领域。很少有权力来源在所有群体中都具有普遍效力。组织中许多关于权力的争论都与特定权力来源的作用范围有关。个体希望扩大自己的权力范围，以限制他人的权力范围。当我们说："某人的权力或影响力是正当的"，我们的意思是："该领域是既定的，行使权力或影响力的条件和对象也已经明确规定"。正如一位社会学教授所说："如果我试图影响自己学生对马克思的看法，那我可能会成功。但如果我试图影响他们对伴侣的选择，我就会失败，那不是我职权范围内的事。"

5.2.2 强制权力

强制权力作为一种权力是不言自明的，它代表具有更强大力量的强制性力量。恃强凌弱者或大人物就拥有这种权力，暴君或军队指挥官也拥有。在许多发展中国家，强制权力比多数人的意愿更重要。监狱的管理和法律的执行最终都建立在强制权力之上。当然，作为影响力的基础，强制权力并不一定要被使用，才能发挥作用。它只要存在，或者人们相信其存在，这就足够了。

在极少的工作组织中，强制权力是个体影响力的来源，例如监狱和某些精神病院。除了这些所谓的公共安全保护机构，没有任何组织有权强行拘留个人。一些学校或许声称拥有这一权力，但一些学生会质疑校长的强制权力，而大多数成人的组织本质上是允许个体自由选择离开的。

　　然而，这并不是说，在个体关系中，强制性胁迫不会暂时成为一个非常有力的影响力来源。霸凌者并不只存在于学校；罢工纠察人员在态度上经常具有明显的威慑性和胁迫成分；一个独裁老板的专制经常会让他的下属感觉到似乎被胁迫而瑟瑟发抖。虽然在我们的社会中，强制权力比其他所有权力来源都不太受尊重，但有现象表明，在其他权力来源显得无效或与反对力量相持不下时，强制权力日益成为最终的权力手段。

专栏 5-1　恐惧是真实存在的

　　在我工作的办公室里，有 5 个人让我害怕。这 5 个人中的每一个都害怕另外 4 个人（不包括重叠部分），总共 20 个人，而这 20 个人中每个人又害怕另外 6 个人，总计 120 个人，他们至少被一个人所害怕。这 120 中的每一个人都害怕其他 119 个人。而所有这 145 个人都害怕最高层的 12 个人，而这些人正是创始并建立了这家公司，现在拥有并领导公司的人。

　　资料来源：J.Heller, *Something Happened*, 1975.

5.2.3　资源权力

　　拥有有价值的资源是影响力的有效基础。资源权力也称奖赏性权力，后者是弗伦奇和雷文的偏好用词，它是大多数计算性合约中隐含的权力来源。为了使资源权力有效：（a）必须掌控资源；（b）这些资源必须是潜在接受者所渴望的。这些都是明显的条件，但是总被忽略。例如，在工会谈判中，如果工会谈判代表没有控制权（即不能承诺遵守协议或无法控制和调动其成员的劳动力），或者其资源不是雇主想要的（即有其他劳动力来源），那么他拥有的权力就会大大减弱。工会运动试图建立劳动力垄断，就是为了增加其资源权力。政府试图用具有强制权力的法律来与之抗衡，这是两种权力之间有趣但可能无法解决的冲突，即有组织的劳动力的资源权力和社会的强制监禁的最终制裁权之间的权力冲突。当管理者能够在给予下属晋升或加薪等方面运用资源力量时，便拥有了资源权力。然而，如果下属不想要晋升，管理者可能会发现自己处于一个进退两难的境地，就像那位遭到孩子拒绝的焦虑母亲，她用冰激凌作为贿赂，却得到回应："我今天不想吃冰激凌！"。薪酬的规制化、晋升的官僚化是对个体管理者权力的有效削弱，例如在教育机构、政府部门和医院，因为这样就减少了个体对所需资源的控制。

资源不一定是物质形式，还可能是地位的赋予，相当于高管拥有洗手间的钥匙。归属感，即被接纳进入一个精选群体，对许多人来说也是一种宝贵的资源。但也要注意，不要高估自己珍视的东西对他人的吸引力。一位朋友在大学时期试图成立一个专属餐饮俱乐部，但最终失败了，因为没有人觉得它是专属的。他掌握和控制的那种专属性并不受其他人重视，权力总是针对特定作用范围和相对于行使它的那个群体而言的。资源权力通常不被认同。人们不喜欢别人老是提醒他们实际上是可以被收买的。家长式组织有时会惊讶于它们偶尔慷慨的施舍竟然只换来勉强的感谢。也许他们无意识地再次强调了自己的权力基础。

5.2.4　职位权力

职位权力被称为"法定权力"或"合法权力"。它是基于个体在组织中的角色或职位而产生的权力。在组织中担任某个角色意味着个体有权在该组织中享有该角色的所有权利。管理者有权命令下属做某事，检查员有权检查他人的工作。在理论家区分权力和权威时，通常将职位权力等同于作为合法化权力或法定性权力的权威，或职位所赋予的权力，而非个体的权力。

职位权力作为权力来源的价值，最终取决于职位保证者赋予它的价值。职位权力最终必须得到强制权力或资源权力的支持。如果一个特定职位的人未得到组织的支持，或该组织不被视为控制性或强制性的资源，那么该职位的任职者会发现他的影响力尝试将失败，因为他的权力来源无效。需要明确的是，职位的任职者本身不必拥有资源和权力，但是保证或设立该职位的组织必须拥有。志愿组织的秘书，这是一个没有报酬且地位不高的职位，虽拥有职位权力，但只是有限的。一旦权力来源的保证被撤回，职位权力就会变得微弱或不合法，或两者兼而有之。例如，被废黜政府的大使会变成一个被剥夺了权利的公民，主席的秘书在主席被罢免时也就成了普通人。

职位权力赋予任职者对某些无形资产的潜在控制权。主要包括三项。

（1）**信息权**。信息权通常理所当然地属于组织中某个"职位"的权利。如果它尚未归属，那么通常可以作为该职位的必要输入。信息流可以是横向信息，即来自组织同一级别的信息，通常是技术性质的；也可以是纵向信息，来自上级或下级，它被限制在特定的"职位"中，并且只有在与任职者达成协议的情况下才能共享。在生活中，信息的协同性特征尤为明显，整体往往比部分之和更有意义。一个信息拼图即使所有部件都单独可用，但在拼凑起来之前并不具备实际意义。一个"职位"可以是一个信息的连接中心，或者仅仅通过该职位的职能就可以成为一个信息集线器。

专栏 5-2　官僚行政组织

这类组织的主要特征包括：

- 明确权责分工，每个成员的权力和责任都被明确规定，并得到官方认可和正式批准。
- 职能部门或职位按权力被组织成一个权力层级结构，形成指挥链。
- 所有组织成员均应根据通过正式考试或培训和教育获得的技术资格进行选拔。
- 官员或最高领导层通过任命而非选举产生。

- 行政人员的工资是固定的，是职业管理人或中层管理者。
- 行政官员不拥有其管理的实体单位，但是拥有与职位对应的薪资待遇。
- 行政人员在履行职责时遵守严格的规则、纪律和管控。

资料来源：Max Weber, *The Theory of Social and Economic Organization*, 1947.

（2）**访问权**。一个职位赋予任职者访问各种网络的权力。当然，有些网络是非正式的，有些是专业的，其成员资格取决于"专家权力"或"个人权力"。但许多组织网络最初是由指定职位的任职者构成的。例如，大多数委员会成员资格都是因职在身而自动获得的。这种访问权不仅会带来更多信息，这本身是另一类无形资产，还会增加亲近感。在无法接触要影响的人时，很难对其施加影响。能够接触个体和网络的权力是一种不可或缺的无形资产。

（3）**组织权**。正如后文将在关于生态系统作为影响力方法的讨论中看到的，工作的组织方式、现实和社会环境、沟通流程、决策权等因素都是影响行为的有效途径。一个职位的任职者有权选择行使该权利，并将其视为隐藏资产或无形资产。

因此，组织结构图上的头衔职位和等级制度被高度重视不是没有理由的。这与身份地位关系不大。官僚行政组织中的正式职位伴随着一些隐藏资产。取消组织结构图和正式职位描述的组织通常有充分的理由这么做。然而，必须认识到，组织权正在消除组织内的一种强有力的权力。职位所带来的资产未被言明，因此在很大程度上是无形的，但这并不削弱其效力。事实上，有些研究者（例如佩蒂格鲁）将组织权视为主要的权力资源。本书将它归类为源自职位权力的潜在资产。之所以使用"资产"这个词，是因为无论是否被激活，资产都具有潜在的生产力。当然，职位权力的无形资产并不需要被激活就能发挥作用。

5.2.5　专家权力

专家权力是指个人凭借公认的专业知识而获得的权力。对许多人来说，这是最不惹人讨厌的权力来源之一。在精英统治的传统中，人们不会因为受到他们视为专家的人的影响而感到愤慨。此外，它不需要以强制制裁权为基础。如果一个组织的专业部门被认为是专家部门，那么他们的建议或指示会被轻易执行。只有当他们的专业知识受到质疑时，他们才会转而依靠其他权力来源来履行职责和实现他们的意愿。当专家权力未得到认可时，组织的人事部门往往被迫依赖职位权力或资源权力。因为专家权力受限于一个主要的限定条件：它只能由那些将行使这种权力的人赋予。这并不意味着一个人不能在某个领域声称自己拥有专家权力，并让自己的主张得到承认。除非这一主张得到认可，否则专家权力并不真正属于你。因为这种权力来源是最容易被社会接受的，也是最受追捧的，因此这也会导致出现很多虚假的声称者。如果只是虚张声势，那么他们的计谋可能会得逞，但一旦被拆穿，这位被罢免的专家会发现，他已经制造了一个信誉鸿沟，这会给其未来声称专家身份的尝试带来负面影响。

专家权力是相对的，任何在某方面知道得相对周围人更多的就是专家。专家权力是一把双刃剑，这意味着，当某一领域的专业知识需求量很大时，即使专业知识的微小差异也会赋予一个人比其他人更大的权力。这也意味着，如果另一个人拥有哪怕一点点额外的专业知识，他将失去所有的权力。在盲人的国度里，独眼人是国王，直到双眼人出现。

5.2.6　个人权力

个人权力有时被称为魅力，有时被称为人气，有时是指社会计量上的中心地位。这种权力存在于个人自身和他们的个性之中。个人权力可以通过职位或专家身份来增强，例如一位首相在离职后会失去很多魅力，体育明星在退役后变得黯淡无光。因为魅力是脆弱的，它难以捉摸，可以被成功和自信所激发，也可能在失败中消失。就像专家权力一样，个人权力只来源于那些接触到它、在某种程度上居于它之下的人。因为它与个体有关，而不是与职位、角色或资源相关联，所以个人权力备受追捧。许多管理者会把自己的影响力程度归因于他的魅力，而不是他的职位，只有当他离职后才会感到幻灭，因为发现再也没有人邀请他参加会议、征询他的意见或者约他出去。

5.2.7　负面权力

需要指出的是，所有这些类型的权力既可以被合法使用，也可以被非法使用。如果在约定的范围内，即在适当的领域中，按照约定的方式使用权力，那么这种权力就被视为合法。如果违反既定惯例或在权力范围之外使用，那么这种权力就被视为破坏性的和非法的。我们将这种权力的负面使用称为负面权力。

负面权力是指阻止事情发生或延迟、扭曲、干扰事情的权力。例如，负责分拣进件的职员可能没有权力发起行动，却能错误分类、遗失或销毁重要文件。阻止、扭曲的权力往往远超过其职位所赋予的权力。在较高的层面上，组织中的员工常常被当作专家过滤器使用。过滤者拥有大量潜在的负面权力：他们可以停止过滤，或任意进行过滤。从某种意义上讲，所有下属在某种程度上都是他们老板的守门人。他们筛选信息和活动，完成全部参谋工作，并在例外管理下运作。但这一切也意味着上司只看到员工希望他们看到的东西。员工拥有高度的潜在负面权力。

专栏 5-3　失踪工厂案

吉姆只有 29 岁，但他是许多朋友羡慕的对象。他在一家大型国际组织的总部工作，担任地中海区域的制造协调员一职。地中海地区包括所有环地中海国家，包括法国和意大利等，该组织在这些国家都有自己的公司，它们向位于伦敦的总部报告，其中大多数公司还拥有自己的制造设施。

吉姆没有告诉组织外的朋友，他没有权限访问这些国家，而他正式的工作描述将他的权限界定为"批准不超过 10 英镑的间接费用"。事实上，尽管他的头衔很高，但吉姆本质上是总部组织中的一个收信箱，负责处理和偶尔分析地中海国家的制造业问题和提议。组织中的决策都是在他之上的人做出的，他从未参与过，也很少被咨询意见。

当生活依旧特别沉闷乏味时，有一天，吉姆收到了一家意大利公司的提议，他们要在意大利南部新建一家大型综合工厂。吉姆决定测试自己的权力。在没有咨询任何人的情况下，他将提案退回给意大利公司，要求提供更多细节并提出一些问题。随后，对方给出了答复。吉姆对他们的一些回应表示质疑，并要求他们对可能的政治影响发表意见。总而言之，吉姆觉得有必要把建厂提案上报给他的上司，但这花了 6 个月的时间，同时附带了 6 个月内的补充资料。吉姆很享受自己作为一个过滤器的角色。

负面权力有其诱惑力并值得关注，有时当正面权力被独裁者或小集团滥用时，它也会发挥作用。

负面权力是潜在的，并非始终发挥作用。它只在士气低落、烦恼多、压力大或对发挥其他影响力尝试失败而感到沮丧的时候发挥作用。比如，在一个下雨的夜晚，满腹牢骚的公交车司机不允许更多乘客乘坐半满的公交车，这可能是因为对雇主、世界或妻子的怨恨，激发了他的负面权力。在成功的、士气高昂的组织里很少见到负面权力，而在满意度低、利用率低（例如工作不饱和或职责过轻）的组织里则不然，这样的组织会激发负面权力。使用负面权力会导致上级对下级缺乏信任。为了解决这个问题，上级会设立核查程序并替换信息渠道，以阻止负面权力的使用，而这会被下属视为工作量的削减，进一步激发他们激活负面权力。

从某个方面来说，负面权力是指人为地过滤或扭曲组织内部信息、指令或请求的能力。在极端情况下，即使是地位最低的员工都能够破坏生产线或者熔断计算机电路。正是这种潜藏在所有职位中的权力，使个体和群体能在组织中施加横向和向上的影响力。由于使用负面权力导致的扭曲与组织政治有很大关系，这将在第 10 章中讨论。

5.3 影响力方法

5.3.1 权力来源和影响力

以上这些权力来源允许一个人使用一种或多种影响力方法。这些影响力方法可以分为两类：公开的和隐蔽的。尽管社会科学家对权力来源给予了关注，但对影响力方法的描述却不多，尤其是隐蔽的影响力方法。下面简单地将影响力方法与权力来源联系起来。

权力来源：强制权力（即强制性权力）、资源权力（即奖赏性权力）、职位权力（即法定性权力）、专家权力（即专家性权力）和个人权力（即参照性权力）。

影响力：

（公开的）：强迫力、规则和程序、交换、说服。

（隐蔽的）：生态系统、吸引力。

现在我们依次描述这些内容。

5.3.2 强迫力

强迫力是最简单粗暴的方法。它来源于强制权力，偶尔来源于资源权力。A 通过使用力量，或者以武力相威胁，来影响 B 去做 A 想要 B 做的事情。身体欺凌、抢劫、武装袭击就是使用强迫力的例子。再比如一些监狱，整个系统都是以强迫力作为影响他人的方法。在商业或政府组织中偶尔可以发现强迫力事件，但这种情况很少见，通常与特定个体有关，而且往往是短暂的。构成强制力威胁的主管、发脾气的老板、暗示暴力的罢工领袖，都依赖强迫力。

　　尽管对于正在施加影响力的 A 来说，当下的即时效果非常令人满意，但长远看来，它在任何需要持久影响的情境下都只能成为最后的手段。换言之，如果你打算再也见不到那个人，而且你足够强大，那么恃强凌弱能让你如愿以偿，可能带来短期目标的完成。经济强迫力，或者说经济胁迫更为普遍。在一些工会中，或者在人与人的关系中，当一个人完全依赖另一个人时，就会出现这种情况。经济强迫力的作用有时被掩饰为交换影响力，与强制权力的作用相同，有效且短暂。

5.3.3　规则和程序

　　在我们的社会中，从童年到老年，存在着大量的影响力是通过规则和程序来施加的。A 可以通过制定规则来影响 B 去做某事，规定所有处于 B 的位置的人都必须做某事。这不一定是针对 B 本人的特定影响力尝试，而是对所有处于 B 的位置的人的影响（例如，工厂内禁止吸烟）。另一种间接影响 B 的方式是暗示这是一个名副其实无所不包的普适性规则，并非 A 试图将自己的意愿强加于 B。如果 A 要使用规则和程序，A 必须具备：

　　（1）制定这些规则和程序的公认的权力。

　　（2）执行这些规则和程序的意愿和手段，即适当的权力基础。

　　如果没有这两个前提，影响力尝试就会失败，许多青少年的父母已经发现这一点。因此，规则和程序在很大程度上来源于职位权力，并以资源权力作为后盾。然而，在职能组织中，专家完全可以通过一系列规则或必需的程序来满足愿望。只要权力来源是充分的，这种方法就是一种可接受的影响力手段。

米歇尔·克罗齐耶在一项针对法国组织的研究中证明，要在组织中增加权力，方法是用规则和程序来制约对手，同时最大限度地保持自己职位的不确定性，这是在利用规则和程序来进行政治斗争。

然而，规则和程序的使用并不总是带有明显的政治色彩。如果存在适当的权力基础，规则和程序是让 B 做某事的一种非常有效的影响力方法。

在大多数情况下，B 不会对遵循程序提出异议。很少有人喜欢不断地做出琐碎的决策，这通常被称为低效。规则和程序是减少一次性决策数量的一种非常明智的方法。规则既保护自由，又限制自由。规则既规范行为，同时又禁止行为。规则本身并不具有价值评判属性，只是影响行为的一种便捷方式。

5.3.4 交换

交换也可以称为讨价还价、谈判，在某些情况下甚至是哄骗或贿赂。A 与 B 达成协议，同意给予 B 某种东西作为期望行为的回报。给孩子糖果，给清洁工小费，给高管晋升，这些都是明显的例子。不太明显但也许更常见的例子是友谊和恩惠，被群体接纳、认可，以及获得地位。交换方式可以来自任何权力基础，这取决于所提供的内容。资源权力和职位权力是最常见的基础。

要想让交换奏效，A 必须提供 B 所渴望的东西，并且回报必须值得 B 努力或投入。交换往往是隐含的而不是明确的，B 的期望可能是不切实际的，他注定会感到失望。霍曼斯和其他交换理论学者认为，所有影响都可以视为交换交易。霍曼斯认为，在每一次交易中都存在回报和成本。A 给 B 一些东西（也许是帮助），作为回报，B 给予感激或尊重。理想情况下，双方都能获利，即双方都会提供他们可以负担得起的东西（建议或尊重），并得到他们更渴望的东西（尊重或建议）。

交换方式常常是自我抵消的，比如激励理论或动机理论。一旦支付了对某些期望行为的奖励，该交易就已完成。然后，新的交易通常变成"如果 B 不继续这种行为，A 将撤回奖励"。这仍然是一种基于影响力的交换方法，但对 B 来说就不那么值得高兴了，他可能会将其视为规则和程序，或者最终视为经济强迫力。因此，如果交换是基于对受影响个体的正确假设，并且规定明确，那么在短期内交换可能非常有效。然而，这种影响力确实带来了一些长期影响，随着接受者越来越习惯"奖励"，他对"奖励"的期望会越来越低。因此，就像激励计划一样，交易的价格越来越高，直到最终无法达成交易。

5.3.5 说服

说服是影响力方法中价值最小的方法，这种方法依赖于逻辑、论证的力量和事实的证据，这是大多数人首选的影响力方法。然而，在实践中，说服往往会受到其他影响力方法的影响和污染。一个试图与下属理性讨论的管理者可能不会被视为在说服，而是被视为在告知，即以规则和程序作为影响力手段。

任何论点的说服力和有效性都主要来自权力的来源。因此，接受者对权力来源的评价是评估"说服"作为一种影响力方法效果的重要部分。如前所述，专家权力或个人权力是说服影响力方法的基础，接受者也承认这一点。像其他所有影响力方法一样，说服也只有在其权力来源足够强大时才能奏效。

这四种方式（强迫力、规则和程序、交换、说服）是影响力最主要的四种方法，是用来让别人做某事的最显而易见的或最公开的方法。到目前为止，许多领导力问题都可以用这些方法来解释。一个权力只源于职位权力的领导者，明智的做法是与下属保持一定的心理距离，并采取基于规则和程序的相当正式的领导风格。民主选举产生的领导，或在其群体支持下被任命的领导，可以认为他们拥有一定程度的专家权力，因此可以采用说服或参与的领导方法。当领导者拥有资源权力时，即使不受欢迎，独裁风格也会有效。优秀的教师拥有公认的专家权力，可以比那些必须依靠职位权威维持规则的糟糕老师更加开明和轻松。

此外，仍然有两种影响人的方法通常不在公开的影响力的范畴之下讨论，因为它们在某种程度上是无形的、隐蔽的、未被察觉的。然而，它们非常有效，尤其是生态系统方法，它是每个管理者都可以利用的方法，但经常被忽视，有时甚至成为被滥用的工具。

5.3.6 生态系统

生态系统研究环境与环境中的生物体之间的关系。正如政治家们发现的那样，我们无法忽视组织的生态系统，也不能忽视环境与个人行为或态度的关系。人们的行为和态度是在一个物理的、心理的和社会的环境中发生的，人们的行为和态度受这些环境的影响。

例如，在物理环境中，我们知道：

- 噪声往往会影响复杂任务的效率。
- 多样性能够缓解单调、提供刺激并促进行为的改善。
- 座位安排往往会影响互动模式。
- 开放式办公室很受欢迎，可以在日常工作中改善沟通和促进交流。
- 隔离会阻碍沟通。
- 危险的环境会增加紧张情绪并降低生产力。

例如，在心理和社会环境中，我们知道：

- 小规模群体比大规模群体更容易融入。
- 具体、富有挑战性但可实现的目标更容易促成承诺，无论其具体内容如何（人们可能因此承诺完成一些道德上不可接受的任务）。

- 增加互动会引发情感的增加，无论是正面的还是负面的。
- 如果个体认为参与是有价值的且合法的，那么参与行为会增强其承诺感。

所有行为都发生在特定环境中。忽视环境的影响意味着默认接受限制和条件，意味着对影响做出了消极决策。通过调整环境以消除限制和约束或促进行为发生，则属于间接影响力的运用。对生态系统的理解是深入洞察行为的关键。利用生态学原理，是影响行为的有力手段，即便不能直接改变，至少也能为其他影响力方法实施和发挥作用创造条件。将生态系统称为"操纵"是对其的诽谤。它之所以强大，是因为未被意识到；只有在被滥用时，它才沦为操纵的工具。从某种意义上说，本书是关于组织生态学的指南。工作设计、工作内容、奖励和控制、系统结构、组织结构、群体管理和冲突控制，这些都是管理环境以影响行为的方式。让我们永远铭记，虽然环境无处不在，却并非不可改变。改变环境即影响人心，生态系统的力量不容小觑，尤其是它常在无形中发挥作用。

将生态系统或环境控制视为一种影响力方法，这一观念颇为独特。一般来说，人们更倾向于将影响力看作 A 和 B 直接互动的结果，其中 A 和 B 可以是群体或个体。然而，在组织中，多数行为实则受制于环境。大部分行为更多地受到事物和人员组织方式的隐性制约，而不是显性的影响。尽管我们都深知这其中许多并非故意操控。人们设立大型委员会的目的并非故意引发挫败感；流水线的设计初衷并非制造冷漠；研发实验室中的自治小组也并非为了刻意提升承诺感而设立。至少通常情况下并非如此！环境的形成往往出于其他原因，并被人们所接受，我们中的大多数人都将其视为所谓的"生活事实"之一。然而，这并非不可改变。通过改变环境、改变做事方式以及改变物理和社会氛围，人们可以改变行为。组织发展的实践者们谈论改善组织的"氛围"，他们指的是人类气候——环境的一个方面。第 7 章描述了组织的不同文化以及这些文化如何鼓励某些类型的行为。

本章的建议是，关注事务的处理方式，即生态系统是激发个体期望行为的一种方式。在很大程度上，生态系统的核心在于能够确保环境因素不会阻碍或妨碍正常行为。参与需要时间，若你期望参与，就必须分配时间；分隔的小任务容易导致冷漠。若不希望冷漠，就必须扩大任务范围；欲激发创新行为，就要设定甄选标准以吸纳创新人才。目标相悖则群体对立，冲突的目标会带来冲突的群体。如果希望消除冲突的根源，就必须重新调整责任分配，确保目标无冲突。反之，只有当所有信息都完整且可用可得时，责任才是有效的。如果想削减某人的责任，最简单的方法就是截断其信息来源。

生态系统这一影响力方法的概念与两位著名的组织理论家马奇和西蒙所称的组织"词典"相似。他们用学科专业术语来指代诸如沟通规则和条例的结构、标准程序（例如库存控制或物料采购）、选拔和晋升标准等。这种"词典"构成了决策的前提条件，他们认为，相较于决策过程本身，这种学科专业术语更容易被改变。

简而言之，生态系统为行为设置了条件。如果忽视生态系统，事情将变得困难，甚至不可行。同样地，生态系统也可以用来为其他人创造不可能的条件。在种植杜鹃花之前，我们会检查土壤和气候条件是否适合其生长。同样地，在组织中，管理者会在行动之前审视环境。若环境不利于达成目标，管理者会采取措施进行改变，通常会使用那些隐性资产和潜在资源，包括职位权、组织权、访问权和信息权。

然而，正如天气只在天气不好时成为谈资一样，生态系统通常只有在其失效时才会被提及：

- "部门分布在 7 个县的事实，这就解释了协调不足的原因"。
- "将两个群体放在同一地点，却未明确整体排名，必然引发冲突"。

- "生产与营销各自拥有独立的停车场无疑造成了隔阂，从迁入新址的第一天起就产生了'他们'和'我们'的感觉"。
- "当只需要两个人时却有一个 15 人的委员会，自然会产生挫败感"。

遗憾的是，如果生态系统考量只在事后而非事前被纳入考虑，那就太可惜了。群体规模、设施条件、可用时间以及决策方式，这些都在管理者可以调整的范围之内，无论他的权力基础多么薄弱。

5.3.7　吸引力

吸引力是看不见却感受得到的强大力量，是个人权力的应用。我们都曾在某个时候感受到了某个人的吸引力，这种吸引力往往是无法解释的、不合逻辑的。无论何时他们打来电话，我们都渴望与他们一起工作，并为他们效力。社会科学家很难测量这种影响力方式，因此吸引力在小说中比在教科书中出现得更加频繁，但这种影响人们的方式是不容忽视的。由于它依赖于个体，有时甚至是专家的力量，所以非常个性化。在旁观者眼中，它就像"美"一样，很大程度上取决于观赏者的眼光。由于可能没有明显的机制，所以最容易被滥用，并可能成为煽动者、推销员和信仰治愈师的最喜欢的方法和首选手段。

然而，吸引力还有其他方面。我们经常受到某人的影响，与其说是因为他们的个性，不如说是因为我们信任或尊重他们。这样的人不需要说服我们，也不需要给我们制定规则，我们就会追随他们，被他们吸引，因为相信他们的能力、原则以及他们对我们的坦诚。这种吸引力，这种信任的吸引力磁场可能更多的来源于专家权力，而非个人权力，因为如果尊重某人的能力，我们就会信任他们，即使我们不喜欢他们。

同理心，即因为与他人有相同的观点或信念，因为和他们共同感受痛苦和快乐而被吸引的感觉，是吸引力的另一种表现。它最强烈的形式，也就是爱，可以影响人们放弃理性。尽管爱并不罕见，但在组织关系中很少见到。但魅力的其他方面，即个人无形的吸引力，却无处不在。信任、尊重、魅力、感染力十足的热情，这些特质都让我们能够在不明显施压于人的情况下影响他人。吸引力磁场的隐性特征和与个人的关联是它的主要吸引力，我们每个人都在某种程度上是他人的磁铁，但这种吸引力是独特的，对我们自己来说很特别。

专栏 5-4　女性与权力

历史上，女性在管理层的机会往往局限于例行的、低调不起眼的工作，比如担任职员职位，或者管理陷入困境下属的监督岗位。在这些角色中，她们几乎没有可以交换的权力，也没有能力承担建立信誉的风险，无法通过提拔优秀的下属来发展自己的团队。相比之下，她们相对于男性来说是无权的。

其他管理者的行为也可能以多种非正式方式导致女性管理者的权力缺乏和无能为力，女性管理者在很多非正式的方面都体会到了这种无视：

- 过度保护她。给她安排一份安全的工作，不给她足够的机会证明自己（职场如战场，为什么要派她进去？）。
- 过度保护自己。担心自己会因为她的失败而承担责任，担心自己的判断会遭到她的质疑，所以限制她的发展。
- 不提供支持。过于接受和默认别人对她的批评，允许她被忽视和边缘化。
- 排挤她。不让她参加男性同行所属的非正式群体。

因此，从事管理工作的女性往往出于善意，倾向于将权力把握在自己手中，并在风格上表现出强势。这是对无权无助和自身无力感的自然反应，而不是一些人认为的那样，是女性管理者本身具备的特点。

资料来源：Kanter, 'Power Failure in Management Circuits', *Harvard Business Review*, July-August 1979.

吸引力的各个方面都源自特定的权力基础，通常是个人权力或专家权力。因此，吸引力只有在其权力来源有效的情境下才能得到体现。为了维持和增强磁场，我们必须小心滋养和努力改善这些权力来源。例如，信任就像一块玻璃窗，很容易因一步之差而破裂，并且很难修复。

5.4　可能的影响

5.4.1　思考

这些给我们什么启示？从影响力方法和权力来源的分类中，我们可以吸取哪些重要教训？

5.4.2　影响力方法的选择

任何思考或参与影响过程的人都需要反思他们权力的来源，从而了解由此产生的影响力方法。特别需要记住的是，权力的来源和影响力方法将在很大程度上取决于个体接收者的感知，而不仅仅是施加影响的人。个体的感知在很大程度上会受到该群体的心理契约性质的影响。

在强制性的环境中，专家权力几乎不起作用。计算型契约适用于那些以资源权力和职位权力为基础的人。在合作的环境中，专家权力或个人权力（即魅力）最有效，而职位权力的效果则较为欠缺。因此，在志愿组织（合作制）中，秘书是有影响力的但影响力有限。不同组织中的权力基础也各有不同。在咨询公司（通常采取合作制）中，专业知识比服务年限更受重视。而在大学（也通常是合作制）中，专家和教师拥有很大的影响力，相比之下，仅凭职位权力影响他人的管理者，其影响力很小。医院管理者可能也有同感，他们发现自己的职位权力常常被顾问的专家权力所超越。

专家在自己的家庭中没有影响力，因为他们的权力基础已经改变了。专家可以用职位权力和专家权力换取资源权力（金钱和感情）。人们注意到，专业人士的子女往往非常叛逆，不受管束。这是否合乎教育原则是另一回事，但原因往往在于影响力的本质。在专业人士的工作生活中，他们习惯于依赖专家权力，更倾向于用说服的方式施加影响力，并且非常奏效。在家庭情境中，他们没有专家权力，推理和争论似乎不起作用，而他们又不愿意运用强制权力、资源权力或父母的职位权力，因此发现自己在家庭中缺乏影响力，并对难以应对的家庭关系感到困惑。

选择影响力方法时，一般有两点需要考虑。

（1）**可信度**。权力的相对性已被强调过。在正常情况下，个人的权力来源只有在别人相信它的情况下才有效，这一点对专家权力和个人权力完全适用，对其他权力来源也有一定的适用性。如果一个人到了必须展示资源权力的地步，那么他可能未能利用其潜在的影响力。可信度来源于多个方面：以往的成功记录，受尊敬同事的背书。许多可信度可能源于一个人观察到的行为，例如，愿意站在对方的角度考虑什么是重要的或特别的情况，或有证据表明你的目标与他们的一致，或者采取低调、低威胁的方式。所有这些因素都有助于提升一个人的可信度。

在任何情况下，人们都应该考虑自己在一个特定群体中拥有多少可信度，这些可信度与哪些权力来源有关，同时始终记住，适用于一个群体的方法在另一个群体中可能无效。例如，诺贝尔奖得主在工厂中可能可信度不高，尽管他在实验室中可能具有深远的影响力。

（2）**多样性或单一性**。只建立单方面的关系通常比多方面的关系更为脆弱。如果律师只在正式的法律情境中会见委托人，那么这个律师只能以律师角色与委托人建立联系。如果律师还是委托人的朋友，或者在另一个项目中是同事，那么这种关系将很难打破。类似地，一种影响力如果由多种权力支持，就更难以抗拒。专家如果只凭借专家资质而没有建立任何私人关系，就会发现说服尝试变得更加困难，影响力也较小。

5.4.3　个体对影响力的反应

尝试接受影响力的一方可以选择拒绝、忽视或反抗。然而，一旦选择接受影响力，我们就可以在某种程度上向自己证明这一事实：我们已被影响。我们必须减少当前行为与未受影响时的行为之间的不协调。在假定影响具有效力的情况下，接受影响力的个体以心理上不同的方式回应影响。调整以适应影响力的心理机制主要有以下三种。

- **顺从**。接受者同意影响力尝试，因为这对他有利。强迫力、规则和程序，以及交换方式通常会导致顺从。顺从的意义在于，个体之所以这样做，是因为他不得不这样做。确保他按照预期行事的责任仍然落在影响力发起者身上。
- **认同**。接受者采纳提议，是因为他对影响源，即影响力的发动者抱有钦佩或认同感。
- **内化**。接受者将影响者的想法或提议视为自己的一部分，他内化了它们，使其成为自己的所有物之一。

每种机制都带来了一些后果。在不了解受影响一方可能的反应机制的情况下，无法预测影响的结果。

（1）**顺从**。如果一个人拥有必要的权力来源，他通常可以确保自己的影响力尝试得到接受。接受者承认影响者的权力，但这种接受是勉强的，因为接受行为被接受者视为对其选择权的否定。如果影响力是被对方自愿接受的，那么对应的心理机制将是认同或内化。顺从意味着"不得不"，如果个体有选择权，他很可能会自愿接受这种影响力。正是从一开始就含蓄地否定了这种选择，才产生了勉强接受影响力的过程。因此，对于拥有权力的人来说，顺从有其优势，在短期内它是可靠的（如果他对自己的权力来源的评估是正确的），通常也很快生效。例如，不耐烦的父亲用"因为我说了算"来强制执行他的意愿，很快就会如愿以偿，但他的孩子只是顺从而非内化。使用职位将自己的偏好强加给下属的管理者，其下属将会服从，但对方很可能是不情愿的。

顺从作为一种回应影响力的方式，其代价是显而易见的。首先，命令或请求将被勉强执行，接受者承诺感不足。其次，如果必要，必须提供某种机制来强化这种影响力。那些假定会得到顺从反应的影响力尝试需要持续维护，而那些依赖认同或内化过程的影响力尝试则能自我维持——前提是它们能成功。顺从和信任并非相辅相成，顺从遵守和监督检查却是紧密相连的。内化和认同意味着接受者有权进行选择，既可以选择接受，也可以选择拒绝。而顺从并不包含这种选择的意味。通常，管理者在试图影响他人时，会首先采用说服或吸引力方法，并希望得到自由且积极的响应。然而，一旦这种尝试遭到拒绝，他们往往会转而依赖职位权力或资源权力，确保自己的观点被采纳并得到执行。结果是得到了对方的顺从，这意味着降低了承诺感，后续除非强制执行，否则无法保证他期望的结果会持续达成。

在组织的许多部门中，成员没有接受或拒绝一个想法或请求的权力，否则可能会导致混乱。这固然有其合理性，但不可避免的结果是对命令、规则和请求的顺从反应，这意味着承诺感降低和需要不断维护或检查。

（2）认同。对于施加影响力的人来说，这是最令人愉悦的。能够被认同，能够施展魅力和发挥吸引力，甚至让自己的团队或其任务散发出吸引力，都是美妙的事情。然而，这种吸引力必须得到维持，否则它很容易就会消失。更重要的是，认同会使影响力的接受者对吸引力的权力源头产生依赖。依赖是好的，但它伴随着责任和代价。吸引力的权力来源变得不可或缺，就会降低灵活性。依赖型个体也更倾向于服从而不是主动发起行动（吸引力和魅力型领导者周围通常是追随者而非其他领导者）。因此，尽管认同对施加影响力的个体颇具吸引力，但通常并不受组织的青睐。在组织中，突击队型领导者虽然通常显得非常高效，但往往被视为一个光鲜的麻烦，因为他们的吸引力导致了认同，从而降低了组织的灵活性，他们已经使自己成为群体高效运作和有效表现不可或缺的一部分。

认同一个群体或一项任务也会带来同样的问题。这是一种非常有效的承诺形式，但一旦群体变动或任务的重要性发生变化，这种承诺便会消失。认同无法自我维系。项目初期的热情可能会逐渐消散。这种吸引力需要不断重新激发。

（3）**内化**。这是组织最希望获得的承诺形式。这是一种自我维持且独立于原始影响力来源的承诺。然而，获取它最为艰难，且耗时最长。此外，如果真正希望内化，那么就不能给个体施加强迫力来让对方接受影响力。如果对方想把组织的影响力视为自己的一部分，他必须有权完全自由地对此进行争论分辨，甚至可以拒绝。唯有如此，他才会将其视作自己的一部分。倘若被迫接受，无论他口头上如何表达，其真实反应只会是顺从或认同。如果影响力来源受到尊重或喜爱，个体将出于对该权力来源的认可做出认同的反应；如果权力来源不受尊重，但可以施加影响力，那么个体的反应将是顺从。由于组织并非总能有充足时间进行充分的讨论，也难以容忍个体单方面地拒绝影响，因此，除了在最高层级，内化反应并不常见。

内化还意味着，作为影响接受者的个体采纳这一理念、态度转变或新行为，并将其视为自己的。这很好，个体将毫无压力地付诸行动。这种变化将在很大程度上靠个体自我维持。但他也倾向于相信，这一改变源自他的想法，而非他人。从某种意义上说，他可能会否认受到影响的事实。就结果而言，这根本不重要，但如果你是施加影响力的人，那么让内化的接受者把所有的功劳都归功于他自己，对你来说确实颇具挑战。成功的心理治疗师是那些让患者相信他们自己治愈了自己的人——他们将治疗内化，使之真正成为自身不可或缺的一部分。咨询顾问同样面临着心理治疗师所遭遇的困境——内化问题。如果他们希望客户以充分和持久的承诺使用正确的解决方案，那么他们必须让客户相信这是客户自己的解决方案。然而，这样一来，咨询师顾问将得不到赞誉，就无法获得应有的认可了。通过认同建立的承诺对顾问和内部专家来说更有利。报告上印有他们的名字，他们用自己的声誉来支持这份报告。对老板来说，内化过程与对顾问来说同样难以忍受，但对组织而言却是更有益的。

内化是最持久的，认同是最令人愉悦的，而顺从则是最迅速的。每种方式都有其代价。

有趣的是，生态系统是一种间接的或不为人注意的方法，是一种无须关注接受者反应机制的影响力方法。然而，如果接受者怀疑自己受到了蓄意操控，如果生态系统被揭示出来，那么他很可能会将生态系统视为隐性的权力，并采取顺从机制应对。但大多数生态系统不会被视为刻意操控。群体必须以某种方式组织起来，会议须有人主持，办公室须选址，任务必须明确。因此，忽视生态系统是愚蠢的，夸夸其谈地吹嘘它亦然。

专栏 5-5　影响力模式

一项针对美国、澳大利亚和英国三个国家 360 名经理人员对于影响力的使用方法的国际研究得出了七种行为策略：理性、友善、联盟、谈判、独断、更高权威和制裁。

管理者在选择策略时存在一些共同原则：

（a）管理者的权力（资源或职位）越大，他能够且确实可以采用更多种类的影响策略。

（b）管理者在管理下属时使用了一系列策略（独断、友善、谈判和更高权威），但在与上级打交道时主要依赖理性策略（因为他们的权力基础较弱）。

（c）管理者与下属之间的权力距离越大，管理者越可能发出指令和采取指导性行为，当其他方法失败时则更频繁地使用独断策略。

（d）如果成功的预期较高，管理者更倾向于使用理性策略。

作者总结了他们的结果。

当以下情况频繁出现时，通常会使用独断策略：

- 目标是使组织受益。
- 成功的期望较低。
- 组织权力较高。

当以下情况频繁出现时，通常会使用理性策略：

- 目标是使组织受益。
- 成功的期望较高。
- 组织权力较高。

当以下情况频繁出现时，通常会使用友善策略：

- 目标是使个体受益。
- 成功的期望较低。
- 组织权力较低。

资料来源：Kipnis *et al.*, 'Patterns of Managerial Influence', *Organizational Dynamics*, 1984.

专栏 5-5 描述了为数不多的关于管理者如何实际运用影响力方式的研究之一。按照本章的说法，很明显，他们总是尽可能地尝试说服，从而实现内化，如果需要并且拥有大量的权力，则退而求其次，依靠自己的职位权力和资源权力（以及顺从）；如果他们没有其他权力，则依赖个人权力（以及认同）。

专栏 5-6　认知失调理论

"我爱你，也尊重你，"有一次我的女儿给我写道，"但是，你要求我为生活做的一些事情是我无法接受的。"她表达了自己对于两种相互矛盾的信息之间的不和谐或不协调的感受。她可以选择忍受这种不和谐，或者通过放弃一边使二者保持一致来缓解冲突。当然，我希望她对我的爱和尊重会影响她改变自己的职业规划。然而，另一种可能性是，她会为了追求自己的选择而放弃对我的爱和尊重。影响力的尝试常常会违背认知失调理论，因为善意的管理者发现，那些建设性的反馈会导致诸如"愚蠢的老傻瓜"或"爱干涉的白痴"之类的评论，员工的行为没有改变，而管理权威却在减弱。

认知失调理论会导致意想不到的结果。一个人为某种事物付出得越多或忍受得越多，你就会越珍视它和对它有越高的评价（否则你就得接受自己是个傻瓜的结论）。因此，在购买昂贵的汽车或在高档地区买了一栋房子后，你会寻找一切迹象证明自己做对了，即使这些迹象只是广告。同样，认知失调理论表明，所有培训课程评估都将是有利的，如果你坚持完成了课程却讨厌它，那你要么是被迫的，要么就是懦夫，你不会承认这一点，而是在课程中寻找优点。

随着年龄的增长和日渐成熟，我们似乎能够应对更高程度的不和谐。我们可以欣赏一个人，同时又与他意见相左，承认自己是社交懦夫，甚至可能是错误的。然而，如果管理者认为自己周围的人也都具有这种成熟的心态，那就是相当愚蠢了。他们不应该过分使用自己的权力基础，也不应指望人们仅凭理性或逻辑就能改变观点或决定——这意味着他们必须承认自己过去的行为是不合理和不合逻辑的。从心理学上讲，他们轻视这个问题，或轻视提出这个问题的人，会更容易些。

5.5　给管理者的启示

你的角色，以及你和那些你希望影响的人之间的角色关系，往往会决定你可以采用的影响力方法。你所能做的就是诚实地进行预测，例如，要明白，如果你所采用的是交换或生态系统方法，那么无论你假装成使用什么，这些方法都将导致顺从或最多是认同，但这些都不是自我维持。一次

会议结束时，会议主席说："那么我想我们大家都同意吧？"（期待答案为
"是"），会议是不常见的能够通过自我维持完成影响力尝试的例子。"虚假
共识"是一个影响力尝试失败的例子，通常是因为主席认为他在进行说服，
而实际上他是在利用会议的动态，即由他的职位权力支持的生态，来获得
一种不真实的共识。当生态系统被揭示出来时，离开会议的人会评论说：
"我不想在那里说出来，但我看不出这个计划怎么能行得通……"，这样一
来，暴露出来的生态系统就会演变为操纵，只会导致顺从，而顺从只有在
发起者使用他的强制权力或资源权力时才会产生作用。因此，除非主席要
求实施，否则第一次会议之后将紧接着召开第二次会议，并假装第一次会
议的结论从未发生过。

　　作为群体的正式领导者，你对自身和群体相关的权力来源的评估，将
影响你在严格到灵活之间的尺度上定位领导行为的方式。同样，群体对你
角色权力来源的评估也将决定他们在这个尺度上的偏好定位。参与式管理
意味着权力来源为专家权力，影响方式为说服，接受者通过内化做出反应，
如果能够有效运行，那效果将是非常理想的。但是，正如我们所看到的，
这种影响力在复杂的组织生活中发挥作用的可能性非常渺茫。在资源权力
平均分配、没有时间压力、个体可以自由拒绝影响力、尊重专家权力的情
况下，参与式管理可能会蓬勃发展，而专制独裁式（规则和程序）管理可能
会失败。这种情况发生在哪里？有时在大学，有时在研发实验室，通常在
职能领域的咨询部门（如公司规划、投资分析、市场分析）中。相反，在
流水线、会计办公室或打字室中这种管理方式较为少见，因为这些地方的
工作通常较为规范和有序。

　　说服和专家权力，更符合当代人对个体基本权利、社会契约体系，以
及在所有情况下说"不"的自由的感受和追求。它们更符合不断提高的教
育水平，也更符合女性角色的变化——从"女性"到"个体"。它们倾向于
将下属偏好的管理风格向灵活的方向转变，给予下属更多的控制权，即更
多的拒绝影响力的空间。但这种影响力形式、这种权力来源，显然与大公

司的新兴形式不兼容，与当今或未来组织中大多数管理角色的任务要求不兼容。

因此，我们可以用另一种方式看待当今组织的困境。如何选择和运用一种既能反映社会发展趋势又能完成工作的合适的权力来源？这不是一个纯粹的理想主义困境——如何既富有又善良，而是一个非常实际的短期和长期并存的现实问题。心理契约、首选的影响力方法、最终的权力来源都是保障因素，是必不可少的条件。如果这些因素出问题，那么个体将离开组织，优秀的个体将不会加入组织，人员流动率会上升，人才会流失。你可以按照规则和程序完成今年的任务，但明年你可能就无法完成任何任务了。那么，我们是否必须考虑重新设计公司的任务和结构，接受较低的经济回报，或提高产出价格，以便适应有关影响力和权力价值观的变化？流水线注定要消亡吗？并不是因为它在传统意义上的效率低下，而是因为它对影响力和权力来源所做的假设在我们的社会中不再被接受？我们必须使工作去系统化，拆分大单位，分散我们的控制系统（即使成本更高），以便根据新的权力和影响力概念重新调整结构吗？

这些问题以及其他问题，包括在组织的日常工作中对权力和影响力的使用，经常性被滥用的手段，以及组织日常工作中权力和影响力的问题，将在第二部分的第 9 章和第 10 章中探讨。

Chapter 6

第 6 章

群体的工作

6.1 引言

如果"骆驼是委员会拼凑出来的马"[⊖]，那么为什么人们的生活中还是有这么多时间是在群体中度过的呢？平均而言，管理者每天有 50% 的时间是在各种各样的群体活动中度过的，高层管理者的这个比例可能高达 80%。

关于群体和委员会的误解和刻板印象比组织中的大多数主题多。有些人崇尚个人主义，对他们而言，群体和委员会是一种负担和麻烦。也有群体主义者，他们希望所有相关人员都能参与和融入。这重要吗？群体是一种潮流，还是一种必要？

群体到底是什么？群体的形式多种多样，从正式群体，如工作小组、项目团队、委员会、董事会，到非正式群体，如**临时**会议或讨论、午餐小组、小圈子、派系组织。群体可能是永久的，也可能是临时的，它们可能备受成员喜爱，也可能被视为浪费时间。它们可以成为阻碍新思想的最有效手段，也可以是实践新思想的最佳方式。

群体的真相是什么？我们能否对这种普遍现象有更深入的理解？是否存在一种诊断框架，可以应用于群体的运作，从而使我们更全面地理解组织生活的这一部分？

⊖ 即群体决策时，最终的结果可能并不如个体决策那么有效或实用。——译者注

在本章中，我们将首先探讨**群体的目的**——它们是用来做什么的，由谁来做，它们擅长什么以及何时去做。然后，我们将考虑**群体有效性的决定因素**，并得出一些**结论和启示**。

6.2　群体的目的

6.2.1　群体的类型

我们首先需要更准确地定义群体的类型。首先，群体是指任何自我认知为一个群体的人的集合。如果这看起来是在回避问题，请稍做思考。酒吧里偶然聚在一起的十几个人并不构成一个群体，尽管他们可能在互动（交谈），有共同目标（喝酒和社交），并且彼此了解（这些是群体的其他定义）。但是，如果把这些人置于紧急情况下，比如让他们被困在起火的酒吧里，那么这群随机聚集的人就会成为一个群体，会开始形成某种集体认同，因为他们会开始把自己视为一个群体，有着另一种目标，并需要与其他人的互动。我们每个人在某个时刻都曾有过这样的经历：当危险来临时，随机的个体形成了一个群体，比如公交车被大雪困住，发动机失灵被困船上，甚至停电时被困在电梯里。在这种情况下，我们突然意识到自己是某个群体的一员。如果没有成员的这种自我认知，共同的目标、明确的成员资格标准、预设的层级结构都是不足以构成群体的。因此，你会发现，当人数变得太多时，成员们会意识到自己不再是一个群体中的一员，而只是一群人或一个联盟中的一员，他们就会开始重组成更小的集体。因此，为团体取一个名字，哪怕是一个戏谑的名字，对于这个群体来说也会成为获得身份认知的重要组成部分。如果你把一群随机组合的人组成一个群体，例如在一个管理培训项目中，如果他们希望成为一个群体，并且成为一个群体对他们来说很重要，那么他们就会开始寻找一个名字，或一个私有领地的标志，或一种仪式，来赋予他们一个独立的身份。如果他们没有这么做，那通常意味着成为这样一个群体的成员对他们来说并不重要，他们愿意继续以一群随机个体的形式存在。

6.2.2　组织的目的

组织使用群体、团队和委员会的主要目的包括以下内容：

（1）分配工作。汇集个体的技能、才能和责任，并分配给他们各自的特定职责。

（2）管理和控制工作。由适当的人员来组织和控制，负责一定范围内的工作。

（3）解决问题和做出决策。汇集个体的技能、才能和责任，以便在解决任何问题时都能应用所有可用的能力。

（4）信息处理。把决定或信息传递给需要知道的人。

（5）收集信息和想法。收集想法、信息和建议。

（6）测试和批准决策。测试群体做出的决策的有效性，或批准此类决策。

（7）协调和联络。协调职能或部门之间的问题和任务。

（8）增加承诺和参与。允许和鼓励个体参与组织的计划和活动。

（9）谈判或解决冲突。解决不同级别、部门或职能之间的争端。

（10）对过去进行调查或询问。

其中的一些功能很可能相互结合，有所重叠。通过本章的讨论，大家会明白，为了实现不同的功能，群体的行为会不同，需要以不同的方式组织和管理。群体之所以会出现重大问题，通常是因为同一个群体被要求同时执行两种不同的功能。例如，一个管理层会议，如果一开始是用于职能部门之间的谈判，那么接下来讨论组织的长期计划就不会很令人满意。这不是说同一群人不能执行两种或多种不同的功能，但为了做到这一点，他们需要在不同情景下将自己视为不同群体的成员。因此，这些功能需要按时间、地点或头衔来区分。在喜剧演员的刻板印象中似乎蕴含着比表面看起来更多的深意，小镇上的人们在一个又一个委员会之间来回穿梭，所有参与者都相同，只有委员会的名称在变。

专栏 6-1　八人赛艇

我曾开玩笑地将八人赛艇描述为一个典型的英国群体——八个人互相不说话地倒退着划船，由一个个子太小而看不清他们要去哪里的人掌舵。观众中的一位桨手严厉斥责了我，他说："他们是优秀群体的完美典范，如果他们不完全信任彼此或者舵手，他们就不会有信心在不交谈和不看路的情况下如此坚定地划桨。"

我的儿子接受了英国最好的重视个人成就的传统教育，他一直轻视团队和群体，认为它们是实现个人目标的不必要障碍，"它们浪费了太多时间。"他抱怨道。然后，他加入了一所戏剧学院，在那里，他和 24 个人一起全职工作和学习了 3 年。他们一起表演了许多戏剧，每个人都扮演着各种各样的角色。他很快意识到，他要想取得成功，整部戏剧都必须成功，他依赖同伴的技能和资源，就像同伴们也依赖他一样。他整个举止都变了。现在，这个群体是他的激情所在，也是他的首要任务。他会尽其所能地帮助支持他们，与他们交朋友，并向他们学习，他不会听信关于他们的坏话，任何事情都不嫌麻烦，因为他的成功和他们的成功密不可分。

我告诉他，你发现了日本制造业成功的一个关键原因。

6.2.3　个体的目的

个体加入群体可能出于以下一个或多个目的：

（1）满足社交需要或归属需要。想要成为某个组织的一部分或共享某事。

（2）建立自我概念。大多数人发现自己更容易通过与他人的关系来定义自己，例如成为一个群体的成员，并在这个群体中担任某个角色。

（3）获取帮助和支持以达成自己特定的目标。这些目标可能与组织目标相同，也可能不同。

（4）在共同的活动或目的中相互分享和帮助。这些活动或目的可能是制造产品、执行任务、娱乐、提供帮助或创造某些东西。

同样，这些目的经常重叠，目的之间也可能相互冲突。许多研究表明，工作群体的社交功能可能会妨碍生产功能。设置定额是指利用群体来设定标准、实现目标，但这可能与组织的目标相悖。通过加入该群体来满足归属需求的人必须付出遵从的代价，否则会被开除。

著名的芝加哥西部电力公司霍桑实验表明，对于大多数人来说，群体成员身份非常重要，群体的规范和目标会在很大程度上影响其成员的规范和目标（见专栏 6-2）。

当然，最理想的情况是个体、群体和组织的目标和宗旨保持一致。

6.2.4　群体有效性

我们谈谈群体和群体擅长的事情。

（1）为了给个体提供心理归属感，群体是必要的。这对于组织有效性至关重要，因为群体与组织的关系，就像是构成蜂巢的单元与蜂巢本身。即使组织的工作没有要求人们组成群体，人们也会自发形成群体（见专栏 6-1）。个体通常会首先求助工作群体，以满足自己的需求。只有在失败的情况下，他们才会转向其他地方。

（2）群体产生的创意少于群体成员单独工作时的创意总和。关于头脑风暴的刻板印象到此为止！尽管群体所产生的创意总数较少，但它们通常更出色，因为这些创意经过了更全面的评估和更深入的思考。一个群体往往能提供比群体中最优秀的个体更好的解决方案，因为它能够弥补最优秀的个体的不足。正如我们将看到的，群体的规模和组织方式是阻止群体创意不足发生的关键因素。

（3）出乎意料的是，群体做出的决策往往比其成员单独行动时的决策更为冒险。对于出现这一现象的原因尚无确切答案，但可能的原因有二：一方面，群体赋予了成员共同承担责任的感受；另一方面，在一定限度内冒险是一件"好事"，因此我们在群体中往往表现得比私下更为大胆，因为在私下，我们无须达到任何公共标准。

专栏 6-2　霍桑实验

20世纪20年代末，研究人员对一群组装电话设备的女工展开了一系列研究，这些研究旨在探究最佳的工作条件、工作时间、休息次数和时长，以及其他与"非人为"环境相关的因素对她们工作效率的影响。这些女工是被专门挑选出来参与研究的，她们被安置在一个特殊的房间里，由一名主管监督，并被仔细观察。

当实验者开始改变工作条件时，他们发现每次重大变化都会带来产量的大幅提升。作为优秀的实验者，他们决定在所有待测试的变量条件都已尝试后，重新安排女工们回到最初光线昏暗的工作台，进行长时间工作，没有休息时间和其他便利条件。令研究人员震惊的是，产量再次上升，甚至比最佳实验环境条件下的产量还要高。

此时，研究人员不得不寻找实验中未曾刻意操控的其他因素。一方面，女工们在实验期间明显士气高涨，并且变得工作极其努力和出色。造成这种高昂士气的原因有以下几个：

（1）女工们感到自己与众不同，因为她们被选中担任研究角色，这种选拔表明管理层认为她们很重要。

（2）女工们彼此之间以及她们与主管之间建立了良好的关系，因为她们有很大的自由来决定自己的工作节奏，并以自己最舒适的方式分配工作。

（3）女工们之间的社交互动和轻松的关系使工作总体上更加愉快。

这项研究提出了一种新的假说。该假说认为，工作动机、生产效率和工作质量都与工人之间以及工人与主管之间的社会关系性质密切相关。为了更加系统地研究这一假说，研究人员选择了一组新的群体样本进行研究。这个群体由 14 名男性组成，其中一些人负责连接设备线路，其他人则进行焊接，然后由两名检查员进行检查，合格后贴上"完成"标签。这些人被安置在一个特殊的房间里，有一位受过训练的观察员坐在房间角落全天候观察他们。起初，这些人对这位外来者心存疑虑，但随着时间的推移，他们发现观察员的存在并没有带来任何特别事情，他们也就逐渐放松下来，回归到"正常"的工作节奏中。观察员在配线室里发现了许多关于工作群体的非常有趣的结果。

结果 1：

尽管该群体强烈地感受到了作为一个整体的自身认同，但群体内部仍然存在两个小派系，大致对应于房间前部和后部的人。房间前部的人觉得自己地位更高，并认为自己接线的设备比后部小组的更复杂，难度更大。两个派系几乎囊括了各自区域内大多数的接线工、焊工和检验员，但也有一些人不属于任何一个派系。这两个派系各自拥有独特的游戏和习惯，彼此之间存在着不少竞争和相互调侃。

结果 2：

该群体作为一个整体存在一些默认的"规范"，即对于如何以适当和公平的方式处理事情有一定的看法。其中一些规范涉及群体的生产率，最贴切的描述是"公平的劳动换取公平的报酬"这一概念。换言之，该群体已经建立了一个"公平"的产量标准，即 6 000 台，这一数字既满足了管理层的要求，又远低于疲劳作为唯一限制因素时可以实现的员工的产量。此外，还有两条规则与这一基本规范相关：一是"不能超额完成而成为速度破坏者"，这意味着任何成员的产量不应相对于群体中的其他成员过高；二是"不应偷懒而成为凿子"，这就意味着任何成员也不能相对于其他成员生产太少。如果一个人在任何一个方向上有偏差，即生产过多或者生产过少，都会招致玩笑式的责备，来自群体内的社会压力会迫使其回归正常水平，如果不回应这种压力，就会遭到社会排斥。由于工人们串通一气，故意只生产低于他们实际能力的产量，因此这些规范加在一起，就形成了所谓"产量限制"的结果。

另一个影响工作关系的关键规范与群体的检查员和主管有关。这一规范是"权威人士不得摆官架子或利用其权威地位"。人们试图维护这样一种假设，即检查员并不比其他人优越，如果他们试图利用自己的角色或者摆官架子，那就是违反了群体规范。有一位检查员自视甚高，并表现了出来。工人们利用设备捉弄他，排挤他，对他施加社会压力，最后他只好申请调到另一个群体去。另一位检查员和小组主管被视为"自己人"，是"帮派的一员"，因此被接受。

结果 3：

观察员发现，工人们在很多关键问题上并不遵守公司的政策。例如，禁止工作调换，因为每项工作都经过了仔细评估，需要特定的技能水平。尽管如此，接线工经常要求焊工接替他们的布线工作，以便他们可以进行焊接。通过这种方式，他们缓解了单调的工作，并与房间里的其他人保持了社交联系。每天下班时，每个人都必须报告自己完成的工作量。实际上，主管本应为所有工人汇报，但他了解到工人们希望自行汇报，于是决定让他们自己来做。尽管实际产量有较大波动，但工人们实际汇报的数字每天相对固定。这种做法导致了"直线产量"，即每天都是一个标准数字。然而，群体内的实际产量差异很大，这与工人们的疲劳程度、当天士气以及许多其他情况有关。但这些人并没有在报告上夸大其词。相反，他们有时会少报一些天的产量，从而储备额外的单位，以便留到实际产量较低的那一天上报。

结果 4：

这些工人的个体产出率差异很大，研究人员试图给这些人进行灵巧度测试来解释这些差异，然而灵巧度测试的结果却与产量并不相关。随后又

尝试使用智力测量，结果也同样不成功。最终发现，影响产出率的关键在
于他们在小团体中的社会归属。地位高的小团体成员比地位低的小团体成
员生产率更高。但是最高产和最低产的生产者是社会孤立者，他们不属于
任何群体。显然，个人的产出与工人的社会归属关系最为密切，而不是与
他们的先天能力有关。

实际上，产出率之所以成为两个派系之间争论的主要焦点之一，是由
于工资制度，它规定每个人都会得到基本工资加上根据总产量计算的一定
比例的群体奖金。地位较高的那群人认为地位较低的那群人在斤斤计较，
并对此耿耿于怀。地位低的小群体因被轻视而感到受到了侮辱，并意识到
通过降低产量来反击是最好的报复方式。就这样，两个小团体陷入了自我
挫败的循环，进一步降低了整个群体的生产率。

资料来源： Roethlisberger and Dickson, *Management and the Worker*; Schein, *Organizational
Psychology*, 1965.

6.3 群体有效性的决定因素

6.3.1 决定因素的类型

与组织的大多数特征一样，"什么造就了一个有效的群体？"这个问题
的答案是"视情况而定"。首先，这取决于"对谁有效"。我们必须记住，
生产效率和成员满意度是群体活动的两种可能结果，它们可能相辅相成，
也可能不会。

然而，有一点值得强调：尽管满意度不一定会带来生产效率，但生产
效率往往会带来满意度。如果个体重视群体及群体所做的工作，那么作为
一个高效群体的成员所产生的自豪感和成就感就可以带来满足感。这被称
为胜任感和"胜任动机"。

我们将群体有效性的决定因素分为以下几类：

- **既定因素**（群体、任务、环境）。
- **干预因素**（领导风格、流程和程序、动机）。
- **结果**（生产效率、成员满意度）。

这种划分背后的含义是，某些"既定因素"虽会对结果产生影响，但它们是"既定"的。它们在长期或中期可能发生变化，但在短期内固定不变，是群体的约束条件。"干预因素"是当下可以改变的有效性的决定因素。这种分类不是绝对的。群体或任务的某些方面往往可以在短期内调整，从而转变为干预因素。"既定因素"不是永恒的。成功的管理者是不断评估和挑战各种限制条件的人。对"既定因素"的管理是通过生态学施加影响的一个非常重要的例子。作为分析的起点，我们暂且接受生态在中期内是固定的。

6.3.2 群体

在群体这一节，我们将简要讨论群体**规模**、成员**特质**、个体目标和**角色**及**发展阶段**。

规模。群体规模存在两种相当明显的相互矛盾的趋势：

（1）群体越大，人才、技能和知识的多样性就越强。

（2）群体越大，个体参与的机会就越少。

事实上，在第（2）种情况下，参与度并不是均匀减少的。有些人在群体中更健谈，个体的参与门槛不同。有的人能毫不费力地在 20 个陌生人面前讲话，而有的人会认为十个人的小组人数太多，除非他很了解那些人，或者在群体中承担某种官方角色。研究表明，在群体中参与度最高的人被视为影响力最大。这意味着，随着群体规模的扩大，影响模式将被扭曲，会偏向那些参与门槛较低的人。这种影响力的分布可能与知识或经验的分布不相符。"被忽视的资源"是群体的一个常见特征，退休专家的观点未被注意到，因为他们的参与度很低。

因此，群体的规模是一种权衡。为了实现最佳参与度和最广泛的全面参与，5 ~ 7 人的规模似乎是最理想的。然而，为了达到所需的知识广度和代表性，所需的规模可能会大得多。如果确实如此，那么领导者就必须特别注意参与度与影响力的问题。

在工作群体中，规模往往与凝聚力有关，而凝聚力又与成员满意度呈正相关。规模大的工作群体缺勤较多，士气较低。这里的大型通常是指 20 人或以上。

成员特质。首先，也是最明显的一点，成员必须具备完成这项工作所需的技能和能力。领导者亦然。但关于成员特征和个性的组合，我们还知道其他一些事情。

态度、价值观和信仰相似的人往往会形成稳定、持久的群体。一般来说，同质会促进满意度的提升，异质群体则往往倾向于表现出更多冲突，但多数研究表明，异质群体的生产效率通常高于同质群体。然而，正如人们所料，这些群体只是在某些特质上表现出异质性。一项研究指出，激进主义、冒险精神和性格整合度应作为群体成员间差异的变量。敏感性、猜疑心和攻击性的差异阻碍了生产效率。另一项研究的结论是多样性与兼容性并存，即过多的潜在领导者并不有利，由自信和相互依赖的人组合而成的群体则是有效的，表现出色，因为他们具有多样性，且这种多样性是可以被组织起来的。

卡内基理工学院对参与为期一年的商业模拟游戏的团队的研究表明，成员间影响力差异最大的团队士气最高，表现也最为出色。换言之，那些团队成员自认为影响力势均力敌的团队，相比于那些成员普遍认同某个人具有更大影响力的团队，其满意度较低，利润也更低，专栏 6-3 报告了贝尔宾的研究。

关于团队内的兼容性，已有诸多研究涉及。研究发现，随着任务复杂性的增加，群体的兼容性变得愈发关键。在处理简单常规任务时，群体成员的特质可以尽可能地多样化。然而，在需要群体成员相互交流的复杂任务中，情况则大不相同。兼容性可以通过多种方式实现。一个果断的领导者搭配依赖性强的追随者，就能形成一个兼容的群体。当人们都很看重温暖和情感时，这将有助于彼此的融洽相处。其中的一个共同之处尤为显著：需要对核心人物或领导者达成共识。一个团队中若存在两位潜在领导者，则不利于整体的兼容性。

专栏6-3 贝尔宾的群体研究

贝尔宾对参与管理模拟培训课程的管理团队进行了长期研究，探讨了团队中的最佳特质组合。他的第一个惊喜发现是阿波罗综合征——一个由最聪明的人组成的群体并不是最好的。

他列出了一个高效群体所需的八个角色：

（1）**主席**。他负责主持群体并协调群体的工作。他无须才华横溢或富有创造力，而是应该具备严谨、专注和平衡的特质。他善于沟通和倾听，善于识人断事：一个通过他人来开展工作的人。

（2）**塑造者**。塑造者性格活跃、外向且霸道。他是任务的领导者，在主席缺席时会迅速地接管这一角色，尽管他可能并不最擅长此职。他的优势在于他的干劲和对任务的热情，但他也可能过于敏感、易怒和缺乏耐心。他是群体里推进行动的关键人物。

（3）**思考者**。与塑造者不同，思考者内向但智力上占主导地位。他是原创思想和建议的源泉，是团队中最具想象力也是最聪明的成员。然而，他可能忽视细节，并对批评产生反感。他需要通过外部激励来激发创造性。

（4）**监测评估员**。监测评估员同样具备智慧，但这种智慧是分析性的，而非创造性的。他的贡献在于对想法的细致剖析，以及洞察论点中的瑕疵。他通常不像其他人那样深入参与，而是埋首于数据之中，与群体保持距离，但作为质量检验的必要环节，他的存在不可或缺。他可靠，却可能显得不够圆滑、略显冷漠。

（5）**资源调查员**。这是群体中备受欢迎的成员，性格外向、善于交际且随和。正是他为群体带来新的联系、创意和发展，扮演着推销员、外交官或联络官的角色。他本人不是原创者或推动者，因此需要群体来落实他的贡献。

（6）**公司员工**。公司员工是实际的组织者。正是他把创意转化为可管理的任务。制定时间表、图表和计划是他的专长。他做事有条不紊、值得信赖、效率高，不因愿景而激动，自身比较冷静。他不引领方向，但擅长管理事物。

（7）**团队工作者**。团队工作者以另一种方式维系团队，通过支持、倾听、鼓励、协调和理解他人。他很讨人喜欢、广受欢迎，但缺乏竞争力，是那种他在场时你未必注意到，但他不在场时你会想念的人。

（8）**完结者**。如果没有完结者，群体可能永远无法按时完成任务。正是他负责检查细节，操心进度安排，并以紧迫感督促其他人。他的坚持不懈至关重要，但并不总是受欢迎。

群体中某类角色过多意味着失衡；角色过少则有些任务无法完成。因此，在一个小群体中，一个人可能需要承担多个角色。在劳动力、技术、市场、产品快速变化的情况下，完整的角色配置尤为重要。更稳定的群体往往无须完整的角色配置即可运转。

资料来源：R. M. Belbin, *Management Teams*, 1981.

个体目标和角色。常识告诉我们，如果一个群体的所有成员都有相同的目标，那么这个群体往往会更加高效。然而，大多数人会把隐性目标带到群体中。这些隐性目标是一系列个体目标，通常与群体公开声明的目标无关。隐性目标可能包括：

- 维护自己小团体的利益。
- 给领导留下深刻印象。
- 击败对手。

- 结成特定的联盟。
- 掩盖过去的错误。

在大多数情况下，不可能同时满足所有个体和群体的目标，必须有所取舍。为了达到最佳的综合结果，每个人都必须：

（1）承担风险。

（2）接受对自己而言并非最优的结果。

只有在某些情况下才会发生：

- 参与者能够就共同目标达成一致。
- 他们彼此信任。

这些结果仅在以下情形中发生：

- 个体有机会对目标进行沟通探讨。
- 个体可以通过在其他场合进行测试，来证明信任是合理的。

例外情况：

当存在一个"共同敌人"——一个对每个成员都显而易见且共同的明确目标时，此时进行权衡合乎情理。

在大多数普通的组织环境中，例外情况并不适用。因此，除非群体中的个体特别努力地达成共同目标，并证明一定程度的信任，否则他们往往会倾向于牺牲群体利益来追求个人利益。当然，他们通常不会做到破坏群体或让自己被群体开除的程度，他们只会将个人利益推进到一定程度，即在团队表现"过关"时止步，例如不超出预算。

在紧急情况、危机和共同危险面前，人们往往会放下分歧，团结一致。这时，"共同敌人"占主导地位，群体变得更加有凝聚力和高效。遗憾的是，我们不得不依赖外部事件来改变个体的计算方式。如果我们能更多地关注集体目标，投入更多的时间来改善信任关系，或许就不必如此依赖外部因素。

　　然而，群体可能**过于**团结，它对每个成员来说都非常重要，以至于个体的目标与群体的目标变得密不可分。宗教派别、竞选群体、一些军事和准军事组织、运动员队伍和流行乐队为我们提供了这些高度凝聚群体最为显著的例证。然而，在更为传统的组织中，这类高度凝聚群体也同样存在于高层甚至中层中。这些极度团结的群体可能带来危险，因为在组织环境中，群体应当服务于组织而非自身。当群体过度关注自身、成员及内部优先事项时，可能会对周围正在发生的事情视而不见。当群体目光短浅时，可能一意孤行，盲目地在完全错误的道路上前进。正如专栏 6-4 中贾尼斯所述，这种现象被称为群体思维。为了避免这种情况，我们需要专栏 6-3 中提到的多种角色组合，并适当引入外部意见，以保持群体的开放性。

　　在我们所属的每个群体中，我们都会扮演一个或多个角色。这些角色可能是我们自己选择的，也可能是被动承担的。无论是选择还是承担，这一过程几乎总是无意识的、偶然的，并受到环境因素（如群体中其他成员、个人以往的声誉、个人在群体中的初期行为）的影响。然而，无论这个角色或"人设"是有意识的选择，还是无意识的选择，它始终影响着他人看待和倾听我们的方式，以及我们自身的行为模式。我们至少需要了解自己正在扮演什么角色，即便在选择这些角色时我们并无发言权。

专栏 6-4　群体思维

　　"我们怎么会如此愚蠢？"，约翰·肯尼迪总统在与其亲信顾问一同陷入"猪湾入侵事件"后问道。

　　愚蠢当然不是原因。做出这一决策的团队是美国政府历史上最为杰出的智囊团之一。欧文·贾尼斯将这次失误归咎于"群体思维"。

　　当过于看重群体的和谐与士气时，就会产生群体思维，以至于对群体先前的政策或共识的忠诚凌驾于每个成员的良知之上。"寻求共识"使人们无法对备选方案进行现实评估。不允许争吵或冲突破坏群体中舒适的"同群感"。因此，即使是那些最聪明、最高尚、最善良的人也会陷入误区。贾尼斯列举了八个症状：

（1）刀枪不入。有凝聚力的群体变得过于乐观，可能会在没有意识到危险时采取极端冒险的行为，这主要是因为没有不和谐的警告声音。

（2）合理化。有凝聚力的群体往往能迅速找到各种理由，来解释那些与他们政策不符的证据。

（3）道德盲点。人们倾向于忽视政策中的道德或伦理影响。人们在感觉上会认为"这么多好人怎么会做出不道德的事呢？"。

（4）刻板印象。群体思维的受害者很快就会养成对敌人或其他人群抱有成见的习惯，并忽视那些与之不符的证据。

（5）压力。如果有人开始表达疑虑，群体会施加微妙的压力使其保持沉默，允许他表达怀疑，但不允许他坚持怀疑。

（6）自我审查。群体成员谨慎地避免在团体之外讨论他们的感受或疑虑，以免破坏群体的和谐氛围。

（7）一致性。一致性至关重要，因此一旦做出决定，任何不同的意见都会在人们心中被仔细筛除。

（8）思想卫士。群体思维的受害者将自己定位为决策的守护者。"他需要我们给予他全部的支持。"集体责任原则被用来扼杀群体外的异议。

群体思维的不利后果是，群体考虑的备选方案过少，对自己偏爱的策略中存在的风险不够敏感，难以重新思考正在失败的策略，并在所见和所求的事实类型上变得非常挑剔。

遗憾的是，群体思维在组织的最高层和中层最为普遍，在这些组织中，"保持紧密"的需求似乎更为重要。这些群体必须积极鼓励自我批评，寻求更多备选方案，尽可能引入外部观点和评估，并对相互矛盾的证据做出积极回应。避免董事会中出现群体思维的一种方法是越来越多地使用非执行董事，因为小群体**过于**团结反而可能降低效率。

肯尼迪总统吸取了教训。在处理导弹危机时，他采取了不同的策略，组建了一个更为分散的团队，吸纳了更多外部意见，对各种替代方案进行了更广泛的测试，并对相互矛盾的数据保持了更高的敏感度。

资料来源：I. L. Janis, *Victims of Group-Think*, 1972.

在专栏 6-3 中，贝尔宾提出了一组角色定义。第 3 章提供了另一组角色定义。当一个人加入一个群体时，有一些问题需要仔细思考。

（1）我在群体中扮演什么角色？我的职业角色是什么？对我的角色有何期待？我是来倾听的，还是来领导的？我是作为代表，还是只代表自己？谁会根据我的角色表现来评判我？

（2）影响模式是什么？谁掌握着权力？是什么样的权力？我是否希望改变影响模式？如果是，我该如何行动？

（3）我的需求和目标是什么？它们与群体目标一致吗？应该一致吗？如果不一致，我该如何处理？如果其中一个需求是获得喜爱和接纳，这对我来说有多重要？

人们在组建团队时，通常根据个人在组织中的正式职能来挑选成员（例如，来自财务部门、人事部门、运营部门）。他们很少提前考虑其他职能和人们的行为方式，而这些对团队成功有着深远的影响。个体带到团队中的一揽子议程、他们选择或被赋予的角色，以及影响他们的权力网络，至少与他们对问题的了解一样重要。

发展阶段。群体会成熟并发展。如同个体一样，群体也有一个明确的成长周期，这一周期被划分为四个连续的阶段：

（1）**形成阶段**。此时群体尚未成形，仅是一群个体的集合。这个阶段的特点是成员们讨论团队的宗旨、名称、构成、领导模式和生命周期。在这个阶段，每个人都倾向于在群体中建立自己的个人身份，留下一些个人印象。

（2）**动荡阶段**。大多数群体都会经历一个冲突期，此时，关于团体目标、领导和其他角色、工作和行为规范的初步共识（往往是错误的共识）会受到挑战并重新确立。在这一阶段，许多个人目的会被揭露，同时产生了一定程度的人际冲突。若能妥善处理，这段动荡期将引领团队制定更为现实的新目标、程序和规范。此阶段对于检验群体内的信任规范尤为重要。

（3）**规范阶段**。群体需要建立规范和惯例，明确何时以及如何工作，应该怎样做出决策，何种行为、工作水平、开放度、信任和信心是适宜的。在此阶段，个体会进行大量的试探性实验，以测试群体的氛围并衡量适当的投入程度。

（4）**执行阶段**。只有成功完成前三个阶段后，群体才能完全成熟，从而能够全面且明智地发挥生产能力。在发展的各个阶段都会取得某种成果，但这些成果可能会受到成长过程中的其他因素和个人议程的阻碍。在许多定期委员会中，领导权问题、群体的目标和宗旨是在每次会议上都会以某种形式反复出现的话题，严重阻碍了群体真正的工作。

当任务极为重要、个体对群体高度投入时，或者当个体和群体目标一致时，这些阶段可能会变得几乎流于形式。当然，群体会成长，会迅速成熟并达到其最佳绩效水平。更多时候，这些问题得不到妥善处理，群体的成熟过程会转入地下，尤其是在"动荡"阶段。一旦这种情况发生，就会出现幕后秘密政治斗争、隐秘议程，以及对负面权力的滥用。换句话说，那些在文化上不能被公开接受的冲突依然在暗中进行，而且往往以更具破坏性的方式进行着，隐藏在**绩效**的名义之下，却又破坏了绩效。

专栏 6-5 为"自我"还是为"群体"

福耶索斯、赫特和盖佐在密歇根大学会议研究项目中研究了 72 个会议群体中，低"群体任务动机"对群体生产效率的影响。他们根据成员表达自我导向需求的程度对群体进行评分，即那些导致行为"不一定指向群体目标或解决群体问题"，而是"主要是为了满足个体需求，而不考虑对群体目标的影响"的动机。研究人员发现，这种自我导向行为与成员满意度呈负相关。换言之，那些频繁表现出自我导向行为的群体对整个会议、做出的决策、决策过程中采用的程序以及主席的工作都相对不满。这些"自我导向"的群体内部冲突也较为严重。

最后，生产效率指标也与自我导向行为的数量呈显著的负相关。例如，高度自我导向的群体完成的议程项目较少，尽管他们的会议时间更长。

资料来源：Fouriezos, Hutt and Guetzhow, 'Measurement of selforiented needs in discussion groups', *J. Abnormal Soc. Psych.*

当然，一个特定的群体是否需要完全成熟才能履行其职责，取决于该职责的重要性。在许多情况下，培养一个群体并将群体发展到成熟状态的成本很高，无论是时间上的纯粹消耗，还是对其他优先事项的排斥，都不值得为了提高效率而增加成本。然而，在许多情况下，比如高层管理团队的新业务启动，或者由于重组而产生的新团队，专门投入时间来构建一个团队是值得的。如今，许多组织都已经意识到了这样做的好处。有一些基于群体动力学理论的技巧可以提供帮助。本质上，这些技巧的核心在于协助群体分析并改进其"流程"，而非专注于特定任务的完成，并通过专门关注发展阶段的每一个环节来加速群体的成熟。流程咨询、T 小组、科弗代尔培训等便是这类技巧的例子。

6.3.3 任务

任务主题下必须考虑的"既定因素"包括**任务的性质**、**有效性标准**、**任务的重要性**和**任务的明确性**。尽管这些概念显而易见，但却不容忽视。

任务的性质。6.2.2 节中列举了群体或委员会承担的任务类型。显然，任务的类型将决定你可以组建的群体类型。信息传播比解决问题需要更大规模的群体。任务分配适合采用结构化的方法，而创意形成则需要更具支持性的风格。正如 6.2.2 节所指出的，将两种不同任务混在一个群体中处理是不明智的。尤其是当任务的变化涉及个人角色的转变时，更是如此。例如，在工作分配或进行调查时，个人需戴上部门代表或外交大使的"帽子"。而在解决问题或发挥创造力时，他则要换上公司的"制服"，忘却部门政治。角色的转换并非易事，部门的"帽子"往往难以摘下，创造性的讨论也常因部门间的争执而陷入僵局，个人将被指责为心胸狭窄、目光短浅，群体也会面临效率低下的问题。本质上，这是一个不同的群体。人是一样的，但角色身份不同。不同的群体需要不同的身份——由头衔、地点或时间决定。议程或会议可以根据任务类型进行有效划分，而不是按照秘书接收的顺序将所有项目堆在一起。

有效性标准。除了任务类型外，还必须考虑所需结果的紧迫性。时间压力或竞争压力会使得更为结构化的工作形式变得合理，减少了发展群体或处理个人需求的自由。因此，工作的准确性和质量往往会降低。因此，人们需要反思所需的标准。简而言之，如何衡量结果的有效性？数量、质量、速度、成本还是利润？评估绩效的标准将成为决定群体运作方式以及最终有效性定义的关键因素。

任务的重要性。在讨论个人目标时已经提到了这一点。任务对个体越重要，他们对群体的投入就越多，对自己目标的关注就越少。任务对组织越重要，组织就越可能关注群体的绩效。如果这种关注表现为对有效性设定较高的期望，这往往会提升个人对任务的重视程度。然而，如果这种关注的增加同时伴随着更多的监督或控制，那么就意味着对群体缺乏信任和信心。此时，群体感受到的是控制的压力，而不是期望的压力。通过控制施加压力会让人失去动力和积极性，这种做法的代价颇高。一般来说，任务越重要，你对群体的期望就越高。然而，重要性导致控制加强只会给团队内部及个人带来压力。

任务的明确性。任务越明确，领导方式就越结构化。一项精确、详细和划分清晰的任务，意味着不需要在同质性或兼容性方面提出要求。一项精确的任务有助于群体在形成阶段和规范阶段中稳步前行。

然而，并非所有任务都能被精确地描述。模棱两可、开放式的任务或目标会增加复杂性，对兼容性、时间和支持性领导都提出了更高的要求。模棱两可会增加压力，因此会对群体成员，尤其是领导角色的个体类型产生深远影响。

6.3.4　环境

所有群体都在一个特定环境中工作，这通常也是整个组织的大环境。这种环境对群体的工作方式施加了一些条件或限制。主要"既定因素"包括：**规范和期望**、**领导地位**、**群体间关系**和**物理位置**。

规范和期望。关于任务对组织的重要程度以及对工作群体的影响，已在 6.3.3 节中进行了讨论。

此外，每个群体都有一些关于工作方式、会议风格、报告和协调方法的规范。尽管有时候这些规范可能并不适宜，但群体或委员会往往难以摆脱这些规范的束缚。

领导地位。领导者的权力地位已经在关于领导力的章节中讨论过。其中的观点表明，领导者在组织中的权力越大，风格就越灵活。同样，一位强有力的领导者也会对工作群体的士气产生积极影响。人们乐于在一个备受尊敬的领导手下工作。

正如公务员欣赏一位在政府中表现出色的领导一样，在所有组织中，那些能够有效履行外交角色的领导者，不仅能极大地提升群体或委员会的最终效率，还能增强**群体内部的凝聚力**。如果一个领导者无法履行职责，不能将群体或委员会的成果推广出去，那么团队成员往往有充分的理由将群体转变为一个社交或休闲性质的群体，认为任务目标不切实际而予以拒绝。

研究也证实了这些结论，研究发现在高产出的群体中，下属认为其领导者对上级的影响力，高于低产出群体领导者的影响力。

群体间关系。群体或委员会的整体地位将影响其生产效率和士气。该群体在多大程度上被视为对组织的整体目标重要、有益、有合作必要；该群体对组织中关键人物的影响力；该群体被认为在组织内部或外部事件中发挥作用的程度，这些因素都至关重要。没有人愿意在不受重视的委员会中耗费整个上午，因为这种委员会的结论注定无人问津，或终将被否决。

领导者的外交角色对此影响深远，但成员个体的地位同样举足轻重。边缘群体、低地位群体、被忽视群体会面临着激活其潜在负面权力的巨大诱惑。

成为一个看似对任何人都不产生影响的群体的一员，对大多数人而言，将引发心理上的不和谐感。有两种方法可以解决这种不和谐，使他们的愿望与现实保持一致：

（1）降低群体对自身的重要性。他们可以选择不再参加，或不再做出贡献。

（2）激活群体的负面权力，即群体的阻碍或扰乱价值，从而引起更多人的注意。这样，即便群体不受欢迎，该群体在组织中的重要性也会得到提升。

在委员会中，这种刺激因素经常会显现。尤其是委员会在组织中地位不高、比较边缘，被其他群体视为无用、没有必要的情况下。

物理位置。这是最基本的"既定因素"，却常常被忽视。群体及其成员的物理位置必须予以考虑：

（1）物理距离的接近会促进互动。一项研究表明，若在一组群体成员的办公室之间设置一段楼梯，各种类型的互动将减少30%。

（2）互动通常会增加合作感。在特殊情况下，互动可能会导致厌恶情绪加剧，进而导致"离婚"，即双方不再往来。一项住宅项目的研究表明，门对门相邻的住户比其他人更有可能成为朋友。

（3）物理障碍可能阻碍群体的形成。流水线抑制了工作中社交群体的形成。这一限制不仅对工人们来说是一个弊端，同时也成为他们组建其他群体的原因之一，例如罢工委员会、纯粹的社交群体等。集中营和监狱则非常有效地运用隔离手段来阻止群体的形成，并剥夺个体的心理归属感。

（4）会议地点的选择会传递出特定信号。总经理办公室强化了其身份认同。如果会议地点设在郊外酒店，那么发出的信号就是人们可以暂时放下自己的代表身份，展现真实的自我，成为独立的个体。

（5）共享设施，甚至共享不便，对增强群体认同感大有裨益。为达此目的，可以有意识地使用食堂、茶水间和会议室。例如，"尼森小屋"式的体验，团队成员拥挤在一起的不适感，往往能够激发更强的凝聚力。在一个与世隔绝的地方，所有设施都必须共享，这往往会增进团队成员的参与感。

6.3.5　干预因素

"干预因素"是群体工作中可以在短期内根据"既定因素"进行改变或调整的工作，以提高群体生产效率或成员满意度。它们包括以下几个方面：

- 领导风格。
- 流程和程序。
- 动机。

领导风格。这一点已在第 4 章中讨论过。前面的探讨着重于强调"最佳匹配"方法的重要性，即领导者需根据任务性质、下属需求及个人自然偏好来调整领导风格。

流程和程序。任何高效团队都需要执行一系列流程或职能，这些流程和职能需要由团队中的某些成员在某个时间完成。领导者的最终责任是确保这些流程和职能顺利完成，他对风格的选择将决定是由他亲自执行这些流程，还是将这些流程分配给其他团队成员共同承担。在某些类型的群体中，所有成员在某些时刻执行这些职能中的每一项都是相当合适的。

这些流程或职能通常被分为两大类——**任务职能和维护职能**，包括以下内容：

任务职能	维护职能
启动	鼓励
信息搜寻	妥协
诊断	维持和平
意见搜寻	澄清总结
评估	制定标准
决策管理	

任务职能。特别是在解决问题的情况下，所有列出的流程都应该发生，并且应该按照顺序发生。在许多团队讨论中，常常从问题提出迅速跳跃到初步意见征求，再直接进入评估阶段。主席陈述问题，提出解决方案，对其进行评估并做出决策。将信息与意见、诊断与评估明确区分开来，能显著提升解决方案的质量。评估本质上是一个比较过程，它将一种解决方案与其他可行方案进行比较。因此，为了确保评价的准确性，在开始对任何方案的评估之前了解所有解决方案至关重要。意见征询或创意生成阶段与评估阶段应分开进行。记录这些想法的机制同样重要，可以使用一块黑板或一张大纸，或提供其他公共记录设备，以便所有成员在评估开始之前，都可以了解所有的可能性。

专栏 6-6 效率低下的管理委员会

该组织正面临一个难题：很难让其最高管理委员会发挥**管理**小组的作用。该小组由高级部门和职能经理组成。总经理抱怨：经理们只能从部门的角度和短期视角考虑问题，不能从长远的、全公司的角度看待问题。他将此归咎于经理们的个人能力不足。调查显示：

（1）委员会会议通常以某种形式的"调查"开始，这迫使经理们进入部门角色。他们发现很难在下一个项目中将部门经理的角色切换成公司角色，因为下一个项目通常属于不同的"类型"。

（2）决策是根据规范做出的。因此，讨论是次要的，主要关注点在于准确指出各部门的潜在问题。

（3）议程冗长，时间有限。因此，插话必须简短且切中要点。不鼓励进行哲学层面的讨论。

（4）部门经理的办公室均位于各自部门的中心。这强化了他们的大使或部门角色身份认同。

（5）会议采用"轮状"结构进行，从而突出了"主席"的权力，并为权威规则的实施奠定了基础。

（6）该群体中有两名成员未得到同事的信任与尊重。所有人，包括这两人在内，都对此心知肚明，但由于会议程序的正式性，这一问题无法公开讨论。

随后进行了以下调整：

（1）委员会进行了重组并更名，将这两位"不受尊重"的成员排除在外。

（2）其他成员的办公室全部搬迁至五楼，远离各自的部门。这一变动不仅改变了他们对自身角色的看法，还减少了他们与部门的日常互动（下属们称之为"干扰"）。

（3）议程被缩短，各项议题按类型划分。

（4）会议时间相应延长。

（5）由于成员人数减少，互动模式从轮状变为全渠道式。决策机制也改为协商一致模式。

所有人都认为委员会现在的工作效率更高，更像一个管理团队。成员间的互信程度有所提升，总经理对经理们的评价也有所改善。

实验研究表明，那些系统地解决问题的群体表现优于"得过且过"或"循序渐进"的群体。决策程序同样非常重要，它将可能是：

- 由权威决定。
- 由多数人决定。
- 协商一致决定。
- 由少数人决定。
- 没有回应就决定。

最后两个形式通常是被否定的。也就是说，一个想法被提出后，要么无人回应从而不了了之，要么少数派行使否决权。大多数群体决策都是否定性决策，此类决策往往因其性质而不易被察觉。如果对各个想法都进行单独评估，很容易出现每个想法都遭到否决的情况，这会导致会议完全没有成果，让所有与会者都感到极度受挫。

当群体处在发展的规范阶段时，群体必须明确决定采用何种任务流程，尤其是决策过程。领导者凭借其职位权力，对流程（生态）的选择具有很大的影响力，尽管他们不必亲自实现所有职能。

维护职能。无论是解决问题型还是生产型的高效群体，都需要维护。群体中存在被忽视的资源，需要加以鼓励；对立派时常出现，必须协助他们妥协、化解或处理冲突；个体在群体中往往不倾听他人的意见，每个人都专注于准备自己的贡献；需要有人阐明并总结，以确保群体成员对所发生的一切达成共识。最后，群体的绩效将极大程度上受到其追求的标准的影响。必须有人制定这些标准并让群体采纳。没有标准的群体只会满足于最低水平，而没有被群体接受的标准是毫无意义的。

再次强调，领导者不必亲自执行所有职能，但这些工作必须完成。能够承担这些任务职能和维护职能的群体被称为"合作性群体"。多伊奇的一项研究发现，与"竞争性群体"相比，合作性群体表现出以下特点：

（1）生产的数量更多。

（2）生产的质量更高。

（3）完成任务的动力更强。

（4）实现更精细的分工和更好的协作。

（5）沟通中遇到的困难较少。

（6）在讨论中展现更多的友好态度。

（7）对群体及其成果感到更满意。

互动模式。群体本身可以控制、领导者可以施加影响的另一个因素，是成员间的互动模式，即沟通模式。例如，它是**轮状结构**、**环状结构**还是**网状结构**（见图 6-1）？

a）轮状结构　　b）环状结构　　c）网状结构

图 6-1　轮状结构、环状结构与网状结构

许多社会科学家已经进行了一些著名的实验，以证明这些小群体沟通模式之间的比较优势，其主要结论并不出人意料。

（1）轮状结构。轮状结构总是最快得出解决方案或结论，而环状结构则最为缓慢。这一发现的前提是，轮状结构外围位置的人接受中心人物的权威。如果他们不接受，那么轮状结构实际上就变成了网状结构。

（2）网状结构。在面对复杂的开放式问题时，网状结构最有可能找到最佳解决方案，其中处于中心位置的人的能力决定了这一模式的结果。如果任务发生变化，轮状结构往往显得僵化。

（3）环状结构。环状结构中个体的满意度最低，网状结构中个体满意度较高，轮状结构中则参差不齐。通常，处于中心位置的人表现出极大的满足感，而外围位置的人则感到孤立。

尽管研究没有对此进行测试，但有人会推测网状结构的满意度可能取决于任务的重要性。没有人愿意参与一项微不足道的任务。同样，并非所有人都会对核心人物持积极态度，即使在实验情境下，人们也会因沟通超负荷而崩溃并选择退出。

在时间或竞争的压力之下，网状结构要么重组成轮状结构，要么崩溃解体。因此，总的来说，轮状结构在追求速度且质量要求不高的情况下表现出色，但除了领导者外，其他成员的士气可能都很低落。环状结构总因缺乏协调性而表现不佳。网状结构鼓励参与和投入，有利于提升质量，但耗时较长且在压力下难以维持。这些结论在许多委员会的运作中都得以体现，正如帕金森**所指出的**，这些委员会往往错误地选择了与任务不匹配的沟通系统，琐碎的停车场事务采用全渠道式沟通，而重大并购决策却采用轮状结构沟通。

动机。这一主题在第 2 章中进行了一般性讨论。关于群体环境中的动机，有几个方面需要强调：

（1）动机不仅仅是满意度。满意度是群体可能产生的结果之一。缺乏满意度将导致员工缺勤和离职。但是，一个满意度高的群体并不一定是一个高效的群体，尽管满足感对提高生产力有所助益。满意度是生产效率的必要不充分条件。如果满足以下这些条件，一个人在群体中就会感到满意，并珍视其成员身份：

（a）此人喜欢其他成员，同时也被他们喜欢（友谊）。

（b）此人认同群体的目标和工作（任务）。

（c）此人希望与群体在组织中的地位相联系（地位）。

满足这些条件中的一项或全部都会带来满足感，具体取决于个体与该群体之间的心理契约，以及该契约所包含的特定需求。因此，即使不满足条件（a），即成员们并不特别喜欢彼此，也依然可以拥有一个满意度高且高效的团队。

（2）了解预期结果或标准设定对于个体的动机计算至关重要。因此，现实可行的标准、群体接受的标准、高到足够在达成时给予成员成就感的标准都显得尤为重要。因此，了解结果和获得反馈也很重要。这两项要素都对群体的动机至关重要，但两者都经常被忽视。

（3）只有当群体和任务对个体来说足够重要，以至于成员愿意承担额外的责任时，通过参与来激励才会起作用。否则，这将是命令式的参与，依赖于强制性或资源权力的规则和程序，并需要控制和维护机制来确保其运作。我们不能想当然地认为，仅仅因为某人被任命为委员会成员，他就会在参加会议之外做更多的事情。

专栏 6-7　群体阻碍

约翰·亨特列举了一些最常见的、会抑制和阻碍群体工作的行为，其中包括：

- 限制信息——成员知道答案，但由于各种原因而没有透露。
- 撒谎——为了维持在群体中的地位而故意歪曲事实。
- 分裂——建立小团体，而不是共同解决问题。
- 争斗——群体内部赢者通吃的冲突。
- 逃避——退缩，有时是身体上的，比如离开房间，有时是心理上的或象征性的，表现为生气、睡觉、涂鸦、打电话。
- 喧哗——说话是为了被听到，而不是为了做出贡献。
- 压抑情绪——当情绪可能是问题或解决方案的一部分时，要求逻辑和理性。

对照这份清单检查自己在群体中的行为是不是有益的。

资料来源：Hunt, *Managing People at Work*, 1987.

然而，群体动机问题最重要的方面是建立一个"共同敌人"，如 6.3.2 中所述。希望分配给该群体的任务对所有成员来说都足够突出和明确，以至于它会自动成为一个共同敌人。但这不能被视为理所当然。特别是，领导者可能会认为任务比其他成员更重要。如果每个人都把自己的议程置于任务之前，那么生产效率和士气都会下降，整个团队会变得更难管理。因此，领导者需要尽其所能：要么重新定义任务，使其成为共同敌人；要么提高个体对任务的期望，使其超越个人需求。

在缺乏足够有吸引力的任务时，有时会采取的解决方案是将建立团队作为关键任务。但这个方案：

（1）在没有外部任务的情况下很难实现。

（2）与组织利益相悖，因为建立一个团体的主要目标是满足自身需要和生存。

6.4 总结和结论

6.4.1 总结

分析群体的完整模型现在如下表所示：

	群体	任务	环境
既定因素	规模 成员特质 个人目标 发展阶段	任务的性质 有效性标准 任务的重要性 任务的明确性	规范和期望 领导地位 群体间关系
干预因素		领导风格 流程和程序 动机	
结果		生产效率 成员满意度	

我们是否可以得出一些一般性结论？或者有其他补充的要点吗？

6.4.2 "群体"理念

群体与民主文化、代议制政府体系非常契合，参与和投入与将人视为一个独立个体的假设相得益彰。委员会同样具有民主性和代表性，但它们很难有效运作。本章中所呈现的模式应有助于理解其中的诸多缘由。此外，我们必须记住以下 3 点：

（1）群体可以被个体和组织用于分散乃至推卸责任。

（2）委员会往往更擅长"识别"问题而非"解决"问题。一个"调查X 的委员会"是对" X "的识别，但这未必意味着这是解决" X "的最佳途径。委员会，如皇家委员会，常成为一种既承认问题的重要性，又推迟解决问题的手段。

（3）第 3 章论证了群体的服从能力。即便是强有力的个体，也可能被群体削弱至无能为力。但弱势个体却能得到群体的支持，这完全取决于群体的规范、集体动机和标准。

问题在于：如果群体或委员会是被安排执行不合适的任务，或者面临不可能的限制；如果他们领导不善或程序无效；如果他们选择了错误的人员、人员过多、权力过小或会议频率过低，那结果会如何？简而言之，如果模型的任何一个部分严重失衡，就会让成员产生挫败感和不和谐。其结果要么是负面权力被激活，要么变成一个参与度低、无效率的群体，浪费了人力、时间和空间。事实上，这种情况发生的可能性非常高。如果管理层有 50% 的时间都花在了群体上，那么浪费时间的成本就会变得更大，更不用说使用负面权力造成的损害了。

这就是为什么研究群体、改进群体和委员会的工作值得我们高度重视。这至少可以阻止成立另一个委员会来改善委员会的运作！大多数理论家和培训师将注意力集中在"干预因素"上。所有关于领导力、监督风格、有效的群体成员资格、参与作为激励的课程，都在处理模型的这一部分内容。无疑，在这一领域还有很多工作可做。

　　然而，本章旨在强调更为基础的生态条件——那些"既定因素"。没有哪种领导风格、流程或激励原则能在绝境中奏效。我们更需要关注的是"既定因素"。若如此，结论或许是某些情境下无需群体，或至少群体注定是无效的，所以不要浪费精力。

　　群体的存在必不可少。个体必须协同合作，通过群体使技能与能力交织融合。但切勿被其迷惑。我们要意识到，对群体的正确理解将揭示其有多么难以管理。因此，我们需要更加关注群体的形成过程，并对群体的结果持更现实的期待。

Chapter 7

第 7 章

组织的文化

7.1 引言

7.1.1 组织文化的多样性

欧洲的主要魅力，在于其气候与文化的多样性。在英国，漫长的冬季过后，最惬意的放松方式便是沿着欧洲大陆的高速公路驱车南下，欣赏一场春暖花开，在阳光下驻足片刻，适应另一种有着不同传统、习俗、工作组织方式和日常生活秩序的文化。任何一个在异国他乡生活过一段时间的人，都会深切体会到价值观、信仰、推崇的哲学理念是如何影响社会组织结构的。他们也会认识到，这些价值观与信仰是如何被历史与传统、气候、人们从事的工作类型、国家的规模及其繁荣程度所塑造和影响的。

同样地，那些在许多组织中投入过时间，或是在两三个以上的不同组织中工作过的人，都会对不同组织中那些不同的氛围、做事方式、能量水平、个人自由度以及个性感到震惊。组织就像世界上的不同国家和社会，各具特色，千差万别。它们拥有不同的文化——价值观、行为规范和信仰，这些文化差异会反映在不同的结构和系统中。文化会受到过往事件、当前环境、工作类型的技术工艺、组织目标和员工特质的影响。

组织的这种多样性是否应当存在？经过数十年管理理论的发展，组织类型和结构的组合应该如此复杂吗？难道没有一种最优的控制范围，一种最佳的工作描述方式，一种最优的人员评价、人员控制、预算、预测和规划的方法吗？本章的论点是否定的，即组织的文化理应各异，文化受到多种因素的影响，这些不同的文化反映在不同的结构和系统中。实际上，有研究者认为，组织的许多弊病源于将不适当的结构强加于特定的文化之上，或期望特定的文化在一个不适宜的环境中繁荣。葡萄藤不会在阳光与雨水比例失调的地方生长，同样地，也没有人能找到比人工更有效的技术来照料葡萄藤。

早期的管理理论在寻求普适公式或万能解决方案的过程中，试图传播一种通用的组织文化，这对组织造成了极大的损害。幸运的是，许多对此或充耳不闻或不予理会的组织并未受到影响。更现代的组织理论越来越相信适宜性的智慧，强调人与系统、任务和环境的匹配，关注四者间的相互关系，即所谓的管理理论**制度**方法。这个是一个含糊不清的词，足以涵盖各种具体方法，但它通常意味着相互关系、反馈机制以及适应性。描述组织的制度化方法与系统理论并不相同，但它与系统理论一样，关注联系和适应性。就其对适应性的关注而言，它类似于那些通常被描述为权变理论的**组织方法**。

7.1.2　本章结构安排

本章将首先考察四种**组织文化**类型，每种类型都体现在特定的结构和一系列制度中。然后，本章将讨论这些文化的**影响因素**。最后，本章将探讨这些文化对**组织设计**的影响。

7.2　文化类型

7.2.1　组织文化的四种类型

罗杰·哈里森在第三部分提及的一篇引人深思的论文中讨论了"组织意识形态"，此处更倾向于使用"文化"一词，因为它更能传达出一种普遍的生活方式或一套规范的含义。在组织中，人们对如何组织工作、如何行使权力、如何奖励和控制人员有着根深蒂固的信念。需要什么程度的规范化？需要多少规划，规划的前瞻性如何？下属应表现出多少服从与主动性？工作时间、着装服饰或个人癖好是否重要？关于报销账目、秘书配备、股票期权和激励措施又该如何考量？是由委员会还是个人掌握控制权？是遵循规则和程序，还是只关注结果？这些都是组织文化的一部分。这种文化往往能在组织的建筑、办公室、商店或分支机构中以可见的形式体现出来。组织所雇用的人员类型、他们的职业抱负的长度和高度、社会地位、流动性程度以及教育水平，无一不反映着该组织的文化。大型教学医院的文化显然与商业银行不同，商业银行的文化又与汽车制造厂的文化不同。它们看起来和感觉上都不一样，所需人才的类型不同，吸引的人才类型也各异。它们的工作方式各异，代表着不同的文化。即使在组织内部，文化也会有所不同。位于乡村的研发实验室与中央办公室的董事层有着截然不同的氛围。财务部门不会被误认为是市场调研部门，工厂也不会与销售部门混淆。

专栏 7-1　两种文化

沙因描述了两种截然不同的组织：

（1）组织 A 的运作基于以下假设：

- 创意最终源自个体。
- 人们是负责任的，有动力的，并且能够自我管理。
- 然而，在实践中，只有通过群体中的争论才能获得真理。
- 这种争论之所以可能，因为组织成员视彼此为相互照顾的家人，因此争辩和竞争是安全的。

（2）组织 B 的运作基于以下假设：

- 真理最终来源于资历更深、视野更广、地位更高的成员。
- 人们能够在执行指示时表现出忠诚和纪律。
- 人际关系基本上是直线的和垂直的。
- 每个人在组织中都有一个不可侵犯的位置。
- 组织有责任照顾其成员。

在组织 A 中，有开放式办公环境，很少有紧闭的门，人们四处走动，进行激烈的对话和争论，整体氛围较为随意。

在组织 B 中，空气中弥漫着寂静。每个人都在一间紧闭的办公室里，除了预约和预先安排的议程以外，什么都不会做。当不同级别的人员在场时，会表现出真正的恭敬和顺从，弥漫着一种拘谨正式的气氛。

这两种情况并无对错之分，只是不同而已。

资料来源：Schein, 'Coming to a New Awareness of Organizational Culture', *Sloan Management Review*, 1984.

关于组织文化的文献越来越多，因为人们逐渐意识到，一个地方的习俗和传统对行为（生态学意义上的）有着深远影响。

强大而无处不在的文化将组织凝聚成具有鲜明宗族感的部落。部落的价值观和传统通过其私有语言、流行语以及对过去的英雄故事和戏剧性事件的叙述得到了强化。生活方式被仪式化，以至于规章手册和指南几乎变得多余，习俗和传统已经提供了答案。日本公司和一些美国的公司都有自己的公司主题曲，而许多学校或志愿组织则通过文学作品和演讲来自豪地宣扬自身的价值观和信念。经验表明，强大的文化造就强大的组织，但关键在于，文化的类型是否重要呢？

答案是肯定的。并非所有文化都适合所有目的或所有人。文化是由组织中的主导群体多年来建立和打造的。在某一阶段适合他们和组织的文化未必在任何时候都适用，即使这种文化可能很强大。按照哈里森的分类，文化主要有四种类型，分别称为**权力文化**、**角色文化**、**任务文化**和**个人文**

化。必须强调的是，每种文化都可以是良好而有效的，但人们往往受到文化视野的限制，认为在某个地方行之有效的方法必定在其他任何地方都能取得成功，事实并非如此。

7.2.2 权力文化

权力文化常见于小型创业组织，传统上出现在 19 世纪美国的强盗大亨公司中，在当今的工会组织中也偶尔能见到，在某些房地产、贸易和金融公司中也是如此。其结构宛如一张**蛛网**，清晰可见：

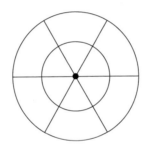

倘若权力文化有一位守护神，那非宙斯莫属，宙斯是古希腊众神中至高无上的领袖，他凭突发奇想与一时冲动，以奥林匹斯山的雷霆和黄金雨来进行统治。

这种文化依赖于一个中心权力源，权力和影响力的光芒由此中心人物辐射而出。它们通过功能性或专业性的纽带相连，而"权力光环"是活动与影响力的中心。

该组织的有效性依赖于信任与同理心，而其沟通则建立在心灵感应与私人对话的基础之上。如果组织中心选择了合适的人选，这些人能够以与中心相同的方式思考，那么中心便可放手让他们自行推进工作。这里几乎没有规章制度，官僚主义也很少。中心主要通过遴选关键人物，偶尔亲自介入或召唤相关人员进入中心来行使控制权。这种组织结构具有明显的政治性，因为决策在很大程度上取决于影响力平衡的结果，而非基于程序或纯粹的逻辑。

这些文化及其衍生的组织自豪而强大。它们能够迅速行动，并能有效应对威胁或危险。它们是否行动，以及行动方向是否正确，将取决于核心的人物或群体；因为在这类组织中，这些个体的素质至关重要，而继任问题则是其能否持续取得成功的关键。在这类组织中工作的人，只要他们是权力导向的、有政治敏锐性的、敢于冒险的，并将安全感视为其心理契约中的次要因素，他们将能取得成功并感到满足。在这种文化中，资源权力是主要的权力基础，其中也包含一些个人权力的元素。

对于权力文化来说，规模是一个要注意的问题。如果网络试图链接太多的活动，它可能会崩溃。事实上，网络组织能够发展壮大并保持网络形态的唯一方法，是衍生出其他组织，其他"蜘蛛"。采取这个策略的组织会持续发展壮大（最著名的是英国的 GEC 公司），但它们会谨慎地赋予各个相关组织（顺便说一句，这些衍生组织不必拥有权力文化）的负责人最大限度的独立性，通常只保留财务作为维系相关组织与中心网络的唯一纽带。

权力文化高度信任个体，而对委员会缺乏信任。它们以结果论英雄，对手段持宽容态度。这些组织通常被视为比较强硬和粗暴，虽然取得了成功，但由于个体失败或选择退出竞争氛围，它们很可能会遭遇士气低落和中层人员更替率高的问题。必须记住，这些文化既可能很有效，也可能很糟糕。第二次世界大战后，英国许多停滞不前并最终被兼并的家族企业，都是权力文化在核心处已经衰亡的例子。没有蜘蛛的蛛网是没有力量的。

7.2.3　角色文化

角色文化通常被刻板地视为官僚主义的组织文化。但由于"官僚"一词在日常用语中已带有贬义色彩，因此这里将使用"角色"一词。角色文化的配套结构可以形象地比作**希腊神庙**。

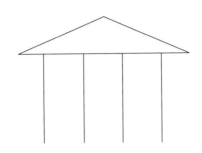

角色文化的守护神是理性之神阿波罗；因为这种文化以逻辑和理性为基础。角色组织的优势在于其支柱，即其职能或专业领域。这些支柱本身就很强大，财务部门、采购部门和生产设施可能因其高效率而享誉全球。支柱部门的工作以及它们之间的互动受到以下因素控制：

（1）角色程序，例如职位描述、权限界定。

（2）沟通程序，例如所需的备忘录副本。

（3）解决争议的规则，例如向决策程序和沟通程序的最低交叉点的人提出上诉。

这些程序由高层中的小部分高级管理者，即顶层结构部分进行协调。这应该是唯一需要的个人协调，因为只要各个支柱按照规则和程序各司其职，最终结果将会与计划相符。

在角色文化中，角色或职位描述往往比担任该职位的个人更为重要。选拔个人是为了让其更好地履行某项职责，确保他们能胜任某个职位。超出角色规定的表现不是必需的，有时甚至会造成干扰。在角色文化中，职位权力是主要的权力来源，个人权力不受青睐，专家权力只在适当范围内被容忍，规则与程序才是主要的施加影响的手段。角色文化的效率取决于工作和责任分配的合理性，而不是组织成员的个性。

只要能在稳定的环境中运作，角色文化的组织就能取得成功。当明年的情况与今年相似，使得今年经过检验的规则能在明年发挥作用时，那么结果将会很好。如果组织可以通过垄断或寡头垄断来控制市场环境，或者在市场稳定、可预测或可控制时，或者在产品生命周期较长的情况下，规则和程序以及程序化工作将取得成功。因此，公务员体系（在某种意义上是一种垄断）、汽车业和石油业（产品生命周期长，或许还存在一些寡头垄断的情况）、人寿保险公司和零售银行业（产品生命周期长），通常都是角色文化并且是成功的。然而，这个领域的新兴小公司可能缺乏角色文化，因为它们的目标并非稳定性和可预测性，而是生存和发展。

地震时，希腊神庙会变得不稳固。角色文化对于变革的需求感知迟缓，即便意识到需要改变，其变革速度也颇为缓慢。在市场、产品需求或竞争环境发生变化时，角色文化往往仍会自信满满地沿着既定路线前进，坚信自己能够按照原有模式塑造未来。然后，这种盲目自信常常导致组织陷入困境，通常可能需要通过崩溃，或者被新管理层取代或接管等方式来实现转型。在20世纪60年代变幻莫测的商业环境中，许多大型组织都发现自己处于这种境地。

角色文化为个人提供了安全感和可预见性，提供了一个可预期的晋升速度，也提供了在没有风险的情况下获取专业技能的机会。角色文化倾向于奖励那些按照标准完成工作的人。然而，一旦遭遇灾难——无论是崩溃还是被收购，角色文化所的这种安全性可能会被认为过多地建立在组织之上，而过少地建立在个人能力之上。角色文化对于那些权力导向或希望掌控自己工作的人是令人沮丧的，对于那些雄心勃勃或者对结果比对方法更感兴趣的人来说亦是如此。这样的人只有在顶峰位置才能感到满足。

在规模经济比灵活性更重要的地方，或者在技术专长和专业化深度比产品创新或产品成本更受重视的地方，角色组织就会出现。20世纪50年代中期以前，习惯于在卖方市场上经营的组织，或仅以国家为唯一客户的组织，恰如其分地处于角色文化中，因为那时产品的可靠性备受重视，而对成本或缺乏产品创新的惩罚很少。

专栏 7-2　7S 模型

下图出现在理查德·帕斯卡尔和托尼·阿托斯合著的**《日本管理艺术》**以及汤姆·彼得斯和罗伯特·沃特曼合著的**《追求卓越》**中。这并非偶然。这四位作者都是麦肯锡团队的成员，该团队的任务是寻找强大的模型来分析组织，以与波士顿咨询公司的波士顿矩阵相抗衡。这两本书几乎同时出版，且均产生了深远影响。

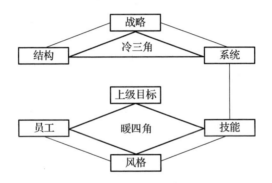

在后来的版本中，上级目标有时会变成共同价值观。阿托斯发现，主要的冲突发生在那些支持"冷三角"（战略、结构和系统）的人和那些支持"暖四角"或"软 S"（上级目标、员工、技能和风格）的人之间。这也是查尔斯·汉普顿·特纳在其著作**《企业文化》**中讨论的众多"困境"之一。

7.2.4　任务文化

任务文化以工作或项目为导向。它的配套结构可以类比为一张**渔网**，网中的某些线比其他线更粗更坚固。权力和影响力大多蕴藏于这些网络的间隙和结点处。所谓的"矩阵组织"就是任务文化的一种结构形式。

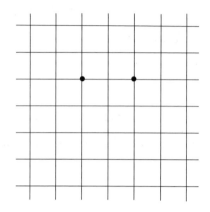

任务文化没有完全契合的神来比喻，比较贴近的是战神雅典娜，她作为突击队领袖奥德修斯的守护神与支持者最为贴切地扮演了这一角色，因为任务文化的核心在于完成任务。为此，任务文化致力于整合适当的资源、将合适的人员安排在组织中的恰当层级，让他们自主开展工作并继续完成任务。影响力更多地基于专家权力，而不是职位权力和个人权力，尽管这些权力来源也产生了一定影响。影响力也比其他文化更广泛，每个人都认为自己拥有更多的影响力。这是一种团队文化，在这种文化中，团队工作的成果、结果、产品往往会成为抹杀个人目标和大多数地位及风格差异的共同敌人。任务文化借助群体的凝聚力来提升效率，并使个体与组织的目标相一致。

任务文化具有极强的适应性。为了特定目的而组建的群体、项目小组或任务小组，可以重组、解散或延续。理想情况下，由于每个群体都拥有所有必要的决策权，因此组织网络能够高效运作。在任务文化中，个体对自己的工作拥有高度的控制权，以成果为评价标准，团队内部工作关系融洽，相互尊重的基础是能力而非年龄或地位。因此，任务文化适用于那些要求对市场或环境的变化高度敏感并反应灵活的场合。在竞争激烈、产品生命周期短、反应速度至关重要的市场中，你会找到这种任务文化。但是，任务文化很难产生规模经济效益或深厚的专业知识。不可能把一个大工厂组织成一个灵活的团队，尽管团队中的技术人员可能极为聪明、极具才华，但由于他必须在不同的团队中处理各种问题，因此他的专业性可能不如角色文化中的同行。因此，任务文化会在那些反应速度、整合能力、敏感性和创造力比专业深度更受重视的情境中蓬勃发展。市场营销部门的产品小组、综合管理咨询公司、商业银行的兼并收购、新业务部门，以及广告公司的客户小组，这些都是任务文化有望蓬勃发展的地方。

这些组织很难进行控制。本质上，最高管理层通过项目、人员和资源的分配来保持控制权。关键的项目交给优秀的人去做，不受时间、空间或材料的限制。然而，对于工作方法或程序的日常控制却难以进行，除非违背组织文化。因此，当气氛融洽、产品与顾客至上、资源对所有合理使用它们的人开放时，任务文化就会蓬勃发展。这样，高层管理者就可以放松日常控制，将精力集中在资源配置决策以及对关键人员的招聘和安排上。

然而，当资源无法满足所有能合理说明其需求的人时，当资金和人力必须定量配给时，高层管理者就会开始感到有必要控制方法和结果。或者，团队领导开始利用政治影响力，为争夺可用资源展开竞争。无论是哪种情况，工作群体的士气都会下降，工作本身的满意度也会随之降低，导致个体开始调整他们的心理契约，并显露出各自的个体目标。这种新局面要求管理者制定规则和程序或改变施加影响力的方式，并运用职位权力或资源权力来推动工作的完成。简而言之，当资源有限或整个组织未取得成功时，任务文化往往会转变为角色文化或权力文化。任务文化是一种难以控制的文化，而且其本身就具有不稳定性。

任务文化是大多数管理者，尤其是中层和基层管理者偏爱的一种工作文化。它强调群体、专家权力、成果激励以及个体与群体目标的融合，与多数组织行为理论相契合。任务文化是最符合当前变革与适应、个体自由度高、等级差异较小的意识形态的文化。然而，正如我们将看到的那样，任务文化并非总能适应当前的环境和技术。如果组织并非全面接纳任务文化，或许并非仅因它们过时和守旧，而是其立场正确。

7.2.5　个人文化

第四种文化颇为特殊，它并非广泛存在于众多组织之中，却有许多人秉持其特定的价值观。在此文化中，个体居于核心地位。如果有一个机构或组织，那么它存在的唯一目的便是服务和帮助其中的个体。当一群人决定为了自己的利益联合起来，以便更好地追求个人兴趣、自由行事，并认为设立一间办公室、一个空间、一些设备，甚至文秘协助都会有所帮助时，那么由此形成的组织便具备了个人文化特征。它只为其中的人而存在，没有任何上级目标。律师事务所、建筑师合伙企业、嬉皮士公社、社会团体、家庭、一些小型咨询公司，往往都具有这种"以人为本"的导向。它的结构极其简单，用**"集群"**来形容最贴切，或者说是"由许多的单个恒星组成的星系"更为恰当：

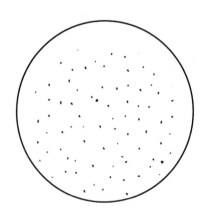

狄俄尼索斯是个人文化的守护神，象征着自我导向的个体，是第一个存在主义者。显然，个人文化下的组织难以长久维系，因为现实中组织的目标往往高于其成员的目标。此外，在个人文化中，除非经双方同意，否则无法实施控制机制，甚至管理等级制度也难以建立。心理契约表明，组织从属于个体，其存续依赖于个体。个体可以自由离开组织，而组织却鲜有能力驱逐个体。影响力是共享的，而权力基础通常是专家权力，也就是说，个体做他们擅长的事情，组织在适当的话题上会听取他们的意见。

现代家庭文化经历了几个阶段的变迁。维多利亚时代比较常见的是权力文化和角色文化，其特点是权力结构清晰，任务和责任分工明确；而后转变为个人文化，其特点是影响力共享，根据专业知识分配在组织中的角色，这一变化也正在成为我们社会的一个社会学特征。集体农场、公社、合作社都在努力追求个人文化。总体而言，只有最初创建者能够取得一定的成功。组织往往很快会形成自己独特的属性，并开始对个体施加影响。在最理想的情况下这种文化会演变为一种任务文化，而更多时候会演变为权力文化或角色文化。

不过，虽然个人文化占主导的组织很少见，但你常常会遇到一些偏好个人文化，却发现自己在更为典型的组织中工作的人。在人们的刻板印象中，教授是一个以人为本、在角色文化中工作的人。他们按照职责行事，在规定时间内授课，以确保自己在组织中的位置。但本质上，他把组织看作一个基地，在此基础上构建自己的职业生涯，实现个人利益，尽管这些行为的最初目的不是直接为组织增添利益，却可能间接地为组织带来好处。组织中的专家，例如企业中的计算机工程师、医院里的顾问、市政府里的建筑师，他们往往对组织没有什么忠诚，而是将其视为一个施展个人才华并为雇主带来一定利益的地方。

有这种导向的人难以管理，能对他们施加的影响微乎其微。作为专家，他们往往易于获得其他替代的工作机会，或者有类似终身职位这样的"铁饭碗"来保护自己，因此，资源权力对他们并无太大效力。没有资源权力支持的职位权力将毫无作用。他们不太可能承认专家权力，通常也不具备强制权力，只剩下个人权力，这样的人不容易被人格魅力打动。

7.3　组织文化的影响因素

7.3.1　文化的描述

人们对文化的描述往往是印象主义和缺乏精确性的，它们没有被严格定义。文化是无法被精确定义的，因为它是被感知、被感受的。专栏 7-7 中的自我分析调查问卷将更详细地说明这些描述。它还将帮助你识别所在组织中的主流文化以及你个人的文化偏好。两者之间的契合度会影响心理契约的履行和工作的满意度。

7.3.2　文化的影响因素

印象主义的描述指出了一些影响组织文化和结构选择的因素。现在我们详细地考察这些因素。主要包括：

（1）历史和所有权。

（2）组织规模。

（3）技术。

（4）目标与宗旨。

（5）环境。

（6）人群。

7.3.3　历史和所有权

公司的存续时间、所有权结构和历史会通过以下方式影响公司文化。

集中所有权将倾向于形成权力文化，资源控制更为严格。分散所有权则允许基于不同权力来源的分散影响力。家族企业或由创始人主导的组织，往往倾向于权力文化。

新兴组织要么需要具备进取心和独立性（权力文化），要么需要灵活、适应性强且敏感（任务文化），通常是两者的结合体。新兴组织常常明确拒绝角色文化与其对应的制度、程序和术语：

（1）合并往往意味着从一个激进的组织转变为一个静态的组织，一种叠加在角色文化上的权力文化。

（2）新一代管理者的到来往往以文化变革为先兆。"用制度取代政治"相当于"角色文化取代了权力文化"；"效率而非官僚主义"意味着"任务文化取代了角色文化"。

7.3.4　组织规模

组织规模常常被证明是影响结构和文化选择的最重要的变量。很明显，总体而言：

（1）大型组织更加规范化。

（2）大型组织倾向于发展需要系统协调的专业群体。

总的来说，规模会推动组织选择角色文化。通过剥离子公司或彻底的分权，核心组织有可能培养出一种不同的文化。可以想象成一张连接了一系列寺庙的网。然而，规模本身并不会导致士气低落：

（1）大型组织被其成员视为提供了更多发展空间，也更友好的地方。

（2）员工普遍认为大型组织效率更高，但更为专制。

7.3.5　技术

自从塔维斯托克的理论家们创造出"社会技术体系"这一术语，以及埃塞克斯郡的琼·伍德沃德证明了生产技术是高效企业组织的主要决定因素以来，人们已经清楚地认识到，技术将对文化和结构产生深远影响。

伦敦塔维斯托克研究所的特里斯特和巴姆福斯证明，将一项工艺从小组工作改为三班倒工作，会对工作期间员工之间的关系产生破坏性影响，进而影响生产效率。因此，组织的设计必须同时考虑到工作的性质和人员的特质。

琼·伍德沃德将埃塞克斯郡的一些制造企业分为**单位生产**（小批量）、**大规模生产**（大批量）和**流程生产**。她发现，随着技术从单位生产向流程生产过渡，指挥链的长度、首席执行官的控制范围、工资和薪水占营业额的百分比、管理者与其他人员的比例、毕业生与非毕业生的比例以及间接劳动力与直接劳动力的比例均有所增加。然而，大规模生产相较于其他两者，要更加规范化和机械化。她通过实例证明，那些结构与技术规范相契合的组织运作效率最高。

佩罗提出，技术是从常规到非常规的连续变量。他感兴趣的是技术对协调系统、控制机制、相互依赖程度、个人影响力和权力、目标和动机的影响。他提出了一个将这些因素与技术联系起来的复杂模型。

这类研究总体上证明了技术的重要性不容忽视。然而，并非所有研究都明确指向某一种文化，而是：

（1）常规的、可编程的操作比其他任何操作都更适合角色文化。

（2）高成本、昂贵的技术，其故障成本高，往往需要密切监测和监督，并需要深厚扎实的专业知识，更适合角色文化。

（3）通过大规模生产和大量资本投资而实现明显规模经济的技术，往往倾向于扩大规模，从而鼓励角色文化。

（4）非连续离散作业、一次性工作、单位生产，这些技术适合权力文化或任务文化。

（5）快速变化的技术需要任务文化或权力文化才能得到有效处理。

（6）高度相互依存的任务需要系统化的协同合作，适合角色文化。在那些协调统一比适应性更重要的市场中，角色文化更合适。

技术并不总是导向同一方向。高成本、快速变化的技术，将使角色文化和任务文化之间产生矛盾。因此需要的是迅速反应同时又高度协调。总的来说，工作自动化程度的提升和对工作技术的高额投资正在促使组织文化朝着角色文化的方向发展。

7.3.6 目标与宗旨

企业的目标往往并不像表面上看起来那样明确。将一家企业的目标简单地归结为追求利润最大化过于简单了。企业追求盈利的决心有多大？跨越多长时间范围？愿意承担多大的风险？在对人员、道德规范、债务水平的压力方面，它又愿意接受哪些限制？有时，将利润视为实现企业的其他目标的必要因素在概念上更为简单，这些目标包括生存、增长率、市场份额、声誉、股票增值、卓越标准、良好的工作场所、就业来源、战略必要性、国家声望等。追求这些目标的任何组合所需的利润水平都各不相同。例如，战略必要性要求创造最低限度的利润，而股票增值则要求较高的利润率。

医院、学校和地方政府的目标往往是在有限的资源范围内，既服务于社区又保持标准。这些目标对组织的文化和结构有何影响？

- 在角色文化的组织中更容易监控产品质量。
- 增长目标更适合权力文化或任务文化。
- 工作地点、就业中心、战略必要性指向角色文化。
- 目标不仅影响文化，而且受文化影响。随着组织文化的变迁，其目标也可能在一段时间内发生变化。

这些倾向只是倾向。角色文化同样可以实现增长。权力文化也可以将战略必要性作为其目标。目标和目的只是影响因素之一。一个组织的真正目标往往是不公开的，甚至连最高管理者自己也不清楚。一位著名的银行家曾经说过："在英国，只有少数人对赚钱感兴趣，其余的人都对能赚钱的事感兴趣。"他意在指出，大多数组织都专注于自己的技术、产品或行业，其成功标准亦受限于此。角色文化是可靠的文化，不是急于求成的文化。角色文化强调过程，而权力文化则看重结果。不同的目标看起来只是文字语义上的细微差别，但实际上却有着决定性的影响。

7.3.7　环境

环境包括：

（1）经济环境。

（2）市场。

（3）竞争态势。

（4）地理和社会环境。

一个组织所处的环境，往往被内部人员视为理所当然，但它在决定组织文化方面至关重要。其中几个主要观点包括：

（1）不同国家倾向于不同的组织文化。这一点不足为奇，但直到最近，组织研究才能够详细阐明这些差异。关于这些研究中最重要的一些成果，请参见专栏 7-3。

（2）环境的变化需要一种敏感、适应性强、反应迅速的文化。任务文化最擅长应对市场或产品的变化。伯恩斯和斯托克发现，相较于机械式结构的公司，那些他们称之为"有机"或"生物"型结构的公司在应对技术变革时表现得更为高效。有机结构和机械结构分别对应任务文化和角色文化。

（3）环境的多样性要求组织结构多元化。多样性倾向于任务文化，而标准化则倾向于角色文化。因此，只有一个销售部门或其他部门的纯职能型组织，通常存在于市场单一、产品生命周期较长且不够多元化的企业中，这些组织通常会形成一种角色文化。

专栏 7-3　国家文化

多年来，霍夫斯泰德收集了四十多个不同国家的 IBM 员工的意见调查。根据这些数据，他对不同国家的文化差异进行了深入分析。最终，他总结了四个维度：

（1）权力距离。该维度衡量的是老板与下属之间权力分配的平等程度。高权力距离意味着在该文化中，老板的权力远大于下属。比利时和法国偏好高权力距离。

（2）不确定性规避。高度的不确定性规避表明该文化倾向于试图控制未来。它与教条主义、传统主义和迷信相关联。新兴民主国家（奥地利、爱尔兰、意大利、日本）在这一指标上得分高于老牌民主国家（加拿大、英国、荷兰、美国）。

（3）个人主义。个人主义是集体主义的对立面。委内瑞拉、哥伦比亚和巴基斯坦在行为上偏好集体主义行为，而盎格鲁－撒克逊集团则表现出个人主义。在个人主义程度较低的地方，人们期待从家庭、朋友和组织中获得更多帮助，并给予他们更多承诺作为交换。

（4）男性气质。男性气质与抱负、成就欲望和追求更多收入紧密相连，而其对立面的女性气质，则更关注人际关系、环境和服务意识。男性气质往往倾向于在乎事物的数量而非品质，男性几乎总是偏好数量上的选择。

曼特在下表中选取了八个国家来展示霍夫斯泰德的文化差异：

个人主义			集体主义
低权力距离			高权力距离
低不确定性规避			高不确定性规避
女性气质			男性气质

盎格鲁－撒克逊集团国（美国、英国、澳大利亚）——
斯堪的纳维亚集团国（瑞典、丹麦、挪威）－－－
德国 ⋯⋯⋯⋯
日本 －·－·

从表中不难看出，与斯堪的纳维亚人和盎格鲁－撒克逊人相比，日本人更有集体主义精神，但也更加谨慎、专制和物质，这种文化特质造就了一个高效创造财富的国家，但这样的社会环境可能并不吸引崇尚个人主义的盎格鲁－撒克逊人和更具女性特质的斯堪的纳维亚人居住。从表中很难看出日本的管理方法怎样能在英国、美国和斯堪的纳维亚半岛发挥作用。

资料来源：Hofstede, *Culture's Consequences*, 1980; and Mant, *Leaders We Deserve*, 1983.

如果重要的差异是产品之间的差异，那么建议采用产品型组织结构。只有这样，各产品才能得到差异化的关注。如果重要差异体现在地理区域上，那么区域型组织更为合适。如果差异在于分销方式或客户分类，那么应该根据这些因素来调整组织结构。如果差异是这几种差异的混合，那么组织结构也将反映这一点。哪种组织结构居于主导地位，哪种组织结构从属，这些可能会随着时间的推移而发生变化，例如，地区差异趋于模糊，而产品的重要性日益凸显。

至于环境中的威胁或危险，权力文化最能有效应对。兼并收购、国有化、经济危机都是威胁和危险的例子。那些组织结构呈网状、中心有强势领导者坐镇的组织，在这些情况下最有可能取得成功。战争时期成功的将领往往以权力文化为导向。兼并之战往往取决于个体的性格特征。因为权力文化可以迅速果断地行动，具有侵略性而非适应性，强大而非灵活。

专栏 7-4　隐形职位的案例

吉姆大学一毕业就直接进入了一家大型知名制造企业。他认为，在这样一家成功且知名的企业接受管理培训可以更好地为未来的职业生涯做准备。在那里的 8 年中，他做过不同部门的各种工作，积累了丰富的企业运营知识。他尤其精进了投资评估方法、工作评估和描述流程、组织设计和管理发展之道。他对预算、权力系统，以及适用于该公司大部分大型业务的精细标准化流程印象深刻。

　　吉姆的事业还算成功。但情况发生了变化，他觉得自己应该去一家规模较小但更有活力的公司工作。恰好有这么一家金融机构，拥有投资新项目的资金，正在寻找一位能分析新投资机会的人才。吉姆递交了申请并很快被录用。他对自己所掌握的所有必要的技巧和流程充满信心，因此迅速报到并开始了新工作。

　　他们为他准备的办公室非常雅致。他的秘书很讨人喜欢，他被安排到管理层的午餐室，并被介绍给他尚未谋面的董事们。每个人都非常有魅力，见到他都很高兴。第一天结束时，吉姆对加入该公司的决定感到非常满意。然而，第二天和第三天就没那么愉快了。什么也没发生，一点动静也没有。吉姆寻找关于他工作的正式描述，却发现似乎并不存在。他决定自己撰写一份，为了做准备，他向他的上司（一位董事）要了一份组织结构图，但好像根本就没有组织结构图。当被要求画出一份组织结构图时，他的上司列出了所有董事的名单，并在他们下面列出了所有其他高管的名单。似乎没有明确的部门体系，也没有正式的职责分配。不清楚投资决策由谁批准，以及吉姆本人是否有权发起任何投资，甚至是否有权花钱进行搜索和调查也都不甚明了。

　　吉姆感到很困惑，周末午餐时向一位董事坦白了自己的困惑，诉说自己至今仍未被分配任何工作，也不知道自己应该做什么。董事说："为什么？你应外出交际，广结人脉，坐飞机，建立联系，获取信息。我们期待你的创意、建议和项目。"

　　吉姆逐渐明白，这里没有固定的规则和流程，一切都需要凭直觉行事，凭直觉判断董事们会批准什么，会拒绝什么。董事们完全信任他，希望他做必要的事，花必要的钱，将他们带入有利可图的新领域。然而在家中，他反复琢磨着自己的那些流程集、技术书籍、手册和表格。他想："他们是否知道这些东西，只是出于某种原因而排斥它们，还是我应该尝试将这些介绍给他们呢？"

7.3.8 人群

我们已经强调过，不同的文化需要不同的心理契约，一些人在一种文化中会感到快乐和成功，在另一种文化中则不会。如果组织、文化和个人的心理契约之间相互匹配，那么个人就会感到满意。尽管满意度并不意味着生产效率高，但它是一个很好的起点。有关工作满意度的研究不区分不同文化和个体期望，因此上述陈述尚未被证明为真，但它们代表了一个合理的假设。由此出发，我们可以进一步提出一些假设：

（1）对模棱两可容忍度较低的人会倾向于角色文化中更严格的角色规定。

（2）需要较高安全感的人在角色文化中会感到满足。

（3）需要在工作场所确立个人身份的人会倾向于权力文化或任务文化。在角色文化中，这会被视为"个人"导向，被认为具有破坏性。

（4）个人技能和才能的影响在权力文化和任务文化中比在角色文化中更为明显。因此，在这些文化中，对个体的选拔和评估需要投入更多的关注。

（5）低素质的人力资源（从智商和情商的维度）会促使组织走向角色文化，这种文化下的工作安排通常会根据现有员工的技能水平来确定。

一般来说，拥有正确导向人才的可获得性，是一个组织向特定文化转型时自由度的重要因素。一个组织中关键人物的个人导向，在很大程度上决定了组织的主导文化是什么，无论它本应该是什么。很大程度上，你选择的人决定了你的文化。

专栏 7-5 麦考比的公司类型

麦考比对美国组织中的 250 家公司的管理人员进行了社会心理分析研究。他总结出了四种性格类型，这些类型可以以不同组合的形式出现：

（1）丛林战士。丛林战士渴望权力。在他看来，生活就是一场生存之战，胜者为王，败者为寇。在最佳状态下，他就像一头雄狮，保护自己的"家族"，对竞争对手毫不留情。然而，他那专横的态度会让独立的下属感到不安，而他过分地关注防御则可能会招致不必要的敌人。

（2）公司人。这类人以公司为导向，关注公司的人文层面，致力于维护公司的诚信。他可能会变成一个事业狂，沉迷于组织政治，但在最佳状态下，他可以维持一种纪律与服务并重的氛围。他可能过于保守，不适合领导创新型的组织。

（3）游戏玩家。游戏玩家喜欢承担经过计算的风险，对技术、新方法和问题非常着迷。他在竞争中茁壮成长，并能将自己的热情传达给团队。他具有团队精神，追求荣誉而不是财富。在极端的情况下，他甚至可以沉浸在一个幻想的世界里，追寻不存在的游戏和竞争。

（4）工匠。工匠是一个热衷于制作东西的个人主义者。他性格内向，要求严格，有时会变得不易合作。他对待学徒颇为仁厚，但作为团队成员却表现欠佳。他的领导方式是命令下属做他决定的事情。

资料来源：Maccoby, *The Gamesman*, 1976. A type for each culture?

7.3.9　结论

任何组织在根据这些影响因素审视自己时，都会发现自己可能同时被推向了两种甚至三种文化。通常，组织会发现环境中的力量推动它走向权力文化，组织规模和技术则推动它走向角色文化，中层管理者的个人倾向则使其趋于任务文化。如何做出决策？当所有因素都对其产生影响但方向各异时，哪些因素起决定性作用？

7.4　组织设计对组织文化的影响

7.4.1　组织文化的多样性

组织会逐渐改变其主导文化。大多数组织最初都是权力文化：创始人将组织视为自身能力的延伸，成立组织只是因为自己无法独立完成所有工作。随着时间的推移和成功的积累，组织逐渐壮大，活动也趋向专业化与规范化，这往往是组织成熟的最初标志。换句话说，一个组织不再完全依赖于其创始人。这些特点同样也是角色文化的标志。一旦文化变革开始，组织的结构、工作的规划和控制，以及许多决策的制定都将不再相同。对于创始人和创始团队来说，这往往是一个艰难的阶段，他们必须适应权力的规范化以及许多直接决策权的下放。有些人认为这是一种令人不安的变化，以至于选择离开，因为很少有人能在所有文化中都如鱼得水。

当角色文化需要更大的灵活性时，意味着下一次文化转变即将发生。市场可能开始加速变化，或朝着不同的方向发展。技术可能会发展，带来新的工作流程、人员配置水平和技能要求。更常见的是，组织规模的增长加剧了其复杂性。在这一阶段，规范化和专业化已经不足以控制组织问题的多样性，组织必须面对它需要多种不同文化的事实。领导层可能会试图保留公司原始的、精髓的一套价值观（如服务、卓越、勤奋工作的传统），但必须允许文化中更具风格的部分发生变化，以适应组织各部分的要求。

为了确定合适的组织文化的多样性，一种方法是研究组织各部门的主要活动类型。主要有四种活动类型：

（1）稳态。

（2）创新。

（3）危机。

（4）政策。

（1）**稳态**。稳态意味着所有可以通过某种方式编程的活动都是常规活动，而不是非常规活动。稳态通常占据一个组织活动总数的80%。它涵盖了组织的基础架构——会计系统、秘书系统、办公室服务部门、大部分生产部门。大多数销售活动属于稳态范畴，但市场营销活动不被视为稳态的一部分。

（2）**创新**。包括所有旨在改变组织工作或工作方式的活动。首先包括研发部门，也涉及营销部门的部分职能、生产开发部门、企业规划部门、组织和方法部门，还包括财务部门的部分职能。

（3）**危机**。所有组织都必须应对突发事件。尽管组织中与环境接触的部分更有可能不得不应对突发事件，但组织中没有哪一部分会独自承担危机或崩溃的风险。市场营销部门、生产部门的一部分、中层管理是最容易受到影响且暴露程度最高的部门。

（4）**政策**。活动的总体指导和方向不容忽视。确定优先事项、制定标准、指导和分配资源、启动行动，这些活动自成一类，但与其他活动有一定程度的重叠。公司正式结构的某些部门会明确归入其中一类，如研发或办公服务。其他部门，如市场营销部门，可能涵盖多种不同类别的活动。通常每个部门都会发现其大部分活动集中在某一个类别中。如图 7-1 所示，这部分活动往往决定了适合组织的主要关注点和文化。

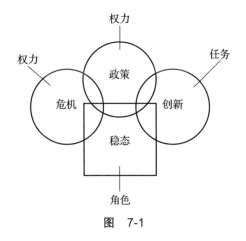

图　7-1

　　如果在开展系列活动的地方推行适当的文化，那么组织的这一部分就会更加有效。建议组织应根据分部或部门的主要活动类型，对其文化和结构进行差异化塑造。例如，研发部门的组织结构应与会计部门有所不同，市场营销部门的创新部分应该比流水线作业更加灵活、非正式、更以任务为导向。危机管理应优先于委员会、规则和流程，并依靠政治支持以推动创新。稳态活动的管理应适当关注规则、流程、法规和正式控制。然而，若将这些原则应用于组织的创新部门，却会扼杀其活力。

专栏 7-6　组织的类型

明茨伯格区分了组织的七种类型：

（1）创业型组织。

（2）机械型组织。

（3）专业型组织。

（4）创新型组织。

（5）使命型组织。

如果把专业型视为角色文化的升级版，那么这些类型与本文所描述的四种文化大致吻合。除此之外，明茨伯格还补充了：

（6）事业型组织——组织被划分为自给自足的单元。

（7）政治型组织——自成一体，不受外界干扰。

他认为这些类型大多共存于大型组织中，并对组织施加各自的影响。挑战在于如何将它们结合在一起，同时又不丧失必要的差异。

资料来源：H. Mintzberg, *Mintzberg on Management*, 1989.

7.4.2　差异化对组织文化的影响

不能让一种文化完全淹没整个组织。组织往往希望将所有事物纳入稳态。这虽然可能带来更大的安全感，但也可能导致衰退。同样，任务文化也不适用于大多数组织的大部分活动。

在一种文化中取得成功的人未必能在另一种文化中同样成功。这就是"彼得原理"的一种解释，该原理认为一个人会被提拔到他无法胜任的职位上。例如，在稳态中表现出色的人，被从支持岗位提拔到核心岗位后，会发现权力文化的模糊性给他们带来了巨大压力，导致他们退缩，变得无所作为。这种现象对管理产生的影响将在后面的章节中进一步讨论。举例来说，招聘那些适合权力文化或任务文化的人（如商学院毕业生），却首先要求他们在稳态下证明自己，这样的做法真的合理吗？

许多人热衷于处理危机。他们倾向于权力文化，却无权制定政策，因此他们从处理危机中获得了一种实实在在的成就感。在许多组织，尤其是在小型组织中，本应被程序化、常规化、系统化的活动，实际上却是基于临时性的危机处理方式来应对，因为这符合个人偏好的文化。任何一个与零工建筑商、小制造商或者当地商店打过交道的人都可能发现，他们在紧急情况下表现出色，但在日常工作中却非常容易出错。忙碌令人愉悦，但不断恶化的稳态却会产生大量业务。

差异化很容易导致碎片化、各自为政。研发实验室可能被埋没在乡间，被所有人遗忘；企业规划部门可能在公司外部备受尊重，能在学术会议上发表论文，但在公司内部却被忽视。稳态可能生产出市场不需要的产品，首席执行官签署的合同可能无人能履行。当两种文化相遇时，他们会发现彼此的优先事项、时间尺度和工作风格都大相径庭。然而，这两种文化必须携手合作。要使差异化取得成功，必须进行整合。

7.4.3 整合

差异越大，潜在的冲突可能性就越大。销售主管负责日常的故障管理，他们会发现，像科学家那样研究长期且充满不确定性的问题很令人恼火，而且与他们当前的工作重点无关。生产主管不愿意为了帮助销售人员解决危机而打乱自己的计划安排。必须有一套流程来管理潜在的冲突来源，否则差异化环境可能会自我瓦解，或完全丧失沟通能力。

（1）**直接管理监督**。这是最直观的整合形式，但它受到以下因素的约束：一个管理者仅能有效整合有限数量的员工（因此有了"控制范围"的概念）、所需时间的约束、个体无法完全独立完成工作。

（2）**寻求上一层级的支持**。除直接监督外，这种方法还可将监督推进至需要整合的两个部门的报告线的最低交叉点。但这种方法成本高、耗时长。

（3）**规则和程序**。工作流程和例行工作的标准化，能够确保每个人都履行其职责。在工作可以常规化的稳态下效果很好。

（4）**技能标准化**。针对特定群体的培训，例如在医学领域，确保该专业的每个人都能以相同的方式完成任务，即规则和程序的高端版本。

（5）**协调员**。负责联络而非管理控制群体或个体。虽然在短期内有时是必要的，但他们的存在本身却可能会使问题长期化。

（6）**相互调整**。各方之间的非正式沟通，通常是在两个人之间。

（7）**聚类**。这是一种将所有"差异"都集中到一个单元的重组方式。从表面上看这种重组的成本高昂，但在任务和所需专业明确的情况下效果显著。广告公司的客户小组就是一个聚类的例子。

整合不应该听天由命，因为它很有可能不会自然发生，反而会变得高度政治化。

7.4.4　它有效吗

关于文化差异和整合的部分具有很强的规范性。是否有证据支持这一论点？答案是有的。

专栏 7-7　高绩效组织中的"氛围"特征差异

特征	阿克隆（一家制造厂）	斯托克顿（一个研究所）
（1）结构导向	认为行为受到严格控制，结构化程度高	认为结构化程度低
（2）影响力分布	认为总体影响力小，集中在组织的高层	认为总体影响力大，各层次之间分布更均匀

（续）

特征	阿克隆（一家制造厂）	斯托克顿（一个研究所）
（3）上下级关系特征	相对于上级而言，下级在选择和处理工作方面的自由度低，属于指令型监督	相对于上级而言，下级在选择和处理项目方面有很大的自由度，属于参与式监督
（4）同事关系特征	认为同事之间有许多相似之处，同事的短期工作高度协调	认为同事之间存在许多差异，同事之间的长期科学工作协调程度相对较低
（5）时间导向	短期	长期
（6）目标导向	制造	科研
（7）高管的管理风格	重视任务大于重视人	重视任务大于重视人

资料来源：Morse and Lorsch, 'Beyond theory Y', *Harvard Business Review*, 1970.

（1）劳伦斯和洛希进行了一系列研究（将在第三部分详细介绍），考察了高绩效组织在三种情境中的独特特征。这些组织分别属于塑料、食品和集装箱行业。这些行业的多样性程度各不相同，从塑料行业（最具多样性和活力）到食品行业，再到集装箱行业（相对稳定且同质化），这些行业都有足够的整合机制来管理这种差异化。因此，根据他们的评估，塑料组织的差异化程度几乎是集装箱组织的两倍，拥有从规则和程序，到协调部门等一整套可能的整合手段。所谓差异化，是指组织内部的各个部分具备以下特征：

（a）不同的时间范围（长期或短期）。

（b）不同的市场定位（客户需求或产品质量）。

（c）不同的人际交往风格。

（d）不同的组织结构正式程度。

因此，在一个差异化的组织中，销售主管和研究主管所关注的核心问题和时间跨度存在显著差异，销售主管关心具体的折扣问题，而研究主管则关注新产品的性能特点。他们的管理风格和工作习惯，即所谓的"文化"也会有不同。

（2）莫尔斯和洛希在一项与前述类似的研究中，对采用两种截然不同的技术（工厂和研究实验室）的成功组织与不太成功组织进行了比较。他们发现，成功实验室的管理风格与不太成功的实验室的管理风格大相径庭，同时也与成功工厂的管理风格明显不同。而成功工厂的管理风格与不太成功实验室的管理风格相似。

　　在**实验室**这种开放性较强、时间跨度较长的环境中，支持性的风格效果最好，规则和程序最少，个人和群体的主动性很强（任务文化）。然而，在成功的**工厂**里，严格的结构化方法不仅效果最佳，而且受到员工的欢迎，因为员工想知道自己在做什么、什么时候、为谁做（角色文化）。

　　（3）琼·伍德沃德的研究表明，那些更为高效的组织往往拥有一种与其技术相适应的结构。

　　（4）彼得斯和沃特曼在对美国优秀企业的分析中，提倡同时具备紧密与宽松的特性。他们讨论了灵活的组织结构、热忱的拥护者、团队以及创业型网络，表现出融合了权力文化与角色文化的任务文化。同时，他们也在公司中发现了一系列紧密的属性，包括简明的文书工作、迅速的反馈以及主导的纪律性，表现出角色文化的特征。他们观察到公司正发展出三个支柱——稳定性支柱、创业精神支柱和打破传统习惯的支柱，这与图7-1中的模型颇为相似。问题在于如何把这些支柱维系在一起，这就需要从高层开始建立一种价值导向的文化。看来，宙斯的角色依然不可或缺。

　　（5）查尔斯·汉普顿·特纳借鉴了世界各地大量企业的案例研究，阐述了如何利用良好的企业文化来调解不可避免的困境，即如何实现必要的差异化整合。20世纪80年代的英国航空公司就是一个典型的例子。如何协调"精简高效"的经济效率需求和它想要向顾客展示的充满关爱的集体形象"又胖又快乐"之间的矛盾，是当时其面对的众多难题之一。两种形象都不可或缺，两种压力都需要认识到彼此的重要性。正是由于对英国航空公司所代表的"这里的工作方式"核心价值有了新的理解，公司才得以实现"精简却快乐"的成功融合。

　　（6）传闻经验表明，不同的组织管理方式均能奏效。这不能全部归功于运气或总经理的才能。我们也深知，若环境变迁而企业文化没有随之调整，成功将难以为继。在英国工业史上，有许多公司都是在国家保护卖方市场的时代，凭借对产品的自豪感和纯粹的角色文化成长为行业翘楚的。很多时候，它们甚至连市场营销部门都没有。面对变化和威胁，它们似乎已成为过去的化石——就像意大利帕埃斯图姆的希腊神庙一样，世界从它们身边走过，将它们遗落在沼泽中。

7.5　总结

每个组织、组织的每个部分都有自己的文化，以及与这种文化相适应的结构和系统。每个人也都有自己偏好的文化。

文化	结构
权力文化	蛛网
角色文化	神庙
任务文化	渔网
个人文化	集群

选择适当的结构取决于以下因素：

（1）历史和所有权。

（2）组织规模。

（3）技术。

（4）目标与宗旨。

（5）环境。

（6）人群。

每个组织内部的活动大致可分为四种：

（1）稳态。

（2）创新。

（3）危机。

（4）政策。

这些集合中的每一类都有与其适应的文化、结构和体系。那些在文化上做到**差异化**，并通过**整合**来控制这种差异化的组织，更有可能取得成功。

差异化组织的管理并非易事，本书的第二部分将主要关注其中的一些问题。许多管理学家和作家倾向于固守自己偏好的文化，这加剧了问题的严重性。例如：

（1）古典管理理论探讨的是角色文化——稳态下的管理。

（2）现代管理思想家聚焦于任务文化，并在美国航空航天业的项目型公司和更传统的组织的创新领域中找到了他们最喜欢的组织形式。

（3）记者、历史学家和传记作家发现，以一个或多个关键人物为中心的权力文化更容易受到关注，也更容易被人描述。

（4）社会学家、宗教领袖和青年领袖关注以"人"为本的组织与个人之间的冲突。

管理者需要处理这四种文化，在自己的组织中进行差异化和整合。这对组织的结构和系统有何影响，我们将在第二部分详细讨论。

专栏 7-8　你属于哪种组织

由个人完成（40分钟），小组汇总得分。

（1）你目前所属的组织具有哪些价值观和行为风格？

（2）你希望加入什么样的组织？

请完成以下问卷：

（a）你自己的价值观和信念。

（b）你对自己所在组织的看法。

给每项陈述按显著程度排序。"1"表示最能代表你所在组织主流观点的陈述，"2"表示下一个最接近的陈述。回顾并对自己的信念进行同样的评分。

最后，请将每个标题下第一项陈述的得分相加、第二项陈述的得分相加，依此类推（例如，第一项陈述得 15 分，意味着该陈述在所有类别中排名第一）。

然后，小组应分析其综合结果。

（a）请每位成员记录下自己和所在组织得分最低的那组陈述。

（b）完成下面的矩阵表格。

陈述得分最低的人数：

	陈述 1	陈述 2	陈述 3	陈述 4
自己				
组织				

（c）这四组陈述描述了前文所述的四种文化。如果某人对陈述 1 的总得分最低，则表明第一种文化是他偏好的文化。陈述的编号与文中列出的文化顺序相对应。

（d）文化偏好在个体或组织生活中的主导程度，可以用四种文化总得分之**差**来表示。得分为 15 分意味着该文化完全占据主导地位。

（e）个体偏好与其组织文化之间完全契合时，意味着心理契约完美匹配。大多数人不会达到这种完美匹配状态。小组可以在阅读完文本**后**，探讨造成这些差异背后的原因。

	自身排名	组织排名	
1—一个好上司			• 坚强、果断、坚定、公正。对忠诚的下属既保护又慷慨且宽容 • 保持客观公正，避免为了个人利益而滥用个人权威。一个好上司只要求下属做正式制度所要求做的 • 在与任务相关的事物上秉持平等态度并善于接受影响。他运用权威获取继续工作所需的资源 • 关心并积极回应他人的个人需求和价值观。他利用自己的职位为下属提供令人满意和促进成长的工作机会

（续）

	自身排名	组织排名	
2 一个好下属			• 服从指令，勤奋工作，忠诚于上级的利益 • 负责任、可靠，履行工作职责和责任，避免做出可能让上级感到意外或尴尬的行为 • 自我驱动，力求在任务中做出最大贡献并乐于分享想法和建议，当其他人表现出拥有更多的专业知识或能力时也愿意让出主导权 • 对个人潜力的开发非常感兴趣，乐于学习和接受帮助。同时，尊重他人的需求和价值观，并愿意为他人的发展提供帮助，促进他们的成长
3 一个优秀的组织成员优先考虑			• 老板的需求 • 自身角色的职责、责任和要求、惯例，以及个体行为的标准 • 任务对技能、能力、精力、物质资源的需求 • 个体的需求
4 在组织中表现出色的人			• 精明且具有强烈的竞争意识，对权力有强烈的追求 • 认真负责，对组织有强烈的忠诚感 • 技术娴熟且高效，坚定地致力于工作的完成 • 在人际关系中同样有效且称职，对人的成长和发展有着强烈的责任感
5 组织对待个人			• 仿佛他的时间和精力都归上级支配 • 仿佛他的时间和精力是通过一份双方都有权利和责任的合同来获得的 • 作为同事，他们将自身的技能与能力奉献给共同的事业 • 作为有趣且有价值的人，他们拥有独特的个性
6 人们受到这些因素的控制和影响			• 个人对经济和政治权力的运用（奖励和惩罚） • 行使非个人的经济和政治权力，用以执行程序和绩效标准 • 通过沟通和讨论任务要求，以个人对目标实现的承诺为动机，驱动其采取适当的行动 • 挖掘内在兴趣并享受活动中的乐趣和关心与照顾其他人的需求
7 如果满足以下条件，那么一个人控制另一个人的活动是合理的			• 如果这个人在组织中拥有更高的权威和权力 • 如果角色规定他们负责指导对方 • 如果他有更多与当前的任务相关的知识 • 如果另外的那个人接受第一个人的帮助或指导有助于其学习和成长

（续）

	自身排名	组织排名	
8 任务分配的依据是			• 权威人士的个人需求与判断 • 系统中正式的职能和责任划分 • 工作所需的资源与专业技能要求 • 组织中个体的学习成长愿望和需求
9 完成工作的动机源自			• 对奖励的期待、对惩罚的恐惧、对强势个体的个人忠诚 • 尊重以制裁手段及对组织或系统的个人忠诚度为后盾的合同义务 • 对卓越工作与成就的满足感，以及对任务或目标的个人承诺 • 从活动本身获得乐趣，并关心和尊重其他相关人员的需求和价值观
10 人们协同工作			• 当上级权威要求他们这样做时 • 他们相信可以相互利用以谋取个人利益时 • 当正式制度规定了协调和交流时 • 当推进任务需要他们的共同贡献时 • 当合作令人感到满足、振奋或充满挑战时
11 竞争			• 为了个人权力和优势 • 为了获得正式体系中较高的职位 • 为了对任务做出卓越的贡献 • 为了关注自身需求
12 冲突			• 受更高权威的干预控制，并常常被他们利用以维持他们的权力 • 通过引用规则、程序和责任定义来压制 • 通过对所涉及工作问题的优点的充分讨论来解决 • 通过对所涉及的个人需求和价值观进行公开和深入的讨论来解决
13 决策			• 由具有更高权力和权威的人做出 • 由工作描述中承担责任的人做出 • 由对该问题最具知识和专业技能的人做出 • 由亲自参与并最受结果影响的人做出
14 合适的控制和沟通结构			• 指令自上而下以简单的金字塔形式传递，使得位于金字塔上层的人对位于下层的人拥有指挥权。信息则沿着指挥链向上流动 • 指令从高层逐级下达，而信息则在各自职能金字塔内部自下而上流动，在金字塔顶端交汇。角色的权威与责任范围为其所在的金字塔中位于该角色下方的角色。跨职能交流受限

（续）

	自身排名	组织排名	
14 合适的控制和沟通结构			• 关于任务要求和问题的信息，从任务活动的中心向上、向外流动，最接近任务的人决定了组织其他部门所需的资源和支持。可以根据来自所有任务中心的信息设置优先级和总体资源水平来协调职能。结构应随着任务的性质和位置而调整 • 基于出于工作、学习、相互支持、享受以及自愿建立共同价值观等目的，信息和影响力在人与人之间流动。协调职能可以确定维护组织所需的整体贡献水平，这些任务由双方协商后分配
15 对环境的应对就像			• 一个所有人都在对抗所有人的竞争丛林，不利用他人者会反被利用 • 一种有序且理性的制度，其中竞争受到法律的限制，冲突通过谈判和妥协解决 • 一个由不完善的形式和系统组成的复合体，需要通过组织的成就得到重塑和改进 • 一个潜在威胁和支持并存的复合体。组织将对其进行操控，从中汲取营养，削弱其威胁，并将其转化为成员享受和成长的娱乐和工作空间

资料来源：A questionnaire compiled by Dr Roger Harrison.

第二部分
应用中的概念

——

Part 2

THE CONCEPTS IN APPLICATION

第一部分向读者呈现了诸多复杂且有时显得晦涩的概念、分类体系和专业术语，这些内容与现实中组织的实际问题的直接关联可能并不明显。正如自然未按学科之界划分，组织面临的问题也不可能与书中某一章节完美对号入座。本书第一部分的各章节旨在构建一套语言体系，没有这套语言体系，我们就无法见微知著、触类旁通。这样的构建学习过程，正如孩童通过感知不同情境间的联系，将一处所得之经验灵活应用到另一个不同的情境。例如，孩子可能已知电暖炉不能触碰，但是在他理解"热"的概念并领悟到"一切热源皆有灼伤之险"的认知前，厨房里的煤气灶可能会成为他的新教训。为了避免伤害，他需要具备在类别和概念上思考的能力。同时，他亦需要一种语言为这些类别和概念命名。语言的具体形式并不重要，东方的汉语和西方的英语，尽管对"热"的表达各异，但对热的理解却是一致的。即便跨文化的交流存在障碍，但在同一文化群体内，概念的理解是顺畅无阻的。

组织上的学问亦是如此。经验学习或苦或乏，效率难保，只有已有的经验与实际遭遇的情境完全吻合方显适用。为了解读经验，无论是汲取他人的智慧还是反思自身的历程，皆需我们借助语言的力量，构建概念的桥梁。但是，语言非用不悟。专业术语是"他人之语"，我们需要运用它才能将其转化为自己的语言。

如果将第一部分视作词典或语法，那么第二部分如同指南，教授如何运用这些概念来洞察组织内纷繁复杂的问题。这些问题或隐或现，有大有小，可能起于客户的一次投诉，产能的一次波动，或是工厂的一次纠纷。它们随管理层级和工作性质的不同而多变。

管理问题可通过多种维度进行细致分类，可以根据组织类型（例如制造业、服务业、教育机构或政府部门）来区分，也可以根据其职能（如生产、市场营销、人事）或特定问题类型（如并购、裁员、工会或技术变革）来区分。尽管每种方法都有其价值，但都不尽完善。因此我决定采取一种更广泛的分类，目的不在于编纂一本详尽的手册，而是旨在阐释第一部分所提及的语言和概念如何被实际应用于对组织行为的解读中。

每个组织都必须就以下方面做出实际决策：

（1）组织的成员：他们应该是谁，如何给予他们尊重、合理的薪酬和成长的机会。

（2）组织的任务：组织的使命应该是什么，应该如何构建并塑造工作的流程和体系。

（3）组织的内部政治：组织中为什么会存在政治，它们如何成为推动变革的有力工具，以及它们为何对于组织的发展不可或缺。

在深究这些篇章时，我深切体会到尽管各领域所面临的困境恒久不变，但解决之道却随着组织不断尝试新的策略来应对工作中的多变因素而昙花一现。完美无瑕的解决方案从未存在，也永远不会出现。管理者的使命在于洞察事态，洞悉力量之间的博弈，并在一个不断演变且不完美的世界中寻求最佳折中之道。为此，我增添了两个简短章节以重申这些观点：

（4）管理者的工作：其本质是什么，包含哪些内容，如何深刻地领悟这一角色。

（5）组织的未来展望：随着技术、价值观和工作性质的演变，组织在未来岁月中可能在形态、规模和性质上发生怎样的变化。

因此，第二部分并不是操作指南。本书也不是一本管理学的烹饪手册，而是在理解食材和流程的基础上对烹饪艺术和难题的深度探索。第三部分虽会涉及实用手册，但我仍然坚信库尔特·勒温所言：优秀的理论才是最实用的工具。

第二部分并未深入管理学的那些经典主题，如会计、财务或市场营销，也并未深究战略、信息系统、并购和收购等议题，连劳资关系也鲜少触及。这些议题不容忽视，它们对于各类组织——学校、医院、执法部门，甚至对志愿群体都很重要，就像它们对商业企业一样重要。若篇幅与知识允许，那么每个主题都会有一个章节进行论述。因为洞察人心和其行为动机，对于合理设计管理成本控制系统和员工评估机制都是关键所在。

然而，这本书终需画上句点。因此，我聚焦于更直接的组织实践性问题，展示如何将第一部分的原则贯彻到政策与实践之中。其余实践议题，我留给聪明的读者们来完成。在此我仅附一则警示：数字对于不同的人心含义各异，逻辑说服力也因人而异，组织的战略、体系和技术终究与组织中的人密不可分。

事实就是事实，数据就是数据，看似分明，实则不然。这一切都取决于你的立场。

（1）预测的销售额往往是组织其他计划的基石。但是销售额预估来自销售团队，如果企业将其用作年终评价销售人员的标尺，那么销售人员自然会尽量保守估计。

（2）反之，如果这些销售额预估将成为新资源分配或销售部门重组的依据，那么销售人员则可能尽量乐观地提高预测。

（3）与去年相比，销售额或许显得可观，但是与竞争对手相比，则可能相形见绌。选择一个比较标准是至关重要的。百分比总是引出一个关键问题，即"它是谁的百分比"，答案往往取决于掌握数据的个体想要证明什么。

（4）财税规划的销售预估应该是悲观的（"如果最坏的情况发生"），但是设施规划的销售预估应该是乐观的（"如果我们能卖这么多……"）。首席执行官要相信哪个？

Chapter 8

第 8 章

组织人才

8.1　引言

现如今，谈论组织的人力资产已成为一种流行趋势。这方面的认知也的确有用，因为它提醒着我们，虽然人力在正式的财务报表中仅表现为成本，但他们是资产，或者说应该是资产，因为这是一种生产资源：一种需要维护和合理利用的资源，具有有限的生命周期，并且产出大于成本。然而，反思我们将人力资产计入账目的方式及其深层含义，颇具趣味。薪资和福利实际上被视作维护费用——只要组织运转顺畅，就尽可能将这笔费用保持在最低水平。这里没有资本成本，也就无须计提折旧。试想，如果公司将人力资产以年度维护成本的十倍进行资本化并分摊至 20 年内进行折旧，大多数公司的投资回报率看起来都会非常奇怪。也许有朝一日，产业组织和行政组织将开始像足球俱乐部一样行事，对他们的关键人力资产收取合理的转会费用。事实上，将员工视为足球队中的球员来考虑其影响是有启发性的。因为在足球俱乐部中，球员即是人力资产。他们具有生产能力，有远超其成本的潜在创收能力。这些成本既包含资本投入，也包含维护费用。球员的奖励与团队绩效成正比，人力资产具有有限的使用寿命。组织不会为超出其使用寿命范围的资产承担责任，声明资产因年久而不再值得维护也不会有任何污名。顶级俱乐部们给予关键资产的关怀、关注和保护，与工业界所知的人才维护方式都不同。培训和发展变得至关重要，因为提升资产的生产潜力不仅能迅速增强生产力，还可以在资本价值上有所增值。

当然，话虽如此，但大多数组织实际上并不会像足球俱乐部那样将它们的员工视作资产，原因在于这种做法带来的影响有些令人不安。有人会花十倍的年薪买下一名员工吗？这位员工维护成本的增加是不是因为其收入能力有所增加，还是仅仅因为这位员工可能已成为一个完全折旧的资产？我们应该如何评估人才资产的价值——按成本计价还是按转售价值计价？如果是后者，他们的价值是会像房地产一样呈**指数级增长**，还是像足球运动员那样呈"N"形曲线增长？这些资产是完全归属于组织，还是他们拥有自我决定的权力？

然而，换个角度来看，经济和金融术语在人员管理中的应用产生了一整套方法、系统和程序，用于维护、控制和规划这些资产的使用。由此，人力资源管理这一全新的职业应运而生，它将组织中的人员视为必须像其他非人力资产一样进行管理的资产集合。这种将人视为资产的管理理念，如果不顾及其财务或心理上的相应后果，对个体、组织乃至整个社会都意味着深远的影响。这也引发了人们对于人事部门职能的截然不同的观点：一方面有人认为"人事职能将在企业管理中扮演更重要的作用"（弗兰克·费舍尔），另一方面有人主张"人事部门应当被解散"（罗伯特·汤森）。

正是这一切证明了在本书中专辟章节讨论组织中人员问题的合理之处，毕竟，本书在本质上是关于人和组织的。本章将探讨：**人力资产管理、个体发展以及总结和讨论**。

8.2 人力资产管理

8.2.1 概念

人力资产管理领域拥有一套完整的机制，宛如一座藏有众多程序和表格的宝库。众多大型企业会侃侃而谈人力规划模型、库存管理、更替图表、评估流程、工作规范以及培训计划。如果其中某些术语偶尔带有生产行业的烙印，那么某些程序偶尔（并非始终）似乎反映了一种深切的愿望，即人类或许可以变得像精密的机床一样可预测和易于管理。我们在此不会尝试描述所有有关的方法和程序。最新模型已在众多图书和期刊得到详细记录，其中一些稍后会在第三部分的书目中列出。

专栏 8-1 如何高效地管理组织中的人力资源

你或公司中的任何一位员工能够回答以下问题吗？

（1）去年在人才招聘和选拔上的费用是多少？

（2）这笔支出是否值得？

（3）公司是否有编制人力资源预算和控制人事成本所需的招聘、选拔、岗位安排的标准成本数据？

（4）去年实际发生的成本是小于、等于还是大于标准人员招聘和安置的成本？

（5）去年用于培训和发展员工的成本是多少？

（6）培训员工的投资回报是多少？

（7）相比于其他投资机会，这种投资回报是多还是少？

（8）去年因员工流失而损失了多少人力资本？

（9）替换一个关键岗位人员的成本是多少？

（10）失去年轻高潜力的管理者、会计师、工程师等的机会成本是多少？

（11）公司人力资产的总价值是多少？

（12）这些人力资产处于增值、不变还是正在缩水？

（13）公司是否真的（我是说**真的**）会奖励那些能够提高下属对公司价值的管理者？

（14）薪酬和其他激励制度是否反映了个体对公司当前的价值？

（15）公司在评估需要分配人员的资本预算提案时，是否会考虑其对人力资源的投资？

（16）公司是否量化评估公司战略对其人力资源的影响？

资料来源：Flamholtz, 'Should Your Organization Attempt to Value its Human Resources?', *California Management Review*, 1971.

当组织发展到一定规模（例如 1 000 人左右）时，便迫切感到有必要将人力资产管理规范化。这种感觉的来源或是薪资体系已经明显失衡，同工不同酬；或是组织内部技能未被充分利用；或是员工对自己的定位和未来感到迷茫；或是工会提出要求福利和流程标准化。因此，无论起源如何，人事部门都会应运而生，旨在借鉴生产领域的系统化经验将杂乱无章的人力资源管理变得有序。这些体系和流程虽然本身颇为理想，却未必总能发挥最佳效用，有时甚至会带来意外后果。尤其棘手的三个领域包括：考核方案、职业规划和薪酬体系。

我们将深入探讨这三个系统引发的问题，然后寻求得出一些关于人力资产管理的普遍性结论。

8.2.2 考核方案

这些方案往往旨在实现以下部分或全部目标：

（a）构建组织的人才、技能和潜力数据库。

（b）确立一个评估机制，确保个体表现得到公正评价及相应奖励。

（c）为个体提供表现反馈，包括个体优势与不足。

（d）帮助个体及其下属规划个体目标和工作目标以及实现这些目标的方法。

这些目标本身均值得推崇，理论上可以通过设计表格来同时实现这四项目标。但遗憾的是，许多组织历尽千辛万苦后发现，这四种目标在心理层面难以兼容，尤其是目标（c）和目标（d），即使单独执行也极难奏效。这其中的缘由如下：

（1）个体鲜有在影响其未来职位分配的评估表上坦承自身的重大不足。

然而，除非真诚面对并接受不足，否则我们将缺乏解决问题的动力。**目标（a）和目标（c）以及目标（d）难以兼容**。因此，涉及目标（c）和目标（d）的文件都不应该被复印，只宜由个体本人持有。若其他人员持有这些文件，考核方案中的这一环节将被视作控制机制而非促进发展机制。

（2）考核面谈在提升工作表现上通常作用甚微。批评往往引发个体的防御反应，却未能有效提高绩效。在通用电气（GE）的一项经典研究中，12 周后，个体实际上在他们工作中受到最多批评的那些方面表现更差。同一项研究中还发现，面谈后，多数个体对自身工作表现的评估比面谈前更低，这种自尊心的降低导致他们试图辩解、反驳指责或降低对工作和上级的重视。除非紧跟着行为发生，否则赞扬也难以产生积极效果。泛泛的称赞则可能被视为仅出于礼貌。**因此，考核面谈中的（c）目标并不促进（d）目标，反而可能使其失去作用。**

（3）薪资问题另当别论。研究表明，在大型组织中，绝大多数个体并不认为他们的薪资与绩效直接相关，而更倾向于认为薪资与工作年限、资历、资质等综合因素相关。在通用电气的研究中，那些获得评价较低的个体实际上并未得到较低的加薪。但是，薪资问题往往会成为考核面谈的焦点，左右员工的心态。**（b）目标固然重要，却与薪资问题关联不大。**

（4）上级与下属之间的既往关系对考核面谈有着显著影响。通用电气的案例研究中发现，当下属在面谈中发言更多时，他们对改进工作的承诺度会更高，但这种情况仅在双方此前的互动一贯如此时才会出现。上级的关注点会左右面谈的氛围。紧张和压力往往导致上级主导整个会谈，从而降低其成效。考核面谈很难，是一项挑战，然而鲜有管理者接受过这方面的培训。

（5）绩效评估并非晋升决策的最佳依据。众所周知，上级评估下属是否有适合更高或不同职位的潜力，本就困难重重。事实上，一项研究表明，有 52% 的员工认为考核表对于晋升并无影响。在众多组织里，考核表仅在低级别职位的晋升中发挥作用；对于其他职位，考核表更多是批准流程的一部分，而非选拔过程。因此，（a）目标在此并不十分有效。

专栏 8-2 课堂中的自我概念与评估

学校课堂为研究评估对成绩的影响提供了广阔的研究空间。这些研究结果引人深思，如果从个体维护自我价值的渴望的角度来看，它们也是意料之中的。

（a）个人将成功归功于自己的努力，而将失败归咎于为不可控因素（"考试本身就不公平"）。

（b）对于不常见的结果，无论好坏人们都倾向于归因于运气。一贯表现优秀的学生将偶尔的成绩不佳视为坏运气，而通常表现不佳的学生也会将偶尔的成功归因于好运。

（c）教师通过自己的行为强化了运气理论。当通常表现优秀的学生成绩不好时，教师会忽略这一结果；而当通常表现不佳的学生偶尔表现好时，教师则认为这只是侥幸。

（d）努力固然好，能力价更高。学生会竭尽全力维护自己对基本能力的自我概念。相比于"我做不到"，"我没努力"是更容易被接受的解释。在某些极端情况下，学生甚至会故意不在自己不擅长的领域努力，以隐藏自己的真实能力。这种观点又被称为归因理论。

随着年龄增长，我们是否会有所不同？

资料来源：Rogers, *A Social Psychology of Schooling*, 1982.

传统的评估程序并不十分有效，很大程度上是因为上级被期望同时担任评判者和顾问的角色。这种角色冲突是不可接受的，一个人要么是评判者，要么是顾问。根据通用电气以及其他有关案例研究，现在有了共识性的建议：

（1）全部四个目标应通过不同方式、在不同的时间，由不同的人员来实现。

（2）只有满足以下条件时，批评才能提高绩效：

（a）批评出于对对方的真心实意。

（b）批评与具体事件紧密相关。

（c）下属信任并尊重上级。

（3）这些情况下绩效结果会得到改善：

（a）采用目标设定而非批评。目标应具体、双方共同设定且合理。

（b）管理者被视为乐于助人、提供便利、接纳创意并具备规划能力的人。

（c）绩效评估由下属发起，作为进一步设定新目标的前奏，而不仅仅是对过去表现的考核。

但是，正如我们所见，即使这些较为宽泛的结论也并非全部答案。

专栏 8-3　强化理论——斯金纳的方法

B.F. 斯金纳是将强化视作影响行为方式的主要倡导者，以至于他的名字几乎成了操控行为（这也间接说明了该理论卓越的解释力）的代名词。斯金纳提出了五项基本原则，用于对个体进行积极强化，从而鼓励他们做更多相同的事情：

（1）明确性：提供详尽信息，赞誉具体成就，避免泛泛而谈。

（2）即时性：表扬和奖励要及时，而不是在年终考核时。

（3）可达性：小目标常胜，胜于偶尔大胜。

（4）无形价值：上级的赏识，胜过奖金。

（5）不可预测性：意外之赞，比预期内的表扬更激励人心。

资料来源：Skinner, *Beyond Freedom and Dignity*, 1973.

8.2.3　职业规划

众多组织精心策划管理层的职业发展，目标崇高：（a）确保每位个体都能拥有满意的职业发展，以及（b）保证组织资源得到充分利用。为此，他们或依赖正式的考核表所提供的数据，或依赖非正式的主观印象，或是两者兼而有之。但是，理想与现实总有差距。例如：

（1）十年后，在某组织之前所规划的方案中仅有10%的管理者担任先前为他们所规划的职位，而35%已另谋高就。

（2）许多人因未获得期望的机会而感到挫败，个体职业发展深受上级评价与影响的制约。

（3）大多数制度都使部门经理常常为了留住人才而牺牲组织的整体利益和个体职业的广阔前景。

（4）即使在集中式的体系下，个别管理者也可以任人唯亲或偏好内部提拔，这可能会埋没更优秀的人才，削弱选拔制度的效力。

（5）管理者对于个体潜力的评估常囿于过往成就与现有经验。例如，极少考虑让化学家负责规划工作，或让生产专家担任销售职务。年轻时因专业技能而被招募并被终身标签化的专家型人才，这种情况正在成为组织常态。

（6）失败可能会给职业生涯带来长久的损害。任何任务的失利，即使是培训任务，都有可能成为终身污点，被永久记录。

（7）个体期待组织对其职业发展和必要成长承担责任。因此，个体停滞自我成长，丧失创新思维，最终难以锻炼出高层管理所需的独立与创造性。

为改善这些缺陷，已经尝试了以下实验：

（a）人事部门全权负责任命人选，以此强化规范，但这也削弱了上下级间的联系。在中低层岗位，人事部门更易贯彻此政策，但在其他层级中很少能够执行。

（b）考核表每三年时间进行重置，为个体提供重新开始的机会。或者，培训任务通过其他考核表评估，记录培训人员所学到的东西，而非单纯评价表现。

（c）采用开放而非封闭的任命制度。所有符合资格的个体自由申请职位，并按照外部申请者的标准接受评审和面试。这种制度往往流于形式，掩盖了非正式的封闭系统。要使其有效运作，需要：

- 透明信息：确保职位空缺和职业发展路径信息公开透明。
- 职业辅导：为个体提供专业指导与咨询，助其认识自身优势与劣势。
- 潜力评估：投入时间深入评估潜在人才，发掘其潜力。

（d）全面且开放的体系并不常见，但可进行以下调整：

- 为有志者提供"探索许可"：允许感到挫败的个体申请组织其他部门的职位。
- 规则保障：保障员工在寻求转岗时不受上级阻拦。

然而，尽管有以上各种纠正措施，但许多组织的职业规划本质上仍是淘汰而非发展。职业发展在此变成了一场跨栏赛跑，而障碍是不同的任命或不同层级的权威。跨过了障碍的人将面对下一个障碍，直到无障可越。这种制度确保了组织目标的达成，让最强者脱颖而出，但其也为组织和个人带来了不小的缺陷。例如：

（1）成功之路坎坷。通往顶峰的道路上通常障碍重重，年轻才俊若不能避开一些难关，就难以登顶。这种死板僵化的障碍体系往往导致管理层老化，以及年轻层级的离职率较高。

（2）缺乏挽回机制。许多"千里马"在第一关就倒下，而组织没有可以挽回的机制，"千里马"们也难以向前追赶。这是造成高离职率的另一原因。

（3）晋升间隔过短。尽快克服障碍并迅速晋升成为组织内普遍的奋斗目标。的确，晋升是大多数组织最喜欢的激励形式。因此，这也导致了大多数成功的管理者很少在一个岗位上停留超过两年，除非他们已经达到了非常高的职位。"快则胜"成为这些组织的圭臬，最终，这种做法导致每项工作的持续时间都很短。此外，已有研究表明，在两年以内，最有效的领导方式是高度结构化和权威性的。正如第 4 章讨论的，这种领导风格最终可能导致团队内士气低落、高离职率以及顺从性应对策略。然而，这些长期的负面影响往往不会直接影响那些快速晋升的管理者，因为他们可以将这种结构化风格带到高层，在短期内有效，且不会受到其带来的一系列延迟损害。因此，晋升速度过快可能在组织中催生出一种结构化但具有潜在危害的管理风格。

这种障碍式理念如果走向极端，可能会导致组织仅为了提供晋升机会而设立不必要的层级（例如，为雄心勃勃的二十几岁年轻人设立二十个级别）。这种行为不仅荒谬，而且成本高昂。组织越扁平化，则越会需要为"千里马"提供成长路径，反之亦然：组织需要多种技能，而且需要为掌握技能的个体规划出合适的职业道路（见专栏8-4）。期待一位终生官僚在登顶后即刻成为企业家是不切实际的。如果组织真正需要企业家精神，那就必须在各层级中为他们培育成长氛围，创造机会。在组织各个部门任职过并且幸存下来的"完人"，往往意味着已经失去了锋利的棱角。

专栏8-4 职业锚

沙因通过对麻省理工学院斯隆管理学院的44名男性毕业生的前12年职业生涯进行研究，揭示了个体职业发展的"职业锚"。职业锚成为他们生活中具有指导作用的焦点，使他们能够围绕自身的需求、动机、才能和价值观建立自我形象。沙因在这个特定群体中识别确定了五种职业锚：

（1）技术或专业能力：职业生涯是围绕一系列技术或专业技能组成的，这些技能通常可以在多种组织中得以运用。

（2）管理能力：职业生涯是建立组织阶梯式上升的基础上的，各级阶梯由各种不断提升的高级管理职位组成。

（3）创造能力：职业生涯目标是为了创造新事物，无论这种事物是产品、业务还是服务。这样的人就是企业家。

（4）安全或稳定：职业生涯的重点是为个人及其家庭提供稳定性和安全感。

（5）自主性：职业生涯是围绕着寻找岗位而展开的，例如教学、写作或是咨询，这样的工作允许个体拥有自己的工作时间和生活方式。

除此之外，为他人服务、权力或政治意识形态都有可能成为某种职业锚。这一概念也被用来解释警察的不同取向。

是否会有一些职业锚相比之下更能融入其他 4 种职业锚中？

资料来源：Schein, *Organizational Psychology*, 1980.

8.2.4　薪酬体系

第 2 章简要讨论了关于薪酬的激励方式。让我们对有关结论进行简要回顾：

（1）薪酬作为一种有效的激励措施，其满足员工广泛的需求，尽管薪资本身并没有出现在任何需求层次之中。

（2）要使薪酬成为有效的激励因素，个体必须看到它能满足一些重要的需求，并且付出努力将带来更高薪酬。

（3）薪酬是有相对性的。一旦生理和经济需求得到满足，绝对薪资就变得不再重要了。薪酬水平是相对于过去或未来的期望、同行或其他机会而言的。

（4）薪酬增长若不紧随绩效提升，个体就会认为它与资历、经验和任职资格等有关，而非与个体业绩有关。

（5）如果薪酬是为了满足其他需求，诸如社会尊重、家庭生活等，那么其激励作用将得不到发挥。

（6）将薪酬与个人成果紧密联系的管理者，通常展现出最高的效率和动力，无论是他们自己还是上级都会这样评判他们。

理论上，薪酬应是一种极其便利的激励方式。很显然，薪酬可以被标准化，薪酬的多样性使其不会像晋升系统那样导致组织陷入烦琐之中，这也得益于其可控性。薪酬与成果挂钩时最为有效，它清晰明了，不产生冗余。然而，众多组织中鲜有将薪酬作为激励手段的。为什么？这是因为除了少数例外，组织倾向于将薪酬作为补偿而不是激励。多数管理者认为自己的薪酬不是基于特定业绩，而是基于资历和经验。这种观念普遍准确，资历是一种对成功的奖励，而薪酬紧随其后。资历和薪资很少被认为是两种不同形式的奖励，正如现实中很少有老板的收入低于下属。

原因似乎在于（尚无确凿证据），若薪酬是主要的奖励和激励机制，那么薪酬水平就必须存在巨大的差异。正是因为薪资相对性的作用，差异明显的薪酬才会起到激励作用。对此，组织必须证明薪资差异的合理性，只有薪资准确且明确与个人绩效挂钩时，证明才容易做到。因此，薪酬是保险销售人员的主要奖励机制——顺带一提，这对他们而言效果极佳。但是，如果不得不主观地评判成功，或是遇到难以区分个体贡献的情况，组织就会回避评估和证明差异的责任。中小型企业的高层管理人员是另一种情况，在这种情况下可以衡量成果，并将其归功于少数个人。因此，现实中为他们提供各种与利润相关的薪酬方案并不少见。

由于担心差异，组织会采取以下做法：

（a）对薪酬水平保密。事实证明，这么做反倒会弄巧成拙。多项研究表明，个体会在缺乏证据的情况下对同事和上级的薪酬进行估计。这些估计往往会与实际情况大相径庭，他们总是怀疑，和同事相比自己的薪酬比实际情况要低。

（b）遵循公平原则。公平往往意味着按工作量支付报酬，而不是按特定的人或结果支付。在流动性条件下，组织要尽可能做到客观地评估工作，确保公平性显而易见。自由裁量期限、工作定义和评价体系、竞争对手相似工作的薪酬标准、与薪酬等级相关的工作职级——这些都是追求公平所使用的一些方法。

追求薪资公平有以下解读：

（1）舍弃薪酬的激励、奖励属性。薪酬只是公平的补偿，是心理契约的一部分。

（2）必须设置其他奖励和激励方法，通常是资历或晋升。

（3）正如前文所提及，组织至少应每两年对大部分个体给予奖励和对努力的认可，否则会出现频繁换岗的趋势以及组织结构的混乱。

（4）将晋升作为绩效奖励会导致彼得原理，即人们会晋升到其所不胜任的工作岗位，这是因为晋升的依据是基于他们在下级职位时的表现而不是基于他们对上级职位的潜力。

（5）如果资历和地位不能与薪酬一起成为奖励，那么对于个体努力的奖励就必须来自某种形式的工作满意度。这可能看起来是最廉价和最理想的奖励形式，但研究表明工作满意度本身作为一种奖励不会持久。在此之后，如果没有一些更具体或更明显的成功象征，那么只有非常有魅力的任务才能持续激励员工。如前所述，表扬本身并不是一种充分的奖励。

（6）如果没有工作满意度或任何其他形式的奖励机制，满足行为将会成为一种常态。个体的努力表现足以让他们在任何公平规则下都可以获取应得的薪酬。

（7）追求薪酬公平会消耗大量本该用于其他项目的精力。当前值得观察的是，许多工会在劳工谈判中的论点都是基于公平的考虑，而管理者却仍在讨论生产力。然而，作为谈判的基石，生产力本质上是与成果相关的薪酬，而这是大多数的管理者早已摒弃的观点。

专栏 8-5　缴款支付

罗莎贝斯·莫斯·坎特列举出了绩效薪酬的五个困境：

（1）奖励个人贡献还是团队贡献。

（2）奖励整个公司还是特定部门的绩效。

（3）分配方式是主观（基于管理层的判断）的还是客观（基于具体目标）的。

（4）奖励金额是与基本薪酬还是贡献价值挂钩。

（5）整个公司运行一套还是多套薪酬体系。

她的结论是，在未来，薪酬可能包含五项要素。

（1）基础工资部分。

（2）个人绩效部分。

（3）团队或部门绩效部分。

（4）公司利润或收益的分红部分。

（5）一次性的奖金或奖励部分。

资料来源：Kanter, *When Giants Learn to Dance*, 1988.

8.2.5　结论

以上研究给我们带来了哪些启发？已有证据表明，人力资源管理的三种主要机制产生了许多意料之外的结果，这些结果往往会分散组织运用在合理目标上的精力，使之无法实现目标。那么，这些机制是否变得多余？人事部门将会如罗伯特·汤森德在《提升组织力》一书中所猜测的那样，简化成一个女职员和一个文件柜吗？抑或机制本身是正确的，只不过往往管理不善？

回答这些问题之前，让我们来回顾一下第 7 章中的这幅结构图（如图 8-1 所示）：

我们都知道，每个职能部门都有其相应的"文化"，正如图 8-1 所示：

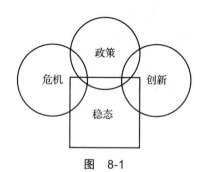

- 稳态——角色文化。
- 创新——任务文化。
- 政策和危机——权力文化。

图　8-1

似乎确实如此，对人力资源进行管理，必须要思考组织中的主导文化。集中化、正式化体系和流程适用于角色文化——组织的稳态。在这种文化中，工作职责被准确界定，职业发展是维持组织这座神殿的支柱。在这根支柱上，在较低层级工作岗位上的工作表现下限才是对往后工作绩效的最佳预测参照。不要求有超出工作范围的努力，这种表现甚至可能会损害其他流程和工作。此外，职位任期保障是心理契约的一部分，规则和条例的影响是公认的准则。集中管理的职业规划、正式的绩效评估以及与工作相关的薪酬都适用于角色文化和稳态。

很显然，这些程序仍然需要得到妥善的管理。例如，绩效评估需要合理进行，并且不能同时实现四个目标。常规体系和程序的缺点只有在应用于任务文化或权力文化时才会显现。在权力文化中，个体以学徒制的路径培养，新人向前辈学习，并以其言行为榜样。学徒制下，高级管理人员从学徒中选择自己的徒弟和继任者，因此管理者和下属之间的关系至关重要，评价是高度个人化且主观的，晋升往往取决于个人或政见上的"契合度"。在权力文化中，组织鲜少采用正式的人员管理体系。

在任务文化中，结果很重要，奖励必须与结果相关。在没有得到充分评估的前提下，仅仅依据地位和职权进行奖励的机制是不适当的。灵活性以及资源与任务的匹配度相当重要，这意味着开放的职业规划体系对于个人和管理者不仅是需求，同时也是一种愿望。目的和目标是重中之重；个人希望获得与薪酬相关的绩效反馈，而绩效又与团队成绩挂钩。因此，任务文化中将会包含体系和流程，但它们是"开放的"及"自由的"。虽然组织会有意见和专业知识的控制源，但体系和流程不会受到集中控制，它们由各部门管理者进行管理。个体差异在组织内部很重要，但在组织之间就不重要了，组织总体差异才是组织之间的关键。

很显然，大多数组织都需要采取差异化方式来管理人力资产。正式化、集中化的体系适用于组织的大部分，此即稳态。这种方式并不适用于高层或紧急活动，尽管这一点被大多数组织忽略了。在创新、营销、研发以及公司财务或规划的某些部门，经理应被赋予更多的自由裁量权去推翻或不使用某些正式体系和公平程序。不幸的是，大多数组织为了维持稳态而放弃关注差异化。其中的一些主要问题是：

- 组织能否容忍不同的薪酬、选拔和晋升方式？
- 如何最好地选择和培养整合者或协调者？
- 如何制定职业生涯规划体系，使个人更好地适应一种组织文化而仅非单一的工作？
- 个人应该在所有四个活动部门中取得进步，还是在整个职业生涯中留在一种文化中？

这些问题的答案尚不明确，部分原因是人们以往从未以这种角度来看待问题，但它们的确具有现实意义：

（1）区分出稳态和创新。在创新领域，激励想法、创造力和人际交往能力独属于年轻人。不一定要强求他们进入稳态，但要求他们对体制进行创新、改造或是离开。在稳态下，组织应当对个体的可靠性、专业技能、准确性、知识和经验给予奖励。

（2）将终身职业限定在稳态，但是在创新和政策领域使用较高薪资和定期合同。组织为以角色为导向的个体提供安全感和充足的财务保障，为以任务或权力为导向的个体提供资金、独立性，同时也为相应的成果反馈施加一定的压力。由此，年轻人和有创造力的人就可以比稳态下的同龄人获得更高薪酬，但与此同时也将伴随更高的风险。

（3）为了让个体尽早在政策或细分领域获取经验，并训练其协调能力，组织可能会扭曲其结构，创建出更多的小型分散部门，而不是严格意义上的小单位。

8.3 个体发展

8.3.1 概念

柏拉图认为，教育和学习应持续到 40 岁。现如今，许多人认为他把教育和学习的结束时间定得太早了。学习和发展已成为一项终身任务。

个体会随着时间的推移而改变，他们会收获新的知识和技能，他们会变得更加均衡，或者更愿意冒险。他们发现自身的新能力，或学会更加有效地相互协作交流。他们学会应对压力，或帮助他人应对。管理组织内的发展问题在于如何加速和引导这类学习和发展的过程。以下三种是个体学习的主要途径：

- 正规的教育和培训。
- 群体学习。
- 任务或规划实践。

接下来我们将逐一阐明这些途径的优势和问题。

8.3.2　正规的教育和培训

管理教育和培训是一个庞大的产业。它包括所有公司内部开展的正式"课程"，持续时间从 1 天到 1 个月不等。它还包含了来自咨询公司、独立机构、商学院及大学的场外课程。尽管正规的培训项目在不断增多，但人们普遍认为，鲜少有培训项目能够实现其资料所描述、宣传的那些宏图壮志。难以取得成功的主要原因有四点。

（1）学习要发生，个体必须有意愿学习。人们常常忽视这一最为古老、基本且显而易见的学习原则。如果一个人对于所学的主题不感兴趣，且认为自己用不上它，或是对课程的有效性毫无信心，那学习就不太可能发生。对于想学习的人而言，学习的主题通常必须与他认为重要的工作部分密切相关，且学习的媒介，也就是老师或教学机构必须在潜在学生眼中具有专业权威。例如，一个计件工资的机械工面对下周马上要组装的一台重要新型机器，当然会强烈要求参加制造商举办的培训课程。所有参与学习的人都应当是心甘情愿的，至少得与其利益相关。如果组织给个人分配与现有工作无直接关联的学习课程，例如让销售人员参与"计算机的奥秘"之类的介绍性课程，只会引起个人的服从情绪，他们只是去参加，但不会去学习。如果组织要求员工参与高级或昂贵的课程，例如前往外国商学院参与高管发展计划，员工可能会认为这是自己被组织高度重视的标志并高兴参加，但他们也不太可能学习，因为其中隐含的信息是：你已经相当不错了。这就是所谓的"荣誉效应"。

（2）学习总是发生在特定的情境之中。无论是从书本还是从经验中学到的知识，我们都会将其放入脑海里的参考框架中，这就是所谓的心理情境。此外，还有更为直观的物理情境。人在某一国家学会的知识，当其身处他国，并不总能记起，也不一定觉得有事物与之相关。就好比身处熟悉的环境外，我们也会有认不出自己朋友的时候。脱离情境的想法和事实依旧存在，且长居于我们的脑海中，只不过可能永远不会被用到。因此，一些在培训课堂上死记硬背的金融公式只有在非常苛刻的现实场景中才能得以发挥作用。但是，如果孤立研究和学习，当个体回到组织后，这种脱离场景所学到的知识将难以运用。许多正式的学习都是在"文化的孤岛"上进行的，并与个体实际的生理和心理情况脱节。这些来之不易的知识，大部分都没能从文化孤岛运用到实际工作中。因此，评估性研究表明，尽管课程结束时个体在内容的学习上获得了高分，但这些知识几乎没有任何被应用的迹象。

专栏8-6 多元智力

为什么智力的定义如此狭隘？美国近期的研究为一个常识提供了学术支持，即智力（或能力）至少包含七种不同形式，它们之间并不一定相互关联。我们专注于智商测试所衡量的分析智慧上，从而降低了其他形式智力的重要性。其余六种智慧包括：

视觉空间智力，如有创造性的艺术家或科学家所展现的那样，能够理解三维空间和视觉模式。他们能够看出事物内部的规律与结构，并将不相连的事物联系起来。

音乐韵律智力，其不仅为音乐天才所具有，同时也体现在分析智能测试中不一定取得高分的年轻人流行群体中。

身体动觉智力，或者将其称为运动能力会更贴切，这种智力在爱好运动的人、舞蹈家和专业运动员身上最为明显。

实践动手智力，拥有这种智力的人，即使没考过工程考试也能够修好一辆摩托车。

内省认知智力，即了解自我并敏感地察觉自我内在的能力，在许多的诗歌和文学作品中都有所体现。

人际交往智力，即与他人合作并通过他人实现目标的能力，这对管理者和领导者来说至关重要。

　　资料来源：Gardner, *Frames of Mind*, 1983.

（3）想要知识长久不忘，必须得"掌握"它。所学的知识没有立即且持久地运用，而仅仅死记硬背或复刻他人的学习内容，是不可能持久的。学生自己在学习中发现答案和真理，即发现式学习，会让知识掌握得更久。但同样，知识必须在不远的将来进行运用，并发现其益处，从而"强化"知识。如果学习不是通过探索，或者不是运用和发现其益处，个人就不能把所学知识内化于心并真正拥有它，这些知识便不会得到巩固，很快就会被遗忘。有关数字技术的最佳讲座不会对那些只是听得津津有味却永不运用这些技术的人群产生任何作用。一个月后，这些人会回忆起讲座的精彩与成功，但是却记不起其中的内容。尼科尔斯等人的研究表明，平均而言，听众在讲座结束时只能回忆起50%的内容，两周后这一数字就会下降到25%——这一统计数据在讲师中并不受欢迎！

（4）人与人是不同的。这当然显而易见，只不过我们在会议室里往往会忘记这一点，只将人视为从聪明到迟钝的不同等级。实际上，人的智力有很多种（参见专栏8-6），且不同的人能够以不同的方式学习。如果允许创造，那么有创造力的人会学得很好，而具有实践天赋的人在课堂上无疑是痛苦的：一个社交达人在课堂内怎能发挥其天赋？不同的人所面临的问题也同样多样: 在正式的学习环境中讨论后, 组织的问题又有多少能得到更好的处理?

"沟通""人事管理"或"个人发展"等常规课程的安排可能会让培训中心座无虚席, 也为个体提供了宝贵的休息机会, 但在大多数情况下, 真正的学习成果往往是偶然和幸运的产物。

专栏 8-7 自我启蒙

日本仅有几所小型的商学院。那么他们的经理是如何学习诸如会计和营销等工作中不容易学到的商业领域的关键概念的呢? 他们给出的答案是自我启蒙。

事实证明, 这不是某种古老的佛教修行, 而是函授课程的委婉说法! 公司提供课程费用, 年轻的日本高管在私人时间必须通过远程学习的方式来学习商业用语和概念。这种习惯一旦养成, 就会一直持续下去。日本的高管会进行大量阅读, 他们深知, 如同医生、建筑师和任何专业团队一样, 紧跟自己领域发展的步伐是他们的自我责任。

在美国, 他们有自己的说法——"个人的主动与公司的支持"。许多公司都有学费支持计划, 为员工提供参加本地学院和大学一系列认证课程的资金支持。

《商业周刊》定义了隐形的新型雇佣合同: "此后, 员工将对自己的职业生涯承担全部责任——要保持与时俱进的资质, 要准备好适时更换岗位, 要为退休储蓄资金, 以及最令人生畏的, 要实现工作满意度。公司虽然未做任何承诺, 但在经济状况允许的情况下, 将努力提供一个有利的环境。"

资料来源: *Business Week*, October 1987.

8.3.3 群体学习

我们逐渐认识到, 个体与他人的互动对于提升其在组织中的效能至关重要，这引领我们专注于培养其人际交往或互动技能。显然，概念学习或正规知识本身在人际互动领域的作用有限。因此，一系列旨在将上一节概述的三个学习原则应用于人际互动的教育方法应运而生。这些方法中，最著名的是 T 小组，它几乎成了所有这类学习方法的统称。这些方法在结构化程度以及教师控制的严格性上各有千秋，但它们具有以下共性：

- 学习是在群体环境中进行的，并在项目过程中即时应用。
- 个人在项目初期便接受反馈，以识别其学习需求。
- 开展与这些需求直接相关的活动。

个人有机会在相同的培训场景下，尝试调整后的行为或新掌握的技能。

毫无疑问，这些方法如果运用得当，将有效推动成员在团队互动中提升技能并构建更高效的团队（后者见第 6 章）。然而，现有证据表明，学习的情境至关重要，也就是说，学习成果很大程度上是与学习行为发生的群体环境紧密相关的。个体很少将大量被改进的技能带到新的群体中。尽管他们学会了如何成为团队学习中更高效的成员，但并未从此过程中归纳总结与推广经验。某种程度上，这是一种合乎逻辑的行为，因为每个群体都融合了不同的成员、技能和环境，并对每个成员有不同的要求。因此，要想学习真正高效，学习应在实际的工作群体中进行，以此保证学习和应用的场景具有一致性和连续性。然而，这也会产生以下新的问题：

（1）一个群体作为学习的环境，其有效性很大程度上取决于其以往的历史。无论培训举办得多成功，高度专制的群体都不会轻易学会另一种互动方式。并不是所有的领导者都能接受对自己行为的反馈，也不是所有的下属都能给出反馈。工作群体的氛围会延续至学习群体，并有可能对其产生不利影响。

（2）最终，个体将离开这个工作群体，并可能放弃所学。某种程度上，个体实践改变后的行为越久，这种行为就越可能成为他们的一部分，与环境无关。但事实上，群体学习更多是一个群体的共同成长，而不是个人的单独发展。

运用群体的方式进行学习，也被称为群体动力学，这种学习方式从最初的 T 小组概念衍生出了许多变体。群体被用作个体的探索和疗愈，也就是会心小组；研究群体人格的发展和成长，以观察伴侣关系，即婚姻小组；或群体被用来提供共享的、精神上的体验。这些活动本身并没有错误或坏处，但是可能没得到合适的管理或控制，在组织中个人的计划发展中也没有多大分量。

然而，群体学习并不局限在互动技巧和个人发现上。以任务为导向的群体学习逐渐也得到了有效的运用。

这种群体学习被称为项目组或其他类似的名字，其利用群体工作的支持性和互动性来激励与问题或技能相关的具体学习形式。个体会关注其身处的组织中的特定的任务或问题，并了解一些有关群体流程和与自身相关的人际交往的特定知识，同时获取一些往往仅出现在本组织背景下的特定技能和知识。组织如果将这些方法设计得当，将能够解决学习中的相关性、情境适应性和应用问题，并有助于在组织内传播共同的理念和经验。在反对商学院正式课程项目的模式中，以瑞万斯所开创的行动学习法最为著名。该模式在英国及其他欧洲国家广泛应用，其原则也越来越多地渗透到正式学习计划中。

8.3.4 任务或规划实践

这是组织中最常见的，也可能是最有效的个人发展形式。但是从经验中获得个体学习，必须满足某些条件。

（1）个体必须从特定事件中归纳总结，提炼出普遍原则，即具备阐释事情为何发展至此的原因的能力。即使是成功的经验，如果不能得到概念化，也不一定给予个人启发。我们都曾见过这样的优秀管理者：他们拥有一连串的成功案例，但却难以解释成功的秘诀。通常，从失败中学习比从成功中学习更容易。成功仅代表整体策略是可行的，但是哪些部分最关键，为什么重要，以及哪些部分普遍有效，哪些部分仅针对具体的情境，这些疑问在未经测试之前都不得而知。

（2）个体必须清楚自己应从每项任务中学到什么，以及所学如何促进自身发展。满足这一条件需要对自己的优势、劣势、目标和抱负有一定程度的了解，而这种自我认知在我们大多数人中是稀缺的。对于古希腊人而言，镌刻在德尔斐宙斯神庙上箴言"认识你自己"是成功的关键秘诀之一。

（3）个体必须获得有关其表现和期望标准的信息，这些信息不仅体现在结果方面，同时也反映在个体特定的学习需求上，与知识、技能以及行为相关。此类反馈在给出和接收时尤为棘手。与正常的评估一样，它要求做到以下几点：

（a）真诚地尊重个体。

（b）与个体先前罗列出的具体案例和需求相关联。

（c）投入足够多的时间——仅仅一刻钟时间是达不到效果的。

正如考核评估部分所述，有充分证据表明，这种类型的学习反馈应与绩效评估分开，并尽可能由非直接上级的人员进行——通常是处于横向或斜向关系的人员。在这种关系中，评判者的角色不会与帮助者的角色重叠。

（4）只要能学到东西，只要学习的长期价值超过错误的成本，组织就必须容忍错误和失败。许多快速增长的公司持续成功的优势和原因之一就是，错误会随着公司的发展而"滚转"。企业对真正的错误容忍度更高，学习更多，拥有的成熟管理人才也更多，从而能够维持增长纪录。如此一来，增长会刺激更多增长。如果职业发展采用的是障碍体系，跌倒一次就意味职业生涯的失败，这种体系不会鼓励实验尝试精神，不会让个体去检验关于想法或行为的假设。这将会滋生谨小慎微和保守主义，并抹除组织所需要的企业家精神。

（5）组织必须明确自身的预期。一项针对新聘毕业生的研究表明，组织在入职初期为其设定最高标准的个体在几年后是最成功的。

我们从课堂上知道这样一个道理，如果老师认为学生是聪明能干的，学生就很有可能变得聪明能干。研究结果也证实了这一点。如果一个组织相信其管理者能够胜任，那么管理者们就会在条件允许的情况下有效开展工作。在沟通得当的前提下，高期望可以创造一个自我实现的预言。在第3章中，这被称为"角色感知的光环效应"。

有两种从经验中学习的方式——从情境中学习和从榜样或模型中学习。大多数计划好的任务都是基于前者，个体被要求从各种工作或任务情境中学习。然而，我们有理由相信，通过模仿认同的榜样，每个人都能够在人生中学会很多东西。除了一些"私人辅导"项目，很少有组织尝试通过将个体与合适的模型联系起来系统地培养个体的特质和行为。相比于从任务中学习，从他人身上学习可能是更为有效的发展策略。通过树立榜样或模仿学习比通过概念化的经验学习更为容易。

专栏8-8 横向的快速通道

日本的大型企业实行所谓的"缓慢发展"。新加入高管层的人不能奢望快速到达管理阶层的第一梯队，即"课长"，这得需要13年或14年。"那是一段漫长的过程，"我向一位人事经理问道，"难道没有一条吸引最优秀、最聪明人才的快速通道吗？""确实有，"他回答道，"但这是横向的，而不是纵向的。"这位人事经理的意思是，有能力、学习能力强的新员工会比其他人更快地进入公司的各个部门，为不同的上级从事不同的工作。尽管这些初学者通常每阶段仅有一个导师进行指导，但每个导师都会指导一群初学者。"由此，"人事经理解释道，"我们就能知晓他们在哪些领域表现出色，我们会给予他们在不同领导下、与不同的同事一同工作并执行不同任务的机会。"你擅长什么并不是在22岁时就注定的。

8.3.5　结论

在此需要再次强调，个体发展战略往往取决于组织文化。正式的培训体系适合角色文化和组织的稳态部分。可以从技能、知识和能力角度准确地界定工作要求。因此，可以以非常系统的方式决定并提供每个层级各岗位的培训要求。最有效的正式培训计划都是在详细且具体的岗位定义基础上形成的。

然而，在权力文化中（组织政策和被分解的各个部分）学习必须通过经验或是模式来进行，通常由个人发起。在权力文化中学习最快的人是那些对自己的目标和职业规划有最明确界定的人。这些人通常在组织中流动，为了发展自身的知识和技能而更换组织，甚至改变行业或职业。使用个人助理角色，或是在陆军中使用副官，是一种借助强制模仿的形式培养下一代的典型权力文化方式。

在组织的任务文化或创新领域中，群体和个体的互动技能是关键因素。尽管还需要其他形式的技能培训以及个人经验学习，但各式各样的群体学习在这些文化中发展得最好。这并非偶然，任务文化的规范、价值观和实践最符合"自由"组织理论家的箴言，因此，毫无疑问，群体学习也是组织的首选发展方法。然而，群体学习会被权力文化视为浪费时间和无关紧要而拒绝，大部分正式培训方案也会被拒绝。角色文化则会认为群体学习具有威胁性且文化负载过重。宙斯式人物只会出现在正式课堂的晚宴上，以此展现自己并发现人才。

8.4　总结和讨论

8.4.1　总结

我们探讨了**人力资产管理的方法**，尤其是**考核方案**、**职业规划**和**薪酬**

体系。我们对相关常见的问题和补救措施进行了讨论，并提出组织需要但尚未系统地运用文化差异化方法。我们考察了**个体的发展问题**，特别是**正式的教育培训、群体学习、任务和规划实践学习**，并辨析了每种方法的优缺点，再次表明有些方法更适合某些文化，而不适合其他文化。

8.4.2 讨论

但是，在研究各组织中的成员时，仍然存在某些重大未解疑惑。这些是宏观战略性的问题，是政策和判断问题，难以用逻辑或科学事实解答。但是即便无法解答，我们也需要提出问题。

你应该种植自己的木材吗？ 许多组织的工作建立在这样一个假设之上，即组织必须用自己的资源来满足未来的人力资源需求。延伸上面这句关于木材的隐喻，人们建立种植园，剔除病弱植株，移植和培养更强壮的树苗，根据未来需求的估计进行规划和种植。让我们简要回顾这一哲学隐喻的内涵：

（a）制定人力资源计划，包括对未来各层级的人力需求的估计，并随着时间推移确定特定年份对成员招收的需求。

（b）制定与时俱进的计划，或是称为发展计划，从而对不同层级的所需人员的数量和质量进行更新。

（c）需要有实施这些计划的机制和流程，即整套评估方案、替代图表以及发展规划。

（d）组织极容易在较低层级上出现潜在的库存过剩、错误预判，或是在潜力发展方面掉队、失败。底层人员库存过剩会导致工作报酬过高，也将导致士气低落，离职率升高；

（e）这有可能导致中老年管理层人数过多。有的组织认为，应当继续雇用已到达最佳水平的成员。这种做法具有值得称赞的社会激励作用，但是也会导致组织结构陷入混乱，因为个体需要通过工作来证明其价值，当其自视被组织施舍时，士气也会逐渐低沉。这种施舍也会引发个人的不安全感和依赖感，这两种感觉都不是令人愉快的。

（d）和（e）是种无形成本，当其被添加到其他可衡量的费用中时，就相当于一项成本极其昂贵的政策。这样做合理吗？要回答这一问题，我们必须比较另一些政策的成本，例如根据特定期限合同雇用个人，或为某些特定范围的工作雇用个人。主要会出现以下情况：

（a）选拔和招聘的费用较高。

（b）组织为了吸引人才或续签现有合同，必须至少得支付完全市场价格，由此，薪资和工资率可能提高。

（c）解雇大量中层管理人员，或根据减少的工作量降薪。

（d）如果当时的人才市场中缺乏合适的人员，则关键岗位的人员配备将不足。

对这一方法的修改包括大幅削减 20 岁左右人员的招聘，以及把正常退休年龄降至 50 岁。

这些理念更适合权力文化和任务文化。组织要想大范围采纳这些理念，需要就当前社会对工作和职业发展的态度有快速转变。其中的规范包括以下：

（a）一个人能在一段时间内为多个组织工作。

（b）从入职至退休，个体收入不一定是严格的单调增长，而是可以在职业生涯中期到达顶峰。

（c）工作时间应该能够补偿不工作的时间。

有趣的是，这些规范目前仅存在于社会秩序的顶端和底层，但不在不断扩大的中间层的大多数人中。

组织是否应为自己种植木材，这个问题只有他们自己能回答。但是，可替代成本的比较数据或许能给予我们启发。

应该发展组织还是个体？ 组织通过尝试改变个体以提高效率，往往会导致以下结果：

（a）个体行为几乎或完全没有改变。

（b）个体会认为组织正在试图控制其生活——从而导致顺从或叛逆的反应。

（c）个体离开组织所带来的投资损失。

另一种做法是通过改变组织的某些方面及其工作方式以提高组织的效率。这有可能会对个人产生影响，因为组织发展的整体方法是寻找将个体目标和价值观与组织目标和价值观相结合的途径。组织发展致力于改变组织文化，使这种融合成为可能。

组织发展方法的主要价值在于它愿意亲力亲为地解决组织的问题，而不是通过特定个体的代理。将适当的个体发展方法与解决组织问题的组织发展方法相结合，似乎是一种同时满足两者需求的折中方案。

个人与组织的目标、价值观是否一致？ 有人认为，一个人90%的工作在90%时间里都是无聊的。组织发展的实践者以及人际关系学派的许多理论家认为，虽然事实的确如此，但这也是可以避免的。至少让我们承认，90%这个数字是可以大大降低的。我们可以让更多的人从事更有趣、更符合自身发展和成熟的工作。但同时我们也要认识到，对工作的投资、对组织的认同也可能付出代价。

专栏8-9 逆向考核方案

经过大量的研究、思考和协商，新任人事经理制定了一套全方位的评估和审查方案。该组织近来达到了一定规模（约1 000名员工），因此需要一套系统化的方法就个体资源来进行编目，同时还需要一种不那么杂乱无章的方式培养和奖励员工。这是每个组织普遍公认的需要，迄今为止，薪酬差异、晋升和发展机会的管理大都是机会主义的、随意的和主观判断的决定。

新的考核方案经过深思熟虑。方案提供了对工作的规范定义、由个体发起但由上级执行的定期绩效评估、要求上级的意见需得到下级的认可和签字、确定个体发展的需求以及留出可能的潜力空间，甚至个体可要求组织给予帮助自己改善工作的建议。这份综合性文件的原件由经理保管，副本则分发给下属和人事档案使用。

三个月之后，当人事经理间接询问对他的系统的反馈时，他惊讶地听到了以下评论：

我尽可能准确填写了表格，但是三周后，负责这件事的主管（不是我的直系领导，而是一位至少比我高三级且掌管我工作的领导）要与我讨论有关我的新任命，同时还完全认同有关我对自己缺点的评价。一想到这我就惊恐万分，我还以为这份文件是我和老板之间的私人文件！诚实是没有回报的！

他们到底认为我们多容易受骗——试图让我们签字承认我们的缺点？很显然，这是为下一轮裁员做准备呢。上一次裁员就引起了一场官司。

更多文件，更多表格。我把所有人聚到一起，告诉他们我们必须这么做，但是我又不想干扰部门的正常工作。我会告诉他们，我在他们的每张表格上填写我的意见，让他们连夜带回家，第二天再带回来签字。一切似乎都很顺利，我们没有遇到任何问题。

我相信他们的出发点是好的，但他们真的希望我们说出真相吗？

参与会消耗能量。不是所有人的心理契约都会将他们的"E"（能量，Energy）放到一起。许多人更喜欢所谓的投资组合生活方式，将"E"成比例地分配给不同的活动。也许正是由于我们社会的丰富性和多样性，个体往往有不止一项承诺。

看待这个问题的一种方法是检查组织文化与个体文化偏好之间的匹配度。具有权力或任务导向的人可能会发现角色文化令人沮丧和压抑的一面。而具有角色导向的个体则会在权力文化或任务文化中感到缺乏安全感和受到威胁。个人导向的人往往会避开组织，除非他们能以最低成本使用组织设施。如果心理契约的文化方面相互匹配，组织和个体就可以被视为一个整体。从这个意义上讲，通常被视为一体化的组织是成功的任务文化。美国相对成功的航空航天公司、某些咨询机构、研发部门等，都是经常被引用的案例。但是创业公司、金融商业公司、大型组织的权力文化也能够与个体高度融合。公务员体系的一部分、角色文化占据主导的许多组织的稳态，同样能够实现组织文化与个体的高度融合。尽管这些信息可能从未在调查问卷中透露过，但事实上，90%的员工很可能都是角色导向型的，且90%的时间都可能感到无聊，即使这么说不太好！

既然如此，那么大部分组织对新员工所实施的社会化过程是否合理？社会化是一种将员工与组织绑定的方式，同时也使他们更容易接受组织偏好的影响。

角色文化倾向于使用学校式教育；权力文化倾向于使用合作教育以及偶尔的羞辱教育；任务文化倾向于学徒教育。典型的大型组织会为大部分的成员开设入职培训课程，但是经过专业培训的新成员加入创新团队后，将在最初几个月受到照顾和指导。在更高层级上，加入权力俱乐部变得更加重要，有抱负的个体要学会调整自己的态度和行为，从而符合权力俱乐部的规范。

社会化既高效又有效。它是一种将人群与组织联系起来的方式。正如我们在第7章（及专栏8-10）中所指出的，强大的组织拥有强大的文化。但是对于个人主义者、不想被同化的创造性思考者，甚至对于那些有其他兴趣的坚定事业主义者而言，都可能不合适。组织必须面对的一个重大问题是，其对个体的控制程度。组织有权主宰一个人的生活吗？这是一种刻意为之的契约，还是人们清楚地意识到晋升必须融入其中后而使得这种支配越陷越深？据有关资料表明（见专栏8-11），成功的管理者可能不得不在组织的成功和家庭的美满之间做出选择。如果组织想留住一些特殊人才以保障其未来发展，就必须抵制主流文化的影响。

专栏 8-10 罗马帝国的社会化

安东尼·杰伊通过观察得出一个有些矛盾的认识，罗马帝国之所以能够发展得如此之大，存续得如此之久，是因为当时没有铁路、汽车、飞机、收音机、纸张或电话。"最关键是没有电话。因此，作为帝国之首，你不可能对将军或省长保持任何直接控制，内心也不可能想着给他们打电话，或在危急关头他们给你打电话，又或者事情开始变得一团糟时，你可以飞过去解决问题。你任命了他，看着他的战车、辎重车队在尘土飞扬中消失在山丘上，就这样……因此，任命一个没有经过充分训练或不完全胜任的人是不可能的：你深知，成败就在于出发之前，这个人是否就是这份工作的最佳人选。所以你在选择他时非常谨慎。但更为重要的是，在他前往之前，你要确保他了解罗马、罗马政府和罗马军队的一切。"

资料来源：Jay, *Management and Machiavelli*, 1970.

专栏 8-11 成功的代价一定高吗

"我曾像其他人一样幻想成为公司总裁。但这要付出巨大的代价。我听说过公司六楼的那些人，以及他们承受的压力有多大。天啊——我现在当然不会羡慕他们。所以几年前我就决定更关注家庭，对此也并不感到后悔，我想你会认为我成熟了，如果你愿意的话，也可以说我对机遇有更现实的认知。"

资料来源：Reported in Evans and Bartolome, *Must Success Cost So Much*?, 1980.

另一方面，日本有文化主导组织的案例，并且这种案例在美国被解读为 Z 组织理论（见专栏 8-12），这似乎印证了道格拉斯·麦格雷戈所言：当创造条件使员工能够通过企业的成功来实现自己个人目标时，就会产生有效的绩效。

就我个人而言，我希望避免任何宏大的结论。每个个体都是独一无二的，每种组织亦然。不存在一种通用的设计或理论，而是多样性与选择性并存。Z 组织理论可能适用于某些人，但其他人可能会觉得权力文化更契合需求。因此，在能使得权力文化蓬勃发展的土壤中，Z 组织理论的运作可能会显得力不从心。这种多样性既是挑战也是乐趣，它要求组织深入理解自身的独特之处。同时，对于那些管理着这些组织或在其内工作的人员而言，同样需要具备深刻理解组织本质的能力。

专栏 8-12　Z 组织理论

威廉·奥奇认为，有的美国公司已经成功将日本的方法融入了自己的文化之中。他将这些公司称为 Z 理论组织。这些公司具有以下关键特征：

（1）长期雇用。

（2）评估和晋升缓慢。

（3）适度专业化的职业生涯。

（4）共识决策。

（5）个体责任制。

（6）隐形、非正式的管控（但有明确的措施）。

（7）全面关怀员工。

奥奇和约翰逊在电子行业开展的一项调查表明，企业声望、管理能力和企业盈利报告都与组织的 Z 理论特性密切相关。

资料来源：Ouchi, *Theory Z*, 1981.

Chapter 9

第 9 章

组织工作及其设计

9.1 引言

不是人人都有机会塑造组织的蓝图。然而，大多数管理者或多或少都曾尝试过调整组织结构，无论是对组织结构图的微妙调整，还是对权责的重新界定，无论是对工作空间的布局，还是对群体或个体的授权程度，都是如此。

多数组织不是人为设计出来的，而是自然生长出来的。事实上，有些研究通过生物学类比来描述组织现象。然而，并非所有组织都能很好地适应其成长的环境。许多组织如同那些体型庞大但智力有限的恐龙，在不断变化的世界中一成不变。此外，根据纽约州波基普西市的一项研究，有30%的组织在成立的第一年就消亡了。自然界适者生存的法则在组织界同样严酷无情。

为了生存和持续发展，无论是组织还是个人都需要事先明确自己的目标愿景。理想与现实的差距可能令人失望，但这失望正是改善和计划变革的起点。

在本章中，我们将研究**结构设计、多样性管理和工作设计**所面临的问题，最后进行**总结并探讨其启示**。

9.2 结构设计

9.2.1 简介

"结构"包括正式职责的分配，即典型的组织结构图。它还涵盖了角色之间的联结机制和组织的协调结构（如果需要的话）。这些基本形式构成了组织的"骨架"，其运作依赖于肌肉、神经和皮肤的连接，但确定骨骼结构是首要任务。组织如何决定适合的结构形态——是否随着岁月的增长与规模的扩大，存在一种必然的演变？

第7章提出了这样的观点：那些具有适当结构和文化的组织，才是有效的组织。"适当"与否是由多种因素决定的，包括技术、市场、组织规模及其人员。那么，如何将"适当性"这一理念在组织结构设计中付诸实践？

专栏 9-1 如果组织出错了

柴尔德列出了一份令人沮丧但印象深刻的清单，这份清单揭示了组织的工作设计和结构不当可能会出现的后果。以下只是该清单的一部分：

（1）动机和士气可能会受到抑制，因为：

（a）缺乏标准化规则，决策显得反复无常、专断。

（b）由于授权不足，员工感到缺乏责任感、成就感及对其价值的认可。

（c）对员工的期望和绩效评估方式不明确。

（2）决策可能会被延迟并且缺乏质量，因为：

（a）必要的信息没有及时传达给相关人员。

（b）决策者由于授权不足而不堪重负。

（c）缺少适当的程序来评估过去类似决策的成效。

（3）可能会出现冲突和协调不足，因为：

（a）项目或部门之间存在目标冲突。

（b）尚未建立明确的联络机制。

（c）参与执行的人员未参与规划。

（4）成本可能会迅速上升，因为：

（a）组织层级过多，包含大量上下级关系的等级制度。

（b）程序和文书工作过剩。

资料来源：Child, Organization: *A Guide to Problems and Practice*, 1984.

在寻求最优结构的道路上，组织通常遵循奥卡姆剃刀原理的隐性再表述——"力求至简，只在必要处深入复杂"。换言之，组织结构的设计者需要在一致性和多样性之间寻找平衡。让我们细究这两种力量。

9.2.2　一致性

一致性意味着组织具有标准化和集中管理的通用程序。对一致性的追求可能源自：

（1）标准化的成本低。生产和处理标准化形式的成本较低，标准程序的培训也更为简便和经济。大多数标准化操作都能实现规模经济效益，例如，一台中央计算机或专门的法务部门相较于各单位独立设置这些设施而言更为高效。

（2）对可互换性的需求。许多业务，例如航空公司、银行、邮政服务机构的业务都需要使用通用程序，以确保组织之间的互动能够遵循统一的标准。

（3）过程控制的需求。一些组织需要持续监控自身的内部流程，而非仅监控结果。对于某一个部门依赖于另一个部门产出的组织，例如流程加工工业、垂直整合组织，都需要一个统一的系统，以便一个部门的需求波动可以反映在另一个部门的运营中。任何相互依赖的业务活动都有可能引起一致性的需求。

（4）对标准产品的需求。许多组织需要不同来源的产品具有一致性。多家商店（例如玛莎百货和特易购）、银行分行或航空公司办事处就是市场驱动的对一致性需求的例子。对于拥有多个生产设施生产相同产品的组织，或需遵守法律标准生产的行业，如制药业，一致性的需求同样至关重要。

（5）对专业化的需求。组织通过整合对维修人员或电子工程师的所有需求，能够构建起专业领域的核心竞争力，并为专业人员提供职业发展途径。但只有组织中保持一定程度的一致性，才可能形成这样的核心竞争力。随意招聘专家成本过高，因此必须制定明确的、专家使用和部署的规则规范。

（6）对集中控制的渴望。高级管理层要求他们"知道正在发生什么"，这推动了对过程而非结果的控制。标准化使得组织中心能够以易于处理的方式，近乎实时地接收和处理大量信息。这使得组织中心能够监控日常业务流程，成为所有相关信息的唯一汇集地，并在需要时进行干预。但高级管理层对集中控制的要求，可能更多是基于一种偏好，而非实际业务需求。

法国教育系统的刻板印象是一个典型的例子，即法国教育部长在任何一天的任何特定时间都能够完全确定地说出全国任何一个年级的每个学生正在做什么，充分满足并响应了一致性的所有需求。一致性显然会降低教材的生产成本，允许孩子能够更自由地在不同地点间转学，规范调节了学生从教育系统的一个阶段过渡到另一个阶段（例如进入大学），并确保了教育证书的公认价值，让雇主们清楚地知道他们买的是什么。一致性是稳态的标志。在对一致性要求较高的环境中，角色文化往往会占据主导地位，它不仅带来了对规则和程序的偏爱，还会带来该文化的其他诸多特征。

9.2.3 多样性

除一致性外，组织结构设计的另一部分影响来自多样性。多样性表现在以下几个方面：

（1）**区域多样性**。一个组织可能在多个地理区域开展业务。但就其自身的特定目的而言，它可能会（也可能不会）差别化对待这些区域。对某些组织来说是"欧洲"或"南美洲"，而对另一些组织来说，它们就是 20 个不同的地理区域。同样，对某些组织来说，萨里郡可能与肯特郡有所不同，但对于其他组织来说，两者都被划定为英格兰南部的一部分。

（2）**市场多样性**。市场可以根据地区（例如法国或约克郡）、社会经济（例如郊区或中产阶层）、最终用途（例如农业或工业）、客户活动（例如政府或建筑业）甚至是社交习惯（例如电视观众或酒吧客人）来定义。市场类别的数量及其差异程度是多样性的重要方面。

（3）**产品多样性**。产品种类的组合范围有多广，是洗衣粉还是医疗服务？它们是否可以被视为一个整体，还是每种产品在市场、品牌形象、服务需求、质量标准等方面都有自己的特点？产品种类繁多并不意味着多样性，从概念上讲，20 种不同规格的螺丝仍可被视为一种产品。它们之间的差异程度才是决定多样性的真正关键。

（4）**技术多样性**。该组织是以单一技术还是多种技术为基础？如果是多种技术，它们之间的差异是否显著？在高科技组织中，由于技术知识和技能愈加难以掌握且更趋于专业化，技术差异往往至关重要。相比之下，低技术允许更宽泛的专业知识和更短的学习时间。因此，高科技组织对多样性的需求比低技术组织（例如保险、地方政府、许多服务行业）更加迫切。

（5）**目标多样性**。组织是否共享一套统一的目标体系，抑或是各个部门有着不同的目标追求？这种目标上的多样性有多重要？例如，销售经理对客户服务和当前问题的担忧可能与研究总监对所需材料的担忧相去甚远。人事部对于人员福利的目标可能与生产部门对大规模自动化的愿望相互冲突（或保持一致）。

专栏 9-2　基本管理结构示例

管理结构种类	图表	正规化程度	集中化程度
创业型		非正规	权力集中
职能型		正规	权力集中

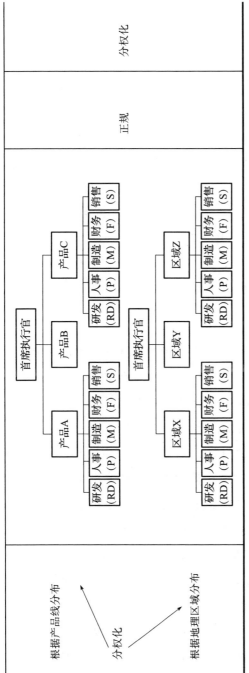

资料来源：Weinshall, 'Application of two conceptual schemes of organizational behaviour in case study and general organizational research', Ashridge Management College, 1971.

专栏 9-3　蜜蜂还是苍蝇

　　卡尔·韦克描述了戈登·辛的一项实验：

　　……如果你把六只蜜蜂和同样数量的苍蝇放在一个瓶子里，然后将瓶子水平放置，底部朝向窗户，你会发现蜜蜂会坚持不懈地努力寻找出路，直至筋疲力尽或饥饿而死，它们努力透过玻璃发现问题；而苍蝇在不到两分钟内就会全部从瓶颈所在的另一侧飞出去……正是它们（蜜蜂）对光的热爱，正是它们的认知，导致了它们在这个实验中的失败。蜜蜂显然认为，每间囚笼的出口肯定出现在光线最明亮的地方；它们的行动符合自己的逻辑，并且过于坚持采取合乎它们逻辑的行动……而那些苍蝇，不顾逻辑、无视玻璃的奥秘、光的召唤，疯狂乱飞，并最终幸运地飞出瓶子。这种好运往往属于那些简单化对待事物的人，他们找寻救赎，最终发现良机重获自由，相反，所谓有智慧的人却走向了毁灭。

　　资料来源：Peters and Waterman in *In Search of Excellence*, 1983.

　　这种内部目标的多样性是劳伦斯和洛希所说的差异化的关键。他们指出，当市场环境或技术迅速变化时，这种内部差异化会更加合适，也更加普遍。与集装箱行业相比，塑料行业增长速度快、变化频繁，因此塑料公司被认为比集装箱公司具有更高程度的内部目标多样性。

　　（6）**认同的多样性**。与大型组织相比，个体更容易认同较小的群体。如果深陷于大型组织的职能专业化中，个体就很难对整个组织的目标产生认同感。专业化的目标很重要，尽管它们有时对于整个组织来说可能并不理想。将专家分散到多个更小的群体可能会产生额外成本，但这也更容易建立"共同的敌人"，使每个个体都更容易认同一系列活动，而非仅仅是一项活动。打个比方，个体在喧嚣的城市中寻找着村庄的宁静，渴望在一个足够小的领域中感受到自己是其中重要组成部分。

　　（7）**分散控制的吸引力**。正如组织中心觉得有必要把所有的事情都掌握在自己手中一样，外围的管理者也觉得有必要对他们负责组织和管理的资源拥有更多控制权。当某地区的所有资源实际上都由组织中心进行职能控制时，区域经理的职能仅相当于一名发言人或公关代表。不管合理与否，外围群体都希望争取重新分配对资源的控制权。如果权力脱离责任是轻率，那么责任脱离权力则是自找苦吃。

（8）**对实验的需求**。越来越多的组织发现，通往未来之路往往无法系统地规划。新产品、新技术、新方法即使有大量资源支持，也并不总会符合逻辑。因此，更多的实验和更灵活的结构形式越来越受到推崇（见专栏 9-3 和专栏 9-4）。

企业集团代表了商业领域多样性的极致。在不受一致性或集中控制的束缚的情况下，令人闻之兴奋的多样性有时却会招致灭顶之灾，正如几家企业集团所证明的那样。拥有从警察、消防队到许可证和税收评估等部门的政府是多样性的另一个例子。各个领域的技术进步、环境的剧变、活动集聚的压力往往会加剧多样性的压力。温肖尔认为，随着组织决策制定过程规模或范围的扩大，组织往往会从创业型结构发展为多元型结构。组织决策制定过程的范围在很大程度上与多样性相当。因此，日益增加的多样性最终会形成一个多结构组织。斯托普福德在研究多家跨国公司时发现，从产品多样化程度低、技术含量低的公司（具有功能型结构）到产品多样化程度高、技术含量高、地域多样化程度高的公司（具有他所称的网格型结构），存在着一个发展过程。这再次表明，多样性与组织结构的复杂性相关。

9.2.4 影响

组织总是受到一致性和多样性这两种力量的牵引。从本质上讲，组织更偏好一致性，因为这样才有可预测性和效率。如果能维持现状，组织就会很高兴。但在实践中，只有垄断企业才能享受这种特权，而且这种享受也是短暂的，因为即便是如煤炭和运输这样的基本垄断的企业也可能因不变革而被新竞争者超越。尽管如此，组织（作为第一步）更倾向于管理环境而非仅仅对环境做出反应，并以这种方式限制多样性并减少不确定性。他们为此设计了许多方法，最早由汤普森列出并分析，其中包括：

（1）缓冲——保持大量原材料和制成品的库存可以使组织免受价格波动的影响（但成本可能会很高）。

（2）平滑——利用定价来平滑在运输、季节性产品、电话等方面的高峰需求和低谷需求。配给是平滑的一种更严格的变体。

（3）预测——预测变化以尽量减少变化带来的不稳定效应。

（4）承包——短期合同承包是转移不确定性的一种方式。

（5）增选——让银行家成为董事会成员，或者收购竞争对手或客户，都是控制环境的一种方式。

（6）联合——通过与竞争对手合并或签订定价协议，或与供应商和客户签订长期协议来减少不确定性。

专栏 9-4　新的组织隐喻

自组织性机构：这是阿尔文·托夫勒创造的词汇，其建立在明茨伯格的理论基础上。自组织性机构是由一系列项目、任务小组、委员会和自由职业者组成的具有挑战性的组织形式。按照托夫勒的说法，"现如今，自组织性机构现在改变其内部结构的频率和鲁莽程度令人眼花缭乱。头衔每周都会变化。工作岗位频繁转变，责任不断转移。庞大的组织结构被拆解，以新的形式组合在一起，然后重新排列。"

帐篷：赫德伯格运用"帐篷"和"宫殿"的形象比喻，来进行组织的对比。帐篷拥有"模糊的权威结构、不明确的目标和相互矛盾的任务，（这些）可以使争议合理化并挑战传统……不连贯和犹豫不决则推动探索、自我评估和学习"。

愚蠢的技术：马奇写道："组织需要用愚蠢的技术来补充理性的技术。个人和组织需要一些没有充分理由的做事方式。不是总是、通常不会、但是有时需要。组织往往需要先行动后思考。"

松散耦合：韦克主张在组织中不断进行实验，并认为通过"回顾性的意义构建"（即事后理解）是成功的关键，而这只有在松散耦合的组织中才有可能实现。

市场：威廉森在一本深奥但重要的书《市场与层级制度》中指出，集中规划的层级组织的"交易成本"往往比人们想象的要高。使用内部市场来解决偏好问题，或与外部承包商签订合同，可能会导致重复，但可以节省交易成本，并且通常能得到更好的答案。

倡导者、盗版、秘密项目组、密谋组织、影子组织：彼得斯和沃特曼用这些词来描述他们在比较成功的美国企业中发现的现象。

网络：南希·福伊认为网络对组织成功至关重要，并创造性地提出了"定律"："网络的有效性与其正规性成反比。"组织需要的是绘制网络的蜘蛛，而非主席；它需要的是成员名单，而不是一套规章制度；它需要团队，而不是委员会；它需要的是电话号码，而不是一座办公大楼。

集群：米尔斯认为有效的组织是由大量独立的"集群"组成，这些"集群"可以被称为项目、业务单元、特别行动组等，它们都由中央群组协调，这个中央群组负责整个组织的行政管理，确保组织的高效运作。

尽管组织做出了诸如上述消除多样性的尝试，但它们永远也不会达到它们所寻求的完美平衡状态。结果大多是在一致性和多样性的压力和措施之间永无休止地来回浮动，从集中到分散，循环往复，就像我们在调节浴室的淋浴器一样。事实上，正如第 7 章试图论证的那样，组织需要将一致性和多样性相结合。不幸的是，在困难时期，当组织最需要创造性和实验性时，严格控制和统一性的压力往往达到顶峰。找到两者的最佳结合点绝非易事。

组织设计者必须首先自问的两个问题是：

- 需要多少多样性？
- 需要何种多样性？

没有客观的统计方法来回答这些问题。组织中的每个成员都会因角色不同而有不同的看法。但是，至少一种系统化的方法会有所帮助。这是一种组织开展分析的方式：审核每一种对一致性与多样性的要求，询问这些要求在何种程度上必须得到承认或者可以被忽略，按优先级进行排序，并且与高级管理层成员重复这一过程。

任何拥有超过 1 000 名员工、超过一种产品或服务类别、不止面对一种客户类型的组织，在进行此类分析时都可能会面临多样性的压力。那么，问题仍然是在组织的结构和文化设计中如何看待这些压力。

矩阵型组织出现在航空航天工业中，这种结构是为了将客户需求和优先事项同组织要求的规模经济、长周期生产运行和专业技能发展的要求相结合。一个附有多个职能部门的产品导向型组织，会牺牲对规模和可预测性的考虑，以此来满足客户需求。从长远来看，这往往会增加产品成本。产品导向型组织会发现难以适应个别市场或客户的需求，并且无论其产品质量如何，都将面临失去客户的风险。这种将生产优先级置于客户需求之上的倾向经常表现为无法完成目标，或者充其量只能延长交货期。由于需要在一致性和多样性之间取得平衡，因此需要各个职能部门代表组成产品或客户组。通过这些代表或产品组，多样性的压力得以传递给各个职能部门。

分权型组织，区域经理下设有与中央办公室功能相似的分支机构，这体现了对区域多样性需求重要性的一种认可。产品导向组织下的区域组织也会认识到另外一种压力优先级。只有财务部门作为中央部门的分权方案，意味着与多样性的需求相比，这是唯一至关重要的统一形式。在美国企业中，国内市场相对同质化，产品之间的区别更为重要，按产品部门进行分权是一种常见的模式。曾经，欧洲跨国公司的结构存在明显的地区差异，随着欧洲逐渐被视为一个市场，区域组织逐渐被产品导向组织所取代（例如联合利华）。温肖尔的"多重结构"表明，两种形式的权力下放可以且通常应该包含在一个组织中，即同时以创业型组织（权力文化）和职能型组织（角色文化）为中心（见专栏 9-2）。

差异型组织，就劳伦斯和洛希所定义的，是其内部不同部门在目标、时间范围和工作方式上存在显著差异的组织，这种组织结构适合于应对不断变化的技术和市场。当这些压力与产品或地区多样性的压力结合起来，通常会导向一个分权化的差异型组织结构。然而，如果这些压力与对产品统一性和可互换性的需求相结合，可能会导致差异化与集中化的并存。英国的清算银行面临着巨大的标准化压力，它们的程序非常类似，以便于日常监控和互换。但如今，这些银行面临着不断变化的市场、日益激烈的竞争、多元化和利用新技术的压力。摆脱困境的方法在于差异化而不是去中心化。在营销部门、商业银行分支机构、开发部门中，人员、系统和风格都与传统的清算银行不同，这表明这些组织正在做出适当的调整以适应这些变化。

分权化日益盛行。有人听到一家咨询公司的负责人说："本公司坚持分权化的基本原则。"理论家、理想主义者和实践者都会提倡这一点。他们经常依赖这样的论点：在一个分权化的组织中，管理者本人会更加尽心尽力。他们认为，通过释放激励性的"E"要素，足以抵消任何规模不经济或中央控制的损失。这个论点过于简单化了。的确，分权化的组织通常是一种更令人满意的工作环境。权力分化可以更好地满足个体对群体的认同和对自己命运的掌控。但个体满足感并不一定会带来生产力，仅仅为了这些目的而分权化的组织很可能会对结果感到失望。因为分权化本质上是对多样性需求的一种响应。只有当对多样性的需求压倒了对一致性的追求时，分权化才能真正发挥作用。认同感和资源控制只是需要考虑的压力中的两种。差异化是对其他多样性压力的另一种回应，且经常被忽视。没有差异化的权力分化很可能只会导致复杂的一致性。因为结构性配置本身并不能解决什么问题。筋腱、神经和肌肉必须随着骨骼的变化而变化。否则，习惯了规章制度，不习惯创新的角色导向型人才，可能会发现自己领导着权力下放的团队，过惯了顺从的生活之后被期望成为企业家，占据着专家权力却没有时间去获得它，成为团队的领导者而不是文件的阅读者。规定适当的多样性、权力分化和差异化是一回事，对其进行管理则是另一回事。

随着组织的成长，它们会一次又一次地遇到一致性和多样性问题。格雷纳用一张经典图（见专栏 9-5）总结了组织成长过程中的困境，该图描述了组织从过多的集中控制和一致性转向过度多样性和协调性不足时发生的一系列危机。专栏 9-4 中描述的松散组织可能极具创意，但是，除非他们的创造被发现并加以利用（通常是融入非常传统的角色文化中），否则这些创新最终可能只是组织的成本负担。

专栏 9-5　成功的阵痛

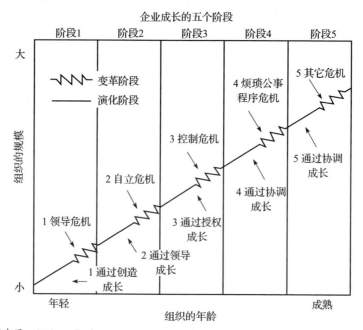

资料来源：Greiner, *Evolution and Revolution as Organizations Grow*, 1972.

9.3　多样性管理

9.3.1　简介

在决定了多样性的正确程度和形式之后，组织设计者需要着手为组织配备人员，并将其纳入整合和协调机制。因此，结构中过度的多样性将导致不必要的成本，使组织中充斥着冗余的协调机制。在劳伦斯和洛希广为人知的研究中，他们发现那些拥有超出需求的整合机制的组织，其效率往往较低，工作起来也更令人感到沮丧。在管理多样性方面，最为关键的议题似乎是**权力分配、文化与结构的匹配**，以及日益重要的**外部多样性**问题。

9.3.2　权力分配

权力，或者说影响他人决策的能力，并不在正式的组织结构图上出现，但对权力分配的考量是结构的有效实施的关键。在差异化程度最高的塑料行业中，权力被平均地分布在等级制度的前六层。相较之下，在更为稳定和一致的集装箱行业中，权力在更大程度上集中在高层，中层管理则由各部门主管代表。在塑料和食品行业这些更为多样化的环境中，研究与销售部门被认为比生产部门拥有更大的权力。用我们的说法，在不断变化的环境中，任务文化更为合适。

根据劳伦斯和洛希的研究结果，在增加多样性的同时，也应增加中层管理人员的权力。随着多元化的发展，高层管理者不能指望掌握所有相关信息或技术知识，必须将决策权下放给那些有能力的人。

这符合任务文化的规范。技术知识和相关信息在哪里，权力就在哪里。一方面，随着多样性的增加，权力的天平会从稳态向创新领域倾斜，从而使整合机制、负责联系协调的部门或个人被视为至少与任何职能、产品或地区部门一样具有影响力。

另一方面，在一个更稳定、可预测的环境中，一致性的压力大于多样性的压力。大多数情境都可以预见，大多数专业技能都被引导到执行预先确定的任务中。不可预见的情境可以在组织的最高层得到解决，因为只有最高层才能获得所有的信息。而且，由于技术的变化速度并不是很快，支柱部门所掌握的技能仍然足够解决支柱部门的问题。因此，中层的权力将局限于每个人的具体任务，总体上大大低于高层的权力。

劳伦斯和洛希发现在集装箱行业的一个组织（环境相对稳定）中，高层管理者努力下放决策权，增加中层管理者的权力。这就是低绩效组织，这套在任务文化中值得称赞的规范在稳态下的角色文化中却是不恰当且效果不佳的。

专栏 9-6 "信息化"

肖沙娜·朱伯夫对 1981 年至 1986 年间八个引入计算机技术的组织展开研究。她描述了这些组织如何利用这项技术来提高工作"自动化"水平，以降低技术难度并集中权力。同时她还介绍了这项技术如何有效地"使组织信息化"。在计算机技术的支持下，组织可以提高每个层级的工作智能水平，更广泛地传播信息也提高了组织根据信息做出决策的能力。这缩小了体力劳动与脑力劳动、管理者与被管理者之间的差异。在信息化的组织中，权力不可避免地更加分散。

资料来源：Zuboff, *In the Age of the Smart Machine*, 1989.

朱伯夫发现，在"信息化"的组织中（见专栏 9-6），权力会随着信息的传播而广泛扩散。

权力分配最直接的体现是组织的形态和控制范围。层级严密且数量有限的组织往往将权力集中在中心部门和高层。甚至会出现一对一管理的极端情况，即只有当最高层（通常是董事长）以上帝视角站在组织之外的世界时这种组织才是真正合理的。

这些组织几乎没有自由裁量权,但犯错的风险也很小。高层仍是决策的第一责任人。曾经英国的公务员制度即为这类组织的缩影。层级少且扁平的组织虽然增加了中下层的自由裁量权,鼓励了多样性,但也分散了权力和控制力。在风险不可接受,且需要大量协调,或者出于某种原因不愿意授权的组织中,控制范围会较小,层级数量会较多。专栏 9-7 总结了控制力和组织层级之间关系的研究结果。然而,结果往往不是由理性决定的,而是取决于现实的考量。为了满足资深管理者的地位要求,或者高层级的管理者无法协调和控制 3 或 4 名及以上的下属,则需要人为保留一定数量的层级。把"正常"范围控制在 6 ～ 7 名下属可能已经潜移默化地成为我们对管理者角色的定义。事实上,世界比我们想象的要有趣得多,这个范围可以**根据情况**由 1 跨至 100 以上。

专栏 9-7 垂直化还是扁平化

- 组织越大,需要的层级就越多,除非管理者要增加层级的控制范围。
- 垂直的结构和有限的跨度限制了责任。富尔顿委员会将英国公务员的部门划分为九个层级,控制跨度限制在两到三级。
- 大多数组织只需要五个层级就可以完成工作,最大规模的组织可能也只需要七个(据罗伯顿和比尔斯所言)。额外的层级设置与其说是为了提高效率,不如说是为了增加权力和人浮于事。
- 任何管理者都不应监督超过 6 名下属的工作,因为这些下属间的工作是彼此相联系的(据厄威克所言)。
- 西尔斯·罗巴克百货公司故意扩大了商店经理的控制范围,借此逼迫他们放权,这种方法对关联性不强的工作是行之有效的。
- 琼·伍德沃德发现,随着技术从个体生产向流程生产转变,组织的层级结构总体上是变得更垂直、更有限的,然而,中层管理人员的

　　控制范围在大规模生产中跨度最大，因为这种类型的生产工作更为
规范化。

- 一家日本银行有上百名管理者需要向区域经理汇报工作，但他们
的工作并不重叠。

　　行政主管和业务主管是另一种古老的组织划分。理论上，行政主管提
供咨询建议，业务主管拥有决策的责任和权力。但在实践中情况从来就不
像这种划分一样泾渭分明。当前，有许多组织在厘清行政主管和业务主管
方面花费了大量的精力，而不是专注于不同类型的决策应该由谁来做。在
现代组织中，纯粹的执行或顾问是不存在的，每个人都根据具体情况兼而
有之。对组织而言，摒弃这些术语或许更为有益。

9.3.3　文化与结构的匹配

　　如第 7 章所述，在差异型组织中，政策、创新、危机处理和日常运营
等任务由不同的组织形式和文化承担。在丰富多变的环境中，与外界相接
触的组织部分通常是灵活多变且权力均等的任务文化。它们将成为组织的
驱动力并掌握更大的权力平衡。从组织的角度来看，营销、生产、研究、
人事和财务等部门的发展目标往往属于任务文化。为了将它们与相同功能
的稳态部分区分开，它们通常被赋予单独的叫法，包括"开发"一词，例
如产品开发、生产开发、组织开发。在更加一致的环境中，多样性压力较
小，这些部门即使存在通常也没有权力，只能算是组织核心部分上的"装
点"。在企业的初创阶段，新工厂的开设、新市场领域的开发、新产品线的
推出，或是合并后的第一年，尤其是脱离稳态要求时，企业可以通过创建
一种任务文化来承认多样性。这些情况通常通过创建项目团队或行动小组
来识别。

　　这些都是任务文化的结构形式。然而，尽管许多理论家和理想主义者

对其青睐有加，但任务文化在管理上却显得极为棘手，尤其是当其被其他文化所环绕时。也许是因为组织在管理稳态活动方面拥有更多的经验，又或许是因为在严峻的现实面前，人们更倾向于角色导向，对稳态的偏好远超过他们愿意承认的程度。组织为了特定工作而设立项目团队或工作组可能是任务文化最有说服力最纯粹的案例。因此，我们可能会发现在这种组织中会出现调整文化以适应上层结构的情况，特别是当文化被强加到功能或角色导向型的组织上时。康宁玻璃公司深思熟虑并系统地应用了劳伦斯和洛希的研究成果，在一个部门内设立了一系列项目团队，以帮助组织应对多样性的压力。在此过程中，他们遭遇了"官僚体系与项目团队之间价值观和行为的冲突所引发的众多问题"。其组织研究与发展部门的艾伦·亨德特在两年半的实践经验基础上，将他们的项目团队管理经验归结为以下四点：

（1）**团队组建**。如果任务能够在现有的组织架构下有效地完成，那么组建项目团队就是一种资源的浪费。任务应当有一个开始节点和明确的结束结点，这样成员才能够得知他们在朝着哪个目标（共同的敌人）前进。如果任务影响小、复杂度低、优先级不高，那么常设组织就不太可能为其分配足够的资源。新团队必须受到保护，以避免受到周围官僚组织的干扰。明确划定任务的范围、分配完全胜任因此无须反复确认其能力的团队成员、常设组织相关管理者的承诺，都有助于维护新生团队。团队成员不仅需要技术上的专业能力，还需要良好的人际互动能力，以确保团队从成立之初就能高效地协作。

（2）**外部问题**。成员可能会遇到与常设组织中的同行、同事或上级之间的交往问题。职能组织中的管理者可能会试图控制其在团队中的代理者的行为，从而保护自身职能利益，但却扭曲了团队的目标。这实际上违反了团队的组建条件。

（3）**内部问题**。早期的问题通常是角色不明确。对于首次成为项目团队成员的人来说，整合者的角色最令人困惑，因为这在典型的官僚机构中从来都不是一个合法角色。此外，不可避免地会出现信任和信心的问题。必须公开处理根深蒂固的部门间长期以来的竞争态度和行为，以规避这些阻碍团队发展的因素。另一个内部问题与更换成员的需求有关。必须理解并接受这样一个事实：当一个人的技能不再被需要时，他应该离开。

（4）**绩效评估**。当团队成员意识到自己将根据团队整体成果来评估时，他们的行为将更倾向于支持团队目标，而非仅仅关注自己的职能子目标。然而，这很大程度上取决于团队如何定义成员的任务。如果团队在有充分证据的基础上认识到其目标是无望的，那么承认这一点也应被视为一种成功。通常，只有成功执行一个可能的想法才被认为是取得了成就，其结果是，所有人都知道不可能取得成功，却为之付出了大量努力。

在矩阵型组织中，项目团队以产品或区域性团队的形式永久性地固化于结构框架之内，成员来自组织的核心结构。矩阵型组织中的文化冲突与项目团队所经历的文化冲突有相似之处。

某种意义上，在大型组织中运作的所有任务文化都会遇到类似的问题，因为传统意义上，稳态在这类组织中占据主导地位，也是更为持久的组织特征。然而，我们还需牢记，即便是在最好的组织中也存在危机，并且需要采取应对措施。在这里我们可以看到，权力文化的规范与任何其他项目小组的角色文化一样截然不同，在适当的情况下会占据主导地位。那些关注政策和未来、关注组织的整体设计和氛围的高层人员也可能会在不同的文化中运作。政策领域的结构性认知通常体现为某种形式的执行机构或管理委员会。

目前对于危机活动的结构性认知较少。有时会在紧急时刻成立紧急工作组，例如应对罢工威胁时。更为常见的是，日常的崩溃管理是大多数一线管理者工作的一部分。问题就在这里，管理者发现，在一个文化角色中，其必须将两项或多项活动相互结合，也许是稳态和崩溃状态——这对于职业经理人而言是家常便饭。然而，适用于这两种活动的角色文化和权力文化是不相容的。我们将在第 11 章探讨管理者在处理这种文化角色不兼容时所遇到的问题。这里我们关注的是处理不同文化混合的组织机制，即整合机制。

9.3.4　外部多样性

有这样一句老话，"你想控制它，就先拥有它"。现如今，这成为一种奢望。如果你做蛋糕生意，那是否还需要经营物流业和印刷公司，还是说委托第三方来代办？如果你正在考虑进入东欧市场，你是选择自己单干，还是和了解当地的搭档合伙来增加价值？

到目前为止，本章的讨论集中在组织内部结构上的真实情况。然而，现在越来越多的工作是由组织外部的人员来完成，他们与组织有关联，但不属于组织或受雇于组织。这是一种新型的联盟关系，事实上它们在许多行业中已是多年的传统，只是现在才变得普遍。例如，在出版行业，作者们负责写作，个体零售商负责销售，私人印刷厂负责印刷，它们并不会因为作品出版的风险而避讳合作。

然而，由供应商、顾问、咨询者、零售商和代理商组成的传统联盟是一种契约联盟。现如今，企业或组织建立了一套新的战略联盟模式，并且这些企业或组织在过去是竞争关系，彼此保持着一定距离。汽车行业的联盟网络就是一个很好的案例。在一个市场上的竞争对手在另一个市场上成为盟友，沃尔沃与雷诺联手生产卡车，但在小轿车领域则成为竞争对手。

这些联盟并不容易管理——麦肯锡的一项研究表明，70% 的合资企业或正式联盟最终走向解散或未达到预期目标。尽管如此，联盟仍然是处理多样性和共担不确定性风险的首选方式。将约翰·多恩关于人与人关系的一句话套用在组织上，即"如今没有一个组织是绝对的孤岛"。现在每个组织都是其他组织的网络。因此，任何关于结构的讨论都不能只局限于组织内部或组织本身。

专栏 9-8　网络化企业

1990 年，美国佐治亚州的亮通是世界上最大的照明设备供应商，但其竞争对手也不断在赶超。在重新全面审视自身组织结构的过程中，亮通公司意识到工厂并非组织的核心；真正核心的部分是亮通公司的代理商，这些代理商甚至没有受雇于亮通，却创造了所有的业务。由此，一项方案被提出，即创建一个互通的网络，它能够提高代理商的效率和收益，并打破授权商、供应商、代理商和亮通自己的工厂之间的壁垒，使所有人都受益。

现在，计算机已经将授权商、代理商和工厂联系起来。智能辅助设计系统允许产品定制。分销商可以在线查看仓库和工厂的库存，计算机将每份订单的组件直接发送到相关工厂。供应商也被纳入网络系统中，这样即使不能消除库存，也可以大幅减少。

自此，订单的交货时间从 9 天缩短到不到 1 天。6 年来，销售额和利润翻了一番。代理商从中获利，这使他们与亮通公司的联系更为紧密。一个理想化的假设下，如果计算机系统正常运行，那么每个人或许能生活得更轻松、更快乐。

亮通公司将其多样性置于外部，但从内部进行管理。

资料来源：*The Economist*, 6 October 1990.

联盟有三种类型：

（1）**利益相关者联盟**。这类关系是整个增值链中不同主体间的契约关系。它们主要涉及商品和服务的供应商。迄今为止，这些供应商也仅仅被视作供应商。然而，越来越多的公司将他们视为合作伙伴，以便从这种关系中获取更大的利益。公平交易会带来令人满意的行为，可以凭借最低的成本获得质量合格的产品。合作伙伴关系允许合作伙伴超越基准，实现互利。天合汽车安全系统的副总裁总结得很好："我们想要更好的质量，希望他们帮助我们减少库存。我们希望得到关于如何改进最终产品的帮助以及想法。"

与客户结盟也是可能的。制造商不再只是销售产品，而是提供与之相伴的服务，进入客户领域，让产品为客户们提供服务。毕竟这仅是供应商合同的一面。除此之外，每个供应商都有一份客户合同，帮助他们管理库存、重新考虑产品线并进行创新。

与员工结盟是思考劳资关系的另一种方式，这可能比传统意义上的对抗关系更有成效。新工厂的单一工会协议实际上是一种让双方都能从中获得最大利益的联盟。

（2）**财团联盟**。这是一种同一领域内组织之间为了获得共同的服务而结成的联盟，他们自己要么无法提供这样的服务，要么不愿意这样做。行业协会是最古老、最松散的联盟，但其价值往往有限。另一类联盟是一些高科技公司成立的预先竞争性研究联盟，将资源集中起来用于基础研究。1985 年，美国有 40 多个这样的研究财团。此外还有销售财团、保险财团和支持大学或商学院研究项目的财团。

（3）**合资企业**。这些是最新且最多的联盟。1989 年上半年，欧洲成立了 800 多家新的合资企业，而且发展速度丝毫没有放缓的迹象。像东欧这类的新兴市场以及科技创新或全新技术（例如先进的铝合金设计）都是这些联盟的主要推动力，例如，衰老的铝业公司可以与汽车制造商结盟，共同开发铝制汽车。通常情况下，技术会与市场相结合，就像百事可乐的比萨制作工艺与惠特布莱德对英国食品和餐饮市场的经验相结合，在英国成立了必胜客比萨店。

联盟是组织工作的一种方式，也是公司外部的多样性。然而，需要明确区分的是，联盟中的成员是平等的伙伴关系，而不是主仆关系，这种区别非常重要。

专栏 9-9　企业联姻

理查德·沃克和安德鲁·唐克将联盟视为"婚姻关系"。

传统夫妻的关系中，妻子待在家里，丈夫去办公室（反之亦然）……或从企业的角度来说，每个联盟伙伴各自执行独立但互补的任务。

职业夫妻的关系中，妻子出去工作，丈夫也出去工作。两家公司在某些领域中竞争，也在某些领域中合作。法航和汉莎航空两家航空公司合并了彼此的预订、维护和培训等服务功能，但也在争夺客户和航线。

不寻常的夫妻关系中，双方的性格虽然相反却出于同一种原因而结合。大型美国制药商美国氰胺公司与英国的细胞技术公司合作，后者正在研究单克隆抗体，需要前者支持。

双方只是好朋友，即一对没有时间或不想结婚的职业夫妇。从公司角度来说，竞争对手为他们的竞争设定界限并在严格的限制范围内合作。

奉子成婚关系中，婚姻之所以发生，是因为外来者威胁。比利时兴业银行和荷兰银行开始合并以抵御收购，但在收购威胁消失后，合并计划就在完成前告吹了。

9.4 工作设计

9.4.1 简介

即便整体组织的架构设计超出了其掌控范围，每位管理者或监督者也对于他们控制下的工作设计负有一定的责任。工作范围、个人承担的责任或控制程度、个体在讨论和决策中的参与度、监督和控制的方式都是需要深思熟虑的问题。这些问题通常会在**工作扩大化**、**参与**和**授权**等时浮出水面。每个问题都值得讨论，以揭示其中的困境，并帮助我们更好地理解在何种情境下采取这些措施是恰当的。

9.4.2 工作扩大化

工作扩大化的理论和实践在很大程度上是对所谓的劳动的微观分工或

工业工作方法的反应。这些理论和实践也是为实现某些关于工作动机的假设而进行的有意尝试。首先，让我们研究劳动的微观分工方法背后的原理。

（1）如果将工作分解成最基本的单元，未经训练的人员几乎不需要培训就可以完成这些工作。因此，个体工人的不可或缺性降低，无法对管理层施加影响。

（2）工作一旦细分，培训时间缩短，劳动力就更容易被替换。即使工人生病、被解雇或干脆不来上班，生产仍会持续下去。

（3）美国一家汽车厂的人事部门解释说，他们装配线上 70% 的人员流动率并没有让他们感到困扰，因为他们已经对工作进行了相当明确的界定，以至于任何一个普通人都可以在 1.5 小时内学会一项工作。

（4）高度的机械化意味着工人不会感到身体疲劳，因此可以长时间轮班工作。

（5）工作标准化可以确保更好的质量控制，尤其是在与机械节奏相结合时，如在装配线工作。如果工人只专注于一项操作，他可能会成为这项工作的行家里手，并比执行多种任务时表现得更好。

（6）如果工作得到严格定义并与机械节奏同步，生产将更加具有可预测性，也更容易被管理层控制。监督者能够更好地控制一些简单且定义明确的操作，而不是少数复杂任务，因为负责后者的工人知识可能比监督者更丰富。

然而，另一方面，有些人认为并试图证明：

（1）劳动的微观分工可能引起疲劳、无聊、分心、事故和焦虑等问题。这些工作的间接成本反映在损耗、旷工和人员流失上。

（2）单调工作的真正代价是低技能水平的高工资以及罢工和浪费的频发。

（3）中等复杂的任务不易被打断，并激发人们产生完成任务的心理冲动。

（4）与大多数机器不同，人们在可变的工作节奏中比在恒定节奏中工作效率更高。

（5）当工作被过度细分时，个体会觉得工作的简化是对自身能力的一种质疑。

（6）过度的细分工作会使得工人难以将自己的贡献与最终产品联系起来。因此，工人不会采取任何自主行动来纠正明显的缺陷。

（7）过度专业化减少了社交互动或团队合作的机会。大多数人难以忍受长时间被社会孤立。

当工作缺乏多样性时，员工往往会想方设法自行创造它。在汽车装配线上，用车型名称的字母做拼字游戏已成为一种常态。在大规模生产活动中，个体会将任务分解为可管理的部分（例如，我将做 500 个盒子，然后休息一下）。社团活动、琐碎的游戏或仪式都被用来消除工作的乏味。生产线上的扳手、自发的罢工、不可预测的旷工，通常是提供必要的多样性的手段。大规模生产行业的设计师经常遇到的挑战是确保产品设计能够适应流水线生产。此外，有人认为精心设计的工作应该：

（1）允许个体在一定程度上制定自己在数量和质量方面的标准。

（2）允许个体在辅助和准备阶段有一定的控制权，这样他们就不会因为别人的过失而受牵连。

（3）在工作之间存在必要的相互依赖关系，或在压力很大（如危险、噪声或孤立无援）的情境下，允许进行交错工作和工作轮换。

（4）允许个体对所有工作相关的重新设计发表评论和建议。

（5）为个体提供绩效反馈。

基于这些假设，著名 IBM、飞利浦、沃尔沃、壳牌等组织都制定了全公司范围的工作丰富计划并有据可查。在一项分析中，这些例子和其他实例所声称的优点包括：

- 工作满意度提高（22%）。
- 成本降低（22%）。

- 工作质量提高（17%）。
- 产量增加（15%）。
- 单调性降低（14%）。
- 其他（4%）。
- 尚未确定（8%）。

若干组织已尝试放弃或部分放弃传统的流水线生产，以装配站取而代之，由一名员工或一组员工组装整个或大部分产品。例如，一家流水线生产测量仪器的电子公司转向了单元生产。每个工人都被分配了一整台仪器来组装。在许多情况下，这相当于一名员工一周的工作量。完成组装工作后，该员工需要测试仪器，签字并将其发送给客户。该员工还需亲自负责纠正任何可能导致仪器被送回工厂的售后问题。工人们需要花大约 6 个月的时间才能学会组装仪器所需的技能。从长远来看，产量略有增加，但对他们来说更为重要的是，无须检查和质量控制专家就能生产高质量产品，缺勤率和离职率降至较低水平，生产灵活性大大提高，员工的工作满意度也更高了。

这是一个相当引人注目的工作扩大化案例，尽管在其他许多相关案例报告中，类似结果已经重复出现。工作扩大化不必在工作安排上发生如此大的变化，就能实现上述列出的一些结果。

我们可以从这一切中得出什么结论？工作扩大化是现代公司必需的吗？我们可以得出一些一般性结论，但也有一些警告和注意事项需要提出：

（1）劳动的微观分工很容易引发自我实现的预言。单调的工作会导致无聊、冷漠和沮丧，因此即使一开始并非如此，严格的控制和规定的操作也变得不可避免。

（2）对此，组织最好能削弱员工工作中的单调性，因为单调乏味是要付出代价的。把人简化为机器的延伸既不道德也无利可图。很大一部分的人将在整个职业生涯中重复相同的工作。即使他们不寻求工作中的自我实现，至少也会期待工作的多样性。

（3）即使是那些希望工作内容丰富的人，也会期望获得比工作满意度更高的回报。工作内容丰富并不是提高生产力的廉价方法。它的回报体现在员工的士气、工作氛围和工作关系等不太明显的成本上。

（4）巴维拉斯和施特劳斯提到了一个实验，在这个实验中，女工可以控制自己的传送带，结果是显著提高了产量，质量却没有下降。然而，这个独特的计划因为实验组相比于其他小组盈利更多而解体了。为了避免尴尬，管理层取消了"学习奖金"奖励。流水线由此恢复了原先的速度，1个月内，8名女工中有6名离开了。

（5）不是每个人都能胜任扩大后的工作。基于未扩大工作最低标准的选拔系统可能会严重限制工作扩大化计划实施的可能性。在工作扩大化的情况下，选拔和安置通常会变得更加重要。

（6）仅增加责任而不减少工作的单调性是一种不理想的工作扩大化形式。自动化带来了大量工作，这些工作的主要内容本质上就是盯着仪器上的表盘，但如果出现了偏差而不采取行动，后果将很严重。与单调性相关的责任重担可能造成压力。

（7）工作扩大化不是一个一劳永逸的过程。它需要不断自我更新。人类常常会被各种各样的事物所激励并试图将其纳入秩序和体系之中；而这样做之后，我们就会对例行公事感到厌倦。孩子们掌握了一款新游戏后也会感到厌倦。航空公司飞行员要求更精确的规定，结果却发现过度的系统化让工作变得毫无乐趣。

专栏 9-10 激发人们的工作热情

1984 年，帕斯莫尔回顾了所有关于充实员工工作以及那些专注于数据反馈的研究，从员工那里收集关于组织状态的信息，用于协作解决问题。同时，他也关注那些涉及社会技术干预的研究，这些研究调整了组织的技术并改变了工作组织方式以满足员工的需求。他总结道：

（1）让员工参与或提高他们的积极性并不能保证绩效得到改善。其他变量也有影响，包括员工的能力和工作设计。

（2）激发人们工作热情需要他们参与有关调整工作的决策。

（3）试图通过一次调整就改变员工的积极性或绩效通常是做不到的。提高组织的绩效需要整个组织都做出改变。

（4）通常情况下，主要问题不是员工的抵触情绪，而是管理层不愿为员工创造成功所需的必要条件。

资料来源：Pasmore, in Kolb (ed.). *Organizational Psychology*, 1984.

但总而言之，尽管任何工作扩大化的设计都存在缺陷，从长远来看，这种压力是不可阻挡的。工作角色是大多数人身心世界的重要组成部分，因此我们不断寻求更多机会在工作中实现个体价值。教育水平的提高只会加速这一趋势。这些不可避免的压力开始对技术产生影响，并可能最终导致流水线和大规模生产的终结。因为劳勒提出，从单元生产到大批量生产再到流程生产或自动化的连续过程中，趋势将是向着一端或另一端移动，如图 9-1 所示。

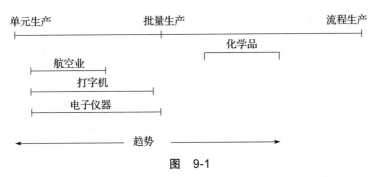

图 9-1

9.4.3 参与

参与有时被视为一种工作扩大化的形式。在有些时候它是一种通过让员工参与某项提案的讨论来获得他们承诺的方式，即如果员工参与了讨论，他们会更关心工作的成功与否。在某种程度上，这种对民主领导的规范近乎是一种文化信仰的结果。很难不同意这是一个"好"词。专栏 9-14 描述了一个极具参与性的群体的工作，被称为"自主工作小组"。第一部分中关于领导力和群体运作的许多讨论都与参与有关。这里所说的参与是指工作中的参与，而不是更广义上"工业民主"的参与。

与许多管理原则一样，反其道而行之（此处的情况是不参与）的后果值得考虑。

例如，从心理学上讲，人们喜欢掌控自己的命运，对影响自己的事实有一定的发言权。用领地的比喻来说，个体喜欢在自己的领地内当主人。如果这个愿望被拒绝，房东将基于合法权利将墙壁涂成某种令人讨厌的颜色，租户可能会被迫接受，但他将不太可能保护这些墙壁，防止它们受损。从心理学的角度来看，他的反应是顺从而非认同或内化。

我们还记得，响应的服从模式需要持续的维持，并且通常只会激发出足够达到最低要求的行为。因此，在涉及个体心理领域的问题上，"不参与"最多只会导致顺从，如果该行为被视为侵犯个体领域，则会导致不顺从或隐蔽的反叛。也不要忘记一个非常现实的问题，即直接参与者的想法和知识可能极具价值——例如，租户可能比房东更了解房子。

拒绝个体参与到关乎其利益的决议可能会付出代价。然而，这并不意味着其反面总是成立的，即"参与就是好的"。第一部分总结了参与方法的一般条件：

（1）参与邀请必须出于真心。当下属认为，参与只是形式上的走过场，而决策早已确定，就会产生"服从"的反应。当他知道无论自己做出什么贡献，最终都会失业时，邀请他参与讨论裁员问题只会导致信任危机。

（2）在所有相关人员看来，问题必须值得投入时间和精力。参与需要时间和精力。如果委任的是鸡毛蒜皮的任务或难题，或者被排除任务之外，同时组织里的成员都意识到了这一点，那么参与所达到的效果将适得其反。总体而言，不影响相关个体的问题总体上不会激发他们的兴趣。同样，如果一个工作组不能有效地控制决定其产出的因素，例如生产线速度是预先设定的，或者机器是由之前的班次设置的，那么在这种缩小的限制范围内的参与将毫无意义。

（3）"合约"必须明确。如果合约要求"小组"做出决定，那么组织必须接受最终的决定结果。如果仅仅需要建议，这一点应该事先说明。

（4）个体必须掌握有效参与工作的技能和信息。

（5）最后，也许也是最重要的一点，管理者必须真正希望员工参与，而不是仅仅因为觉得有义务而敷衍了事。

专栏 9-11　参与的影响——经典案例研究

巴维拉斯通过激励缝纫小组中的女性展开案例研究。他选择了一个平均每小时缝制 74 件织物的小组。他要求成员们设定自己的生产目标。经过大量讨论，她们一致同意将目标定为每小时 84 件，并在 5 天内超额完成。在后来的会议上，成员们设定了 95 件的目标，但未能达成。然后，该目标被降低到相对固定的 90 件。在接下来的几个月里，该小组的平均产量约为 87 件。[①]

20 世纪 40 年代，在弗吉尼亚州的生产男式睡衣、短裤和儿童衬衫的哈伍德制造公司，科赫和弗伦奇进行了一项关于引入新的工作方法的对照实验。实验中，实验组分为三类：（i）由 18 名手工熨烫工人组成的"无参与"组；（ii）由 13 名睡衣折叠工组成的"通过代表参与"组；（iii）由 15 名睡衣检查员组成的"全员参与"组。在每种情况下，工作流程变革的规划都以指定的方式进行。研究结果表明，"全员参与"组重新学习的速度最快；"通过代表参与"组重新学习的速度较慢；"无参与"组通常无法达到其以前的生产标准。[②]

斯坎伦计划是真正意义上的工人参与尝试。工人通过提出建议，并依次开会讨论和评估可能提高产量的创意来参与该系统。部门委员会可以将这些想法付诸行动，下级主管也可以。上级委员会评估全厂的改进措施。

如果进行更改，所有单位成员将共享节省的资金。③

虽然也有例外，尤其是在非常大的组织中，但大多数评估都证明了斯坎伦计划具有显著的技术和经济优势。

① Norman Marci in H. Miffin, *Psychology in Industry*, 1946.
② Coch and French 'Overcoming resistance to change', *Human Relations*, 1948.
③ Lesieur in *The Scanlon Plan*, 1958.

鉴于这些条件，参与通常会增强个体的承诺感——在这一过程中产生"主人翁"心理，即个体往往会对自己"拥有"的事物倍加关心并投入其中。那些关于参与的具体研究（见专栏 9-11）在满足上述五个条件的情况下确实产生了更大的贡献。而将参与作为一种普遍管理风格的研究结果则并不明确——据称，这是因为列出的条件没有得到满足。这种做法只会间歇性地适用，而且这种风格并不总是最合适的。尽管在特定情境下参与总是合适的，但作为一种通用的管理方式，它更适用于"任务文化"。

专栏 9-12 授权的信件

吉姆对增加工作内容可能对职员产生的作用十分好奇，他觉得必须对唯一的下属——他的秘书进行实践。吉姆是一名顾问，由于工作性质，通常每隔一天早上才会到办公室。在此期间，他会规划工作、口述信件并在前两天已打好的信件上签字。他突然想到，如果他让秘书代替他签署信件，那么（a）信件就不必等待两天才能签名。如果需要修改，则最多等待 5 天，（b）他不必在早上花费大量时间重读自己的口述。

因此，他找到秘书罗斯玛丽，建议她等他口述完信件后直接打字、签名并寄出，无须再向他汇报。起初，罗斯玛丽有些不情愿——一想到责任增加，又无法检查自己的错误，她就很担心。然而，经过一番思考，她同意了，因为这会给她的工作增添更多趣味，而且无疑会提高效率。

第二天，星期二，吉姆照常口述信件。在星期四的早上他又回到办公室，这一次，没有像往常一样等待他签名的信件，他对罗斯玛丽的低效率感到一阵恼火，直到他想起了他们达成的协议。他照常口述了星期四的信件，罗斯玛丽对新的程序没有发表任何评论，吉姆决定暂时不去管这些事情。但那一整天，他觉得自己什么都没有做完。他想知道周二的信件写完了吗？它们是否被准确得打出来了——其中有一封信真的相当重要。

那天晚上，办公室关门后，他偷偷地走进罗斯玛丽的办公室，打开了文件，检查了他口述并由她签名的信件副本。

9.4.4 授权

授权是那些被普遍认为多多益善的"好"词汇之一；管理者在被问及此事时，通常认为自己应该更多地进行授权，并希望他们能从上级那里获得更多的授权。那么，问题何在？我们能否对这一工作设计中的重要环节有更深刻的理解？

授权问题的本质在于信任与控制的两难困境。在这种困境下，任何一个管理情境中信任与控制的总和总是恒定的。信任是下属感受到的来自管理者对他的信任。控制是管理者对下属工作的控制。这个恒定总和的含义是：

（a）管理者控制权的任何增加都会减少下属感受到的信任程度（控制 + x = 信任 –x）。

（b）如果管理者希望增加对下属的信任，例如给予他更多责任，那么如果要让人感受到信任的话，就必须放弃一些控制权（信任 + x = 控制 –x）。

专栏 9-12 中的小故事说明了这一两难困境。控制需要成本，但信任是有风险的。这是困境的另一个方面。成本包括监督、检查或控制下属的工作所需要的时间，以及编制用于控制程序的数字、记录者的时间和精力。此外，在存在控制机制的地方，下属往往会依赖它，即把事情压缩到极限，期望如果他做得太过分，就会被拉回来。（例如，如果支付给销售代理的促销费用有限制，销售员会倾向于花光所有钱，而不是对每个情境都做出判断；秘书会依赖老板对信件进行最后的校对；下属会与上级核对他提出的行动方案。）这种依赖控制机制的倾向有助于维持现状，使控制机制长期存在，因为上级发现自己必须使用它，而没有意识到一个自我实现的预言已经在发挥作用。

另一方面，信任是廉价的。信任让上级可以自由地处理其他事务；信任，一旦给予并被接受，就能够培养责任感，从而减少对控制的需求，因为控制在某种程度上变成了自我管理（秘书将她担心的信件交给老板，推销员在疑惑的时候咨询经理）。但信任是有风险的，因为上级要为其他人所做的事情负责，即使其他人的做法可能并非上级本人所选择。信任可能会被错付，信任可能会被滥用。而且，由于信任意味着缺少上级控制，这会让上级感到赤裸裸的孤独（总想知道下属都在做什么），就像一个在孩子们突然间安静时焦虑的母亲的感觉。

真正有效的授权，是带有信任并仅包含必要的最低限度控制的授权。但信任很难给予，因为：

（1）要赋予信任，上级必须相信下属能够完成工作。如果上级之前了解过下属的工作经验和能力，或者这个下属是上级亲自选出来的，那么这一点就比较容易做到，但对于新来的或不了解的下属，上级很难给予信任。

（2）信任的赋予就像在黑暗中的跃进一样，只有先行给予，才能获得信任。这并非陈词滥调。如果上级希望从信任中获益，就必须行动，给予信任并减少控制和约束，然后坐下来静静等待。如果事实证明是错的，她可以撤回信任并调整控制。虽然长期的熟识与共事往往是信任的基础，但下属很难自己实现这一过程。

（3）信任非常脆弱。它就像玻璃一样，一旦破碎就无法完全复原。如果这种信任要持续下去，下属必须始终不负所托。除非在特定情境下明确同意，否则上级不能撤回信任。

（4）信任必须是双向的。如果下属不信任上级，上级单方面地信任下属是没有意义的。

恰当的授权程度，信任与控制的恰当平衡取决于具体情境——风险程度、下属的技能和经验、上级的自信以及她从上级那里感受到的压力。但如果符合以下条件，授权就会变得更顺畅：

（1）上级有权选择或至少有权批准她的关键下属，并且这些下属对她的任命过程有一定的发言权。（这种情境有时出现在任务文化和权力文化中，但在角色文化中很少出现。）

（2）对每个个体的信任范围有明确的界定，并且不会被侵犯。个体必须在这些界定的范围内拥有完全的控制权。（不明确的范围会导致误解，例如，"我认为我有自由裁量权……"）

（3）对目标而非过程进行控制。对结果的控制（即事件发生后）并不违背信任；对过程的控制（即事件发生期间）可能会违背信任。这意味着结果应当是明确的，并且既为下属所知晓，也为上级所了解。

根据上述对信任和控制的讨论，可以明白为什么目标管理在理论上**本该**运作良好，在实践中却经常适得其反。目标管理在最理想的情况下应该是：

（a）对信任范围的一致定义。

（b）对期望结果的一致规范。

（c）由下属发起的行动计划。

在信任与控制的考量之上，结合我们对动机逻辑和目标与绩效之间联系的理解，我们可以得出结论：

（1）目标设定得越高，激励作用就越强，但前提是个体认为这些目标是可以实现的。

（2）个体在设定目标过程中的参与度越高，他就越有可能觉得这些目标是属于自己的，并致力于实现这些目标。

（3）如果奖励与实现目标的绩效挂钩，个体会将目标设定得很低，以确保获得奖励。

（4）为了验证他的预期是否准确，个体需要了解结果，即需要反馈信息。

如果任何目标管理方案满足上述所有理想条件，它就会成为一种授权和有效提高绩效的工具，但是，如果它用于：

（a）强加目标于员工；

（b）控制工作方式而非工作成果（例如工作时间、与员工的关系、安排工作的方法）；

（c）作为奖励绩效加薪的依据。

那么该计划可能会被视为一种控制机制，并表明上级对于下属的信任等级较低。这很可能导致计划的效果**大打折扣**或者至少无法达到最佳绩效水平。

9.4.5　自主工作组

自主工作组是将参与和授权相结合并应用于整个群体的实践方式。两者的条件也都适用。正如几十年前英国达勒姆煤矿开采研究中所证明（见专栏 9-13）的，当条件满足时，自主工作组可能会成效显著。然而，对于这种影响会持续多久却存在一些疑问。例如，在霍桑实验中取得的结果并未得到维持。在艾哈迈达巴德的另一项研究中，4 年后管理策略发生了重大变化。可能是由于被试者体验到了一种新的工作方式，成为管理和研究关注的焦点，这种感觉可能会显著提高士气和产出（霍桑效应）。更有可能的是，随着时间的推移，一些条件将不再得到满足。例如：

（1）工作方式和标准产出可能会变得如此规范化，以至于参与工作方式和产出的决策不再合理，或者，任务也不再复杂到需要投入过多的"E值"。复杂性通过系统化的推进得到解决，随后成员也就逐渐失去了兴趣。（参与，条件 2。）

（2）相比于成为指挥员所需的能力，小组领导者可能更不具备成为代表和协调员的能力。（参与，条件 4。）

（3）合同在未明确告知事实的情况下发生变更，例如由于原材料的质量发生变化或客户要求的提高，或者时间限制和质量容忍度的提高，都可能在未征询或涉及小组意见的情况下对他们的工作施加新的工作限制。（参加，条件 3 和条件 5。）

（4）小组成员可能会发生变化，而新人不愿意参加。（参与，条件 5。）

（5）管理层可能会发生变化，新的管理层不相信小组有设定自己标准的能力，因此将开始检查小组的程序。（授权，条件 1。）

（6）该小组有一次明显的失败。（授权，条件 3。）

（7）结果未向小组公布，或者任务已被重新定义，因此无法明确衡量小组的绩效。（授权，条件 7。）

自主工作小组的最大风险在于，它们可能会形成与组织目标不一致的规范和目标。小组已经显现出可以深刻影响其成员的个人行为和态度的能力，尽管现有的研究总是描述小组与组织目标相协调的情境，但显然始终存在自主小组滥用信任和放松控制的可能性。相比于个体而言，"在黑暗中的跃进"授权给小组，即愿意放弃控制并完全依赖信任，这样的行为在涉及团体而非个人时是更加困难的。初始的复杂性带来的激励可能很快就会消失，参与变成了例行公事而不再是一种挑战。于是，管理层随后引入控制，对下属自主的信任相应减弱，自主工作的实验也就此宣告失败。

专栏 9-13　达勒姆研究

在两年的时间里，埃里克·特里斯特和他的同事在达勒姆煤矿的同一地点、使用相同的技术，研究了两种不同形式的工作设计形式的结果。第一个系统是传统的长壁开采组织，这是一种半机械化系统，包括自动采煤机和用于装载煤炭的传送带。在旧的手工系统下，每班由两到三人组成小组，可以用一个长达 200 码[⊖]的单面来代替许多短面。在长壁系统中，有 40 名人员分成三个班次工作，这些人员被分配到一个特定的任务组，并由主管负责各组之间的联络。一个组或一个班次的延误会影响其他组和后续班次。每个小组分别领取工资。

第二种系统被特里斯特称为"复合系统"，它融合了旧式小组手工方法的许多特征。这些人具有多种技能，并能在不同角色间转换。该小组负责其成员的任务分配。还有班次轮换，因此没有人被固定在某一特定的班次或任务上，报酬是根据整个 40 人小组的总体产出来计算的，通常是等额平均分配。以下是两种工作设计的不同结果：

	传统系统	复合系统
生产性成就（煤矿工作方面的潜力百分比）	78.00	95.00
辅助工作（每班工作时间百分比）	1.32	0.03
存在周期滞后缺勤的班次百分比（可能的班次百分比）	69.00	5.00
没有给出原因的事故	4.3	0.4
病假	8.9	4.6
意外事件	6.8	3.2
总计	20.00	8.2

资料来源：Trist, Murray, Pollock, *Organizational Choice*, 1963.

专栏 9-14　自主小组

工厂内部和传统意义上的工厂并不一样，更像是杂乱地摆放着机器和桌子的仓库。设备、人员和零星的奇怪盆栽植物似乎随意地散落在这座 10 000 平方英尺[⊜]的巨大建筑中。工厂的另一端甚至还有一个排球网。

《波士顿环球报》的温迪·福克斯描述了她对一家拥有 180 名员工的工厂的访问，该工厂按照"团队管理"的方法生产印刷电路板模块。这里没有传统的流水线，而是由 10 个团队负责接收原材料、组装电路板和运输成

⊖ 1 码 = 0.914 4 米。

⊜ 1 平方英尺 = 0.092 903 平方米。

品材料，每个团队有 18 名成员，按照他们认为合适的方式组织工作。

工人们自己制定工作时间，计划自己的时间表，检查自己的工作，并对每块电路板承担起小组责任。没有时钟，没有保安，没有质量控制员且每名员工都有工厂的钥匙。

工厂经理表示，新的工作方式将组装一块电路板所需的时间减少了40%，将废品率减少了一半，生产出的完美产品数量增加了一倍。

但他补充道，这个系统并不适合每个人，"它是具有威胁性的。我们不需要那么多人，个体并非在自己擅长的领域上不断提升，而是通过增加所掌握的技能数量来变得更好"。或者，正如一位顾问不那么积极的评论，"如果你所做的只是周一洗勺子、周二洗玻璃器皿，那确实算不上是一种充实"。

资料来源：Morgan, *Creative Organization Theory*, 1989.

9.5 总结和启示

9.5.1 总结

我们研究了**组织结构的设计**，并认识到了在标准化的一致性压力与多样性压力之间寻求平衡的必要性。正如第 7 章所述，总的结论是，通常需要一个结构分化的组织，这种组织有时分散化，但并非总是如此。此外，我们还讨论了**多样性管理**的问题，包括如何将文化与结构相适应，如何决定权力的平衡与定位，以及如何处理**外部多样性**。在个别管理者的职责范围内，**工作设计**是重点，特别是要关注工作扩大化、参与和授权的可能性和所面临的挑战。

专栏 9-15 质量圈

质量圈起源于 20 世纪 50 年代的美国，是创造性自主群体的一个实际应用。这种概念传入日本，并在30年后又再次传入欧美。据估计，每九个日本工人中就有一个参与了质量圈活动。

质量圈是一个由具有共同区域责任的工人**自愿**组成的群体。他们通常每周见面一次，在公司时间到公司场所讨论他们的质量问题。他们分析原因、提出解决方案并采取适当的行动。这个过程不是自发性的。质量圈通常需要指导这些小组学习如何有效地开展工作。沟通技巧、测量技术和解决问题的策略需要纳入他们的学习计划中。

运用质量圈的企业进行了多种尝试。在一个大型组织中拥有一百多个质量圈并不罕见。然后，最重要的是，管理层必须认真对待他们，采纳他们的建议或解释为何不采纳。无视质量圈的建议和疑虑无异于扼杀质量圈的生命力。

9.5.2 启示

大部分启示已在各自的章节中详细说明，但还有一些一般性的反思需要提及：

（1）随着组织规模的扩大，跨国公司的激增，整合问题及其成本也随之增加，而且直观来看要求一致性的压力也在成倍增加。尽管在某些资本密集型行业中，规模的扩大可能是必要的，但没有明确证据表明规模大就是最佳选择。在盈利能力方面，许多规模最大的公司排名并不靠前。这不禁让人怀疑，是否真的存在一致性的压力，是否应该给予多样性和差异化更大的自由度。管理的复杂性可能被过分重视，因为组织往往对自己的系统和成果同样自豪。与之相反，组织理论认为组织应该采取的方向是更多的信任、更少的控制，更多的多样性、更少的一致性，以及更多的差异化、更少的系统化。

（2）在工作扩大化、授权、使工作更具挑战性等方面所列举的一连串成功必需条件，可能会让最坚定的理想主义者也感到气馁。这将是一种遗憾。尽管并非所有人都会通过工作来实现自我价值，但我们中的大多数人大部分时间都在工作中度过。如果工作可以变得更令人兴奋，如果组织能够从减少缺勤和员工流失方面获益，如果个人可以因为提高生产力而赚取更多收入，并且组织只需要更少的人员来产生更多的产出，那么长期来看，所有人都会从中受益。

然而，参与、工作扩大化、授权和自主等理念往往会给员工和管理者带来过高的期望，期望破灭所带来的幻灭将使双方变得愤世嫉俗。正确理解实现这些理念的困难和成功所需的条件至关重要。我们必须意识到，我们对复杂性和简单性的渴望是交替出现的，以至于原本丰富的工作可能会简化到单调乏味。没有停滞不前，只有不断前进两步，以防万一需要后退一步。这至少可以让那些望而却步的管理者专注于消除工作中的负面因素。单调乏味、压力、不必要的模糊性、重复检查和对手段的过度关注等在所有活动中都可以在一定程度上减少。随着这些消极因素的减少，低士气、高员工流失率和高缺勤率的成本也会有所降低。赫茨伯格为了追求最佳的激励效果，会将此归为"保健因素"，而非"激励因素"。许多组织需要反思的是，即使他们不能把所有的马都变成冠军，但他们至少可以把马厩清理干净。

第 10 章

政治与变革

10.1 引言

组织并非机器，尽管有些管理者希望组织是一台机器。组织是人组成的群体，因此会像其他群体一样行事。它们在权力和资源之间相互竞争，存在观点和价值观的差异，优先级和目标的冲突。有人希望通过变革改变现状，而有些人则愿意安定下来过平静的生活。压力团体和游说活动层出不穷，小圈子和秘密团体林立，竞争与较量不断，个性冲突与联盟纽带交织。

如果不是这样，反而显得奇怪，如果任何人假装在某个理想世界中不存在这些差异，便是愚蠢至极！实际上，如果群体希望持续适应外部世界，不断变化持续发展，那么这些差异或许至关重要。无论是个体还是组织，变革都是生存的必要条件，而差异则是这场永无止境的改进探索中不可或缺的因素。管理者面临的挑战是如何驾驭这些差异带来的能量和动力，使组织不会分崩离析，而是得以发展。没有政治，我们便无法实现变革；而缺乏变革，我们终将凋零衰败。

因此，我们不应感到惊讶，处理差异占据了管理者最多的时间和精力，而且还并非总能妥善解决。在一项研究中，当被问及过去几周中遇到的最大问题时，无一例外地，管理者们都没有提到决策问题，而是提到了那些未能顺利运作的人际关系或失败的互动。

另一项研究则发现：

（a）87% 的中层管理者认为，冲突很少得到妥善处理，只要冲突出现了，管理者处理起来总是力不从心。

（b）65% 的管理者认为，组织内最重要的未解决问题是群体间的竞争、缺乏合作以及沟通不畅。

（c）53% 的管理者表示，如果他们能改变上级的一种行为，那他们会选择帮助上级认识到中层管理中存在的尔虞我诈的沟通问题。

这些回答意味着分歧已经恶化成冲突而非竞争，演变成了糟糕而非正面的政治斗争。本章的论点是，竞争是有益且积极的，而冲突则具有破坏性和危害性。关键在于要阻止竞争恶化为冲突，并尽可能地将冲突转化为竞争。当冲突关乎权力并演变为政治时，这一转化尤其困难。只有在理解了良性竞争和破坏性冲突之间的区别后，管理者才能主动引导差异以创造有益的变革。

"管理变革"这一说法可能过于理想化，因为它意味着管理者不仅清楚变革的方向和实施方法，还能说服其他人一同努力。而"培育变革"则是一种更为务实和合理的观念，它代表着一种成长的态度，强调的是引导而非控制，是学习而非指导。一个不断变化的组织应该是那些利用差异促进自身进步的组织，它们将内部政治视为一种红利，将员工视为与众不同且各有价值的个体，因为他们既合理地存在差异，又在差异中发挥着有益的作用。

因此，本章将依次探讨如下问题，包括：**竞争**和**冲突**、冲突演变为政治的**成因**和**策略**、将冲突转化为变革的有益战略，并最终聚焦于**引导变革**的问题，以期使差异成为一种积极的优势。

10.2　竞争

10.2.1　积极特征

（a）**竞争确立标准**。东欧某国的一位经济学家曾被问到，为何他们要在这个小国建设第二座石油化工综合体，毕竟从规模经济的角度来看，建设一家大型综合企业更为合适。他回答说，他们已经意识到，通过与竞争对手比较来确定生产效率和效能的适宜标准，承受较小规模的非经济性往往更为划算。若没有竞争，这些标准只能由中央政府单方面制定。对于缺乏比较基础的复杂技术而言，这一做法并不现实。政府通过引入竞争，制定了一个高于最佳表现的标准，从而获得了可靠的标准，并削减了中央官僚机构，这一举措带来的益处远超因规模经济丧失所造成的损失。

对于任何级别的管理者来说，最困难的任务之一都是设定适当的绩效标准，包括产出、成本、努力程度和效率等。比较的基础不可或缺。然而，如果没有竞争，唯一可用的依据往往是去年的数据。但很多时候，这些数据本身就不够理想；往往有太多理由可以让我们放弃将这些数据作为制定标准的依据。因此即使引入竞争可能会扭曲合理的结构，在经济上也可能是明智之举。

（b）**竞争激发和调动能量**。群体和团队都能从竞争中受益。在每个相互竞争的群体内部：

- 成员们对群体的认同感更为紧密，忘却了个体差异，接受共同目标。
- 群体氛围会变得更加以任务为中心，对个体心理需求的关注减少。
- 群体结构会变得更加严密、更加高度结构化、更具"组织性"。
- 群体会要求成员们给予更多的忠诚和支持，开展更有目的性的活动。
- 竞争会鼓励群体更具创造性和创新性。

竞争不仅赋予了群体成员共同的使命感，还有助于将他们的精力引向同一个方向；竞争可以通过提升团队和任务的重要性来改变他们的心理契约，从而在总体上释放出更多的努力和精力。

竞争可以同时激励群体和个体。在竞技的挑战下，体育运动更令人兴奋。竞争是一种检验自我、发掘新才能或新能量的方式。竞争通常是社会和个体变革的核心，因为它可以刺激人们开展更高层次的活动。阿德勒认为，竞争以及环境中的共同威胁是建立友谊和良好关系的基础。

（c）**竞争具有筛选作用**。竞争会产生优胜劣汰，这是竞争最明显的特征。整个市场经济体系都依赖竞争来区分优秀生产者和劣质生产者，高效和低效的经营者。如今，越来越多的组织也开始呈现出市场的特征。不同的供应商或顾问为争取合同而竞争，甚至在组织内部，不同的团队或项目组也可能被要求在新产品的创意上展开竞争（见专栏 10-5）。这样，组织就能更有把握确保其拥有的是最佳创意，而非仅仅是一个令人满意的创意。

10.2.2　前提条件

在每一场竞争中，乍一看，失败者比胜利者多。若情况果真如此，那么制定标准、激发活力和优胜劣汰所带来的益处，将被失败者的怨气所抵消，甚至有过之而无不及。然而，这并非必然结果。一切都取决于竞争是开放的还是封闭的。

专栏 10-1　马拉松或赛马

近年来马拉松的流行可能源于这样一个事实：与赛马不同，每一位完成比赛的参赛者都觉得自己是赢家。每位跑步者都在与自己赛跑，创造新的个人最佳成绩。的确有总冠军和特定类别的胜者，他们设定了终极标准，为比赛增加了可信度，但真正的马拉松比赛是一场每个人都获胜的比赛。这与赛马不同，在赛马中，只有前三名才有意义，其余都是"陪跑者"。此外，有趣的是，围观的大众会赌马，但他们却会支持马拉松参赛者，并承诺向他们的慈善机构捐款，这也是另一种开放式的竞争。

封闭竞争有时被称为零和竞争。一个人的胜利是以另一个人的失败为代价的。只有一份招标合同，只有一个投标人可以中标。有一块蛋糕可供各方争夺，但其中一方若想增加自己的份额，必然只能以牺牲其他方的利益为代价。

当不存在固定数量时，就出现了开放竞争，即并非从固定数量中进行的竞争。各方都能增加自己的收益，分得更多的蛋糕。一方可以在不以牺牲另一方为代价的前提下获得更多的蛋糕。因为有足够的、甚至无限的蛋糕，各方都可以尽其所能地获取。

封闭竞争会导致讨价还价或所谓的"分配"关系。组织中的封闭竞争，比如对固定且有限资源的竞争，比开放的竞争更有可能演变成冲突。比如，当所有能产生一定回报率的新投资都有资金可供使用时。

在大多数情境下，客观地看，竞争**可以**是开放的。这场游戏**可以**这样解读，即最终每个人都**可以**分到更多的蛋糕。然而，在大多数情境下，相关各方似乎都决意将其视为封闭竞争。这其中的原因是什么呢？

部分原因是，将竞争视为开放竞争往往需要长期的时间跨度，并假定竞争对手会采取合作而非冲突的行为。在短期内，利益蛋糕的大小是固定的。要增加蛋糕的数量，就意味着在短期内需要合作。另外一部分原因是，人们更容易在封闭的竞争中看到谁是赢家，而对于很多人来说，赢得比赛比所获得的成果更为重要。

归根结底，无论比赛在客观和实际上是开放的还是封闭的、是正和的还是零和的，都无关紧要。重要的是竞争各方的主观感知。这就造成了"先有鸡还是先有蛋"的争论。开放竞争有助于形成健康的协作竞争。但是，如果一开始就没有协作的态度，那么开放竞争就不太可能发生。（从这一角度解读，我们可以理解在某些劳资谈判中，管理层和工会采取的明显弄巧成拙的策略。）

因此，开放式竞争能够用来引导能量、设定标准并实现差异化。争夺资源和设施的竞争不必演变为冲突。对晋升、认可或奖励的竞争也不一定会成为有害的冲突。但是，要使竞争充分发挥其对生产力的作用，必须满足三个条件：

（1）它必须被认为是真正开放竞争，即每个人都有最终获胜的机会，人人都有足够的蛋糕（见专栏 10-1）。

（2）仲裁的规则与程序必须公正且适当。若裁判有失公允或规则不明，合作便无从谈起。

（3）竞争成败的主要决定因素必须掌握在参赛者手中。若他们失败，只能归咎于自身。

如果不满足这些条件，竞争将被视为封闭竞争，即"赢者通吃"，或者不公平，或者两者兼而有之。在这种情况下，竞争者要么（a）如果奖品值得争取，就诉诸冲突策略。要么（b）退出，即竞争没有激发出更多活力。

尽管竞争的益处仍然存在，但它们现在将带来冲突或退出的成本。理想的情况是，能够在不附带任何成本的情况下收获竞争的成果。

在大多数组织中，要满足富有成效的竞争条件是颇为困难的。只有在技术含量低、多样化、发展迅速、资源充足的任务型组织中，这些条件才有可能得到充分满足。在大多数组织中，资源或机会都不是无限的，各个团体也不可能完全控制影响其成功的各种变量。例如，技术可能规定他们必须从组织的另一部分获得输入，而这些输入的费率和价格是他们无法影响的。

因此，如果任其发展，竞争很可能会在组织情境中产生冲突。于是需要采取后文所述的管理策略，这些策略至少能遏制潜在冲突，并限制竞争成效的成本。

专栏 10-2　零和考试

多年来，英国学校大多数科目的考试体系都采用标准参考模式。从本质上讲，这意味着每年考官都会将中等学生的分数作为当年的基准，并将 A、B、C 和 D 等级与之关联。这一做法初衷是好的，旨在对那些难以精确界定及格标准的科目实现公平评价。然而，其效果却是将考试变成了一场封闭竞争，其中必定有一定比例的学生会失败，即便所有人都比往年表现得更为出色。因此，并不意外的是许多能力较差的学生觉得不利因素在他们身上叠加而选择弃考。如果转向依据标准设定的考试模式，打破了以往固定的等级界限，那么考试系统就会转变为更加开放的竞争。

10.2.3　权力竞争

权力竞争值得单独讨论。当"政治"被贬义地提及时，通常指的就是这种形式的竞争。这种形式的竞争是合理且富有成效的，还是破坏性的、出于自私动机且有害的呢？我们应该容忍、鼓励还是禁止它？对这些问题的回答取决于上述已经列出的三个条件和具体情境的要求。

竞争是"开放"的吗？权力的资源是无限的吗？这将取决于权力的类型和组织状况。通常来看，资源和职位权力是有限的。只有少数人能够占据金字塔顶端，掌控资源。然而，专家权力和个人权力却通常是人人可得的。每个人都有机会提高个体声望或专业能力，从而增加组织中的权力资源储备。唯有在剥夺了他人权力的情况下，局面才会演变为零和博弈，成为一场封闭的竞争。

规则是否明确？在角色型组织中，获得职位权力甚至专家权力的规则可能比其他文化中更明确。而在权力文化中，这些规则通常非常模糊。

参与者是否能控制重要变量？通常一开始是这样的。这个游戏的目标是将更多变量置于自己的控制之下。只有在裙带关系盛行的权力文化中，某些人，比如老板的儿子，才会具有初始优势。

除非该组织正以极快的速度扩张，或者存在巨大的管理缺口，否则权力资源就会受到限制。因此，竞争将是封闭的，而非开放的。此外，如果竞争规则不明确，竞争就可能产生冲突。此时，组织将不得不重新审视这类冲突的成本和收益。

　　权力竞争通常不会直接有助于组织的任务。在这种情况下，为追求内部权力所释放的活力和设定的标准并不是理想的结果。事实上，这种做法往往会分散组织的核心业务。竞争剩下的唯一好处是"筛选"。如果在选拔或晋升时区分个人或团队的表现对组织很重要，那么或许值得付出冲突策略的代价（将在后文详细描述）。若选拔或晋升是基于达标表现而非追求最优，那么成本－效益分析会表明，权力争夺并不符合整个组织的利益。

　　然而，政治是一种现实存在。个人有自己的个人利益，或是怀揣着希望被组织采纳的价值观与目标。在所有文化中，都存在着施压集团与阻挠集团，他们或是追求共同利益，或是捍卫自身权益。扎莱兹尼克巧妙地区分了联盟与勾结，其中勾结本质上是防御性的，而联盟则更具建设性。由于个体单打独斗难以取得成效，因此如果要推进自己的观点、利益或偏好，或者至少不被忽视，那么结盟或勾结就变得至关重要。权力竞争本质上是"封闭的"，一个群体权力的增加就意味着其他群体权力的减少。冲突的种子根植于此。联盟将挑起相互勾结的报复行为，人们会将精力投入到冲突中，以求生存或获胜，而不是推进组织目标的实现。因为大部分权力都集中在高层，所以联盟的重要性也在那里体现得最为显著。试图独断专行的管理者扮演的是一个危险的角色。正如马基雅维利指出的，许多没落的工业巨头也会承认，除非得到联盟的支持，否则身处高位者将日益孤立。"戴冠之首，难安其位。"由于担心自己的地位，他将不信任任何人，通过转移关键人物来摧毁潜在的危险的联盟，将可能的对手置于身边并使之分化，行为愈发专断独裁，实则采取的策略无益于组织最佳利益，甚至可能为最终的"宫廷政变"提供合法性。

　　权力竞争几乎总是演变成冲突。

专栏 10-3　组织政治

　　在全面回顾组织中的权力和政治时，明茨伯格列出了以下政治游戏：

　　对抗权威的游戏：叛乱游戏——破坏上级的意图。

对抗阻力的游戏：反叛乱游戏——更多的规则、规章和惩罚。

建立权力基础的游戏：

- 赞助游戏——把自己拴在有用的**上级**、明星身上。
- 联盟游戏——寻找有用的**伙伴**。
- 帝国游戏——建立**下属**联盟。
- 预算游戏——获取**资源**控制权。
- 专业游戏——炫耀和假装**专业知识**。
- 领主游戏——炫耀自己的**权威**。

打败对手的游戏：流程部门与职能部门之间的游戏——发生在各个单位或职能部门之间。

改变组织的游戏：

- 战略候选人游戏——向对手告密。
- 少壮派游戏——关键反叛者的飞地。

明茨伯格认为，如果适度使用，这些策略中的大多数都能对组织产生积极的影响，使组织保持警觉和活力。然而，如果过度使用，它们就会将整个组织变成一个政治旋涡，使其偏离主要任务。

资料来源：H. Mintzberg, *Power In and Around Organizations*, 1983.

10.3 冲突

10.3.1 症状

在探讨冲突的根源之前，我们必须先识别冲突的症状。组织冲突的症状包括：

（1）横向与纵向沟通不畅。根据错误信息做出决定。团队 A 可能不知道团队 B 正在处理同一问题的另一部分。同一部门内的两个层级在同一问题上可能朝不同方向推进。

（2）团队间的敌意和嫉妒。通常通过以下表述体现出来：

"A 部门只关心自己的工作流程是否顺畅……"

"B 部门完全不知道……"

"如果不是 X 部门的人……"

"他们从不告诉我们任何事情……"

"他们指望我们凭直觉知道……"

"他们似乎总是在向总经理进言……"

（3）人际摩擦。通常来自不同团队的个体之间的关系会变得冷淡而正式，问题似乎围绕着人和个性变得两极分化。

（4）仲裁升级。越来越多的团队间冲突被提交到交汇结点进行仲裁。随着逐级的上司接连为各自的利益相关方辩护，交汇结点在组织层级中也变得越来越高。原本只是文员之间关于信贷撤销而产生的问题，最终却演变为财务总监和市场总监之间的对峙，需要由总经理来解决。

（5）规章制度、规范和虚构事件的泛滥。做任何事情都变得越来越困难，因为一不小心就会违反某人的规定、既定做事方式或基本许可。

（6）士气低落，表现为对效率低下的沮丧。"我们似乎无法推动任何事情……""在这里尝试创新没有用……""你会认为他们不希望任何事情发生……"

在冲突情况下，这种挫折感大多指向组织的高层。

这些症状几乎在每个组织中都会时不时地出现。它们是竞争转变为冲突的直接结果。如果不对潜在的问题进行处理，仅仅治疗这些症状是无效的，治标不治本。用膏药可以暂时掩盖脓疮，但若脓疮成因是更深层的疾病，实则是养痈遗患，另一个脓疮还会从其他地方冒出来。

通常情况下，面对沟通不畅的问题，组织会采取更多沟通手段作为回应（如召开会议、发行内部刊物、传阅文件等）。但如果潜在问题没有得到解决，那么这种补救措施只会使问题复杂化，最终会被弃用（不需要的内部刊物早已堆积如山）。如果人际摩擦是主要症状，那么仅仅将相关人员聚在一起、参加培训或调离岗位，都只能产生短期的缓解效果。潜在的冲突仍然存在，并会以其他方式表现出来。因此，正确区分症状与根源的诊断，是妥善处理冲突的关键。

10.3.2　原因

冲突的原因有各种各样的列举和分类。争论受挫、竞争加剧可能是直接原因，但它们都源于两个潜在的根本性问题：

- 目标和意识形态。
- 领地。

目标和意识形态。当两个或多个群体因目标、优先事项或标准不同而进行互动时，冲突便很可能随之而来。各单位的相互依赖程度越高，其目标和意识形态之间的关系就越重要。意识形态是一套关于行为方式、标准和价值观的信念体系。例如，有研究表明，员工群体往往坚定维护控制与规则体系的完整性，而管理层人员则更倾向于灵活性，并希望拥有超越规则与条例的自由。其他意识形态差异还包括灵活性与稳定性、组织目标与社会需求、短期与长期。具有权力导向的个人和团体，其目标和意识形态将与角色导向的个人和团体截然不同。

当出现以下情况时，目标与意识形态之间就会产生摩擦，有时甚至是冲突：

（1）**正式目标的分歧**，例如销售和生产困境。通常，销售部门以销售额、出货量、总产量或类似的指标来衡量自身表现。而生产部门主要关注的是成本，可能表现为与预算的偏差或每单位销售成本。销售部门更关注客户满意度，而生产部门则关心最优化的生产计划。因此，销售部门会认为有必要为了满足客户的特殊要求而做出特殊安排，这可能涉及不经济的短期生产、计划外的加班，甚至打乱工厂的正常工作流程。而生产部门则会根据其目标而对这些特殊安排持反对态度。

没有一个答案能满足所有人的全部需求。为了大家的更大利益，每个人都可能需要稍做让步。妥协有其自身的道德准则，但并不容易实现。为了实现整体最优，需要：

（a）就上级目标（如利润）达成一致。

（b）就实现该目标的替代方法进行沟通。

（c）信任另一方。

（d）双方都可能受益。

若这些条件未能满足，潜在的目标冲突便可能出现。此时，每一方都坚持自身的优先事项是完全合理的。就如同刹车与油门同时被踩下，会产生很多噪声且进展甚微。（值得强调的是，仅仅诉诸上级目标——组织利益、盈利能力等——是不够的，这一目标必须得到双方的认可，同时，还需有一致的决策方法来权衡不同备选选项，并具备做出决策所需的信息。）

（2）**角色定义的分歧**，这可能会导致目标冲突。咨询部门通常认为自己的职能是产生新想法，这是它们存在的理由。而忙于日常问题的执行部门则更关注稳定和现状。因此，业务部门因其保守性闻名，而咨询职能部门则以创新为傲。审计和咨询职位通常具有专业性质，例如质量控制、会计和法律岗位。他们拥有专业规范或专业参照群体，可以提供一组除了组织目标之外的优先事项。制药公司的医疗部门在其作为公众良知的角色和作为市场营销部门的服务角色之间摇摆不定。

（3）**契约关系不明确**。强制执行的协调与请求进行的协调将受到不同的看待。检验员是在帮助主管，还是为工厂经理服务？信贷控制部门是销售部门的助手还是财务总监的监督者？如果契约不明确，各方可能会有不同的理解，从而导致目标冲突。对角关系容易产生这种模糊性。分行会计师是为分行经理工作，还是为总会计师工作？他是客人、警察还是家庭成员？各方对他们的效忠对象和关系的看法将影响他们对优先事项和目标的看法。

（4）**角色是同时存在的**。一个部门可以既是服务部门，又是协调部门。在前一个角色中，他们可以根据个别部门的要求采取行动。在后一个角色中，他们可以根据总经理的要求采取行动。对于其他参与者来说，当前的角色可能并不总是明确的。此外，一个角色可能会包含另一个角色。昨天协调你的人，今天能为你服务吗？

（5）**存在隐含目标**。一个单位或群体的正式目标可能掩盖了一些更为深层的真实目标。通常，这些隐性目标涉及对更多资源的分配、在决策中发挥更大的影响力或提升地位的渴望。例如：

（a）正如施特劳斯在他对采购代理人的有趣研究中表明的那样，那些感觉未得到应有认可的专业人士会开始动用他们的负面权力。

（b）如果一个部门觉得其影响力与形势的需求不成比例，便会通过动用其负面权力来谋求更多影响力。劳伦斯和洛希指出，当每个部门的影响力与竞争因素一致时，冲突就会减少。因此，在他们的更高效的集装箱公司中，客户交付和产品质量至关重要，销售和生产是最具影响力的部门。相比之下，在需要市场专业知识和良好科学知识的食品行业，销售和研发是最具影响力的部门。

（c）塞勒的研究表明，在一个组织中，如果研发部门的声望高于工程部门，而工程部门又高于生产部门，那么只要遵循这种等级顺序，就不会发生冲突。但是，如果地位较低的部门（例如生产部门）开始对其他部门提出要求，就会产生冲突。

（d）道尔顿和施特劳斯在各自的研究中都表明，当支持部门感知到自身与业务部门存在地位不平等时，支持部门必须全面理解生产线上所有问题，与其和谐相处并证明自身存在的合理性，反之职能团队则会产生不满，并试图强制双向互动。

避免或控制这些冲突的方法将在后面讨论。我们目前关注的是诊断，而不是治疗。任何对冲突的系统性诊断都应从分析冲突双方在不同角色下的真实目标和意识形态开始。诊断还应密切关注领地状况，这一表述既具有字面意义，也富有隐喻色彩。

领地。罗伯特·阿德里在他的著作《领地法则》一书中阐述了领地观念的重要性。许多动物行为的动力源自领地性，这种欲望驱动它们去占有、获取或维护领地及其权益。在这本引人入胜且通俗易懂的书中，他提出领地原则不仅适用于动物，也适用于社会（见专栏 10-4）。延续阿德里式的传统，我们将领地原则延伸到组织领域。然而在此情境下，领地的界定将更多地从心理层面而非物理层面进行。个体的心理领地即其影响力范围。领地仅是一个隐喻，一种类比，但它颇具实用性。接下来我们探讨领地的几个方面：

（a）领地所有权部分由契约（如组织架构图、职位描述）赋予，部分是源于先例、通过占据或宣示主权来确立的。

（b）领地的边界以各种方式界定。在物理层面，通过隔断、办公室、独立建筑等形式；在程序层面，通过委员会成员资格、流通名单等途径；在社会层面，通过聚餐群体、非正式群体、办公室里的地毯和其他身份标志来界定。这个隐喻的含义是：

领地被其居民珍视。他们不愿轻易放弃，也不会任其过度拥挤。

有些领地比其他领地更有价值。

擅自闯入会遭人厌恶。唯有受邀方能进入他人领地。

人们可追求扩张或优化自有财产，即便这会对整个社区的邻里构成损害。

我们无须过度引申这一比喻，但不妨停下来思考一下，领地在组织中如何成为冲突的源头。

领地侵犯。当一个人的职责范围被其他团体夺取或侵犯时，往往会引发报复和冲突。比如，当总部的某个部门质疑或否决分支机构的一项决策时，分支机构可能会认为这是对其领地的侵犯。同样，如果一个专业部门开始做出原本属于业务管理者权限的决策，这也将被视为对领地的侵犯。

专栏 10-4 领地的必要性

领地是指一片空间区域，无论是水域、陆地还是空域，动物或动物群体会将其作为专属保护区来捍卫。这个词也被用来描述生物拥有和保卫此类空间的内在冲动。因此，领地性的动物物种指的是其中所有雄性（有时也包括雌性）都具有一种获取并保卫专属领地的固有的内在驱动力……

我们也可以说，在所有领地性物种中，无一例外，拥有领地都能为拥有者带来更大的能量。动物行为学的研究者们无法就其中的原因达成一致，但挑战者几乎总是败下阵来，入侵者被驱逐出境。从某种程度上讲，领地所有者在其领地上似乎获得了一种神秘的力量和决心。但同样地，入侵者受到的抑制是如此明显，他的入侵意识是如此明显，以至于我们不禁怀疑，在所有的领地性物种中，是否存在比简单学习更深刻的东西，即某种对领地权利的普遍认同……

人类……与在清澈明亮的加州夜晚歌唱的知更鸟一样，都是领地性动物……如果我们捍卫对土地的所有权或国家主权，所持理由与低等动物并无不同，一样是与生俱来的、根深蒂固的。狗在主人家的篱笆后面冲你吠叫，其动机与主人建造篱笆的动机别无二致……人类、狗和知更鸟在自然界中都不是什么罕见的生物。环尾狐猴和大凤头潜鸭、草原犬鼠、知更鸟、老虎、麝鼠、草地鹨和大西洋鲑鱼、篱笆蜥蜴、扁蜥、三棘鱼、夜莺和挪威鼠、银鸥和树鼩——所有生物都会为了自己的领地付出一切。在不断进化的动物世界中，领地性可能是一种比性更古老的力量。

资料来源：Ardrey, *The Territorial Imperative*, 1967.

若某群体对属于另一群体的信息提出要求而非请求，就会被视作未受邀的侵扰。

诸如人事部门，常因领地侵犯的指控而备受困扰。为了履行职责，他们需要获取信息，并试图在经理最为珍视的领地——其下属的晋升与调动的信息与决策中施加影响。为了捍卫领地权利而采取的战术大致相当于在领地周围设置围栏。这些战术将在随后的章节中更详细地讨论。

人满为患。在很多情境下，太多的人做太少的工作。打个比方，一片土地上有太多的动物。解决方案之一是扩大土地面积。在一个组织内，这只能以牺牲其他群体的利益为代价来实现。对于那些与环境打交道的群体，例如市场营销部门，理论上可以从组织外部获取领地，即扩大市场份额。然而，这种方法必须由组织中的高层人士发起和支持。

对于所有新晋升的管理者来说，关键问题是：你从哪里获得你的个体领地？从管理者现任职位蕴含的权力中，或是从你的下属手中获取这一领地是很容易的。有胆识的管理者会将现有领地移交给下属，并将自己的工作视为整个群体领地的扩大。获取领地的机制很简单。管理者可以从以下方式中选择：确定自己的利益范围，指定某些特定的问题或客户由自己负责，决定自己必须在特定委员会上代表群体，确保所有收到的邮件在分发前都由自己查看和筛选，重新定义下属的工作。

过度拥挤导致挫败感，使人把精力投入到保护个人领地，并在可能的情况下扩大之。这一现象常在结构重组后出现，因为个体需要探索与其新职位相关的新领地。

领地嫉妒。正如一群牛贪婪地盯着另一群牛的放牧地，组织中的群体也会对其他群体或个体的领地虎视眈眈。特别是：

（a）办公室大小、餐厅、车辆、秘书等显而易见的社会地位标志。要找到一种被普遍接受的方式来分配这些领地需求是不可能的。虽然每个人都认为地位标志并不重要，但它们往往是受人珍视的影响力或地位的明显标志，并因其象征价值而变得重要。

（b）信息嫉妒，即渴望知晓栅栏后面发生的事情的感觉，是组织的另一个常见特征。所有群体都认为他们被排除在上级群体可获得的信息之外。这种情况往往确实存在，但很少达到他们所认为的程度。一位经理与其同僚开完持续三小时的会议后，可能会对下属说会上没有任何有趣的事情发生。他很可能说的是实话，但他大概不会被相信。我们渴望他人园中的果实，直至品尝后方知其酸涩。

（c）内群体现象。群体擅长提升其领地的吸引力。正如费斯廷格在他的认知失调理论中指出的那样，越是难以得到的东西，得到后我们就越珍惜。最为高耸和最难攀登的山峰最受珍视。群体越小和越排外，准入门槛越高，学徒期越艰难，我们就越珍视成员身份。那些加入群体的人会变得更有凝聚力，更认同群体，更积极和坚定地保护其利益和不可侵犯性。所有这些的结果就是增加了进入该领地**本身**的竞争——领地或群体本身的意义或目的几乎无关紧要。英国大学的私人会所、美国的兄弟会、大英帝国时期的俱乐部，以及阿斯科特的皇家赛马围场，都是这种领地的典范。一般来说，如果你想让你的团体令人向往，那就得让它难以进入。

"领地"和"角色"通常是描述同一现象的两种隐喻。选择你认为最吸引人的那个。隐喻只是诊断的辅助工具。

10.4 冲突的策略

10.4.1 冲突原因

冲突各方所采用的许多策略与先前所列的别无二致，其中一些策略本身便是新一轮冲突的种子。因此，在某些冲突分析中，这些策略会被视为原因。然而，它们并非首要原因，因为其根源深植于更为根本的冲突之中。以下列举了主要的策略。

10.4.2 信息控制

信息赋予权力。面对显而易见的事实，即便你心存疑虑，也难以辩驳。掌握着完全反驳下属建议的重要数据的管理者，专业部门拒绝在关键会议前分享数据，"机密"和"限制"的过滤，委员会的各个层级，这些都是控制信息以保护领地或目标的可能方式。由于在任何讨论中，差异化信息本身就是冲突的根源，因此这种策略往往会加剧冲突。

下属或专家群体的"守门人"功能使得信息控制成为增加影响力或扩大领地的一种非常有吸引力的策略。管理者面对的是一个表面上看似简单明了的提案，而这个提案所依据的细节或技术性问题他并不熟悉，他往往只能接受该提案或表达他对下属或专家的不信任。事实上，除非他征求外部意见，否则他将无法对该决策产生任何实际影响，而这样做又可能破坏信任和士气。信息控制的运用已将决策的主要影响力转移至"守门人"之手。

10.4.3　信息扭曲

信息控制被不当使用即构成信息扭曲。但这并非总是有意为之的。任何角色都会产生的认知偏差可能会导致信息的无意识扭曲。专家、工匠、工程师可能过于关注质量或性能标准，以至于忽视了成本和效益等方面的信息，或者只是粗略地关注了一下。许多组织在提出新设备的建议时往往没有对预期的效益做出任何评估。因此，在做出决策时仅考虑成本和质量的认知偏差在无意识中扭曲了所需的全部信息。

10.4.4　规则制度

那些感到其影响力被忽视的团体，尤其是专业团体，会试图将规则、规章和官方要求强加于其他团体。中央办公室的某个新部门大量印发表格，通常就是运用这种策略来引起人们对其存在和重要性的关注。上文提到的施特劳斯对采购代理的研究就是一个很好的例子。克罗齐耶在其对法国官僚机构的研究中表明，在组织中，一边保持自身的自由一边制定约束他人的规则是获得政治地位的公认途径。

10.4.5 网络

对规章制度的应对策略是建立非正式的联系、联络人，比如调度部门的朋友，他们会帮助你绕过正式程序，并预先提供信息。在更高层次上，利用"朝中有人"，即有影响力的保护者，是利用非正式渠道保护自身利益的又一个例子。这些非正式渠道的集合很可能成为一个非正式的小圈子，小圈子认为这些联系对于完成工作至关重要。虽然有组织的规定，他们也会视而不见。虽然这些小圈子通常出于好意，但很容易形成自己的"领地"并对其保护有加。整个部门结成非正式联盟共同对抗敌人的情况也时有发生。

10.4.6 奖励控制

业务部门的员工往往会通过拒绝晋升为业务专家或拒绝采纳专家的建议来反击职能部门的策略。如果专家滥用专业知识或职位权力，那么业务部门的资源权力通常优于职能部门的职员的权力，这时业务部门的资源权力就会发挥作用。

10.4.7 诋毁或谣传

在冲突情境下，人们会有一种强烈的去指出对方群体缺点的冲动。为了发现对方的缺点，甚至会去重复对方的部分工作。

10.4.8 冲突后果

持续使用任何这些策略的结果是：

（a）冲突"强硬化"，冲突因各方的每一种策略都不断遭到其他策略的反击而持续下去。

（b）信息的扭曲和控制，各种检查和壁垒都助长了敌意和猜疑。

（c）合作退化为讨价还价。

（d）滥用个体和群体的能量。

10.5　冲突管理策略

10.5.1　冲突管理目的

为了限制这些策略造成的损害，任何管理策略的目的都将是：

（a）将冲突转化为有益的竞争或有目的性的辩论。

（b）如果做不到上一点，则控制冲突。

10.5.2　从冲突到竞争

如果以下情境得到满足，有益的竞争就更有可能发生：

（1）团队或组织拥有明确且共同的目标。若缺乏共同目标，个体就实际上被赋予了在规则框架内寻求自身利益最大化的权利。此时，管理层就不得不通过调整规则来开始规范竞争，即转向策略（b）。太多的行业领袖在组织内部推行集中管理的计划经济的同时，却鼓吹开放市场的好处。解决办法是使群体聚焦于共同的任务，或者让组织沉浸在一套共同的价值观中。正如我们在第 4 章中所看到的，曼特认为优秀领导者是建设者而非掠夺者，建设者们更倾向于与他人共同努力，专注于"第三个角度"——共同任务。而彼得斯和沃特曼在分析美国企业卓越性时指出，当组织对自己的目标和价值观有清晰认识时，竞争可以蓬勃发展并结出硕果（见专栏 10-5）。

（2）目标进度的信息是可用的。如果信息系统只着眼于控制而非结果，只侧重于时间管理、成本和预算而非成就，那么宣扬"顾客至上""更高标准"或"盈利能力"等理念将无济于事。个体是现实的，他们会通过反馈的类型来判断这一任务的实际目的。例如对于那些声称注重孩子全面发展的学校，如果其绩效信息仅限于学业成绩，那么将很少有教师愿意在学术教学之外付出更多努力。信息必须与目标相匹配，即便是软性信息，比如鼓励生产工人满足客户需求。

（3）系统不会惩罚失败。在大规模马拉松式的开放竞争中，无论个人还是群体，都在与自我较量，同时也与他人竞争。全力以赴即是所能期待的最高境界，尽管某些人的最佳表现可能优于他人。富有成效的竞争将激励冒险精神，并接受诚实努力后可能的失败结果。唯一的错误在于未曾尝试。在这样的环境中，无人必须承受失败之痛，信任、合作与互助的氛围更易形成——这种行为模式在优秀的体育团队中很常见，但在正式组织中却难得一见。

专栏 10-5　组织市场

彼得斯和沃特曼指出：

- 3M、福陆公司、德州仪器和贝克特尔公司为希望被分配到项目团队的人员设立了内部市场。
- 宝洁公司的旗下品牌之间存在竞争。
- 在美国数据设备公司、惠普、3M、强生和 Wang 等公司中，部门和产品线之间存在有目的的重叠。
- 在布鲁明戴尔百货公司，买手和时尚协调员为争取货架空间而竞争。
- IBM 鼓励多个群体竞相解决同一问题。

他们说，内部竞争虽然在重复工作上会花费金钱，但在承诺、创新和实际结果等方面会产生多重效益。看来，竞争似乎在组织内外都有效。

资料来源：Peters and Waterman, *In Search of Excellence*, 1982.

从某种意义上说，这套管理策略或许可称为"生态控制"，它通过创造协作互动的环境来发挥作用。这些条件很少能够实现，通常是因为我们没有足够仔细地设计生态系统。

10.5.3 控制冲突

然而，并非总能合理安排生态系统，并确定角色和关系以确保合作。因此，管理者被迫采取策略（b），即控制和调节冲突。这种策略往往是最佳的短期解决方案，但遗憾的是，长期生态策略却常常被忽视或遗忘。调节冲突在某种意义上是承认并合法化了冲突，因此延续了冲突。冲突调解策略包括：

（1）仲裁。利用组织中最低交汇结点来解决冲突。这种方法仅在冲突明显且具体时才有用，在偶发或持续性冲突中不太有价值。

（2）规则和程序。这些通常是通过协商达成的，例如关于信贷程序或调度的规则。它们很容易成为谈判筹码，不会被视作解决方案，而是另一种制约因素。当冲突反复出现且可预测时，这些规则和程序就很有用，但不应被视为永久解决方案。

（3）协调装置（"问题封装"）。在组织结构图中设立一个职位来解决冲突。这个职位通常以其需要解决的问题的名称命名（因此被称为"问题封装"），例如"销售 / 生产联络员"或"新产品协调员"。然而，劳伦斯和洛希在整合研究中表明，如果过度使用这种协调方式，即当这种手段是由虚假冲突所导致而非情境中固有的协调需求所导致时，这种手段只会使沟通复杂化并增加冲突。问题解决小组的既得利益在于维持他们所要解决的问题。因此，这种手段不适用于偶发性的冲突，但在冲突压力持续不断但又不可预测，无法通过规则和条例预测和处理的情况下，这一手段是有用的。

专栏 10-6 抵御专家

佩蒂格鲁列举了业务主管用来阻止对他来说不受欢迎的专家报告的常用手段:

(1)直接拒绝。专家及其报告被不予考虑地驳回。这需要主管具备权力和自信。

(2)"束之高阁"。报告被称赞但随后搁置而未被使用。专家对这种赞扬心存感激,可能不会强求使用。

(3)动员政治支持。主管呼吁志同道合的同事给予支持。

(4)细节战术。对事实或解释提出轻微异议,以质疑报告并拖延实施。

(5)情感策略。"你怎么能这样对我?"或"对我团队的人"。

(6)但是未来……报告适用于当前情况,但在(假设的)未来可能无法实施。

(7)隐形人战术。当需要讨论时,主管总是无法到场。

(8)需要进一步调查。将报告退回以便进一步研究。

(9)替罪羊。其他人(例如总部)不会喜欢这份报告。

(10)转移注意力。主管将注意力转移到他有足够知识来反驳专家的地方。

资料来源: Pettigrew. 'The influence process between specialists and executives', *Personnel Review*, 1974.

(4)对峙。这一技巧深受那些坚持组织沟通应"公开透明"者的青睐。如果问题能够清晰界定,且并非更深层次分歧的表象,此策略便能发挥效用。这种方法类似于仲裁,但比仲裁更为可取,因为它能够让双方"拥有"并"内化"解决方案,而不是由仲裁者强加给双方。对峙或小组会议可以在很大程度上增进对他人观点的理解,但它们不能完全取代生态系统的观点。一个有趣的对峙变体是哈里森最近提出的**角色协商**。在角色协商中,冲突双方通过协商和交换行为项目(例如,如果你停止做 Y,我就停止做 X)来减少冲突。它大大减轻了冲突的痛苦,特别是在人与人之间,尽管它可能仍未触及潜在的病根。

（5）分离。如果互动增加了情感的深度，分离则能够冷却情感。此策略在因任务性质而无须任何相互依赖时有效。若相互依赖不可或缺，则需设法管理互动，或通过协调装置，或借助规章制度。分离策略在两组群体偶然发生互动且冲突时最为奏效，即当他们恰巧同处一地时。如果冲突的真正根源在于两个性格不合的个体，无论是因为人格特质，还是更常见的双方在特定情境下的相对地位不相称，那么这种策略也很有效。此时，将两人分开，比如调任其中一人，可能成为一种有效的策略。然而，人际间的摩擦往往是冲突的结果而非其原因。若是如此，那么仅仅将个体分离只会带来暂时的平静，很快又会有两个新的矛盾个体出现。

（6）忽略。这不是一个理想的策略，却常常在**没有更好选择**的情况下被采用。忽视冲突，往往是因为表面上的起因显得微不足道，这只会让冲突稳定下来，甚至使冲突永久化。就像杂草一样，如果任其不管，被忽视的冲突会扼杀富有成效的工作。

10.6 引导变革

10.6.1 差异与变革

矛盾的是，差异对于变革至关重要。如果没有竞争的冲动，没有意见分歧，组织就会要么处于冷漠状态，要么处于自满状态——在不断变化的世界中，这两种状态都是衰败的催化剂。变革不再意味着更多，或有时更少地重复相同的事情，它通常意味着完全不同的事情。

就在科学家们逐渐认识到自然界不存在平衡状态，一切都在变化之中的时候，我们发现了组织中非连续性变化的现实，正如赫拉克利特两千多年前所指出的那样。此外，化石证据表明，进化并不是以缓慢而稳定的步伐发生的，而是通过巨大的跳跃、不连续的变化使我们从一种状态突然过渡到另一种状态。

因此，在组织中，如果政治手段旨在颠覆不再适宜的现状，那么它也可成为佳音。但是，在事情发展到那一步之前，或者在死亡逼近、迫使组织采取行动之前（这也是敌意收购为数不多的正当理由之一），最好是将分歧导向促进成长和积极变革的方向，同时始终记住，企业可以在不扩大规模的条件下发展得更好（见专栏 10-7）。

引导变革的机制说起来容易，但执行起来却很难，就像本书的大部分内容一样。

专栏 10-7　更大或更好

万物皆有其适当大小。

生物学家常言，老鼠具备成为老鼠所需的一切。大象需要体型庞大，但对蟑螂而言，长得与大象一样大并无裨益。

我在加州遇到了一位葡萄酒庄园主人。他告诉我，他正在设法从他的产品中榨取每一分钱的利润，"以便尽快发展我的酿酒厂"。我问："你打算扩大规模？"他回答说："哦，我不想变得更大，我想变得更好。"要做到这一点，他需要更好的设备、更好的葡萄藤、更好的员工——而不是更多。

10.6.2　总体目标

如果存在共同目标，冲突就会变成竞争（参见本章第 10.5.2 节）。然而，这些目标必须对相关人员重要，并且它们必须促进开放竞争而不是封闭竞争。例如，"底线"这一指标除了董事会以外并不能激励太多人，因为董事会将其视为衡量公司效率的标准。它应该是达到其他目的的手段，而不是目的本身。事实上，把手段转化为目的，或将要求转化为目标，是一种逻辑错误，往往也是道德上的错误。我们需要利润来创造或去做其他事情，而那个"其他事情"应该为我们提供共同的目标。

然而，如果你不知道何时实现目标，那么目标就无关紧要了。组织需要建立反馈机制，以便每个人都知道目标已经实现。戴明是教导日本人质量是工作和组织的意义所在的人（见专栏 10-8），但他也坚持认为质量必须能够被测量，或者至少被负责创造质量的人所认可。在马拉松比赛中，每个选手都戴着手表，以便检查自己的进度——而不是让别人检查他们的进度；若有可能，竞争应尽可能自我评分。

诸如"成为第一"或"行业中最成功的公司"之类的目标无法通过反馈测试。它们与个体或群体的关系不够迅速、直接或可衡量。这些陈述是值得追求的目标；但它们并非真正的目标。

10.6.3　实验尝试氛围

踏入未知世界并不是可以完全预先计划的事情。创造力和实验尝试是必不可少的，在组织中鼓励这两者的最佳方式是培养健康的、开放的竞争。个体，更常见的是团队应该获得许可，尽其所能（a）改进现有工作，（b）探索新的实施方式，（c）开拓全新领域。罗莎贝斯·莫斯·坎特在她对变革组织的研究中，用"新流"（新兴创新流）来描述大型组织的创造性项目，以区别于"主流"（主流创新模式）。她总结说，这些新兴创新流的特点是高度不确定性、高强度和高自主性。它们并不适合所有人，但每个组织都需要它的新兴创新流和新业务线。

变革必需的实验尝试氛围在好奇、宽容和信任的氛围中蓬勃发展——这三个词都具有强烈的政治色彩。

（1）**好奇**。即提问的冲动和权利，提问为什么和为什么不，这很容易被主流管理者视为无礼而不屑一顾。好奇心必须得到尊重。

（2）**宽容**。在实验尝试情境中，有些实验会失败。只要人们能从失败中吸取教训，他们就必须得到宽容。如果他们受到惩罚，竞争就不是开放的而是封闭的，犯错误的风险将太大，就不会再有人进行进一步的实验。因为有些实验一旦失败就会造成灾难性的后果（"他差点把我们公司一半的净资产借给巴西"），所以大多数组织都试图限制新兴创新流中允许的实验尝试规模。

（3）**信任**是实验尝试氛围的第三个要求。如果个人和群体要有空间进行实验，他们就必须得到信任。为新兴创新流挑选人才至关重要。由于给予信任意味着赋予权力，因此这是一个关键的政治决定，需要由整个系统的负责人来做出。

只要违反上述三个要求中的任何一个，就很容易使新兴创新流边缘化。这样做会危及公司的未来。

10.6.4 共享和隐私

组织在其最佳状态下充满了矛盾——"既要……又要……"。一个致力于变革和改进的组织没有秘密，但非常尊重领地。要使任何想法或倡议的竞争真正开放，就必须有充分而坦率的沟通。新技术对此很有帮助，是因为现在很难阻止信息（无论是硬性信息还是软性信息）跨越正式的权威边界。电子邮件和语音邮件就像水一样，无孔不入，找到每一个缝隙，渗入无法流动的地方。它们对实验和创新有很大的帮助。

同时，我们都需要一些属于自己的领地。新兴创新流的项目团队拥有突击队式的名字，他们有自己的制服（如今通常是印有标志的 T 恤），以及自己的行话。这很正常，正如我们在本章前面看到的。对于我们的身份和承诺来说，归属感以及对想法和倡议的所有感是必要的。

然而，领地周围的界限不能太大，否则会妨碍分享。重要的是，每个人都应该认识到他们是两个实体的成员，即他们自己的家庭小组和更大的组织。认识到这一点的组织会尝试找到鼓励各组之间互相祝贺的方法，一种相互夸耀的方式，它既可以庆祝，也可以与他人分享。还有一些组织会让人们在不同的组织之间流动，或鼓励人们加入多个新兴创新流小组，以防止对小组的忠诚适得其反。

专栏 10-8

戴明关于管理变革的十四点要求：

（1）树立持续改进产品和服务的目标。

（2）接受新的理念。我们正处在一个新的经济时代。

（3）停止依赖大规模检查来实现质量目标。

（4）停止以价格为基础的授标方式。

（5）不断完善生产和服务体系。

（6）开展在职培训。

（7）建立领导力，帮助人和机器更好地完成工作。

（8）消除恐惧。

（9）打破部门之间的壁垒。

（10）消除要求零缺陷的呼吁和目标。

（11）取消工作标准，消除以目标和数字为基础的管理，用领导力代替。

（12）消除阻碍工作自豪感的障碍，例如年度评审或业绩评级。

（13）制定充满活力的教育和自我提升计划。

（14）变革是每个人的工作。

这可以说是一场马拉松的准备！

资料来源：Aguayo, *Dr Deming, the man who taught the Japanese about quality*, 1990.

10.6.5 执行

让创意迸发是一回事，将之转化为行动之火，或用组织术语来说，使新流成为主流是另一回事。

新兴创新流的活动几乎总是任务文化和个体文化的混合体，主流创新模式则是权力文化和角色文化的混合体。两者不易融合；那些在实验尝试气氛中感到高兴的人在执行阶段可能会感到被束缚。

专栏 10-9

约翰·克里斯和罗宾·斯金纳研究了心理健康家庭的特征。约翰·克里斯认为，组织可能也是如此。例如：

（1）在非常健康的家庭中，尽管最终决策仍由父母做出，但父母会大量征求孩子的意见，如果父母觉得他们必须做出不受欢迎的决定，孩子们也会尊重他们的决定。

（2）这些家庭中没有禁忌或秘密，因此他们的沟通极其开放，他们对彼此以及对家庭目标的理解都非常清楚。

（3）这些心理健康的家庭有很强的独立性和对个性的尊重，允许成员享有尽可能大的自主权。

资料来源：J. Cleese 'People love to learn-so let them', *World Link Magazine*, 1991.

幸运的是，很少有人是单一文化论者，只崇拜一个神。在任务文化中，常常有像狄俄尼索斯一样扮演宙斯的角色，也有像阿波罗一样，一段时间内被雅典娜的智慧和任务文化所迷住的角色。虽然这些角色可能不是现有的领导者或有影响力的成员，但在主流中实施其创新的群体内部很可能就有必要的关键角色。

然而，只有当组织已经由小型组织组成，而不是以传统的金字塔职能为基础时，才有可能让实验小组负责执行。幸运的是，这似乎正是未来组织的发展方向。

理查德·帕斯卡尔将成功组织的公式总结为"契合、拆分、竞争与超越"。他的意思是，首先，必须有良好的文化契合度，组织不能仅仅是控股公司。既然如此，组织应该被划分为其他公司可以做的部分和它的核心业务以及核心竞争力部分。然后，为了保持事物的发展，需要有竞争、健康的竞争，这些竞争被一个超越性或全面性的目标所维系。他引用了通用电气、福特、本田和通用汽车等大型公司的例子，展示了这一公式在实践中的应用。

在他观察这些大型组织的时候，发现它们无一例外地都拥有一个权力文化的宙斯式人物坐镇顶端，即便如福特公司的唐·彼得森，也不过是用谦逊掩饰了自己的权力。这是必要的，因为只有权力文化能够超越角色文化的主导倾向，后者倾向于通过改变规则和程序来改变事物。要改变权力格局，你需要有权力。归根结底，若我们将政治定义为权力的竞争，那么它便是一个健康组织中不可或缺的要素——关键在于，胜出的必须是正义的一方！

10.7 总结和启示

10.7.1 总结

本章开篇即探讨了竞争与冲突这两个主题，这两个主题通常在组织中被笼统地称为"政治"。我们认为，竞争是有潜在好处的，但前提是不要演变为冲突，尤其是为权力而战的狭义政治冲突，尽管在某些情境下，这种冲突可能是必要和有益的，例如，为了改变一个不变的组织中的权力平衡。

我们接着讨论了冲突的症状、原因和策略，并列举了管理冲突的各种策略。其要点在于：任何活跃的组织都必然蕴含冲突的种子，这是其应有之义，因此忽视或希望消除冲突则是不明智之举。

最后，我们看到，适当引导竞争是变革的核心所在。

10.7.2 启示

差异在所难免，差异也值得肯定。同样，变革也是不可避免的，应该正确地视其为成长或学习。一个好的组织总是在学习和成长（变得更好，不一定更大）。无论是个体还是组织，我们都不应该等到被迫变化时才行动，因为那时的变化是仓促的、不愉快的，而且常常超出我们的控制。正如俗语所说，我们应该"学会拥抱变化"，或者更积极地说，"学会保持进步"。

　　这种动态变化总是面向一个不确定的未来，因而无法由顶层规划或规定。无论多么聪明的人，都不是无所不知的。变革必须来自内部，源自对竞争和实验、领地和信任、沟通和健康冲突等概念的正确理解。从这个意义上说，每位管理者都需要有政治思维。

Chapter 11

第 11 章

管理者

11.1 引言

定义管理者或者他的工作内容，从来都不是一件容易的事。不过，"管理"这个概念还是很有用的，它是资源等于产出的模型中缺失的自变量"x"。然而，这个"x"，即重要的精确特性，在不同的方程式中往往会有所不同。因此，对管理者或管理者角色的定义往往过于宽泛，以至于毫无意义，或者过于刻板，从而成为背景的一部分。当听到这些定义时，我们说"是的，当然"，然后就不再理会了。

在一家公司举办的一次系列管理研讨会的开幕式上，我问大家是否对管理者的基本工作内容达成了一致。他们几乎异口同声地说，"做决策"是管理职能中关键的部分。因此，我们同意在一周后的下次会议上，每个人都要准备一份说明，描述作为管理者的他们在这一周内做出的最关键决策，然后我们将分析他们做决策的过程。设想，如果能改进他们的决策能力，我们就能提高他们作为管理者的能力。然而在第二周的会议上，一群尴尬的管理者面面相觑。其中一位说："上周很奇怪，不知怎么的，我似乎没有什么决策要做。"其他人都松了一口气，都说他们也有同感。又一个关于管理者的刻板印象不攻自破！对于一位管理者，他的职责核心当然不仅仅是"做决策"，这甚至不是他的主要职责。

管理者是做什么的？在本章中，我们将首先了解**管理者的职位**描述和定义，然后再考虑管理者角色中特别重要的一部分——**作为全能管理者**，之后再探讨一些特定的**管理困境**，最后但同样重要的是，关于**作为个体的管理者**的讨论。

11.2 管理者的工作

11.2.1 管理者的工作形态

一位销售部现场经理一天到晚忙个不停，对此有人评论道："他一件事接着一件事，没个消停。"对大多数管理者来说，**简洁、多样**和**零碎**似乎是家常便饭。格斯特研究过一组领班，结果发现他们平均每天要处理 583 起事件。罗斯玛丽·斯图尔特研究了 100 名管理者后发现，在四周内他们每人平均只有 9 个时间段不受干扰，每个时间段只有半小时，还不到每隔一天一次。明茨伯格研究发现，首席执行官们似乎都有所谓的"10 分钟棘手问题"的困扰：所有的事情，包括案头工作、参观工厂或办公室，似乎都是以平均约 10 分钟安排的，除了预定的会议，尽管这些会议平均而言也只持续略超过 1 小时。

管理者是受虐狂吗？还是这份"关键人物"的工作本身要求这种生活方式？答案是两者似乎兼而有之。罗斯玛丽·斯图尔特很好地将管理者的工作描述为由**约束、选择**和**要求**组成（见专栏 11-1），并评论说，虽然有些工作主要关注必须完成的任务（满足需求），但其他工作则更多地关注在众多选择中决定做什么（做出选择）。前者要简单得多。明茨伯格在研究了五名首席执行官后得出结论，他们确实非常喜欢忙碌的互动生活，因为这样能让他们保持与现实的联系。

专栏 11-1　工作的形态

如罗斯玛丽·斯图尔特所说，工作在对个人的约束、选择和要求的平衡方面各不相同，尽管个体在调整这种平衡方面有一定的自由度（例如，通过抵制约束）。

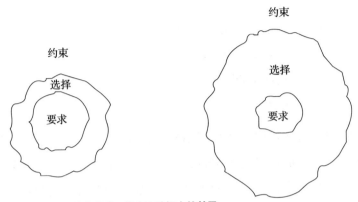

约束

选择

要求

约束

选择

要求

两份工作在要求、约束和选择上的差异

约束包括：资源限制，物理位置，别人的态度和期望。

选择包括：工作是如何完成的，完成了什么工作。

要求包括：最低业绩标准，不能忽视的程序。

资料来源：Stewart, *Choices for the Manager*, 1982.

11.2.2　管理者的角色

问题（如果是问题的话）在于角色。几乎任何管理者都有多种角色可供选择，这可能导致角色过载和角色压力，又或者说，这可能也是一个可以在不断变化的剧情中扮演所有角色的机会。明茨伯格发现了管理者扮演的10种角色：

- 人际关系角色：名誉领袖（领导）。

  领导者。

  联络者。

- 信息角色：监督者（行政）。

  传播者。

  发言人。

- 决策角色：企业家（解决问题）。

  干扰处理者。

  资源分配者。

  谈判者。

我将它们更为通俗的描述分别用括号标注了，一方面是因为这样更容易被记住，另一方面也是为了强调，"管理"包括领导、行政和解决问题。它既不是这些角色中任何一个的同义词，也不是它们的反义词。例如，专业组织并不会使用"管理者"这个词，而是倾向于使用"高级合伙人"或"主管"等词来表述，以及"财务主管""常务秘书""首席书记"或"代理人"来描述行政角色或解决问题的角色。这是因为他们传统上将专业领导角色与行政或解决问题的角色区分开来。只有企业使用"管理"这个词，并试图将所有角色结合起来。这既是问题所在，也是机遇所在。

不同职位的角色组合各不相同。高层职位的"领导"角色占比更大，一线主管职位"解决问题"角色更多，而中层职位不可避免地承担着行政和信息的角色——但每个职位都包含这些角色的部分内容。组织的规模也必然会产生一定的影响。小型组织的高层职位更多的是混合型职位，而在大型组织中，更多的是大量信息型职位（见专栏 11-2）。

随着组织内部文化的变化，工作中角色的平衡也会发生变化。角色文化将拥有信息含量更大的职位。领班级别的权力文化中将需要更多决策角色的职位，而在高层则需要更多地承担人际角色。

每个职位都与其他职位不同。这似乎是显而易见的，但其影响却难以接受。这表示每个职位中，这十个角色的组合都会略有不同。也就是说，在一项工作中以一种组合方式取得成功并不能保证在下一项工作中也会成功。这意味着期望未来的领导者从优秀的问题解决者做起，并最终成为优秀的行政管理者可能是不切实际的。组织和个人还没有认识到"管理者"这个词含义过多,因此它可能是一个非常令人困惑的职位头衔。

专栏 11-2 小型企业与大型企业首席执行官工作的比较

	小型企业 3 位总裁 6 天观察 乔兰的研究	大型企业 5 位首席执行官 25 天观察 明茨伯格的研究
每天的活动次数	77	22
案头工作		
每天的次数	22	7
时间占比	35%	22%
平均时长	6 分钟	15 分钟
电话会议		
每天的次数	29	5
时间占比	17%	6%
平均时长	2 分钟	6 分钟
计划好的会议		
每天的次数	3	4
时间占比	21%	59%
平均时长	27 分钟	68 分钟
未计划的会议		
每天的次数	19	4
时间占比	15%	10%
平均时长	3 分钟	12 分钟
考察		
每天的次数	5	1
时间占比	12%	3%
平均时长	9 分钟	11 分钟
平均时长 <9 分钟的活动占比	90%	49%
平均时长 >60 分钟的活动占比	0.02%	10%
每天处理的邮件数量	17	36
来自下属的邮件占比	54%	39%
来自同行的邮件占比	2%	16%

（续）

	小型企业 3 位总裁 6 天观察 乔兰的研究	大型企业 5 位首席执行官 25 天观察 明茨伯格的研究
来自供应商和秘书的邮件占比	24%	8%
与下属口头联络的时间占比	56%	48%
与客户口头联络的时间占比	7%	3%
与供应商和秘书口头联络的时间占比	31%	17%
与同行和行业协会口头联络的时间占比	0.2%	11%
与董事和联合董事口头联络的时间占比	0%	12%
与其他人口头联络的时间占比	7%	8%

资料来源：Mintzberg, *The Nature of Managerial Work*, 1978.

11.3 作为全能管理者

11.3.1 职责

明茨伯格没有强调从医学领域引用的全科医生这一角色，但它是其他 10 个角色都依赖的基础角色，也是本书真正的立足点。管理者就像全科医生一样，是首先收到问题的人。然而，在处理这些问题时，无论他选择扮演何种角色，都必须首先（像全科医生一样）判断它是不是一个问题，如果是的话，又是什么样的问题，然后才能采取行动。换句话说，他必须：

- 在任何情境下识别症状；
- 对问题进行诊断，找出病因；
- 决定如何处理，即制定健康战略；
- 开始治疗。

诚然，他可能在这些阶段中的任何一个阶段都希望得到专家的帮助或第二种意见。事实上，好的管理者往往是那些认识到自己需要专家帮助，并且不排斥寻求帮助的人。但每个阶段的**责任**都在于当阶段的管理者。

就像生活中的许多真实的事情一样，这句话往往简单得让人觉得毫无意义。然而，这种情况却时常发生：

（1）我们治病不分主次——士气低落时就用动员令打气或举办派对来应对，沟通不畅时，则通过召开情况通报会或发行内部期刊来解决。

（2）无论病因如何，处方都是一样的——就像人们常说的"无论什么病一律用抗生素治疗"一样。管理层常常通过"重组部门"或"参加培训"来解决企业问题。有一句话在管理学中和在医学中一样适用：找专家就是找治疗方法。这本身并不一定是坏事，只要已经做出了正确的诊断。这就是现场管理者的工作。

11.3.2 症状

这些**症状**是什么？在管理情境下，它们会以问题的形式出现。这些问题可能是如士气低落、团队间争执、人际敌对等普遍性问题，也可能是特定的实例，如库存短缺、投标报价的灾难性失误、货运有缺陷等。管理者需要做出判断，判定问题是偶发事件，还是更深层次隐患的征兆。但是，如果管理者对问题的直觉反应不是"这是谁的错？"，却问"这里有什么不对劲？"，这将是一个正确的反应。组织很容易对其自身的瑕疵视而不见。类似"这是该行业的特色"之类的评论，通常意味着"这个问题存在已久，我们对此已习以为常，它已经成为我们本体的一部分"。组织中外部人士的作用，无论是作为咨询人、董事还是专业顾问，其作用往往主要在于指出这些问题，并点破不一定非得一瞥带过。同样，组织内各个部门的管理者也**不必**将他们的问题视为流行的顽疾。如果他们将这些问题视为症状并寻找根本原因，他们可能会发现这些问题是非常容易解决的。

11.3.3　诊断和治疗

如果症状是问题，那么诊断和策略对应什么呢？

诊断本质上是本书的主题。前 7 章概述了可用于解释或理解组织情境的诊断解释的类型。诊断意味着理解，而理解则意味着你可以通过将某一特定实例归入一般范畴中来解释它。本书的第一部分可以看作一个类别列表。如果管理者能够看出程序的故障是组织中某个部门不当文化的一个实例，那么他就将这个特定实例归入了一个一般大类中。他通过理解整个组织来识别症状的根源。

这一阶段的诊断往往依赖直觉。然而，直觉有时也可能有失偏颇。有时候对它进行一些规范是有用的。可以将本书的章节用作诊断检查表——"这些想法中有任何一条能解释当前的情况吗？"——可能并不像乍看上去那么耗时又学术。因为从发现病症到应用疗法看上去似乎很有效率，但这可能只是一种习惯而已。

治疗则是另一回事。有时候，任何治疗方法都无济于事；有时候，尽管疗法正确，但会给人带来太大的痛苦或需要花费过高的人力资源成本，使得治疗无法实施。然而，管理者作为"医生"必须明确应该做什么和可以做什么。这时，一份方案选择清单会大有裨益，最有效的可能是最简单的，即彼得斯、沃特曼、帕斯卡尔和阿托斯在麦肯锡工作时提出的 7S 模型（见专栏 7-2）。

7S 模型分为硬性和软性两个方面。

专栏 11-3　是否有治疗时间

这家跨国巨头的英国子公司非常注重业绩，有月度目标、季度业绩审查、年度预算、两年计划和五年预测。来访者对这些制度和业绩都印象深刻。这些制度是由总经理大约 18 个月前从总部来的时候建立的。事实上，大部分管理团队都是在他抵达后组建的，他们非常渴望在工作中留下自己的印记。他们都觉得，这是一个非常忙碌，但非常令人振奋的情境。只有一件事使来访者感到困惑。在五年预测中，那些向上倾斜的线条下面是什么？"哦，那是预测，"市场总监说，"我们没有太多的时间去担心它们。这里的未来在 18 个月后就会结束，届时老板将回到总部。"

3 年后，这位来访者路过此地。公司的活动仍然令人印象深刻。总经理是新来的，大部分管理团队也是。预测仍然指向上升，但根据来访者上次访问的记忆，这些预测并没有接着之前的预测继续。早先的预测已经被认为是"不切实际的""由前任管理层起草的"而被弃之不用。只有前管理团队中的人事经理留了下来，他非常忙碌。他说："目前有很多活动。新面孔和新结构。总经理相信行动和回报。他希望任何支出都能在两年内得到回报。我们现在的组织更加精简了，但中层管理人员的流动率有点令人担忧。"

来访者走了，他好奇下次来访时会遇到谁。

硬性 S 要素：

- 战略：行动计划，使组织能够分配资源，实现从起点到终点的目标。
- 结构：专席或群组的组合方式。
- 系统：通过表格、计算机、会议或网络等方式使信息流动和收集信息。

软性 S 要素：

- 员工：组织中工作的员工的构成与类型。
- 风格：做事的方式，即第 7 章中的"文化"。
- 共同的价值观：定义组织特征的一系列信念、原则和优先事项。
- 技能：组织的独特能力。

硬性 S 要素更容易改变，但如果软性 S 要素保持不变，这种改变就可能是流于表面的，因为这 7 个变量是相互关联的。一位匈牙利商人注意到，一家国有银行被其他 15 家银行取代后并没有发生什么根本性的变化，因为"所有的银行家仍然是原来的那些银行家"，结构性变革本身收效甚微。

同样，如果顾问们构思出关于进入新市场或新技术的富有想象力的计划而不考虑核心竞争力（技能）的话，这样的计划只会变成空谈，最终落满灰尘，被束之高阁。这种所谓的"系统性"效应是显而易见的，却很容易被遗忘。7S 模型提醒我们，生活是复杂的。

这也是为何人们对那些软性 S 因素，即过去所谓的组织发展，抱有浓厚的兴趣。这些 S 因素极难改变，尤其是难以迅速改变。一个冷酷无情的组织可以通过更换员工来调整其技能结构，但短期内做出如此举动会对组织的风格产生很大影响——在此情境下，组织的风格是权力文化而非角色文化或任务文化。这种风格的转变可能会削弱新获得的竞争力，从而摧毁共同价值观，导致信任与承诺的缺失。

第 10 章讨论的新流，旨在保持原有"软性 S 要素"集合的同时，开发出一套新"软性 S"的方式，希望以此让旧的要素也具备新要素的价值观、技能和行事风格。这需要时间，但比起那些从公司董事会发出的良好意愿或愿景和价值观声明，这种方法更有可能取得成效。曾有一个组织向其所有管理者发布了一份声明，称从当天起，公司决定要成为一个创业型组织。但令他们惊讶的是，一切都没有改变。这说明仅仅有良好的意愿是远远不够的。

专栏 11-4　金钱，还是……

一位因并购活动而闻名的年轻富翁将他的成功归功于一个简单的事实，那就是他热衷于赚钱，而在并购中与他竞争的大多数人都对赚钱或**为**钱做事感兴趣。这种区别对估值产生了关键影响。以最简单的例子来说——后者会把一个工厂看作生产玩具的建筑，会从心理和财务的角度，根据其适合这一用途的程度来评估其价值。然而，这位富翁本能地只会将之视为一块地产。他认为，称他为"资产剥离者"只是另一种说法，表明他的目标与其他人的目标不同。

11.3.4　实施

因此，管理者需要考虑的策略变量共有 7 个。在短期内，她可能只关注于硬性 S 要素，但长期因素也不容忽视，特别是组织中的较高级管理人员。不过，在考虑补救措施时，管理者也会考虑到其实施的可行性和**执行情况**。

她会意识到，尽管她将其视为解决不振状况的良药，但其他大多数人会将其视为变革。她从过去的经验中知道，变革之于管理者的意义如同母亲身份之于男性一样，是"虽然值得赞许却轮不到自己去做"。她本能地就会明白，她考虑的许多战略实际上行不通，因为变革的起点是她无法控制的，她能够影响的组织部分可能在政治上缺乏效力，强加的变革不会自我维持。如果她读过本书的第 5 章，她就会明白，变革的实施在很大程度上取决于权力的来源和施加影响的方法，组织的反应更多是心理上的而不是逻辑上的。只有当她被视为合适的专家时，说服或讲道理才是一种可能的影响方法。意识到这一切后，她开始意识到，这些目的并不值得采用如此麻烦的手段。但在经历了最初的沮丧后，她会意识到适当的心理发展过程如下：

（1）建立起对变革需求的认识（最好不是通过论证或逻辑推理，而是通过展示客观事实）。

（2）选择合适的发起人或团队（"合适"指的是被接受者所感知到的权力来源）。

（3）准备好让接受者调整最终战略（人们更容易将调整后的战略视为己有。拥有感即意味着内化，即自我维护）。

（4）接受这样一个事实：就像优秀的心理医生一样，成功的医生不会获得任何赞誉，但必须让患者称赞自己身体强健。优秀的医生或管理者会间接获得满足。

（5）准备好接受一种并非最优但有助于实现某些成果的战略。妥协有自身的道德准则。

（有效性＝战略 × 成功的可能性）

不能为了变革而变革。但是，能够适应不断变化的形势和要求的组织才能得以存续。认为在今天行之有效的某种组织形式在 5 年后依然适用，这种假设往往站不住脚。适应性强的管理者知道何时需要变革，需要何种变革，以及如何在不造成混乱的情况下推动变革。睿智的管理者不会坐在会议室里等待流行病的爆发，而是会在一定程度上投资预防医学。

11.4 管理困境

11.4.1 管理困境的类别

社会分层中通常存在某种原始的公平。管理者的薪酬高于员工，但作为交换，他们必须面对一系列持续存在的困境。这些困境可以在书中描述，但它们只能由身处困境中的人，即管理者来解决。主要的管理困境如下：

- 文化困境。
- 时间范围困境。
- 信任 – 控制困境。
- 突击队领导者困境。

每一种困境都需要几句话的解释和说明。

11.4.2　文化困境

在第 7 章中，组织被描述为一系列文化构成的集合。角色文化被认为适用于稳定状态下的活动，任务文化适用于发展性工作，而权力文化则适用于紧急情况、危机和故障。随着管理者的资历不断攀升，他会发现这份工作内容涵盖了上述三种文化。每种文化都有其相应的管理风格、行为模式或程序以及态度。若未能以对应文化适宜的方式行事，就会导致心理契约的破裂、信任的缺失以及管理失效。

因此，管理者必须在风格和行为上保持灵活性，并全面涵盖所有三种文化。更糟糕的是，如果他希望保持自己的身份，并声称"他"个人与众不同，就还必须保留一些个人文化的元素。若无这些个人文化元素，他将难以拥有个人影响力，对组织的"特色"的贡献亦将微乎其微。简言之，有效的管理者必须具有文化多样性和文化灵活性。但同时，他也必须避免不可预测性这一弊端。他必须是灵活但前后一致的，文化多样的但又带有鲜明的个体特征。这就是困境所在。那些未能解决这个问题的人，那些重新陷入单一文化主导风格的人，将发现自己被理所当然地限制在组织中盛行文化的那部分之中。组织的中层往往充斥着无法处理这种文化困境的僵化管理者。

11.4.3　时间范围困境

管理者首要的职责在于关注未来。大多数时候，无论是好是坏，现状已成定局。作为管理者，他往往对此无能为力。然而，他可以更容易地影响未来。他的大部分时间应该用来预测未来，评估各种可能性，并据此调整计划和资源，营造企业文化和氛围，选拔和培养人才。一般来说，一个人在一个组织中的职位越高，他的时间范围就需要越长远，用于思考未来规划的时间也应越多。

但这种对未来的管理必须与对当下的责任齐头并进。尽管我们可能无法改变现状，只能评论过去，但我们必须同时主持这两个维度的工作，关注今日亦不忘明日，必须激励和控制，必须对正在发生的事情了解足够多，以便能够判断干预是否能带来益处。

同时维系两重或多重时间维度并不容易。当你要面对一小时后的裁员谈话时，就很难创造性地规划未来五年的计划。正如例行公事会挤掉非常规工作一样，现在也很容易掩盖未来。当管理者专注于当前问题，未来就转变成一系列的当前问题或危机。管理者以权力角色进行干预变得合理，甚至是必要的，他们发现可用于未来的时间更少了，而在危机中，管理者会感到自己不可或缺且得到合法性认可。这一循环已变得能够自我实现，除非管理者能够成功地在两个时间维度上生活，否则他将使现状变得更加困难，并将无法成功地管理未来。

11.4.4　信任 – 控制困境

在第 10 章中探讨了授权的问题。信任与控制的关系被视为互补的。若增加控制力度，则信任度降低。只有在减少控制的情况下，信任才会增加，从而产生效果。正如所指出的，信任是一种更为经济且高效的管理方式，也更符合人类的尊严和权利。

管理上的困境始终在于如何平衡信任与控制，对于中层管理者来说，这一困境尤为严重，而对于主管或一级管理者来说更是如此。信任意味着给予别人犯错的权利。然而，你或许能容忍下属的错误，但你的上级却未必会容忍。换句话说，控制程度通常不是由管理者自己决定的，而是由管理者的管理者决定的。最终，责任链条终止于最高层。正如在许多其他方面一样，高层管理人员的榜样对信任 – 控制问题至关重要。值得注意的是，在成功的组织中，往往存在更多的信任和更少的控制，初级管理者会感受到他们对自己的工作拥有更大的影响力。这通常被解释为更多的共享影响力（我们所说的更多信任）会带来更大的成功。然而，这一逻辑链条或许更有可能是反向运作的：成功先于更多的信任。当事情进展顺利时，放弃控制会更容易。信任在成功中蓬勃发展，反过来又助推了更大的成功。但人们怀疑，在许多情况下，这一循环始于成功，而不是信任。对中层管理者而言，实际往往必须是——"先建立你的成功记录，然后你将被赋予自由，这实质上就相当于信任"。

正如第 10 章所述，信任的先决条件之一是对下属的了解和信心。当管理者能够亲自挑选自己的团队成员时，这一点最容易实现。然而，中层管理者通常无法享受这种奢侈待遇。面对既定的团队，她必须学会了解他们，同时也让他们了解自己。她必须通过实践来建立信任。过多的控制不仅代价高昂、耗时耗力，而且从激励角度看也是自我挫败的。然而，信任往往只能经受一次错误的考验。这就是困境所在。一个管理者经常会发现自己的控制欲比自己预期的更强。

11.4.5　突击队领导者困境

突击队领导者喜欢被赋予一个明确的目标（例如，占领那座桥），但在执行方式上享有极大的自由。一个突击队汇集了各类专家资源，成员间忠诚度极高。突击队员们常形成独特的团体文化，包括特殊的行为准则、徽章、制服或专用语言。他们之间充盈着深厚的战友情谊、相互信任，共享目标。事实上，这正是项目组织或任务型文化的典范。许多管理者，尤其是年轻的管理者，都更倾向于任务型文化。在组织中领导一个项目组可以是一项令人振奋、鼓舞人心的任务，可以重新唤起人们对工作目标挑战的信心。组织**需要**突击队，特别是在开发领域。然而，几乎没有哪个组织能完全由这样的群体组成。组织就像军队一样，需要一个稳定状态，而突击队领导者虽有价值，却常被视为麻烦制造者。当听到突击队领导者在最后一次攻击中被俘时，总指挥官往往会暗自松一口气。

随着个人在组织中晋升并承担更多职责，他们必须学会适应管理角色的新组合。初创独立小团队的体验虽无可替代，但这类经历不会永远不变，若持续不变反而会变得乏味。晋升几乎总是伴随着调整。同样，组织也不应过于倾向固定角色定位。一个人在某一岗位上持续成功，并不意味着他不能在其他工作中同样出色。约翰的困境（见专栏11-5）是组织的过失。

专栏11-5　谢谢你，约翰，但是……

约翰是一位才华横溢、足智多谋的年轻经理。在加入这家跨国公司的初期，他就被认定是一个年纪轻轻就能独当一面的人。很快，他就在这个古老帝国的一个偏僻但有趣的角落里担任了子公司的经理。他受到当地工作人员的钦佩和尊重，并取得了巨大的成功。很快，他又被调往另一个规模更大、但同样有趣的前哨。他再次迅速地取得了成功。他开始因其非传统却屡获成功的交易手法而声名鹊起。他形象鲜明，衣着略显奇特，驾驶着与众不同的汽车。他激发了员工近乎狂热的忠诚。众所周知，任何职位都很难有人能接替他。

岁月流转，外派任务接踵而至。约翰的表现始终令人赞不绝口。如今他已38岁，膝下儿女渐长，他渴望重返伦敦。然而，总公司没有空缺职位给他。"约翰，我们很抱歉，"他们说，"我们认为你不适合这里。你还不够官僚气，不是吗？也许你应该拿6个月的薪水，回到印度洋那片你曾大放异彩的地方，寻找属于你的位置。"

11.4.6　处理困境

这些困境并无普适的万灵药。大多数管理者在大多数时候都会遇到这些问题。以下几点与其说是解决方案，不如说是提醒。

（a）**压力加剧了困境。**压力缩短了时间范围，使问题两极分化，夸大了当下的重要性，使困难升级为危机，并抑制了创造力。事实上，压力是每个人，尤其是高级管理人员最不应该有的东西。然而，对许多管理者来说，承受压力几乎成了一种荣誉的象征。屈服于它是软弱的表现，没有它则显得不光彩。在某种程度上，以近乎无情的方式，人们担心的并不是管理压力带来的身体和心理上的后果。如果一个人心脏病发作、患上溃疡、精神崩溃，那么他不仅自身是受害者，也丧失了作为管理者的能力，无法再对他人造成伤害。真正能搅乱组织秩序及他人生活的，是压力带来的不那么光彩的症状，如判断力的下降，以及本段开头所述的那些倾向。作为一种社会责任，管理者必须学会管理压力，而不是主动追求压力。

正如第 3 章所述，压力在很大程度上是管理角色固有的。管理困境不仅会因压力而加剧，同时还能反过来增加压力。造成管理压力的因素不可能全部、也不应该全部避免或消除。但它们造成的压力是可以被管理和缓解的。下面列举了一些实现这一目标的方法。

（b）**建立稳定区**。阿尔文·托夫勒在《未来的冲击》一书中指出，那些生活最动荡、压力最大的人，在生活中确实有他所说的"稳定区"（见专栏 11-6）。

决策会消耗能量。新情况意味着新的决策规则。要应对压力，重要的是保存能量，为重要问题和战略决策储备能量。"稳定区"可以是重建能量储备的地点或时间。假期、周末、休息日——这些都是重要的稳定区。但没有足够多的管理者给予它们足够的重视。假期被视为自我放纵。相比之下，会议、海外访问、课程等则是更体面的"远离工作"的方式。然而，作为缓解压力的手段，它们的效果不如直接休假，且成本明显更高。管理者的休假需被赋予新的正当性。

家庭对于许多人而言是一片稳定区。或许对妻子而言，成为稳定区域的管理者这一角色略显贬低，但对丈夫及其同事和下属来说，却是一个非常重要的角色。

创建稳定区的一个重要方法是通过创建惯例。惯例是应对压力的一种方式。如果被推向极端或不当应用，它们就会抑制创造力和变革。但正因为它们是应对压力的一种方式，所以适度使用时便能发挥缓冲作用。许多决定都可以通过习惯来做出。你早上几点起床？搭乘哪一班地铁？在办公室的第一个小时通常做什么？习惯在什么时候开会？每天都要重新做出这些决定会消耗能量，并可能在不经意间增加你的压力感。通过养成规律或习惯来做这些事情，便可将精力保留给更有价值的活动。这么做是否会令你成为一个墨守成规、可预测的乏味的人呢？在小事上或许如此，但对你的同事来说大有裨益。只要不显得僵化呆板，"墨守成规"往往也是智慧的产物。

专栏 11-6　稳定区

我认识的一个人在很短的时间内经历了一系列的恋爱、离婚和再婚。他喜欢变化，享受旅行、新食物、新想法、新电影、戏剧和书籍。他有很高的智力，对枯燥乏味的容忍度极低，对传统缺乏耐心，热切地渴望新奇事物。表面上，他是变化不息的活生生的典范。

然而，当我们更仔细地观察时，会发现他在这同一份工作上已工作了10 年之久。他开着一辆破旧的、7 年前的车。他的衣服已经过时好几年了。他最亲密的朋友是长期的合作伙伴，甚至还有几个大学时期的老朋友。

另一个例子是一个以惊人速度换工作的人，他在 18 年里举家搬迁了13 次，频繁旅行、出行常常租车、使用一次性产品，以带领邻里尝试新奇玩意儿为荣。总之，他生活在一个不安定的、新奇和充满多样性的动荡旋涡中。然而，再深入观察，会发现他生活中存在显著的稳定区：与结婚 19 年的妻子关系良好且紧密；与父母保持持续的联系；生活中既有老同学，也有新相识。

另一种形式的稳定区表现在习惯模式上，无论身处何地，无论生活中发生了什么变化，这种习惯模式都会伴随着他。一位教授在 10 年内搬了 7 次家，频繁往返于北美洲、南美洲、欧洲和非洲，工作也屡次变动，但无论身在何处，他的日常作息习惯始终如一。他每天早上 8 点到 9 点阅读，中午用 45 分钟锻炼，随后小憩半小时，然后投入工作，一直忙碌到晚上 10 点。

资料来源：Alvin Toffler, *Future Shock*, 1971.

（c）**做自己**。无欲则刚。说来容易，实则难达，但对每一个欲成管理者而非机构齿轮者来说都至关重要。个人价值观、个人目标及个人财富是在组织内获得个人自由之必要阶梯。那些明确自身信念与正直之道，并深谙人生所欲之人，往往显得坚强有力，不易被人支配。提供经济独立的个人财富可能更难实现，尤其是当组织蓄意通过组织津贴和福利将之束缚时。

从长远来看，若组织鼓励其管理者在个人和财务上保持独立，那么他们将培养出更强大、更优秀的管理队伍。遗憾的是，权力文化和角色文化往往助长依赖性，热衷于一致性，有时甚至将其伪装成忠诚。在这种文化中，个体不知不觉地被要求牺牲一部分自我以融入角色，其结果是他们开始感到自己仿佛在扮演一出并非完全由自己编写的戏剧中的某个角色。这种困于角色之感只会将困境放大。

（d）**使用催化剂**。我们的视角会影响我们的所见所闻。盲人摸象，一叶障目，很可能会损害我们对未来的洞察。

局外人对于恢复我们的视野方面的作用不容小觑。他们虽未必知晓答案，却能提出切中要害的问题。自信的管理者会视其为激励，乐于向感兴趣的局外人展示自己对未来管理的思考。对于缺乏安全感的人来说，陌生人是一种威胁；对于自信的人来说，陌生人则是催化剂。咨询顾问是局外人的常规形式，向他们寻求答案和问题，往往意味着你需要为之付出超出实际所需的东西。他们作为催化剂和激励因素往往是最有用的。许多咨询顾问的解决方案被束之高阁，而组织却针对局外人提出的问题自行发展出解决方案，这并不是偶然的。

公司董事会中的非执行董事是另一种外部催化剂的制度形式。他们有时也履行其他监管职责，但他们作为催化剂和激励因素的角色可能是最有价值的。有人说："董事会通常是冗长、狭隘且呆板的！"通常如此，但并非必然。在英国，外部董事正变得越来越普遍，尽管人们更多地将其视为地位的象征而非激励因素。这是一个遗憾，因为对于任何公司的董事会而言，确立对未来的正确视角应是其主要任务之一。在这一层面上，外部人士的价值无可替代。

然而，"局外人"的角色并不一定需要如此正式地制度化。要求管理者向不直接参与运营的人透露其对未来管理的思考，是一门极为有用的学问。需要向其他人解释的东西会迫使你自己去理解它。学习的最佳方式是教学。许多人发现，向他人讲解自己的工作，对讲述者自身的启迪往往比对听者更为深刻。在组织中，我们需要做更多的工作来鼓励和促进官方倾听者的作用。我们需要将内部的局外人制度化，即让来自组织某一部门的人员作为非执行董事列席其他部门的"董事会"。某些机构已经以培训和发展的名义实施了这一做法。美国联合碳化物公司在更高层面上试行了这一理念，其要求来自某一部门的高管担任其他部门规划委员会的成员。在大型公司中，或许可进一步加强事业部董事会的作用，因为这些部门董事会通常由高级事业部经理和总部代表组成。

（e）**分隔化处理**。鉴于同时处理两个时间维度的工作颇为困难，因此应设法安排工作，避免这种情形。当然，一种方法是仅专注于其中一个维度，通常是当前的时间维度。更理想的做法则是将工作按时间维度而非主题来安排。组织中的大多数会议是以主题为中心的，例如海外营销、竞争态势分析、薪资审查等。以时间为中心的会议并不多见，因此大多数组织会议的议程涵盖了各种时间范围。

一项针对多位高管人员日程安排的研究揭示，从时间维度来看，问题被随机地并置在一起。过去发生的事情后面紧接着的是当前的问题，而当晚又需要进行未来五年的预测。

专栏 11-7 一位高级经理的日程表

一位部门高级经理坐下来，试图把他认为的工作中最重要的职责划分出来。他为自己列出了六个关键领域：

- A 与总部的关系。
- B 长期和战略规划。
- C 特定持续经营活动的运营责任。
- D 协调职能。
- E 标准制定、绩效、士气、优先事项。
- F 对外关系。

然后，他分析了过去 3 个月的日程安排，得出了在每个关键领域花费时间的大致比例。

A 20%	D 25%
B 10%	E 5%
C 35%	F 5%

他应该担心吗？

询问任何一位管理者他一直以来的主要问题是什么，他通常会回答"时间"。需要时间思考，需要时间规划，需要时间与团队交流。然而，同一个人却能找到时间吃饭和睡觉，享受周日和假期。但这些都是制度化的优先事项——为未来预留时间却未得到同等重视。组织内部的工作安排往往杂乱无章，日程表按照先到先得的原则被填满，会议议程像自助餐厅的菜单一样随意。

一些组织会尝试进行任务划分。他们的长期规划会议在办公室之外举行，在特定的日子会进行回顾或规划。某些人则试图将自己的工作日划分为即时任务与长期项目两大类。有些人有两个办公室——不同类型的问题有不同的办公地点。然而，总的来说，有太多人坚持这样的信条：管理者的大门永远敞开，管理者的位置在办公桌前或会议室中，随时待命。然而，这种做法极易导致压力累积，将眼前事务置于未来规划之上，任由问题取代计划。何不尝试将工作分门别类？若有助于思考，偶尔在家工作也无妨。利用学术界所说的"办公时间"会见下属。请记住，如果人们认为只有当管理者被看到在工作时，他才算是在工作，那么他很可能没有进行足够的长期思考。

组织可以通过制度化思考来提供帮助。将图书馆作为思考的地方，认识到在家的日子并不是"偷懒"，是除了假期外偶尔的休假。这种措施将有助于个人将未来规划融入当下生活。

11.5 作为个体的管理者

11.5.1 管理者角色化带来的挑战

在过去25年间，"管理者"已成为社会中公认的职业角色。管理至少已成为一种半专业化的职业。它并非如医学那样，具备正式的准入程序、公认的相关知识体系，以及被编纂并强制执行的实践标准，因此不能完全称为一个专业。同样，它也不意味着其成员有权向公众收取一套固定的服务费用。然而，这是一种公认的职业角色，现在约占英国总劳动力的10%。

一种新的中产阶层开始出现，他们不依赖于财产或是自身行业或职业的收入，而是依靠他人支付的薪水，这已经开始给社会带来真正的困境，其中一些困境才初露端倪。本书的目的并非深入剖析这一新兴社会现象，然而管理阶层中产阶层的存在所引发的一些问题，正逐渐成为组织亟待解决的重要议题。例如：

（a）组织对个人是否负有职业发展的责任，还是仅仅提供与技能相关的报酬？在管理成为一种半专业职业之前，组织似乎将自己视为现代村庄，对员工承担着类似乡绅对佃户的诸多责任。如果他们接纳了某人，那么除非这个个体放弃庇护，否则他们从此以后就要对这个个体负责。管理者作为准专业人士的出现，意味着个人如今更相信可转让的技能，期望因这些技能而获得回报，同时反感庇护或家长式作风。当然，与此相反的是，当专业人士的服务不再被需要时，组织就没有义务继续雇用他们。收入将越来越多地与市场化技能有关，组织将减少对冗余技能的薪酬投入，对管理者的责任感和管理者的组织归属感都将减弱。由于技能变得多余，人们有倾向在技能有效期内尽可能地积累一生所需的收入。简而言之，薪资将趋于增加，但也会有更多的人提前退休。另一种办法是增加递延薪金，即养老金，从而允许提前退休。

坎特认为，就业能力是一种新形式的保障。公司应该帮助个体积累"声誉资本"，以便他们能够在公司之外生存。那些在教育或任务方面得到帮助，从而在公司之外赢得了声誉的人，不仅在不得不离开时更容易找到下家，而且对公司评价更高——因为公司对他们进行了投资。

（b）是否应该增加女性管理者的数量？出于各种原因，答案应当是肯定的。一方面，女权主义的观点认为，女性与男性拥有同等权利，应享有同等机会。另一方面，一个简单的统计事实是，如果不招聘女性管理者，组织就会错过一半的人才。还有可能，正如南希·福伊所言，女性可以为组织带来更多的阴性特质，以平衡现有的阳性特质。事实上，在那些容易接受女性担任管理职位的文化中（如广告业、部分新闻和电视业、时尚零售业），往往在工作中表现出更明显的创新性和任务导向性。但管理层是一个新兴阶层，它不会迅速或轻易地开放自己的队伍。本书中占主导地位的男性代词不仅仅是语言上的便利，它仍然代表着许多组织的真实情况。具有讽刺意味的是，随着管理专业化程度的提高，组织认为自己购买的是技能而非人力，技能背后的性别就变得不那么重要了。管理的专业化最终应意味着女性在组织中的赋权。明智的组织将率先迈向这一目标。

（c）组织应该关心个体的家庭状况吗？多数人会本能地认为，管理者的家庭和个人情况与组织无关，毕竟组织雇用的是个人，而非其家族和家属。然而，事情并非如此简单。家庭状况不可避免地会影响工作状况。跨国公司从经验中得知，如果一位高管的家庭对海外派遣感到不满且无法适应新环境，那么他们将面临一位问题重重的员工。一些关于高管及其婚姻的研究表明，拥有认同丈夫事业并支持丈夫的妻子的男性高管，在晋升竞争中表现得更好。另外，其他研究表明，那些成功的丈夫后来可能会觉得家庭生活被剥夺了。如果管理人员因为不符合家庭利益而拒绝调动，就会妨碍组织的灵活性。一个与家庭分离或每晚回家都要面对怨气冲天的家庭成员的管理者，其工作效率必然大打折扣。如果管理者还需要负责照料和抚养孩子，问题会变得更加复杂，这种情况在许多女性管理者（以及部分男性管理者）中尤为常见。家庭事务有时可能变得比组织事务更为重要，此时组织是否应表现出合作态度？

组织必须意识到他们的员工往往身兼多重角色。组织需在侵犯隐私与漠不关心之间谨慎行事。随着个体环境的变化，个体与组织之间的心理契约（有时是正式契约）也需要重新协商。

11.5.2　启示

管理者角色的变化对管理者本身也产生了影响。他们必须积极主动地管理自己的职业生涯。在一个技能与收入相关的世界里，依赖村中长者来培养和指导自己的成长已不再有用。越来越多的人认为，我们有责任保持、改变或提高我们的技能，为这些技能找到合适的市场，并将它们卖给合适的买家。传统的管理发展观念将管理者视为值得投资的资源。最初的责任在于组织，个人可以放心，只要完成被赋予的任务，发展和后续晋升就是有保障的。他被鼓励要积极响应组织的倡议。这种管理发展的概念正在迅速被侵蚀。组织的社会**责任**是为个体提供提高技能、重新获得职业资格或在职业上重新定位自己的机会和便利条件。为了组织的**利益**，首先要确保它能留住它希望留住的人和技能。在一定程度上，组织通过在当前支付未来所需来留住这些人才。这些奖励，包括更高的薪资、股票期权、递延奖金、养老金计划等，旨在同时保障个体的现在和未来。这样，当一个人的技能的收益开始低于其成本时，就没有义务继续雇用他了。因此，管理人才将变得更加昂贵，组织将变得更加挑剔，管理队伍将缩减，高层和中层管理人员的平均年龄将下降。各种能力水平的管理者都可能在 50 岁出头时发现，他们及其技能在当前薪酬水平下已不再被需要。他们**都**将成为"多余的人"，尽管社会无疑会找到一个更温和的词汇来描述这一现象。成功者与不太成功者之间唯一的区别在于，前者能凭借过去的收入确保未来财务无忧。

因此，个人必须审视自身。他目前的技能在 10 年后可能会被需要吗？如果不能，他能否掌握新技能？如果能，那么是哪些技能？又该如何习得？回到学校深造是一种选择。但是，许多管理技能虽然可以在课堂上教授，但只有经过实践的检验和磨炼才能真正掌握。在同一个组织内部或外部进行调动将是获得技能的主要方法。由于在新的条件下，各组织不太可能在个体现有技能到期之前就调动他们，因此将由个体主动提出调动并进行协商。

自我发展并不像听起来那么容易实践。这意味着：

- 明确最终的优先事项和方向。
- 了解自己的优势与劣势。
- 愿意把现在看作对未来的投资。

（1）随着时间的推移，**优先事项**可能发生变化。旅行和变化可能对年轻人来说很重要；对已婚人士或育有成长中的孩子的父母来说，财务规划可能更重要；对年长的人来说，自我实现更重要。职业道路将不再需要同时在收入、地位和兴趣方面稳步上升。个体可能会有意识地开始规划第二职业。当个体从一系列活动中获得收入，而从另一系列活动中获得主要兴趣和目的时，人生的投资组合方法可能会变得更加普遍。

（2）**自我认知**起初令人不适。正如第 3 章所示，我们努力保护自己的自我概念，而不是探索它，但我们可能有很多天赋和能力，而这些尚未在曲折的经历中发现。在一个环境中被称为缺陷的东西（例如，谨小慎微），在另一个环境中可能是宝贵的资产。为了最大程度地发挥我们的优势，我们必须投身于多元的机会和经历之中，但这样做或许意味着直面那些我们本希望忽视的现实。

（3）**投资**。从文化上讲，我们习惯于在 20 多岁完成个人投资。在新的管理世界里，我们的学习和储备需要持续更新。虽然正式的课堂教育仍有其地位，但已不再是主要来源。积极主动的人需要把每一次经历都看作学习的机会，他们需要能够从成功和失败中吸取教训，在工作中丰富自己的概念和技能储备。这是如何实现的？要从经验中学习，就必须：

（a）将特定事件概念化，使其成为一般规则的一部分，而不是孤立的轶事。单纯的故事集锦仅能构成叙事基础，唯有通过概念串联，这些轶事方能焕发深层意义。

（b）把科学方法运用到生活中。提出假说、验证、再提出新假设。面对每一重要事件，都应训练自己预测变量间的相互作用及预期结果。此过程与（a）相辅相成，因为在此我们正将普遍规则或概念应用于具体情境之中。如果预测是正确的，假设就得到了证实，普遍概念又有了另一种具体的应用。如果预测是不正确的，不要就此止步。可能是一些变量或变量的组合被遗漏了，也可能是一些解释性概念缺失了。

专栏 11-8　利己主义或……

我是这家大型公司的一名年轻实习生。在历经了 3 年的各种工作之后，我回到了总部，坐在人事部的候客室里，等着听他们打算如何安排我接下来 3 年的生活。当我坐在那里，满怀期待却又忐忑不安时，一位即将退休的苏格兰老人走过来，看到我后停下脚步说：

"你在等什么，年轻人？"

"听听他们给我安排了什么。"我回答。

"啊，孩子，投资你自己吧。如果你不这么做，没人会替你做。"

11.6　总结

11.6.1　内容

本章讨论了以下内容：

- **管理者的职责：**
  管理者的角色。

- **作为全能管理者：**
  症状的识别。
  诊断的意义。
  策略的类型。
  实施或治疗。

- **管理困境：**
  文化困境。
  时间范围的困境。
  信任 – 控制困境。
  突击队领导者的困境。
  处理困境的方法。

- **作为个体的管理者：**
  作为半专业的管理。
  自我发展的必要性。

11.6.2 启示

本章很大程度上是个人文选，凝聚了多年来与管理者共事的经历以及担任管理者的个人心得精华。他人的文选虽引人入胜，却鲜少铭刻于心。明智的读者此刻应着手撰写自己的第 11 章。你应将关于组织工作与管理的个人见解，以及一系列自己的准则与启发性原则，以更持久的形式记录下来。重新发明轮子并无意义，但一些凿子和锤子可能有助于制造属于你的独特轮子。我们拥有什么，我们就会珍视什么，并且更有可能去使用什么。

Chapter 12

第 12 章

组织的未来

12.1　引言

时尚会变，但人不会变，第二部分实际上讨论的是组织时尚（组织方式），或者说是我们目前认为适合用组织化的外衣来装扮关于人的真相的方式。有些时尚转瞬即逝，有些则经久不衰，因为有些时尚比其他时尚更符合我们潜在的需求和时代的环境。不同的时代强调不同的优先事项，这反过来又强调了某些真相，忽视了其他真相。战争始终是优先事项的巨大干扰因素，因此也是组织方式的干扰因素，但社会年龄结构的悄然变化或重大的社会改革可能同样具有普遍性。普遍选举权的实现速度和女性逐步解放，可能比对基本真理的任何精炼或对效率的任何研究都更多地改变了我们管理组织的方式。谁能预测，当 1968 年第二次世界大战战后 "婴儿潮" 时期出生的一代人在 2010 年步入中年时，会对组织产生什么影响？无论我们对此感到多么遗憾，多么渴望回到过去的时代和地方，组织都必然成为我们社会的映像。

因此，本章旨在成为未来组织方式的指南。我们将审视一些正在消退的时尚，并尝试辨别即将兴起的新趋势，进而展示这些变化将如何影响我们管理组织的方式。随后，我们将探讨这些变迁给管理者及整个社会带来的问题与可能性。中文里的 "危机" 一词，正是危险与机遇并存的象征。在我们审视未来时，需要清晰洞察这两重含义，以免被热情冲昏头脑而盲目进行过分的实验，或因沮丧而做出顽固的消极反应。至少有两点我们可以确信：无论我们如何呈现，某种形态和规模的组织仍然是必需的；无论我们如何呈现，人性依旧不变。

12.2 变化的假设

12.2.1 四个假设

已故的弗里茨·舒马赫博士是曲线逻辑的忠实信徒。他认为，许多图在一段时间后会趋于平缓，甚至可能出现反转。每张图都基于两个因素之间的关系。其中一个因素的增多会导致另一个因素的增多或减少。曲线逻辑并非断言这种关系不存在，而是主张你不能再认为一个因素的增加必然导致另一个因素的增加，它可能只会产生相同甚至更少的变化。肥料在一定程度上可以改善作物，但过多的肥料会损害作物而非改善作物。基本命题（肥料可以改善作物）并未与显而易见的事实（过多使用好物亦成害）相矛盾。我们自然而然地将曲线逻辑应用于日常生活——睡眠、饮食，甚至工作。当赫茨伯格运用此逻辑构建其激励动机理论中的保健因素时，我们相信他的话。然而在逻辑开始起作用**之前**，对于不熟悉的事物，我们并不擅长看到这种逻辑。这不足为奇。当我们的基本假设失去动力时，预测未来便不再有可靠的依据。然后，我们就进入了一个被称为"非连续性变化""范式转移"甚至"灾变理论"的领域。在出现新的假设之前，这是一种令人不安的状态。

现在，我要指出的是，组织思维中的一些关键假设已经走到了其有效性的终点。它们只是在一定程度上或一段时间内是正确的。我们不能再依赖它们来预测未来。我们需要新的时尚，也许是一种新的范式。

现在有四个常见的假设需要重新考虑。它们中的每一个都深刻地影响了我们过去管理组织的方式。现在，这些假设都有待商榷。然而，前两个假设在某种程度上仍然是有效的，在许多情境下，它们的有效性边界已经被触及。后两个假设可能需要完全摒弃。这些假设如下：

- 集中 + 专业化 = 效率。
- 层级制度是自然的。
- 劳动力是一种成本。
- 组织是一种财产形式。

我们将逐一探讨这些假设。

12.2.2　集中 + 专业化 = 效率（第一个假设）

这个公式至少在 200 年前就已经成为工业组织的核心，继而扩散到其他形式的组织中，但其有效性值得商榷。该策略强调活动的集中与专业化的分工。由此产生的规模经济效益显著降低了生产成本，促使曾经的奢侈品成为现今的普及品，并将生产体系转化为服务于消费社会的重要机制。

专栏 12-1　范式

T.B. 库恩在《科学革命的结构》一书中赋予了"范式"一词新的活力。范式是一种概念框架，一种看待世界的方式，一套我们用来堆砌事实的预设范畴。当哥白尼提出地球不是宇宙的中心时，尽管他自己并未意识到，实际上他是在进行一场范式革命。但他改变的是人们的思维方式，而不是行星的运动方式，现在他们看待同一个宇宙的方式对他们的信仰、价值观和行为都产生了深远的影响。

经济剩余是另一个例子。今天，以及过去许多世纪以来，人们一直认为剩余是好的。它被称为"利润"或"财富"，是每个人和每个社会的合法目标。然而，情况并非总是如此。在中世纪早期，由于分配困难且大多数产品没有市场，因此剩余就意味着浪费。生产出超过你和你的家人及朋友所需的东西是毫无意义的，因为你无法处理这些多余的东西。那时的工作是必需的，但并非良善之举。你尽可能少做工作，因为超过所需并无益处。但随着分配方法的改进和市场的完善，情况开始发生变化。路德和加尔文使剩余的概念受到尊重，现代工业时代诞生了。

社会范式似乎在新技术与价值观或优先级的变化相吻合时发生转变。然后，新的范式需要能言善辩者来阐述并合法化新假设，在此基础上，我们才能开始建立一个持续变化的新时代。资本主义和金钱而不是土地作为繁荣的关键形式的概念，需要大规模生产和有限责任这两种技术来使其发挥作用。它需要亚当·斯密来使其被理解和尊重。结果是商人和管理阶层的崛起，以及由此产生的价值观和社会变革，包括指数级的经济增长。

是否有可能一种新的信息技术会与新的价值系统相结合，给我们带来一个新的范式，而这个范式只待它的先知出现？

管理实际上成为协调正确专业化与适当集中度的艺术或科学。值得注意的是，这两个组成部分都必须存在。没有适当专业化的集中只会增加管理费用（正如许多兼并案例所证明的那样），而缺乏必要规模的专业化则会导致单位成本上升。

然而，这个公式有三个缺陷，它们本身对等式施加了限制。第一个缺陷，专业化需要专家，也培养了专家。当今的社会是一个由专家组成的社会，无论他们是否拥有学位证或工会卡。"体面"的专家属于某个职业并加入协会，而不太"体面"的专家则加入封闭的职业群体并隶属于工会。两者之间的区别往往只是语义上的。现在，这种集中与专业化的理想结合催生了那些设计严密的组织，这些组织是设计师的乐土，其中机器上的每个齿轮都可以发挥有效的作用。这种设计非常出色，直到其中一个齿轮卡住，整个机器才会停止运转。我们今天经常看到这种设计严密的组织结构所产生的影响，因为各种专家群体已经意识到，如果他们能够协调一致，他们就有办法劫持整个组织。因此，集中化的原则使任何贪婪的专家群体都能从中获益，因为在短期内，只要劫持者不太自私或贪婪，收买他们总是值得的。

对付自私专家最好的办法是激发他们对整个企业使命的承诺，但在这里，集中原则却产生了阻碍。人类很难认同以下两种情况的群体：（a）他们至少通过外表不认识所有人；（b）他们没有正式或非正式的权力来影响事件的发展。集中往往要求单位规模和协调方法，而这两种条件都难以实现。只有在危机时刻，个体才可能将个体需求与组织需求相统一，即便如此，个体对于危机的真实性也可能持有怀疑态度。富有想象力的领导和娴熟的沟通技巧可以帮助解决问题，但它们都面临着巨大的挑战。

第二个缺陷在于工作性质的变化。装配线已经基本实现了自动化；智力取代体力成了创造附加值的主要因素；如今我们都已成为或即将成为知识工作者。因此，集中化所带来的规模经济效益已不再那么明显。事实上，在同一个地方集中过多的知识型工作者反而可能导致负面效果。当前的目标应当是渗透而不是集中，即市场渗透、技术渗透以及未来渗透。相比于追求规模和低成本，大多数组织更倾向于精简和灵活。但是，过度集中会使得组织难以保持精简，而过度专业化也会限制其灵活性。在自动化水平不断提高且快速变化的新世界中，旧有的集中化公式已经失去了其适用性。

第三个缺陷在第 9 章已经做了阐述。专业化的另一个名称是"劳动的微观分工"，其心理成本已经得到了充分的研究和确认。毕竟，专业化确实意味着限制。如果你是一名医学顾问、教授或研发专家，那么当你被赋予或选择的小领域内有未被探索的深度领域时，这种专业化可能是美妙的。即使专注的焦点保持不变，每天的工作也可以是新颖的。然而，当工作环境如同被混凝土包围并且只有 1 英尺[⊖]深的空间可供挖掘时，工作就会变得单调无聊，甚至令人感到疏离。但是，为了实现专业化的利益，这种专业化必须被明确界定并加以限制。

结果是可以预见的。工作变得工具化，只是为了外在回报而做。因此，

⊖　1 英尺 = 0.304 8 米。

利用任何机会进行操纵的动机更大。另一种选择则是干脆不去工作。目前，在北欧地区，缺勤率和病假率已经达到了一个相对稳定的高水平——每个工人每年缺勤 15 天。这个异常高的数字必定是一个疏离感的指标。对这些组织来说，这意味着劳动力成本直接额外增加了大约 7%。

专栏 12-2　知识工作者

彼得·德鲁克评论说：

- 在 19 世纪，美国的商业领袖中只有一位接受过高等教育——J.P. 摩根，但他中途从哥廷根大学辍学了。
- 即使在第二次世界大战之后，最快最简单地获得好工作和良好保障的途径仍然是从大规模生产工厂的半熟练工人做起。一年之内，这样的工人的收入就会超过大学毕业生的预期未来 15 年内的收入。
- 20 世纪以来，美国人口增长了 2 倍，但教师的数量却增加了 50 倍。其他类别的知识工作者——会计师、医生、分析师、管理者等也如此。
- 知识现在已成为发达经济体的资本，而蓝领工人则成了社会问题。我们的世界在一代人的时间里发生了如此巨大的变化。

资料来源：Drucker, *The New Realities*, 1989.

12.2.3　层级制度是自然的（第二个假设）

长期以来，组织都认为必须将一个人置于另一个人之上，才能让事情得以发生。然而，其可能混淆了组织设计的逻辑与历史的信息。诚然，任何组织工作都必须按照逻辑顺序安排，这大致与决策的顺序相对应。在实际开始工作之前，必须确定任务的性质；在处理原材料之前，必须订购原材料。但是，没有**逻辑**表明这种横向的决策序列需要转变为垂直的层级结构，这样，那些做出必要早期决策的人在层级上就高于那些执行决策的人。这就是历史的用武之地，因为那些先行者显然就是这样安排的。埃利奥特·雅克在第 9 章中提到的工作中，已经证明那些在工作中涉及"更长自由裁量时间跨度"的人，确实获得了更高的报酬。换句话说，那些在决策过程中处于较早位置的人实际上在薪酬等级中更高，通常也在权威等级中占据较高位置。雅克进一步发展了这一观点，他将这一点变成了一个原则，主张那些负责更大决策的人相应**应该得到**更多报酬。

虽然这一观点至今得到了广泛的认可，但随着组织规模的不断扩大，形势开始发生变化。个体越来越不愿意接受**无个性特征的**权威，越来越不愿意接受他们从未见过或了解的人，以及他们无法控制的人有权做出影响他们自己工作生活的决策。如果决策序列清晰、决策者为人所知，并且有必要时能够有某种方法可以影响这些决策者，那么人们就会接受更大的责任应当伴随着更大的回报，命令的层级制度是必要和适当的。然而，没有人喜欢成为官僚体制的被动接受者，特别是在当另一端的人看起来待遇不成比例的更好时。曾经有一段时间，不满的人对此无能为力，但劫持权力的出现意味着被动的那些处于接收端的一方至少拥有了负面权力，与另一端的人拥有的正向权力相当。

将所有这些称为"工业民主"可能会在标签中失去重点。重点在于，权威越来越需要被赢得——不能被理所当然地认为是自己的。认为自己的角色赋予了自己充分的职位权力来完成工作的观念正变得越来越不正确。这意味着：

（1）当只有专家权力或个人权力有效时，高层管理者喜欢在职位和人之间玩的组织博弈便不再那么简单。因为这些形式的权力（见第 5 章）需要被赢得。

（2）在给定的层级结构中，级别数量受到可以自我证明的级别的限制，以便"顶层"的人可以被底层的人所认识，并希望得到尊重。这与目前运营集团的情境大相径庭。

（3）任何决定都必须越来越多地得到执行者的同意。这并不意味着他们必须参与其中（因为这将要求承担超出其心理契约的责任），但这确实意味着他们必须**知道**正在发生的**事情**，并有机会发表评论。

当这些原则被遵循时，就有了有效的工业民主。当这些原则不被遵循时，旧的假设（层级制度是自然的）所带来的收益递减现象很快就会显现出来。这个假设本身并非错误，但有其局限性，而且在太多情境下这些局限性已经被突破。

12.2.4 劳动力是一种成本（第三个假设）

长期以来，管理层习惯于将劳动力视为一种成本，并将其记录在损益表中。这是一种难以从逻辑上合理化的历史性情况，却对组织管理方式产生了难以估量的影响。毕竟，成本是你希望尽量减少甚至消除的东西。将"人"这个词替换为"成本"，一旦劳动力被简化为数字而非被视作个体，就能很轻易地看到它是如何被异化的。

专栏 12-3 伯特兰·罗素论工作

工作分为两种：一种是改变地球表面或接近地球表面的物体相对于其他物体的位置；另一种是告诉其他人这样做。第一种工作令人不悦且报酬低；第二种工作令人愉快且报酬高。第二种工作可以无限扩展：不仅有发号施令的人，还有建议应发什么号令的人。

资料来源：*In Praise of Idleness*, Unwin Paperbacks, 1976.

传统上，劳动力是一种可变成本，人们可以在没有通知的情况下被解雇。但如今，这是一项固定成本，有些组织甚至发现支付出勤奖金有利可图。然而，渐渐地，一些人开始质疑财产或资本与劳动力在处理方式上的差异。1978 年，邓禄普公司提议关闭它们在利物浦斯皮克的轮胎厂。工人们理所当然地争辩说："如果轮胎不再那么畅销，那么管理层就有责任找到我们能制造且畅销的东西。"邓禄普管理层非常重视这一观点，成立了联合工作组来寻找项目。尽管最终未能找到合适的替代方案，但确立了一个原则。过剩的资产通常不会在管理层完全探索了它们所有可能的替代用途之前返回市场。即便如此，资金和财产的市场通常都是相当有效率的。另外，劳动力传统上一旦超出即时需求就会被抛向低效的市场。

有人会争辩说，如果劳动力市场真正高效，我们就可以将劳动力重新视为一种可变成本，这无疑会让管理变得更加容易。然而，我们必须怀疑，这一假设（劳动力是一种成本）并非已经达到极限的假设之一，而是已经被颠覆的假设之一。很难想象它将如何再次被推翻。劳动力可能仍然会出现在损益表上，而不是资产负债表上（如第 8 章引言中提到的足球俱乐部），但今后必须将其视为一种资产，只有在充分考虑其其他用途后，才能对其进行处置。

许多人认为这种发展是正确的、恰当的，但它显著地影响了组织开展业务的方式。例如：

（1）如果你想要留住人才，招聘和选拔就会成为各级的关键活动。这些工作变得更重要、回报更高是合乎逻辑的。

（2）管理者在制订计划时可以利用的变量必须是产品，而不是劳动力，甚至是生产设备。这相当于说，你不能轻易改变你的家庭，但可以改变家庭的行为模式。对于那些把生产线（及其相关的劳动力）的终结视为纯粹经济决策的管理层来说，这种思维方式上的转变将是困难的。

（3）由于劳动力不太容易被替代（因为你无法摆脱它），因此即使回报是长期的，未来在培养个体技能和忠诚度上投资时间和金钱也将更具经济意义。在过去你可以购买技能，现在你必须培养它们。

12.2.5 组织是一种财产形式（第四个假设）

有人指出，社会一直将组织视为土地的等同物。提供资金的人被视为所有者，并且可以自由处置这些资产。在公司法中，他们是享有特权的所有者，因为他们可以在不毁掉自身的情况下毁掉财产。公司的有限责任可能是鼓励资本创业使用的最具想象力的手段，但对某些人来说，这似乎是一种无功受禄的特权。

所有权传统上包含权利和责任两个方面。从历史上看，法律更好地保护了权利，而责任则留给所有者的道德自律。特别是，所有者一直有权获得所有剩余利润，以及对新支出和员工选择等关键决策的决定权。

随着时间的推移，所有权的责任已在法律中得到确立。在许多情境下，仅凭良知显然是不够的。过去20年来，就业和金融立法、产品责任和消费者保护法、环境要求和信息披露规定都不断增多，以至于企业所有者感觉自己更像是傀儡而不是自由人。

然而，最近所有权的整个概念受到了质疑。当股东主要是代表无数匿名个体的机构时，把股东看作所有者真的有意义吗？这些个体既不了解自己拥有哪家公司的哪一部分股份，也没有办法表达自己的意见。有人认为，更合理的是将股东视为资金提供者，享有与其承担风险相称的财务特权，而不是所有者。那么，真正的所有者是谁？所有权是否不再具备实际意义？利益相关者的概念是否成为新的理念？是否意味着存在多个利益相关方，每个都有与其利益相适应的权利和义务？大多数国家，公司法仍然落后于领先的实践，但越来越多的组织开始被认为是**社区**而不是**财产**。这种差异不仅仅是语义上的。社区不属于任何个体，而是个体属于某个社区。社区中的每个人有不同的利益，并扮演不同的角色，但没有人属于另一个人。从某种意义上说，成功的果实属于所有利益相关群体。消费者有权获得部分剩余，用于改进产品或降低产品的成本。员工（现在包括所有管理人员）有权获得一定的奖金，融资者有权获得与风险成比例的回报，国家有权获得更高的税收，等等。

专栏 12-4　利润分享

马丁·魏茨曼建议，薪酬应该浮动以反映公司的业绩。如果每个人都按照利润或收入的份额获得报酬，且这是他们唯一的收入，那么在经济不景气的时候，在裁员之前，工资就会自动削减；而在经济景气的时候，由于新员工的薪酬仅与其为公司带来的收入成比例，新的就业机会就会被创造出来。（资料来源：Weitzman, *The Share Economy*, 1984.）

有些公司正在走这条路。美国的林肯电气公司将利润的 6% 作为股息分配给股东，这被称为"资本的工资"，其余部分归雇员所有，在业绩好的年份，这部分收入可以达到工资的 120%。（资料来源：Lincoln, Incentive Management 1957.）

瓦茨和布莱克·贝恩在英国德文郡将附加值的 60% 分配给员工，实际上他们的工资是提前支付的。在业绩好的年份，这 60% 的附加值远高于工资的总成本。在业绩不好的年份，他们仍然能拿到工资。关键在于，对 60% 附加值的承诺是预先做出的，以此作为员工价值的体现。

收益分享旨在衡量特定群体创造的增值。通用汽车公司的田纳西州土星工厂是其中最广为人知的例子。家具公司赫尔曼·米勒采用了第 10 章描述的斯坎伦计划，并将其描述为公司的"生活方式"。

资料来源：Kanter, *When Giants Learn to Dance*, 1989.

组织已经欣然接受了利益相关者概念对其施加的合理限制，但它们尚未充分认识到传统的家长式财产观念正在消亡，即使尚未消亡，也将被社区概念所取代。

12.2.6 范式转移

范式转移是令人不安的。当个体成长过程中的假设在成熟后变得不那么真实或不那么确定时，这并不容易。那些处于事物中心的人尽可能长时间地抵制其假设发生的任何变化，这是可以理解的。现实的情况是，任何新的假设都将来自年轻的局外人和新兴的组织，并且将被尽可能长时间地抵制，视为鲁莽的实验、梦想或不切实际的理念。

当然，有些假设只是这样，但当新技术和新价值出现时，假设确实会发生变化。军事史上充满了那些用上一场战争的战略打下一场战争的人的教训。中世纪的法国人固执地坚持认为战争本质上是骑士之间的战斗，这使他们看不到长弓作为战争武器的潜力，并使他们在长达百年的时间里轻易地成为英格兰人的猎物。第一次世界大战中的将军们不愿意承认机枪永远改变了战争的战术，这导致欧洲整整一代男性丧生。希望今天的组织不要长久地用昨天的方法对抗明天的挑战。

12.3 未来的线索

12.3.1 新型组织线索

以上就是坏消息了。有什么好消息吗？哪些新的假设将取代那些过时的假设？哪些新的范式即将出现？没有人会理智地自封为先知。未来还有待创造，任何蓝图都必然会被事件所修正。然而，似乎确实有一些线索指向了对组织产生新影响的因素。其中一些线索可能被证明是错误的（另一些线索明显已被忽视），但综合起来看，它们确实为一种新型组织思维勾勒出了一个模糊的轮廓。这些线索包括：

- 通信革命。
- 以费用而非工资为报酬。

- 工具而非机器。
- 质量经济学。

我们将逐一探讨这些线索，然后尝试勾勒出它们对组织的意义。

12.3.2 通信革命（第一条线索）

集中化的原则主张将所有资源集中到中心然后再向外扩散。合理化在过去意味着关闭仓库和任何外围设施。现在看来，这一程序似乎正在逆转。实物运输的成本肯定会比其他更快地增长，这主要是因为目前化石燃料没有实用的普遍替代品，而随着供应量的减少，化石燃料的价格注定会上涨，即使每次新的价格上涨都会带来额外的资源。此外，大多数形式的实物运输在规模和专业化方面已经达到了现实的极限。

另外，电子通信系统每年的实际成本都在下降，同时变得更加灵活，更加符合我们的实际需求。就在人员和货物的运输成本变得越来越高的时候，信息的传输成本却在下降。过去正好相反：为了控制运营，你需要亲自监督。某种假设的革命正在进行。

也许很快就会出现强有力的**经济**论据，支持将实体制造与分销分开，但将其通过电子方式连接到中央设计和控制设施。然后，分装将变得更加普遍，主要制造商将非常复杂的套件出售给区域代理商，甚至出售给实际的销售点。移动工厂或社区车间可能会激增，以最简单的形式将制造业带到当地。

对于组织来说，重新考虑将新的制造设施尽可能靠近其服务区域无疑是明智的。设计和控制功能仍然可以保留在中心，这样规模经济和协调的优势仍然可以在那里发挥。现在许多技术操作可以在不严重影响经济效益的情境下按比例缩小，特别是当制造业的经济与新的分配经济学相对立时。新进入英国的制造商正在不同地区建立小型工厂网络，他们相信，从人力角度来看，降低分销成本和运行小型工厂的便利性将足以补偿因复制某些设施而产生的额外成本。

12.3.3 以费用而非工资为报酬（第二条线索）

这是一种简化的说法，意味着人与组织之间的契约可能发生变化。目前，大多数人领取工资或薪水。工资是为雇员所花费的时间支付的报酬，而雇员实际上是在出售他们的**时间**。最终，雇主会决定如何花费这些时间。另外，费用是为已完成的工作支付的钱。专业人员收取酬金。酬金的计算可能基于花费的时间，但就客户而言，他支付的是完成工作的钱。当外科医生切除你的阑尾并开出账单时，你并不关心他花了多少时间，只关心手术是否做得很好。

随着雇用成本和官僚作风的不断升级（它们将继续上升），越来越多的组织意识到它们的大部分工作可以外包给个体、专家群体和其他组织。这样做有如下三个好处：

（1）组织避免了管理费用和雇用责任（参见前一节的论点，即劳动力现在必须被视为一种资产）。

（2）组织可以将其控制职能集中在质量和价格上，而不必担心管理的保健因素。

（3）组织与个体之间的关系变得更像是成人与成人之间的关系，而不是父母与孩子之间的关系。如果一项工作不令人满意，组织就拒绝接受它，这种说法比上级或高级管理者批评某人的工作不达标更容易接受。

当然，这也会带来一些代价。组织必须更加重视规划、时间安排和契约设计。它们在成本计算和检查方面的技能将是至关重要的。将所有工作置于直接控制之下，从管理上来说更为简单，从理论上讲这允许更大的灵活性。事实上，它也让人们容易感受到权力被劫持的威胁以及所有的间接费用造成的牵制。分包主要有以下形式：

（1）特许经营。英国的玛莎百货公司对其产品实行特许经营，他们做了大部分设计，并能提供大量资金。汉堡包连锁店特许经营它们的产品。还有一些组织特许经营其生产和销售业务，只保留研究和设计作为关键职能。出版业就是一个历史悠久的完全特许经营的例子，尽管出版商可能不会称之为特许经营。

（2）专业分包。建筑业早就意识到，任何一个组织试图在大型建筑项目中提供所有必需技能都是没有意义的。任何大型建筑项目外部的董事会都是契约组织的生动例子。在较小的规模上，新企业经常将会计和工资单、市场分析、交付等业务外包出去。广告界是建立在分包垄断的基础上的，它本身也开始意识到，自己的许多技能也可以反过来分包出去，使广告公司在很大程度上处于特权经纪人的地位。

（3）集团分包。组织与实际或潜在的"员工"签订合同，让他们以一定的价格完成某些工作。建筑业的"包工队"曾经是这种分包形式的例子，直到被工会禁止。英格兰东北部的一家造船公司有一个有趣的变种。它与其劳动力通过谈判确定时薪。然后，它与一个群体签订合同，在一定的小时数内从事某项工作（例如焊接船尾），按商定的费率支付报酬。合同中的货币单位变成了工时而不是钱，但原则是一样的。

在与自己的员工签订合同时，组织实际上将工资视为预聘费，并额外支付合同费用。通过这种方式，组织获得了激励效应，但仍然保留了所有与雇用相关的成本和问题。这实际上是旧计件工资制度的延伸，很容易继承所有相同的问题和困难。

在大组织各方面都自给自足的时代，我们已经忘记了大多数企业的运作一直都是基于契约原则的。即使在今天，大多数制造公司实际上也都是装配工，通常有超过 1 000 家的零部件供应商。契约组织一直与我们同在。我们现在需要认识到其中所涉及的原则和实践，并将其扩展到个体、小群体以及其他组织。组织的许多专业技能和服务都可以以合同方式提供，使用相同的人员为双方带来共同利益。

12.3.4 工具而非机器（第三条线索）

舒马赫在《小即是美》一书中强调了这种区别。工具是扩展个人能力的东西。而机器则完全不同，它比人更大，需要人来维护，但本质上却独立于人。工业革命用机器取代了工具，引入了大规模生产和微观劳动分工。以硅芯片为基础的下一阶段工业革命，很可能是从机器回归到工具。如今，任何人都可以购买一台自动缝纫机，这实际上将 100 年前的纺织厂搬进了郊区的卧室。现在，在许多情境下机器都可以缩小规模，直到它们相当于一种非常精密的工具，作为人的延伸来使用。现代工厂的机器人实际上就是现代人的工具。

这种从机器回到工具的转变对组织和社会的影响尚未被充分认识。在组织内部，它允许将工作分解成各个组成部分的过程得以逆转。一个人或一个小群体可以再次负责一项完整的工作。诚然，工具可以完成大部分工作，但工具最终是为人类服务的，而机器将是它的主人。机器人会焊接车身，但人类会训练机器人，并可以重新训练它。

然而，这些复杂工具的出现允许人们产生更多冒险的想法。工作不再需要在同一屋檐下进行。虽然人们必须到机器那里去，但工具可以跟随人们移动。可以回归到一个复杂的网络模式：由组织提供工具和原材料，如果个体愿意的话，可以在家里、公共车间或旧工厂使用这些工具和原材料。这种在家工作的概念很好地适应了另一种压力，即用（完成工作的）费用代替（花费时间的）工资。

这还可以更进一步。J. 杰尔肖尼认为，我们正朝着一个自助社会前进，在这个社会中，制造业越来越多地生产供家庭使用的资本货物。正如自动洗衣机取代了洗衣店一样，其他形式的家用资本设备也将使我们能够自己完成目前由其他人为我们做的事情。现在，平均每个家庭拥有的资本设备数量比 20 世纪初的每个普通工厂平均还要多。

专栏 12-5 家庭经济

第三种策略是……考虑重新设计家庭。想想看：如果时间更加充裕，那么就没有必要让家庭资本的使用如此无利可图。以烹饪为例：它本质上是一种非异化生产的最高境界。它本身是一项愉快的工作，使用自己的资本劳动以供自己消费。为什么只停留在烹饪上呢？中产阶层家庭厨房的投资水平可以很容易地为木匠或金属加工车间，或为陶器车床和窑炉提供基础。通过这种方法可以满足非常广泛的需求，而小社区或小合作社可以提供更广泛的需求……随着货币经济中的生产越来越高效，资本品越来越便宜，我做这件事的工具也变得越来越容易获得。

资料来源：Gershuny, *After Industrial Society: The Emerging Self-Service Economy?*, Macmillan, 1978.

最后一种现象将对商业组织的产品策略产生重大影响。半成品市场可能会扩大，留给客户自己完成最后的组装工作。许多服务行业（如汽车维修）可能会让客户自己使用新工具。某种形式的国内进口替代形式，实际上可以在增加产出的同时减少交易总数。这是一条技术先进的自给自足之路。

专栏 12-6 工会与新社会

随着费用开始取代工资，工会的角色变得有趣起来。目前，其在工资经济中基本上是薪酬经纪人。随着这一角色的式微，其作用将会缩小，除非改变这一角色。因此，最初，人们可能会指望其抵制任何向契约组织发展的趋势，但最终经济和社会的压力可能会证明其无法抵挡。然而，还有另一个角色等待着其去扮演，那就是为越来越多的独立工人提供认证。如果没有某个认证机构，人们怎么知道水管工、装配工、维修工或木匠是否胜任？这是专业协会为专业人士发挥的作用。这是旧公会曾经扮演过的角色。在日益增长的"非正式经济"中，各种行业不受监管，这一角色已经迫切需要。工会将成为认证机构吗？

将这种新的自给自足能力与更多的外包工作和分包服务工作相结合，最终会形成"**灵活**生活"的概念，个体能够就如何、在哪里以及何时工作做出更多独立的选择。这种新发现的选择可能对那些接受它的人来说意味着巨大的自由。但对于那些因为传统就业机会减少而被迫接受"灵活生活"的人来说，这可能并不那么美好。这不会使管理任务变得更简单，但肯定会使其变得不同，并且在精心管理下提高效率。

12.3.5 质量经济学（第四条线索）

经济学是一门研究附加值的学科。传统上，这种附加值是用制成品或服务的交易价格来衡量的，即人们愿意为之支付的价格。一个社会的经济财富是由所有这些交易的总和来衡量的。因此，这类交易越多，社会就被认为越富裕。就经济学而言，无论这些交易涉及的是优质商品还是劣质商品，是建设学校、核电站还是生产商品都没有关系。这都是财富。同样的概念也适用于个体。个人财富通常用一个人的支出或支出能力来衡量。财富越多越好，对于个体和社会来说都是如此。只有社会内部的财富分配，才是政治家们真正关心的问题，而且人们认为所有个体，或者至少大多数工作的个体，都希望拥有更多的个人财富，即使这会带来如何支配财富的艰难选择。因此，尽管每个人都会承认，经济假设只是我们复杂心理计算的一部分（见第2章），但基于经济假设合理性的思想已经深深地嵌入我们的社会和组织中，代代相传。

然而，有迹象表明，数量经济学的前提可能不再像以前那样有效了。让我们看看其中的一些原因。

（a）**赫希的地位商品理论**。赫希教授在1978年出版的一本书中认为，在物质增长达到一定阶段后，社会就达到了一种繁荣状态，在这种状态下，大多数人拥有了相对舒适地生活所需的一切。当然，由于管理不善或政策效率低下，**相对**贫困将永远存在，也可能仍然会存在**绝对**贫困的地区，但大部分人口都能得到很好的照顾。那么，人们工作是为了什么呢？当你有一台好的洗衣机时，并不需要两台。赫希认为，在这个阶段，人们为使他们与邻居区别开来的东西而工作。起初，这些可能是物质上的东西（一辆更大的汽车或更好的音响系统），但最终他们想要的是有内在排他性的东西，如一所拥有开阔视野的房子、特权教育设施或精英俱乐部的会员资格。因为这些东西的价值在于它们的排他性，所以根据定义，你不能拥有太多，否则它们会失去吸引力。拥有太多不寻常的房子，房子就不再拥有一览无余的视野。赫希说，这是物质增长的真正极限。人的野心有其内在的社会限制。只有少数人，而不是大多数人，能通过地位商品得到满足。那么其他人怎么办？他们可能会嫉妒，甚至可能会试图破坏一个只为少数人保留最高奖励的社会。当然，许多人会越来越多地重新调整他们的动机计算，意识到如果真正的奖励无法获得，他们就必须满足于现有的东西。

赫希暗示，数量最终是不够的。这一建议直击传统经济学的核心。

（b）**价值观的转变**。对物质欲望满足的另一种解释是给予非物质目标新的优先权。如果人们拥有他们实际上需要、甚至渴望的所有金钱，并且他们也发现更多的钱并不能真正带来想要的幸福，那么他们可能更愿意用金钱来换取其他东西，例如，自由支配的时间，或更好的工作条件，包括更多的自由或自主权，以及更好的照明或更好的食物。

在这种解释下，我们可能会越来越多地期待工会协议以缩短工作周和提供更多的工作自主权为特色。目前，北欧、美国和澳大利亚的大多数人仍在"348"工作（每周工作48小时，一年工作48周，持续48年）。随着个体越来越多地用金钱换取时间，我们很可能会看到这一数字下降到"335"。

如果这种解释是正确的，那么可以预期，在富裕环境中成长起来的新一代人，尤其是在那些通过教育最充分地为利用物质社会做好准备的人中，非物质主义的价值观将会更加明显。专栏12-7表明，这种情境实际上正在发生。如果未来社会的领导者已经开始从数量经济学转向质量经济学，那么经济学的前提就必须重新书写。

（c）**个体经济和米考伯式财富**。经济学一直主要关注人们的正式交易，即以某种方式用金钱交换商品或服务，但生活的一大部分总是发生在家庭、志愿机构和免费娱乐场所等更非正式的经济领域中。由于没有正式交易，这些增加了某种价值的活动从来没有被计算在内。事实上，一些明显的经济增长一直是由于这些非正式的个人活动被正式化，因此被计算在内。当你购买土豆而不是种植土豆时，正式的、可见的经济就增长了，但种植和消费的土豆数量保持不变。同样，如果活动从正式经济转移到家庭，即使仍然从事同样的活动，但经济也可能显得萎缩。目前有迹象表明，在所有工业化国家中，由于更多的人有更多可自由支配的时间、更好的教育和更多的工具和设备来为自己做事，个体经济可能正在增长。

专栏 12-7　三位一体

国际社会变革研究所已经跟踪了 19 个不同国家价值观的变化长达 20 年。根据加州的 SRI 和英国的泰勒尼尔森公司的工作，他们将人分为三类。

（1）生存驱动型：这些人的主要动机是追求安全。他们关心的是如何度过每一天，以及如何融入一个支持他们的同龄人群体。虽然"幸存者"是亚群体，在经济上处于不利地位，但他们大多数人生活舒适，具有家族性和保守的品位。

（2）外向型：成熟工业社会的精英，动机是追求尊重和地位。他们想和合适的人结婚，住在城市的合适区域，拥有理想的工作。他们希望自己的孩子为家庭争光。他们希望在财务和社会方面提高自己的地位，并通过与自己相似的人的眼光和意见来衡量自己的成功。

（3）内向型：这些人在内心寻找成功的标准。他们通常是外向型父母的孩子，基本上不关心别人对他们的看法。他们往往不像其他群体那么物质化，尽管他们并不是有意识地选择贫穷。自我表达、敏感和生活质量是他们的主要关切。

总体来看，人们的价值观正在向内向型转变。1989 年，英国由 29% 的生存驱动型、35% 的外向型和 36% 的内向型人口组成。荷兰有 44% 的内向型人口，但法国、德国、日本和美国主要由外向型群体组成。

当然，没有哪个国家的这些比例在所有地区是完全一致的。以美国为例，新英格兰和西海岸的内向型人口比例是中部地区的两倍。不同年龄群体之间的比例也不相同。年轻人往往更加内向，并似乎打算继续保持这种状态。这将产生影响。

资料来源：Kinsman, *Millennium*, 1991.

这种趋势不仅会掩盖政府或其他地方的正式经济学的真实情境，还会让更多人接受一种新的财富概念。那些主要生活在个体经济中的人并不以消费能力来衡量财富。他们本能地看待财富，就像狄更斯笔下的米考伯先生一样。米考伯先生喜欢说，当支出为 19 英镑 19 先令 6 便士时，20 英镑的收入就是幸福，但如果支出增加到 20 英镑 6 便士，幸福就会变成不幸。对米考伯先生来说，财富并不是消费的能力，而是你拥有之物与你的消费需求之间的差异。这种差异很微妙但至关重要。根据米考伯的定义，你可以通过增加收入或减少支出来增加财富。在个体经济中，后者通常是最受青睐的，因为人们不再购买某样东西，而是学习如何制作或自己动手做。

如果经济活动回归家庭，我们很可能会看到从数量经济学向质量经济学的重大转变。对于组织来说，后果是显而易见的。他们将无法再依赖工资来解决动机、人际关系或权威和控制等问题。当然，工资仍然很重要，但其他事情也同样重要。当人们只需要做一点工作就能满足他们的物质需求时，你将需要依赖你计算中的其他部分来让他们工作更多。

12.4　可能性和问题

12.4.1　假设转变的问题

方式和假设的转变带来了各种各样的变化可能性和问题。我们将简要介绍其中的三个：

- 联邦组织。
- 拼接职业。
- 新的规划模式。

12.4.2 联邦组织

联邦制是将各个部分的自主权与协调经济相结合的方式。前几节中描述的许多压力将促使组织缩小支出单位的规模。关于最优规模的意见各有不同。这在一定程度上取决于技术和工作的组织方式，但大多数人认为上限大约是 500 人。

不过，只要能在适当的时间获得适当的信息，这些个体单位仍可由中央统筹。然而，信息似乎是少数几个我们确定会比以往任何时候都更丰富和多样化的事物之一。因为关于组织结构的研究中几乎唯一一致的发现是，更多的权力下放总是伴随着更多的信息。

然而，联邦制与分权制有着微妙的区别。其中的微妙之处并不总是很好理解，特别是在那些在政治生活中没有联邦制传统的国家中。例如，英国人一直将联邦制视为削弱过去敌人的手段，或者至少是当中央政府无法实现时的一种妥协形式。事实上，所谓的妥协通常被证明是一种优势（在澳大利亚、联邦德国，甚至在很长一段时间的加拿大都是如此）。

分权意味着将权力从一个全能的中央机构下放。而联邦制则意味着权力实际上掌握在各组成部分（例如各州）手中，这些组成部分为了所有人的利益而将部分权力让渡给中央机构。因此，在联邦制国家中，首都很少是最重要的城市，它仅作为政府协调的场所，通常不是经济或艺术活动的中心。

类似地，联邦制组织也依赖于一个小型的神经中枢来协调一系列小而几乎自治的运营单位，这些单位可以在地理上分布广泛。控股公司的概念在金融和法律领域已经成为现实，但在严格的组织学意义上，它意味着更多，控股公司在综合制造公司中也会像在金融世界中一样普遍。

专栏 12-8　联邦组织

对一些更成功的联邦组织和国家进行推测是很有趣的。

国际邮政联盟是一个令人印象深刻的组织。尽管大多数国家邮政服务的效率越来越低，但人们仍然理所当然地认为，你在巴黎寄往智利圣地亚哥的信件将在合理的时间内安全送达，而且价格仍然相对便宜。作为协调和高效运作的典范，它名列前茅，但谁知道它的总部在哪里？它的首席执行官是谁？

瑞士也是一个非常高效的国家。无论你是否认同瑞士的价值观，没有人会否认它是一个运转良好的国家，尽管它有 4 种不同的官方语言、一些世界上最难通行的地形，以及几个世纪以来各州的独立传统。但谁能告诉你瑞士政府首相的名字？又有多少人知道瑞士首都的名字？

然而，与传统的控股公司不同，联邦中心可能并不总是**拥有**自治部分。为了充分表达利益相关者和社区的想法，这些自治部分的所有权可能会比目前流行的做法更广泛地分布在员工和利益相关者之间。因此，所有权的权力不会集中在中心，而是分布在各个部分。正是这种权力的转移使联邦制成为现实，使中心真正成为整体的服务者，而非主宰者。

与联邦组织联系紧密的是契约组织的概念。契约组织建立在费用而非工资的概念和分包的原则上。将主流业务的员工人数控制在 500 人以下的一种方法是，将尽可能多的运营工作分包给外部个体、群体或组织。

未来的组织越来越可能拥有三类不同的员工。第一类是由管理人员和专家组成的专业核心群体，负责设计、控制和协调等关键职能。组织为他们提供职业发展、安全保障和特殊条件。作为回报，组织期望他们具备灵活性、流动性和奉献精神。第二类是契约边缘的个体和群体，他们从事的工作可以由外部人员以更低廉的成本完成，要么是因为他们只是间歇性地被需要，要么是因为他们可以专注于特定的某项工作——无论是市场调研、清洁还是制造子组件。第三类是基本劳动力，他们越来越多地以兼职或轮班的形式工作，以提供必要的灵活性。这是一种纯粹的工具性关系，以时间为交换获取金钱；他们不会期望获得职业或发展机会，但会为了更好的薪酬和条件尽力讨价还价，如果其他地方提供更好的条件，他们会毫不犹豫地跳槽，并期望在生活的其他领域找到工作的其他满足感。

每一种类型的员工都与组织签订不同的心理契约和正式契约。因此，必须对每个类别进行不同的管理。专业核心群体将需要任务文化、扁平化结构和大量的咨询。契约边缘的个体或群体通常是个体文化或权力文化的代表，他们需要一种角色文化来控制和协调他们对组织的服务。劳动力将更加分散，也需要角色文化的规范，同时结合监督层面的个体关怀进行"宙斯式"管理。联邦契约组织带来了问题，也带来了可能性。

12.4.3 拼接职业

如今，仍有90%的就业人口在组织中工作。其中大多数人都会认为，他们将在某个组织或与之类似的组织中工作，直到60岁左右退休。但这样的想法很快将不再普遍。正如我们已经注意到的那样，"348"的时代（每周工作48小时，一年工作48周，持续48年）可能即将被淘汰。

未来几年，人们可能会喜忧参半地期待更加多样化的职业生涯。对于一些人来说，他们仍然会为一个组织工作40年。然而，对于更多人来说，他们的职业生涯将是就业和自主创业的混合体。这种混合可能以多种方式发生：

（a）**前后转换**。随着四五十岁的人开始意识到在公司外部从事更灵活的合同工作的优势，就业将让位于自主创业。对于许多人来说，这种自主创业可能是被迫的，因为公司开始让员工提前退休，也许会用一笔资本金来替代养老金。如果这种做法看起来很奇怪或不人道，那么最好记住英国军队多年来一直在实施这样的政策。当然，大多数离开军队的人都选择了更多的就业机会，但未来这一选择可能不那么容易获得。我们可能会看到，越来越多的"负责任"的雇主通过确保员工在离职前具备独立自主的必要技能，为员工的离职做好准备。公司内部的离职培训课程可能会越来越频繁。

（b）**交替进行**。专业技能较强的员工可能会选择就业与自主创业交替进行，就像今天一些已婚女性所做的那样，她们会根据家庭情境选择加入或退出全职工作队伍。对一些人来说，休假或再培训的想法成为越来越必要和有吸引力的选择，而由国家、公司或个体支付费用的继续教育必将成为未来的增长领域之一，同时还需要新的认证机构。

（c）**互补模式**。几乎可以肯定的是，兼职就业将有所增长。当组织需要额外的劳动力或技能时，它们将越来越倾向于寻找兼职员工，因为兼职员工不需要与全职员工有相同的保障。许多人将通过自主创业来补充他们所需的工作时间。由于这种工作对社会和个体来说都是边缘性的，因此大部分工作将在所谓的非正式经济中进行。社会非但不会贬低非正式经济，反而很可能会发现，这为失业提供了有用的替代方案，而且实际上为最终的全职合法自主创业做好了准备。缩短每周工作时间将使每个人都有机会从事兼职自主创业。这不一定是一件坏事。

未来的"拼接职业"将给组织中的人事职能带来根本性的变化。随着个体选择的增多，人事部门的咨询工作也必然会增加。虽然就业和合同安排的多样性会增加灵活性，但也必然会带来管理上的麻烦。培训（对个体和组织）的问题将是一个主要问题，小型组织无疑会挖走大型组织的中年员工。如果我们采取行动，养老金和个体权利的问题将会变得更加复杂。我们有必要进行一些重大反思，以避免出现这样的情境，即在通货膨胀的年代，现在的少数雇员要供养的人数是过去的三倍或四倍（这种情境在最初制定计划时并未考虑到）。随着各种形式的**自主创业**越来越普遍，**失业**这一概念的相关性和重要性可能会降低，当工作主题有如此多的变化时，世界不必只分为就业和失业。

12.4.4 新的规划模式

不连续的变化使规划变得困难。当变化呈现连续模式时，就有可能预测趋势，并对所需行动和反应做出一些合理的假设。但当趋势超出图表的范围或发生反转时，这个过程就不再起作用了。当事实不复存在时，该怎么办？许多人常常无所作为，或者说，他们只是继续做同样的事情。如果激进的广告在过去总是有效的，那么在情境似乎更加糟糕时加大广告力度似乎是合理的，但如果问题已经改变，就不能保证昨天的解决方案在明天能奏效。

在不连续性的条件下，变化来自外部，新的方式可能在你意识到发生了什么之前就超越了你。除非你改变对未来的态度，否则你会被边缘化。

组织历来都是通过尝试减少不确定性来应对未来的。整个管理理论都是基于减少不确定性的。当你可以控制或至少可以预测环境时，这种方法是有效的。当变化是不连续的，环境不可预测时，这种方法可能是自我毁灭的。在这种情境下，组织别无选择，只能采用实验性的方法。这种方法类似于系统性赌博，探索不同的机会和可能性。初期的成功会被重新利用，失败则会被摒弃。通过与联盟合作，可以摆脱昂贵的竞标，并通过多样性而不是确定性来寻求安全。

实验性方法将规划重新带回了董事会，因为这是一系列决策的问题，而不仅仅是描绘情景。虽然预测、情景设定和仔细的监测都是必要的，但在走进迷雾时，灯光作用不大——你必须停下来摸索前进。松散联系的组织有助于控制风险，并为实验提供灵活性。联邦契约组织可能由于其他原因而强加给我们，可能非常适合不连续的变化，但其中的管理者可能不太容易适应。他们必须适应这样一个事实：大多数工作中选择的范围将变得更大，需要承担更多的风险。他们必须学会与错误共存，并从中获益。成功的组织会鼓励他们的管理者，并且不会惩罚那些出自有意识策略的错误。

专栏 12-9　消失的实验室

我参加了一家公司的董事会会议，这家公司经营着多家摄影实验室，为各种化学家和摄影器材经销商处理胶卷，这些经销商收集并将这些胶卷返还给私人客户。

那天早上的讨论涉及正在影响该行业的新技术。与会者普遍认为，不久（5～7 年）之后，一个大盒子就能有效地取代实验室。这个盒子可以放在商店的角落，处理任何放进去的胶卷，从而使实验室和收集 / 交付系统变得过时。

稍事休息后，董事会开始讨论议程上的下一个项目——长期计划。除了他们赞同鉴于可能出现的"新竞争"，需要更加强调效率之外，讨论似乎没有涉及之前的话题。换句话说，他们并没有采取任何真正的行动来应对他们都预见到的不连续变化。然而，在 10 年内，这样的盒子将被该行业的新进入者开发出来，该行业的所有传统结构都将过时并被淘汰。但董事会并没有涉足盒子的发明。他们经营的是实验室，他们知道的就是如何更好地运营实验室。如果不连续变化使他们的实验室变得无关紧要，这是他们的错吗？你能为不连续变化制定计划吗？

12.5　结论

我们已经论证过，组织方式对于组织设计的重要性不亚于任何关于行为的基本理论。与环境相关的不断变化的价值观和技术将影响当前关于什么对组织有意义的假设。看似永远正确的事情可能会变成部分正确。当这种情境发生时，变化是不连续和令人不安的。这时，你就不能再基于昨天的假设来管理明天的组织了。

以下是一些似乎正在失去价值的假设：

● 集中 + 专业化 = 效率。

- 层级制度是自然的。
- 劳动力是一种成本。
- 组织是一种财产形式。

关于未来的四个线索是：

- 通信革命。
- 以费用而非工资为报酬。
- 工具而非机器。
- 质量经济学。

这些将给组织带来新的挑战，包括：

- 联邦组织。
- 拼接职业。
- 新的规划模式。

希望这将是一场进化而非革命。技术、产品、理念，它们都有生命周期。它们繁荣然后衰落。组织及其所依据的假设也是如此。关键在于管理好从一个生命周期结束到另一个生命周期开始的转换。能够对其产品这样做的公司将保持经营。能够允许旧方式消亡和新方式成长的组织能够存活下来并有机会繁荣。接受死亡是新生命的前奏，这是自然界、社会和人类生存的古老秘诀，这也适用于组织。

第三部分

深入研究指南

——

Part 3

A GUIDE TO FURTHER STUDY

众多学者对组织理论的方方面面进行了深入探索。即便是在这个领域的一个子领域，要跟上所有的研究、理论和推测也是一项耗时的挑战。对于像我这样对各种议题都感兴趣并积极参与其中的人来说，必须在阅读和深入研究时进行取舍。

本书的第三部分可以为如何在复杂的组织理论中选择提供一个"路标"。然而，其他学者可能会提出完全不同的选择，这些选择可能同样具有价值。我力求保持参考文献列表的简洁，但每个列表中都包括关于该领域的一些总览和经典作品，还有我认为的真正重要的研究。最重要的是，我试图与读者分享我对最有趣、最发人深省的作品的看法。

那些已经对该领域的文献有所了解的人，无疑会对我的疏漏感到惊讶，也会对我的一些选择感到困惑。虽然我认为无须为一本个人选集道歉，但任何追随我所铺设的路径的人应当始终铭记，这条路径确实带有强烈的个人色彩，并不宣称包罗万象。

除了提供参考文献外，本书的第三部分还对该领域的一些基本假设进行了简短的讨论。我有时觉得某些研究和理论建立的前提并不尽如人意，所以我认为应该与所有读者分享我的困惑和先入之见，因为这些无疑为正文中的解释增色不少。

注释和参考文献按章节列出。许多参考文献可以追溯到 20 世纪 60 年代，甚至更早，因为这是最初开展研究或概念形成的时候。现在这些经典的作品，如果它们不再用原来的标题，往往会被收录在较新的文章或者文章选集中。

第 1 章　研究指南

1.1　引言

本书认为，从哲学角度看，组织研究更类似于历史研究，而不是物理科学研究，因为组织研究中人们的行为不受精确的、可验证的和不变的规律所支配，所以我们必须从其他方面寻求答案。

组织研究究竟是历史研究还是物理科学研究，这曾经是一个有争议的观点。约翰·斯图亚特·穆勒就不同意其更偏向于历史研究的观点，但他处于一个较早的时代，当时还没有形成统一的观点。现如今，人们普遍认为社会科学不同于物理科学。而温奇在《社会科学的理念》一书中解释了其中的原因。另外，我也很高兴地发现了伯特兰·罗素在其临终前的一次题为"记忆中的肖像"的演讲中，阐述的对历史哲学的看法。他在演讲中提出了以下观点：

（1）历史既是一门科学，也是一门艺术。当它被描述为科学时，意味着两件事：

（a）以科学的方式确定事实。

（b）寻求发现因果规律。

虽然（a）和（b）完全值得赞同，但这并不是历史研究最有价值的地方。在历史研究中，我们对具体事实和因果序列都感兴趣。

即使确定了过去的因果关系，我们也没有太多的理由期望它们在未来也会成立，因为相关事实如此复杂，以至于不可预见的变化可能会使我们的预测产生偏差……由于这些原因，我认为历史上的科学规律既不像人们有时认为的那样重要，也不像人们有时认为的那样容易发现。

（2）如果历史对于除了历史学家之外的人来说仍然是有价值的，那么它必然是有趣的、足够吸引人的。这意味着历史必须以一种引人入胜的方式呈现出来。为历史学家以外的人创作的历史学家被鼓励有自己的观点。

他对事实的审视应该是公正的，但他的解读可以是个性化的，甚至我们非常鼓励个性化的解读。

罗素并不提倡智力上的懈怠。他认为历史研究需要分工合作。一些人把时间花在挖掘和界定基本事实及观察结果上，另一些人对此进行解读。然而，正如爱因斯坦的理论是依据他人的观察结果，而非其本人，正如开普勒定律是建立在第谷·布拉赫的观察结果基础之上一样，我们也需要一个解释者，一个能够在统一风格的整合中把握事实多方面因素的人。

罗素所言虽然是关于历史的，然而将其观点引申至组织理论，我们认为同样贴切。科学的观察和对组织行为事实的深入探索至关重要；建立可追溯的因果关系也同样不可或缺。然而，我们不应该期望这些因果关系能够无休止地重复，或永远有效。我们也不应期望仅凭借因果关系就能完全理解组织及其内部所发生的一切。

同时，对那些为其他理论家工作的人与解释基本发现的人进行区分也十分关键，因为同时从事这两方面工作的人往往会存在认知上的偏差，他们不可避免地会根据自己的特定发现来解释世界。然而，有趣的是，与历史学家一样，社会对组织理论解释者的评价并不在于其工作的科学性，而更多地在于主要从事实践的人是否认为其工作有趣且具有意义。

这本书显然提供的是一种解释性的方法，应该以此为基准进行评判。对于那些希望进一步探索该领域及其方法论的人，我建议阅读卡普兰的《调查行为》的前几章以及马奇的书中关于方法论的部分，其中包含大量高阶参考资料。

1.2　组织理论的效用

组织理论这一研究领域一直面临一个挑战：多年来，主要的理论家们都是在人类学、社会学、心理学或社会心理学等辅助学科中成长起来的，他们的理论观点和研究训练不可避免地影响了他们对这一领域的问题的处理方式。因此，社会学家倾向于将个体差异视为某种理想标准或基准值的偏离。而心理学家则倾向于将行为的所有组织决定因素归结为"情境"的范畴，认为在对个体进行研究时，情境应尽可能保持不变。随着"系统理论"的出现，各学科似乎可以用大致相同的语言来讨论类似的问题，这是一个积极的发展趋势。然而，一个值得尊崇的跨学科方法开始崭露头角。在众多文集和原始引文中，皮尤的论文《现代组织理论》对不同学科理论观差异这个问题做出了一个很好的总览，尽管在我看来，它一定程度上受到了韦伯关于社会科学哲学的影响。

皮尤区分了以下几类人：

- 管理理论家。
- 结构理论家。
- 组织理论家。
- 个体理论家。
- 技术理论家。
- 经济理论家。

一些关于该领域的观点是从历史研究的角度出发的（专栏 1-5 给出了这样的总结），另一些则侧重于个体理论家的思想。阅读皮尤主编的关于组织理论的书是品鉴这些领先理论学家原始著作的有效途径，其中附有进阶阅读的参考文献。另外，佩罗在提出新韦伯方法之前，对组织理论学家的各种方法进行了批判性审视，他的书是以社会学家视角进行的可读性强、知识渊博的综述。

本书并未试图进行这样的概述，部分原因是其他地方已有类似总结。同时，这种对组织理论的准传记式的研究方法虽然追随了思想潮流，但似乎不是大有裨益的。在本书相关部分，我们会讨论这些主要理论家的观点，但对于那些要求对这一领域的文献进行完整、系统的概述的人来说，最好还是阅读摩根那本关于组织的不同思维方式的书的附件。

尽管如今尚未有一部涵盖所有组织学变量范畴的杰出的跨学科著作，但各种研究正在蓬勃发展。莱维特和沙因最新版本的标准教科书侧重于关注组织的系统和结构，以及其中的个体和群体。亨特结合了对研究的概述以及管理者可以吸取的教训。另外，德里克·托林顿的《有效管理》可以被视作一本简明而全面的教科书。而龙尼·莱塞姆的《全球管理原则》则是一次充满智慧的探索之旅。诚然，美国已经出版了许多内容详尽、价格昂贵的教科书以及案例研究或练习工具，意图涵盖组织理论的整个领域，但其中大多数更像是百科全书，而非实用指南。本书认为霍尔的书是这些著作中最为出色的一本。另外，彼得·德鲁克对管理智慧的大量贡献也不应被忽视，他的思考更多地基于经验，而不仅仅是理论和研究，但总是充满趣味且有用。

最后，同样重要的是，我会鼓励人们阅读阿伦森的书，它令人兴奋，可读性很强，涉及顺从、偏见、攻击和吸引力等主题，这些都是本书前一部分内容的基础。

参考文献

ARONSON, E. (1976), *The Social Animal*, Freeman.

DRUCKER, P. (1980), *Management*, Pan.

EASTON. D. (1953), *The Political System*, Knopf.

HALL, R. (1972), *Organizations: Structure and Process*, Prentice-Hall.

HUNT, J. (1992), *Managing People at Work*, McGraw-Hill.

KAPLAN, A. (1964), *The Conduct of Inquiry*, Chandler.

LEAVITT, H. J. (1978), *Managerial Psychology*, 4th Edition, University of Chicago Press.

LESSEM, R. (1989), *Global Management Principles*, Prentice-Hall.

MARCH, J. G. (ed.), (1965), *Handbook of Organizations*, Rand McNally.

MILL, J. S. (1843), *System of Logic*, Longman. (This edition published 1971)

MORGAN, G. (1986), *Images of Organization*, Sage.

PERROW, C. (1972), *Complex Organizations*, Scott, Foreman & Co.

POPPER, K. (1959), *The Poverty of Historicism*, Routledge & Kegan Paul.

PUGH, D. S. (1966), 'Modern organization theory', *Psychological Bulletin*, vol. 66, pp. 235–51.

PUGH, D. S. (ed.), (1990), *Organization Theory, Selected Readings*, 3rd Edition, Penguin.

RUSSELL, B. (1958), *Portraits from Memory*, Allen & Unwin.
SCHEIN, E. H. (1980), *Organizational Psychology*, 3rd Edition, Prentice-Hall.
STEWART, R. (1970), *The Reality of Management*, Pan.
TORRINGTON, D., WEIGHTMAN, J., and JOHNS, K. (1989), *Effective Management*, Prentice-Hall.
WEBER, M. (1956), *Wirtschaft und Gesellschaft*, J. C. B. Mohr.
WINCH, R. (1958), *The Idea of a Social Science*, Routledge & Kegan Paul.

第2章 研究指南

2.1 引言

动机理论的研究领域宽泛而深入。在第一部分中，我并未试图枚举各种研究或对文献进行系统回顾，而是将一些理论融合成一个合理的模型。在这个过程中，我发现弗洛姆和德西编写的书是一本宝贵的、简洁的集大成之作，涵盖了主要的原始文献，对我整合理论起到了巨大的帮助。

2.2 早期动机理论

弗洛姆在他的引言中概述了本书所遵循的部分动机理论。沙因在其主要研究中引用了主要的研究报告。弗洛姆的早期著作系统而详细地回顾了1964年之前的动机理论。对于1955年之前的研究，布雷菲尔德和克罗克特关于态度和绩效的评论（载于弗洛姆和德西的著作）是实用的，所有这些作品都依次列出了主要来源。

波特和劳勒的研究很好地概括了满意度理论，并指出，满意度是生产力的结果，而不是原因。

马斯洛方法的精髓包含在弗洛姆和德西的书中。麦格雷戈的著作和利克特的著作也是这个作品集中的代表，由于他们的主要作品在本书中多次被提及，因此我将他们及其作品列在了参考文献中。

沙因对人的假设进行了充分的讨论。莱文森在1972年发表的文章中简明扼要地阐述了他的观点。

接下来将简单介绍动机计算模型：

动机计算模型的雏形可以追溯到三个基础模型：

（1）路径—目标方法。最初由乔尔戈普洛斯、马奥尼和琼斯于1957年提出，随后弗洛姆和德西也沿用了此方法。

（2）进一步地，弗洛姆在其 1964 年的模型中强调了价值、工具和影响。

（3）期望模型。由波特和劳勒在 1968 年提出，该模型建立在前面两个模型的基础上，他们通过研究对该模型进行了验证。

所有这些理论家都致力于从他们的模型中提出具体的、可检验的假说。尽管这样做是可取的，但也将他们的研究限制在了较为具体的决策情境中，在通常情境下，个体实际上要在两种活动或两个层次的活动之间做出选择。我一直致力于扩展他们的模型的含义，并将其与心理成熟度、心理契约、认知失调减少等概念联系起来，以赋予这些模型更广泛的但精确度较低的可预测性。

波特和劳勒 1968 年出版的书最全面地描述了他们的工作，但在他们同年发表的文章中，对于他们的观点和发现的描述所占的篇幅比较短。

赫茨伯格的贡献在其 1966 年出版的书中得到了最完整的描述，但也引发了许多争议，其中大部分争议都着眼于他的方法论和如下事实：根据他提出问题的方式，你可能会发现不满的因素在于工作条件，而满意的因素则在于员工的贡献。任何对这一争议感兴趣的人都应该读读豪斯与威格多关于赫茨伯格的著作。就我个人而言，我发现赫茨伯格的基本论点在表面上具有极大的合理性，因为动机本质上是一种主观现象，即应该从相关个体的角度来看待它。

斯科特·迈尔斯重复了赫茨伯格在德州仪器公司开展的一项有趣的研究。亨特用 1 万多名经理的数据进行了早期情境和需求情境之间的有趣对比。他还展示了这些特征是如何随着年龄和经验而变化的。

麦克利兰的观点在他 1961 年出版的著作中有所提及，科尔布等人也对他的观点进行了恰当的总结和评论。怀特提出了另一种方法，叫作"情感和符号"，尽管在第一部分中本书无法全面总结，但其值得研究。

阿特金森提出了一种基于麦克利兰概念的动机模型，利特温和斯金格（1968）对此进行了很好的描述。这和动机计算很相似。

人格理论是一个引人入胜的领域，但与动机理论的联系还不够紧密。而阿吉里斯关于正式组织与个体融合的讨论为此提供了一个纽带，他的著作（1960）将启发读者深入了解最重要的人格理论家，如埃里克森、凯利、沙利文、弗鲁姆和霍尼。在这部作品中，阿吉里斯还讨论了心理成长的问题。若欲深入了解人格理论的更多细节，霍尔和林德泽的著作将是一个很好的起点。

目标设定的重要性将在本书的后续部分作为一个主题再次凸显。邓巴对这一研究提出了一则最为引人入胜的评论。

2.4 心理契约

最初使用"心理契约"一词的可能是莱文森，但互惠原则在社会学中已经存在了一段时间。我遵循沙因对这个概念的使用方法。

关于契约类型的讨论在很大程度上受到了埃齐奥尼的影响，他基于主导权力类型和成员投入类型进行了组织分类，然而并未涉及心理契约的概念，因此我使用了契约这一概念来模糊他对于权力类型和参与类型之间的区分，主要是因为我并未发现这种区分特别有帮助，也不觉得他用来描述这些类型的词汇特别有启发性。尽管他的分类相当宽泛，但我认为这是分析任何组织中基本契约类型的一个极其有用的起点。

2.5 总结和启示

许多关于动机的探讨都认为，领导风格或团队工作方式对动机有显著影响。它们确实对绩效有显著影响，这将在相关章节中讨论。我更倾向于将动机假设为决定最佳工作组织或领导风格时需要考虑的因素之一。对我来说，更有说服力的说法是，在合作心理契约下，以团队为中心的领导风格是合适的，而不是笼统地说以群体为中心的风格更"激励"人。因此，关于领导风格、团队过程、生产力和士气的研究和理论将在第 4 章和第 5 章中进行回顾和分析，而不是放在"动机"的标题下。

认知失调理论（见专栏 5-6）是最有趣的一组概念。该理论由费斯廷格于 1956 年提出，该理论认为当个体发现自己所处现实与他对现实原有的印象不符的情况下，他会经历认知失调。他要么忍受这种失调，要么通过改变他对现实的印象或现实本身来减少失调，要么找到一种解释或合理化这种失调的方法。

对于那些希望进一步探索这一主题的人来说，最好的文献是布雷姆和科恩对费斯廷格在这一领域的原创作品的分析和扩展。

奥普萨尔和杜内特对有关金钱和薪酬的文献进行了良好的、相当简明的综述。但本书认为，他们所进行的研究并不能证明人们对金钱知之甚少的结论是正确的，尽管很多研究倾向于推翻一些传统谬见。

关于"自我"的概念，有丰富多样的文献。对于那些希望深入研究的人，我认为米德在 1934 年的著作提供了一个很好的研究开端。然而，这一领域的许多研究关注的是由自我概念引起的问题，以及自我概念导致的各种形式的神经症，霍尼 1951 年的著作就是这种研究方法的一个很好的例子。

2.7　结论

心理成功和自我认同的概念主要是由阿吉里斯和怀特阐述的。霍尔利用这一概念提出了关于职业生涯发展的某些假设。而麦克尔罗伊很好地描述了归因理论。另外，彼得斯和沃特曼很好地阐述了这些理论对管理的意义。

参考文献

ARDREY, R. (1967), *The Territorial Imperative*, Collins.
ARGYRIS, C. (1960), *Understanding Organizational Behaviour*, Dorsey.

ARGYRIS, C. (1964), *Integrating the Individual and the Organization*, Wiley.

BREHM, J. W., and COHEN, A. R. (1962), *Explorations in Cognitive Dissonance*, Wiley.

DUNBAR, R. L. M. (1971), 'Budgeting for control', *Admin. Science Quarterly*, March.

ETZIONI, A. (1971), *A Comparative Analysis of Complex Organizations*, Free Press.

HORNEY, K. (1951), *Neurosis and Human Growth*, Routledge & Kegan Paul.

HOUSE, R. J., and WIGDOR, L. A. (1967), 'Herzberg's dual factor theory', *Personn. Psychol.*, Winter.

HUNT, J. (1992), *Managing People at Work*, McGraw-Hill.

KOLB, D. A., RUBIN, I. M., and McINTYRE, J. M. (1971), *Organizational Psychology*, Prentice-Hall.

LEAVITT, H. J., and MUELLER, R. A. H. (1951), 'Some effects of feedback on communication', *Hum. Rel.*

LEVINSON, H. (1972), 'An effort towards understanding man at work'. *European Bus.*, Spring.

LIKERT, R. (1961), *New Patterns of Management*, McGraw-Hill.

LITWIN, G. H., and STRINGER, R. A. (1968), *Motivation and Organizational Climate*, Harvard University Press.

McCLELLAND, D. C. (1961), *The Achieving Society*, Van Nostrand.

McELROY, J. C. (1982), 'A typology of attribution leadership research', *Academy of Management Review*.

McGREGOR, D. (1960), *The Human Side of Enterprise*, McGraw-Hill.

MASLOW, A. (1970), *Motivation and Personality*, Harper & Row.

MEAD, G. H. (1934), *Mind, Self and Society*, University of Chicago Press.

MYERS, M. SCOTT (1966), 'Condition for manager motivation', *Harvard Business Review*, January–February.

NILES, F. S. (unpublished), *The Influence of Parents and Friends on Adolescent Girls*, M. Ed. thesis, University of Manchester.

OPSAHL, R. S., and DUNNETTE, M. D. (1969), 'The role of financial compensation', in L. L. Cummings and W. E. Scott (eds.), *Readings in Organizational Performance and Human Behaviour*, Irwin.

PETERS, T. J., and WATERMAN, R. H. (1982), *In Search of Excellence*, Harper & Row.

PORTER, L. W., and LAWLER, E. E. (1968), *Managerial Attitudes and Performance*, Dorsey.

PORTER, L. W., and LAWLER, E. E. (1968), 'What job attitudes tell about motivation', *Harvard Business Review*, January–February.

SCHEIN, E. H. (1980), *Organizational Psychology*, Prentice-Hall.

VROOM, V. H. (1964), *Work and Motivation*, Wiley.

VROOM, V. H., and DECI, E. L. (eds.) (1970), *Management and Motivation*, Penguin.

WHITE, R. (1959), 'Motivation re-considered: the concept of competence', *Psychol. Rev.*, vol. 66.

WHYTE, W. F. (1969), *Organizational Behaviour*, Irwin.

第 3 章　研究指南

角色理论于 1936 年由林顿引入社会科学，但直到 1966 年，卡茨和卡恩才提出角色概念，将其定义为"连接个体和组织层面的研究和理论的主要手段"。

3.1　引言

角色理论在组织理论中是一个极具诱惑力但经常被忽视的概念体系——部分原因是人们对角色概念的定义几乎没有共识。尼曼和休斯在回顾了 80 多位作者对这个术语的论述方式后，认为这一概念"缺乏细节、模糊不清、难以界定"。然而，这一概念似乎有一些核心含义：

（1）角色与组织中的职位相关。

（2）角色参与互动。

我在正文中避免了对"角色"的精确定义。一个精确的定义涉及行为、预期行为或关系，而定义真正的困难之处在于角色同时包含了这三个方面。在"角色"这一术语中，社会科学家使用了一种来自真实组织世界的语言。像许多常用词一样，它具有多重含义，这些含义反映了这一概念的复杂性。若我们摒弃了这种多样性，则是回避了问题的核心以及这一概念所承载的丰富内涵。

作为一个有用的概念，"角色"之所以被忽视，是因为它的预测能力欠佳。我认为，这意味着我们很难从角色问题的情境中对士气或紧张度等做出准确的统计预测。一部分原因是这种情境很难通过实验设计来探究，因为实验中可以控制的变量有限；另一部分原因是，在田野调查中存在太多的其他变量，尤其是性格差异，会对结果产生干扰。尽管如此，角色概念通常被认为是一个非常好的解释性概念，我发现它对于趋势的预测是有效的，即便不能预测趋势的具体幅度。因此，我们可以预测个体在特定情境下会经历角色模糊。个体对角色压力的反应在很大程度上取决于他的个性和他当时的动机计算。但是,外界人士很难准确预测结果,但认识到角色问题的存在,肯定会对组织的诊断有所帮助。

这个领域最有用的资源之一,也是使我深受其益的,是卡恩等人的著作。虽然我的措辞并不总是与他们完全一致,但我们的许多思想是相通的。在他们的书中,将角色理论可操作化并将其推广为一种分析工具。在卡茨和卡恩关于组织理论的书中,角色集是他们思考组织和描述组织方式的核心。在克雷奇、克拉奇菲尔德和巴拉奇关于社会心理学的基本文章中也有关于角色理论的富有价值的讨论。相似地,亨特最近也对角色理论进行了有益的评述。这些作者将角色理论的奠基者追溯到其创始人——林顿、纽科姆和门通。此外,佩蒂格鲁关于角色和压力的著作对我的思考也产生了很大的启发。虽然不是所有的文章都已发表,但《今日管理》上的短文非常值得一读。

库珀和佩恩的论文合集很好地概述了整个压力领域的研究和思考,马歇尔和库珀的书很有效地关注了经理的实际问题,而赖特的研究则着眼于这些问题的医学方面。霍普森的文章为个体管理压力和如何渡过过渡期提供了一套很好的策略。

3.5　感知他人

我在此能够奉献的分析仅属冰山一角,探讨人们的感知与互动的话题浩如烟海,须臾之间无法穷尽。但我发现哈格里夫斯对这个主题的理论分析很有帮助,正如他在1972年的书中所提出的,它适用于教育领域,哈格里夫斯确实提供了一个关于各种方法的良好整体总结。戈夫曼在1959年出版的著作可读性强,耐人寻味,他后来出版的著作更是具体地论述了角色问题。阿盖尔和哈斯托夫对该领域进行了学术性的概述,而阿伦森的书则对所有问题进行了精彩的介绍。罗杰斯回顾了这一理论在教育中的应用。还有一种主要的互动方法这里没有提到，即交换理论，霍曼斯可以说是交换理论的领军人物。第 5 章的权力和影响力将简要地讨论这个理论。至于其他方法，一致性理论和所谓的心理动力学理论，请参阅扎莱兹尼克的论述。

3.6 与人互动

埃里克·伯尔尼关于父母、成人、孩子这三种自我状态和角色的最初构想，后来被应用在人际关系行为的研究方法中，命名为"交互分析"。本书没有详细讨论这一研究方法，但伯尔尼的原著和哈里斯的后续著作都值得一读。

另外，沃伦利用个体在群体中的角色这一概念，为整个领导力理论奠定了基础。

参考文献

ARGYLE, M. (1969), *Social Interaction*, Tavistock.
ARGYLE, M., *et al.* (1981), *Social Situations*, Cambridge University Press.
ARONSON, E. (1976), *The Social Animal*, Freeman.
BAGLEY, J. (1957), 'A cross-cultural study of perceptual predominance in binocular rivalry', as reported in H. Cantril, 'Perception and interpersonal relations', *Amer. J. Psychiat.*, vol. 2.
BERNE, E. (1964), *Games People Play*, André Deutsch.
COOPER, C. L., and PAYNE, R. (1980), *Stress at Work*, Wiley.
DEARBORN, D. C., and SIMON, H. A. (1958), *Selective Perception: a Note on the Departmental Identifications of Executive Sociometry*.
GOFFMAN, E. (1959), *The Presentation of Self in Everyday Life*, Doubleday.
GOFFMAN, E. (1962), *Encounters*, Penguin.
HARGREAVES. D. (1972), *Interpersonal Relations and Education*, Routledge & Kegan Paul.
HARRIS, T. A. (1969), *I'm OK – You're OK*, Harper & Row.
HASTORF, A. H., *et al.* (1970), *Person Perception*, Addison-Wesley.
HOPSON, B. (1981), 'Transition: Understanding and Managing Personal Change' in Cooper, C. L. (ed.), *Psychology & Management*, Macmillan.

HUNT. R. G. (1967), 'Role and role conflict', in E. P. Hollander and R. G. Hunt (eds.), *Current Perspectives in Social Psychology*, Oxford.

KAHN, R. L., *et al.* (1964), *Organizational Stress: Studies in Role Conflict and Ambiguity*, Wiley.

KATZ, D., and KAHN, R. L. (1966), *The Social Psychology of Organizations*, Wiley.

KRECH, D., CRUTCHFIELD, R. S., and BALLACHEY, E. L. (1962), *Individual in Society*, McGraw-Hill.

LEVINSON, H. (1970), *Executive Stress*, Harper & Row.

MARCH, J. G. (1965), *Handbook of Organizations*, Rand McNally.

MARSHALL, J., and COOPER, C. L. (1979), *Executives under Pressure*, Macmillan.

PETTIGREW, A. (1972), 'Managing under stress', *Manag. Today*, April.

ROGERS, C. (1982), *A Social Psychology of Schooling*, Routledge & Kegan Paul.

WALLEN, R. (1963), 'Three types of executive personality', *Dun's Rev.*, December.

WRIGHT, H. B. (1975), *Executive Ease and Disease*, Gower.

第 4 章 研究指南

4.1 引言

几个世纪以来，领导力一直是人们探究的久经沉淀之题，如探索璀璨星辰，历久弥新。正如沃伦·本尼斯曾经指出的那样，令人惊讶的是，尽管有如此多的论述，我们对领导力的认识仍然如此之少。诸如有效的领导者应该如何表现，或者如何最好地培养他们等问题，我们仍不知具体细节。不过任何理论都有许多例外。

对于第二次世界大战后的一代人，"领导力"这个话题好像已经过时了，但它现在似乎正在卷土重来。麦格雷戈·伯恩斯以美国案例为基础创作的关于政治领导力的巨著可能是这一现象的开端。随后，麦考比以精神分析和实践人类学为背景，对组织及其领导者的部落行为进行了研究。在英国，曼特以澳大利亚式的批判眼光对盎格鲁 – 撒克逊的领导习惯和假设进行了反讽。彼得斯和沃特曼对美国企业领导者的风格进行了敏锐的评论，而霍夫斯泰德对文化差异的经典研究则提醒我们，并非所有人都是美国人，其中，《组织动力学》一文对他的研究工作进行了很好的总结。

亚岱尔关于领导力发展的著作在英国被广泛使用，这本在 1983 年出版的书旨在作为一门领导者自我发展课程，书中有大量的练习和实例，非常具有可读性和合理性。

霍兰德主编的《行政科学季刊》于 1971 年 3 月收录了部分研究成果。霍兰德用"风格""结构"和"情境"等术语来描述领导力变量，但这些研究报告并没有涉及这些变量之间的相互作用。斯托格迪尔为那些有精力研究它的人提供了一个简洁的文献分析。而亨特给出了一个很好的实用的概述。

4.2 特质理论

特质理论有两种拥护者，一种是规定性理论，另一种是描述性理论。在规定性理论家中，巴纳德也许是最值得关注的。在描述性理论家中，吉塞利、瓦尔德和多蒂是最值得关注的。他们的研究都可以在胡纳里亚格和赫克曼的管理者读物中找到。

4.3 风格理论

对风格理论家的研究最好从他们的原著入手，如利克特、麦格雷戈、布莱克和穆顿。阿盖尔等人在阅读弗洛姆和德西的书时对这一领域的许多研究进行了很好的回顾。卡尔曼在《卡明斯和斯科特》一书中对俄亥俄州关于考虑因素和启动结构的工作进行了很好的回顾。

尽管许多风格理论家口头上强调任务和情境变量的重要性，但他们往往是参与式文化的倡导者。对于参与式文化何时有效、何时无效的批判性评估太少，大多数研究主要关注的是确定参与式文化与满意度或生产率的整体相关性，而对解释性条件并不敏感。

其中一些倡导者的影响很大，但我认为，从文化角度而非效率标准来看，这种影响更容易得到解释。他们代表了一种更加民主的人本主义的组织用人方法，而且是在对科学管理的反抗时期出现的。

4.4 权变理论

这里没有足够的篇幅对费德勒的工作进行详细的回顾。他在1965年的一篇文章中简要地描述了他的研究，但那篇文章并没有描述他用来得出结论的测量方法。至于他对LPC（最不喜欢的同事）的测量方法是否真正测量了其所声称的内容，或者研究方法是否真的与一种结构化的独裁风格相一致，还存在一些疑问。

为了更详细地研究他的工作，有必要研究他的著作还有米切尔对他的方法论的评价。费德勒认为，领导者对同事区别对待的程度不同，其风格也会有所差异：在压力下，他们会表现出深思熟虑，而在有利条件下，他们则会表现出较高的组织结构引导能力。如果情况如此，那么费德勒的 LPC 量表则看起来像是一个"优秀"或与众不同的领导者特征的衡量标准。此外，沙因对这个话题进行了很好的讨论。

由此看来，差异化的确可以成为特质理论新方法的开端。费德勒的其他变量也可以作为领导者在行为和认知上进行自由分化的决定因素。这就是 5.4 节中提出的方法，尽管在现阶段还没有研究证据来支持它。

弗鲁姆和耶顿将领导力的权变理论进一步发扬光大。他们从决策质量和实施可能性这两个方面进行了考察，考虑了任务的性质、下属的质量及其与领导者的关系。然后，他们构造了一个正式的决策树，在考虑了其他因素后，该决策树最大程度地减少了决策所需的时间。通过使完全权变的概念可操作化，他们使其变得可测试和可教学。迄今为止，他们找到了很多实用证据来验证这一点，尽管这种方法可能过于机械化并且局限于领导者的正式决策。研究方法和过程在他们的书中得到了很好的描述。

4.5 "最佳匹配"方法

最佳匹配方法试图使许多作者所假定的多变量的交互性质具备可操作性。特别是，坦南鲍姆和施密特在 1958 年的一篇著名文章中列出了大部分因素和项目。但他们只是简单地列出了这些因素，并没有进一步提出领导者应如何对这些因素进行排序，或者情境中的哪些因素会对领导者有所帮助或阻碍。雷克汉姆、霍尼和科尔伯特描述了在英国海外航空公司和英国国际航空公司这两家不同的公司，甚至在前者的内部，人们对有效领导行为的看法都是截然不同的。

乔治和冯德恩布斯的研究考虑了一些文化和组织因素，并叙述了一项试图量化其影响的研究。他们的方法似乎与最佳匹配方法是一致的。

到目前为止，最佳匹配方法的含义和应用还只是一种猜测。一些轶事证据证明，最佳匹配方法实际上是领导者在组织情境中的行为方式，而组织代表和榜样的作用也很重要。乔治和冯德恩布斯的书中提到的格斯特对管理继承的研究就是一个可以根据这个一般模型来解释的案例，这也是将其以独立的形式放在第三部分加以介绍的原因。

4.6　新的综合理论

在本尼斯和纳努斯合著的关于领导者的书，以及本尼斯的后续研究成果《成为领导者》中，不仅因其对特定领导者思想的洞察，也因其总体概念性结论而具有价值。这两本书都很好地传达了成为领导者的意义。而科特则是另一位以敏锐的洞察力撰写美国企业领导者文章的研究者。

最近对领导者和领导力的研究更多地集中在为组织树立风格，而不是领导一个群体完成规定的任务。在这种背景下，麦考比对六位成功领导者的研究饶有趣味，尼亚斯对学校领导的描述也很有启发性。在谈论领导力时，如果不同时谈论权力、组织的风格和文化以及政治，就会让人寸步难行。因此，本章应被视为接下来四章的引言。

参考文献

ADAIR, J. (1983), *Effective Leadership*, Gower.
BARNARD, C. I. (1938), *The Functions of the Executive*, Harvard University.
BENNIS, W., and NANUS, B. (1985), *Leaders: the Strategies for Taking Charge*, Harper & Row.
BENNIS, W. (1992), *On Becoming a Leader*, Business Books.
BLAKE, R., and MOUTON, J. (1964), *The Managerial Grid*, Gulf.
CUMMINGS, L. L., and SCOTT, W. E. (1969), *Readings in Organizational Theory and Human Performance*, Irwin & Dorsey.

FIEDLER, F. E. (1965), 'Engineer the job to fit the manager', *Harvard Business Review*, vol. 43.

FIEDLER, F. E. (1967), *A Theory of Leadership Effectiveness*, McGraw-Hill.

GEORGE, N., and VON DER EMBSE, T. T. (1971), 'Six Propositions for Managerial Leadership', *Business Horizons*.

GHISELLI, E. E. (1963), 'Managerial Talent', *Amer. Psychol.*, October.

GUEST, R. A. (1962), *Organizational Change: The Effect of Successful Leadership*, Irwin & Dorsey.

HOFSTEDE, G. (1984), *Culture's Consequences* (Abridged Edition), Sage Publications.

HOFSTEDE, G. (1980), 'Motivation, Leadership and Organization: Do American Theories Apply Abroad?', *Organizational Dynamics*, Summer.

HOLLANDER, E. P. (1964), *Leaders, Groups and Influence*, Oxford.

HUNERYAGER, S. G., and HECKMANN, I. L. (eds.), (1967), *Human Relations in Management*, Arnold.

HUNT, J. (1992), *Managing People at Work*, Pan.

KOTTER, J. (1982), *The General Managers*, The Free Press.

LIKERT, R. (1961), *New Patterns of Management*, McGraw-Hill.

MACCOBY, M. (1981), *The Leader*, Simon & Schuster.

McGREGOR, D. V. (1960), *The Human Side of Enterprise*, McGraw-Hill.

MACGREGOR BURNS, J. (1978), *Leadership*, Harper & Row.

MANT, A. (1983), *Leaders We Deserve*, Martin Robertson.

MITCHELL, T. R., *et al.* (1970), 'The contingency model', *Academy of Management Journal*, 13.

NIAS, J. (1980), 'Leadership Styles and Job-Satisfaction in Primary Schools', in Bush, T., Glatter, R., *et al.* (eds.), *Approaches to School Management*, Harper & Row.

PETERS, T. J., and WATERMAN, R. H. (1982), *In Search of Excellence*, Harper & Row.

RACKHAM, N., HONEY, P., and COLBERT, M. (1971), *Developing Interactive Skills*, Wellens Publishing.

SCHEIN, E. (1980), *Organizational Psychology*, 3rd Edition, Prentice-Hall.

STOGDILL, R. M., and SHARTLE, C. L. (1956), *Patterns of Administrative Behaviour*, Ohio State University.

TANNENBAUM, R., and SCHMIDT, W. (1958), 'How to Choose a Leadership Pattern', *Harvard Business Review*, March–April.

VROOM, V. H., and DECI, E. L. (eds.), (1970), *Management and Motivation*, Penguin.

VROOM, V. H., and YETTON, P. (1973), *Leadership and Decision-Making*, University of Pittsburg.

WALD, R. M., and DOTY, R. A. (1954), 'The Top Executive – A First Hand Profile', *Harvard Business Review*, vol. 32, no. 4.

第 5 章 研究指南

5.1 引言

有关权力和影响力的文献日益增多，但普通读者却难以消化。这些文献要么植根于政治理论，关注精英阶层的权力基础；要么关注革命运动，聚焦整个社会权力结构的性质变化；要么关注代议制政府的合理性。或者说，当这些研究深入研究组织的细枝末节时，也是以零敲碎打的方式进行的。难怪达尔把关于权力和影响力的研究描述为"无底沼泽"。

5.2 作为影响力来源的权力

然而，人们对管理者的权力及其在组织中的应用产生了新的兴趣，并由此诞生了一系列名为"组织中的权力"的书。这些书中的大部分实际上更关注组织中的政治过程，但其中一些对权力、影响力和权威之间关系进行了有益的讨论。最全面的是明茨伯格，他在书中提出了一套全面的权力理论，并将其贯穿于不同的组织形式和文化中，这本书几乎不可能接近真实，但系统性的方法对我们很有帮助。普费弗和施温格的研究相对简单易懂，而亨特为有权力意识的管理者提供了一份实用的检查清单。

皮博迪的文章很好地回顾了早期关注权力的作家，包括韦伯。韦伯等人更喜欢用权威来代替权力，但在我看来这混淆了问题，暗示了所有权力来源都具备合法性。

卡特莱特在《组织手册》中对所有早期与组织权力相关的文献进行了最全面的回顾。他回顾了广泛的理论和研究，并提出了我使用过的一些方法。他早期的著作《社会权力研究》是一本同样极具价值的纲要。卡茨和卡恩在《组织的社会心理学》一书中对各类影响的范围和领域有很多论述。

佩蒂格鲁在这一领域贡献卓越，托马斯和本尼斯主编的书提供了一个非常有帮助的概述。

5.3　影响力方法

作为一种研究方法，生态系统与斯金纳关于人类条件反射的观点有一些共同之处。然而，他认为生态学的研究潜力比我认为的要大得多。

生态系统的例子包括赫茨伯格的"工作丰富化"方法以及特里斯特对工作流程模式修改的研究。斯蒂尔关于自然情境重要性的文章既有趣又发人深省。

然而，不是每个人都会像我这样区分权力和影响力，但是弗伦奇和雷文在卡特莱特的研究报告中对权力基础的讨论很有用。他们的术语与我的略有不同，虽然并不完全重合，但有很多趋同的想法。另外，霍曼斯作为主要的互动理论家，也值得研究，尤其是他 1961 年出版的书，他在书中将互动视为回报和成本的交换，我觉得这种观点太过纵观全局而缺乏实用性，但他的描述确实很有启发性。

在处理对影响力的反应时，我非常感激克尔曼在他的文章中对态度转变的分类和讨论，我发现这种分类方法在多个领域都非常有用。然而，关于结果判定的一些观点则是我基于个人经验的独到见解。

佩蒂格鲁讨论了组织中"看门人"的角色，特别是在信息流方面，他描述了一个利用这一角色影响重大投资决策的有趣的历史案例。艾伦还描述了研发机构中技术看门人的角色。这两位作者都更关注他们所研究角色的积极方面，而不是其潜在的消极作用。

在马奇和西蒙的《组织》中，佩罗从"词汇"的角度对生态系统进行了清晰的总结。

科恩和布拉德福德的著作《没有权威的影响》，书名贴切，蕴含着丰富的智慧。

哈格里夫斯在有关教育社会心理学的论述中，对态度改变的各种方法进行了深入的探讨，这一主题所涉及的文献和研究几乎超越了社会心理学的任何其他领域。我用认知失调理论来解释这一领域的大部分工作。然而我并不觉得认知失调理论能解释任何无法用权力和影响力、群体过程或动机计算等概念来解释的问题，但它是将这些概念结合在一起的好方法，而且似乎对社会心理学入门者有一定的吸引力。费斯廷格1957年的原著是社会心理生态研究的主要资料来源，但布雷姆和科恩后来收集的所有研究也许更能发挥作用。

参考文献

ALLEN, J., and COHEN, S. I. (1969), 'Information flow in research and development laboratories', *Admin. Science Quarterly*, 14(1).

BREHM, J. W., and COHEN, A. R. (1962), *Exploitations in Cognitive Dissonance*, Wiley.

CAPLOW, T. (1964), *Principles of Organization*, Harcourt, Brace & World.

CARTWRIGHT, D. (ed.) (1959), *Studies in Social Power*, University of Michigan, esp. French and Raven's article.

COHEN A. R., and BRADFORD, D. L. (1990), *Influence Without Authority*, Wiley.

FESTINGER, L. (1957), *A Theory of Cognitive Dissonance*, Stanford.

HARGREAVES, D. (1972), *Interpersonal Relations and Education*, Routledge & Kegan Paul.

HERZBERG, F. (1968), 'One more time: how do you motivate employers', *Harvard Business Review*, 46.

HOMANS, G. C. (1961), *Social Behaviour: Its Elementary Forms*, Routledge & Kegan Paul.

HUNT, J. (1992), *Managing People at Work*, McGraw-Hill.

KATZ, D. (1960), 'The functional approach to the study of attitude change', *Public Opinion Quarterly*.

KATZ, D., and KAHN, R. L. (1966), *The Social Psychology of Organizations*, Wiley.

KELMAN, H. C. (1958), 'Compliance, internalization and identification: three processes of attitude change', *Journal of Conflict Resolution*.

MARCH, J. G. (1965), *Handbook of Organizations*, Rand McNally.

MINTZBERG, H. (1983), *Power In and Around Organizations*, Prentice-Hall.

MUMFORD, E., and PETTIGREW, A. M. (1975), *Implementing Strategic Decisions*, Longman.

PEABODY, R. L. (1969), 'Perception of organizational authority' in Cummings and Scott (eds.), *Readings in Organizational Behaviour and Human*

Performance, Unwin.

PERROW, C. (1972), *Complex Organizations*, Scott & Foreman, Glenview.

PETTIGREW, A. M. (1972), 'Information control as a power resource', *Sociology*, May.

PETTIGREW, A. M. (1973), 'The influence process between specialists and executives', *Personnel Review*, Winter.

PFEFFER, J. (1981), *Power in Organizations*, Pitman.

SIMON, H. A. (1947), *Administrative Behavior*.

SKINNER, B. F. (1973), *Beyond Freedom and Dignity*, Penguin.

STEELE, F. I. (1971), 'Organization development and sticks and stones' in H. A. Hornstein, *et al., Social Interventions: a Behavioral Science Approach*, Free Press.

SWINGLE, P. G. (1976), *The Management of Power*, Wiley.

THOMAS, J. M., and BENNIS, W. G. (1972), *Management of Change and Conflict*, Penguin.

TRIST, E. L. (1960), *Socio-Technical Systems*, Tavistock.

WEBER, M. (1947), *The Theory of Social and Economic Organization*, Free Press.

第 6 章 研究指南

6.1 引言

关于群体的文献通常与领导力和动机的研究紧密相连。例如，许多关于参与式管理的研究实际上是在探讨在不同的领导风格下群体的有效性和动机问题。在本章中大多数关于群体的研究都集中在"干预因素"上，很少有研究会考察这里讨论的更为全面的模型。桑德是这一研究领域的巨匠之一，他的文章是为数不多的研究之一。沙因也采取了更全面的方法。群体研究的基本来源有：

（1）对群体过程的研究——特别是贝尔斯对群体互动的广泛记录，以及莱维特式的对联结沟通的研究。

（2）群体动力学派，源于库尔特·勒温的概念，并产生了一系列的训练和群体发展方法。沙因和本尼斯关于群体方法的书对此进行了很好的整体描述。

（3）对群体关系和非正式组织的田野调查。尤其是梅奥、罗斯利斯伯格和迪克森，其次是怀特和霍曼斯。怀特详细介绍了在各种情境下对群体进行的一些最具启发性的研究。他在关于组织行为学的书中对这些问题进行了描述和解释。霍曼斯的《**人类群体**》是这一领域的经典著作，尽管我发现他的概念解释并没有像我预期的那样有解释性帮助。

尽管我试图将这些研究中更有用的要点汇聚在一起，但根据我的经验，决定群体运作方式的因素往往比许多研究所假设的更为简单、更为基本。因此，本章的大部分内容代表了我的经验的概念化以及对现有研究的解释。

6.2 群体的目的

早期的群体研究，如霍桑研究和特里斯特的煤矿工人研究，是研究组织整体方法的基础。在这种方法中，个体的需求被认为主要由其工作群体的规范来满足和决定。尤其是梅奥，他对霍桑的研究和随后的采访印象深刻，因此得出结论：

（1）人基本上是由社会需求驱动的。

（2）由于工作的合理化，工作本身失去了意义，必须在工作中的社会关系中寻求意义。

（3）工作群体的关注点将比管理者提供的激励和控制更能影响行为。

（4）管理者只有在满足下属的社会需求时才会有效率。

这种方法对管理理论和实践产生了很大的影响，特别是因为它与科学管理的假设背道而驰。其影响如此之大以至于群体崇拜开始主导管理思维。承认群体的重要性是必要的，但如同许多这类方法一样，它也因过度泛化而最终回到了适当的位置。

很长一段时间以来，人们认为群体可以通过头脑风暴来帮助产生创造性思维。然后，15 年后才有人想到对它进行检验，检验结果表明它只在某些方面是正确的。该结果由泰勒等人得出，奥斯本的研究也是其中的经典文本。

群体决策中的"风险转移"现象颇为有趣，部分原因在于它是在实验环境中发现的，但从未在该领域得到验证，因此围绕这个主题产生了大量的文献。这种影响很容易预测，以至于它已经成为一种课堂练习，现在大多数研究都集中在试图解释它上。最全面的分析是克拉克在《心理学公报》上发表的文章。贾尼斯和曼恩提供了解决群体问题所需技能的总体概述。

6.3　群体有效性的决定因素

"胜任力动机"是莫尔斯和洛希在一篇比较高绩效组织和低绩效组织激励的文章中创造的一个术语。

关于群体规模的研究结果通常是相当可预测且稳定的。莱温斯坦的文章对这些研究做了很好的综述。虽然同质性和异质性的研究颇具吸引力，但深入探索异质性维度的文章却寥寥可见，直到舒茨提出了关于兼容性的理论。兼容性是指人际关系中个体之间相互配合、相互理解的程度。舒茨的测量方法很复杂，研究设计也很巧妙，有时复杂到难以从中得出任何明显的结论。但他确实试图评估兼容性的各种元素，强调了兼容性的重要性，并提请注意它在复杂任务中相对更重要。舒茨的工作在他的书中有所报告。莱维特在他的激进文章中讨论了影响的异质性。而贝尔宾则在其书中介绍了舒茨的研究成果，专栏 6-3 对此进行了总结。

塔克曼提出了形成、规范、冲突和执行的概念，这篇文章回顾了整个群体过程研究的范围。

T 小组的方法已经被用于发展群体过程。对于那些想要了解更多当前可能性的人来说，华盛顿的国家培训实验室或英国的群体关系培训协会是最好的信息来源。有关科夫代尔方法的详情，请参阅他们在 1961 年出版的小册子。

可惜的是，关于任务对群体设计或表现影响的研究工作甚少，这是个遗憾，因为轶事经验清晰地表明了其重要性。

费德勒关于领导权力和地位的研究已经在前文（第 4 章）有所提及，同时费斯廷格关于认知失调的研究也曾提到（第 5 章）。

费斯廷格也是一项关于住房群体中社会压力的研究的共同作者，该研究得出了一些关于互动模式的结论。互动理论得到了霍曼斯的大力支持。但我对此有些担心，因为任何这样的研究很可能是自我实现的，比如增加的互动如果没有产生友谊可能会导致互动停止，因此研究人员也不会知道这些互动。然而费斯廷格的研究更具纵向性，因此在这方面更为可靠。

沙因在其关于组织中的个体咨询方法的优秀描述中包括了关于群体过程和程序以及改进它们的方式的良好讨论，还对群体理论历史进行了简短回顾。具体来说，沙因对群体中的各种流程和程序，包括但不限于决策过程、沟通方式、冲突解决机制、任务分配等进行了充分的探讨。这本书还包含对群体理论历史的简短回顾。

多伊奇在早期的群体研究中分析了维持良好的合作群体的生产力，并在他 1949 年关于人际关系的文章中进行了总结和报告。

群体的互动和沟通模式已经激发了大量的研究。文本中的评论代表了对更重要结果的一种融合和尝试整合。但不幸的是，并非所有的经验都使用了相同的网络。特别是莱维特，他在这方面做了很多早期的工作，但没有研究过网络模式，他可能对由链条中的链接引起的沟通扭曲更感兴趣。文中没有提到扭曲效应，因为它通常不是群体共同努力的特征，但它是一个公认的现象。继莱维特之后，我还沿用了盖佐关于沟通模式的研究。

盖伊·休斯顿撰写了一本关于群体以及如何领导群体的富有价值的书籍，主要针对那些经营非正式支持群体的人，但所有人都可以从中受益。

参考文献

BALES, R. F. (1950), *Interaction Process Analysis*, Addison-Wesley.

BELBIN, R. M. (1981), *Management Teams*, Heinemann.

CLARK, R. D. (1971), 'Group-induced shifts toward risk', *Psychological Bulletin*.

COVERDALE, R. (1967), *Training for Development*, Training Partnerships.

DEUTSCH, M. (1949), 'An experimental study of the effects of cooperation and competition upon group process', *Human Relations*.

FESTINGER, L., *et al.* (1950), *Social Pressures in Informal Groups: A Study of a Housing Project*, Harper & Row.

GUETZHOW, H., and SIMON, H. A. (1955), 'The impact of certain communication nets upon organization and performance', *Management Science*.

HOMANS, G. C. (1950), *The Human Group*, Harcourt Brace & World.

HOUSTON, G. (1990), *The Red Book of Groups*, The Rochester Foundation.

JANIS, I., and MANN, L. (1977), *Decision-Making*, Free Press.

LEAVITT, H. J. (1951), 'Some effects of certain communicative patterns on group performance', *J. Abnorm. Psych.*

LEAVITT, H. J. (1962), 'Unhuman organizations', *Harvard Business Review*.

LEWENSTEIN, E. R. (1971), 'Group size and decision-making committees', *Applied Soc-Studies*.

MAYO, E. (1945), *The Social Problems of an Industrial Civilization*, Harvard.

MORSE, J. J., and LORSCH, J. W. (1970), 'Beyond theory Y', *Harvard Business Review*, May.

OSBORN, A. F. (1957), *Applied Imagination*, Scribner's.

SCHEIN, E. H. (1969), *Process Consultation*, Addison-Wesley.

SCHEIN, E. H., and BENNIS, W. G. (1965), *Personal–Organizational Change Through Group Methods*, Wiley.

SCHUTZ, W. C. (1958), *FIRO: A Three Dimensional Theory of Interpersonal Behaviour*, Rinehart.

TAYLOR, D. W., BERRY, P. C., and BLOCK, C. H. (1958), 'Does group participation facilitate or inhibit creative thinking?', *Admin. Science Quarterly*.

TRIST, E. L., *et al.* (1963), *Organizational Choice*, Tavistock.

TUCKMAN, B. W. (1965), 'Developmental sequence in small groups', *Psychological Bulletin*.

WHYTE, W. F. (1969), *Organizational Behaviour*, Irwin.

ZANDER, A. (1983), *Making Groups Effective*, Jossey-Basy.

第 7 章 研究指南

7.1 引言

在规范性意义而非描述性意义的语境下，组织文化是一个时兴的话题。组织文化描绘了生动的图景，但很少能够为我们的研究提供指导。组织文化始于实际存在的组织和行为，而非实验室中的模拟行为——这是该路径最大的优势。

彼得斯和沃特曼在其关于美国公司的畅销书中将文化作为主要解释变量。该书娓娓道来，凭借所录轶闻趣事的真实性弥补了该书欠缺的学术精确性。迪尔和肯尼迪继承了前面两位作者的研究风格，在其自身的书中列举了大量实例。沙因、佩蒂格鲁、查尔斯·汉普登·特纳等人的研究则更加注重概念性。霍夫斯泰德对民族文化差异进行了里程碑式的研究，其著作兼具实用性和重要性，并在一篇有用的文章和一本大书中总结了他对民族文化差异的观点。虽然麦考比着眼于个体，但他对企业文化的论述与本章所用的方法大同小异。最后，哈里森的研究虽未涉及影响意识形态的选择或组合的因素，但他提出的四种意识形态是本章研究的起点。

接下来，本书将介绍几位"权变理论家"：

（1）劳伦斯和洛希在《组织与环境》中首次提出了差异化组织的概念，并进行了实地检验。该书最具洞察力和现实性，提出了四种类型的组织差异：市场导向、时间导向、人员导向以及结构的正式化程度。该书或许过于关注市场差异的影响，但这一直是推动我进行组织思考的最大刺激因素。

（2）伯恩斯和斯托克是劳伦斯和洛希的先驱。他们指出，当市场和技术发生变革时，组织也需要相应地调整其结构。他们区分了机械式组织结构和有机式组织结构，并将二者视为连续统一体，却没有讨论混合结构的问题。

（3）福拉克、钱德勒和乌迪也是劳伦斯和洛希的先驱。劳伦斯和洛希在其作品的第八章介绍了这些学者的研究。琼·伍德沃德开创了"技术"路径。在对埃塞克斯公司的研究中，她试图检验传统管理原则是否真的能带来成功，并得出了与众不同的结论。我们曾试图复制她的研究结果，却屡屡碰壁。或许不能单独考察技术因素，因为它只是众多影响因素之一；此外，复制研究也未充分考虑到其他可能的因素。

（4）佩罗认为，技术问题的实质，在于个体任务是常规任务还是非常规任务。在这一基础性划分中，产生了控制和协调的方法、个体自由裁量权和权力的大小、社会结构和动机的类型、目标和风险环境。这是一个复杂的模型：该模型采用二维分类系统，来描述不同情况下组织或系统的特征。这要求填满"常规任务和标准化组织""常规任务和灵活组织""非常规任务和标准化组织""非常规任务和灵活组织"这四种条件组合下的矩阵单元格。不过，该研究的总体结论与那些定义不那么严格的文化路径非常吻合，其中两个最重要的单元格与任务文化和角色文化非常吻合。

其他路径有：

（5）布劳的有关组织规模和结构分化的系统理论。卡泽尔首次证明了可能的影响因素的成因，以及寻找基因型维度的必要性。

（6）霍曼斯论述了外部系统（物质、文化和技术环境）对内部系统（活动、互动和情感）的影响，并假设它们是相互依存的。

（7）卡茨和卡恩在讨论开放系统时强调了组织与环境之间的联系，他们提到开放系统中稳态平衡和动态平衡的结合，以及分化趋势。这些论述是描述性的，而不是规范性的。

（8）塔维斯托克研究所的穆勒和赖斯同样提倡开放系统模型。其中，活动系统、任务小组和情感小组相互影响。基于此，他们提出了多种组织评估模型，并指出只有当任务是短期任务时，任务小组和情感小组才会完全重合。换言之，项目小组能带来高参与度。

（9）皮尤及其同事试图对一些自变量和因变量进行更精确地测量，如规模、技术、依赖性、正规化、集中化及其相互关系。他们的研究表明，规模是一个主要的解释变量，有趣的是，正规化并不一定伴随着集中化。

有关组织描述和分类的更多路径综述，请参阅利希曼和亨特的论文。

7.2　文化类型

文中并未对"文化"进行严格的定义，因为此举可能会破坏其"内涵"。专栏 7-7 中的调查问卷试图提供更严谨的定义，如有必要可作为一种参考。然而，自填问卷会受限于文化偏见：尽管在外人看来，问卷结果可能符合他们的文化偏好，但少有人能接受其中的权力导向或个体导向。在与组织共同生活一段时间后，我认为问卷有助于指导我对组织进行外部评估。

一些文献中的名词是"任务文化"和"角色文化"的"别名"，比如有机文化和机械文化。尽管未能取得大多数理论家的认可，但我认为权力文化和个体文化是重要的现实。同样，个体文化偏好与组织主导文化之间的契合是解决心理契约这一棘手问题的重要途径，这一结论未能得到多数理论家认可。第 2 章中提到的埃齐奥尼的组织分类观点正是沿袭了这一思路，但他"计算性的"分类可以涵盖所有文化。

明茨伯格的观点在某些方面与之相似，但其模型更为完整。他试图通过进一步研究，囊括组织的大部分特征。

7.3　组织文化的影响因素

基于上述皮尤等人的变量测量工作，佩恩和曼斯菲尔德研究了规模和内涵对组织氛围感知的影响。

特里斯特和巴姆福斯考察了从任务技术到角色技术的变化（用我的话说），并提出了社会技术系统的概念，即技术与组织社会结构间的相互关系。莫恩的论文中梳理了多数关于技术影响的研究。

赛尔特和马奇在《企业行为理论》中指出，目标是联盟潜在成员就生产、库存、销售、市场和利润这五类目标进行议价的结果。

环境对组织的影响，即组织系统与其内涵间的关系，一直是相关研究的重点。其中最重要的是本章开头引用的那些文献。

7.4 组织设计对组织文化的影响

伯恩斯和斯托克生动地描绘了机械型组织面对日新月异的技术变革时，展现出的种种适应策略。加尔布雷思关于矩阵式组织演进方式的假设性论述与伯恩斯和斯托克的论述相映成趣。

卡茨和卡恩在其社会心理学著作中提出了稳态的概念。莱维特和威斯勒在一篇有趣的文章里提出，未来的组织可能看起来像一个钟顶上的橄榄球——这个橄榄球具有与之前描述的权力文化相似的特征。

关于整合，劳伦斯和洛希进行了丰富的讨论，强调了整合者而非协调者在组织结构中的重要性。第 3 章讨论了与整合者职位相关的角色压力。

劳伦斯和洛希以及伍德沃德的研究都已被引用。莫尔斯和洛希的研究更关注动机，它是"最佳匹配"领导路径的好案例。

格雷厄姆·特纳从"文化"的角度对英国许多重大问题进行了丰富的讨论，具有趣味性和启发性。

参考文献

BLAU, P. (1970), 'A formal theory of differentiation in organizations', *Amer. Soc. Review*.

BURNS, T., and STALKER, G. H. (1966), *The Management of Innovation*, Tavistock.

CYERT, R. M., and MARCH, J. G. (1963), *A Behavioural Theory of the Firm*, Prentice-Hall.

DEAL, T. E., and KENNEDY, A. A. (1982), *Corporate Cultures: The Rites and Rituals of Corporate Life*, Addison-Wesley.

GALBRAITH, J. R. (1971), 'Matrix organization designs', *Business Horizons*, Feb.

HAMPDEN-TURNER, C. (1990), *Corporate Culture*, Economist Books.

HARRISON, R. (1972), 'How to Describe Your Organization', *Harvard Business Review*, Sept.–Oct.

HOFSTEDE, G. (1980), *Culture's Consequences*, Saga.

HOFSTEDE, G. (1980), 'Managing Differences in the Multicultural Organization', *Organizational Dynamics*.

HOMANS, G. C. (1950), *The Human Group*, Harcourt, Brace & World.

KATZ, D., and KAHN, R. L. (1966), *The Social Psychology of Organizations*, Wiley.

KATZELL, R. A. (1962), 'Contrasting Systems of Work Organizations', *American Psychologist*, vol. 17.

LAWRENCE, P. R., and LORSCH, J. W. (1967), *Organization and Environment*, Harvard University Press.

LEAVITT, H. T., and WHISTLER, T. A. (1964), 'Management in the 1980s', in Leavitt and Pugh, *Readings in Managerial Psychology*, University of Chicago Press.

LICHTMAN, C. M., and HUNT, R. G. (1971), 'Personality and organization theory', *Psychological Bulletin*, vol. 76.

MACCOBY, M. (1979), *The Gamesman*, Simon & Schuster.

MILLER, E. J., and RICE, A. K. (1967), *Systems of Organization*, Tavistock.

MINTZBERG, H. (1989), *Mintzberg on Management*, The Free Press.

MOHN, L. B. (1962), 'Organizational technology and organizations', *American Psychologist*.

MORRIS, J. F. (1971), 'Developing managers structure and development management', *Admin. Science Quarterly* (2); *Personnel Review*, December.

MORSE, J. J., and LORSCH, J. W. (1970), 'Beyond theory Y', *Harvard Business Review*, May–June.

PAYNE, R. L., and MANSFIELD, R. (1972), 'Effects of organizational structure, organizational content and hierarchical position on perception of organizational climate'. Working Paper, London Business School.

PERROW, C. (1970), *Organizational Analysis*, Tavistock.

PETERS, T. J., and WATERMAN, R. H. (1982), *In Search of Excellence*, Harper & Row.

PETTIGREW, A. M. (1979), 'On Studying Organizational Cultures', *Admin. Science Quarterly*.

PUGH, D. S., HICKSON, D. J., HININGS, C. R., and TURNER, C. (1968), 'Dimensions of organization structure', *Admin. Science Quarterly*.

SCHEIN, E. H. (1986), *Organizational Culture and Leadership*, Jossey-Bass.

TRIST, E. L., *et al.* (1963), *Organizational Choice*, Tavistock.

TURNER, G. (1971), *Business in Britain*, Penguin.

WOODWARD, JOAN (1965), *Industrial Organization*, Oxford.

第 8 章　研究指南

人力资源管理作为一门学科，其相关文献良莠不齐，既有"我是如何做到的"，也有像食谱一样的规范性表述，还有针对特定现象或特定情景的研究。每种类型的研究都有正面案例和负面案例。问题往往在于我们如何跳出标题的诱导，找到其中的实质内容。

在本章中，我不可能也不打算回顾所有的人力资源管理制度，而是根据本书前面介绍的概念框架，着眼于其中的某些问题和影响。在多数情况下，相较于制度或战略细节，其背后的意图、引入和处理的方式更为重要。这些也同样是本章的重点。

麦克法兰主编的《**人力资源管理读本**》是对该议题的文献综述，重点关注规范性方面。坎贝尔等人撰写的管理行为汇编详细回顾了该议题领域的所有研究。罗伯特·汤森德的《**组织内升**》和卡尔·杜尤关于其作为公司医生职业生涯的描述是"我是如何做到的"的例子。将这四本风格迥异的书相结合，对于研究这一庞大而相互重叠的议题而言，是一个恰当的开始。罗宾斯从美国的视角讨论了该议题。英国人力资源管理学会提供了一份长长的出版物清单，涉及这一议题的方方面面。

8.1　引言

利克特等人强调了人力资产会计的影响。赫基米安和琼斯在其著作中对该议题进行了最简洁的论述，尽管并未探究所有影响的可能性。卡普兰也曾在他的书中谈及该议题。

8.2　人力资产管理

阿尔弗雷德在《人力管理中的检验或选择》中，对比了"开放式"和

"封闭式"发展系统，并介绍了一些实例。马克韦尔和罗伯茨梳理了各种系统。关于人力预测，维特的书是可靠的入门读物。布朗在其组织学的著作中介绍了他推荐的一些管理发展正式机制。

沙因对"职业生涯过程"的概念化工作，及其提出的"职业锚"概念具有重要意义，但尚未得到所需的实际推动。英国的斯图尔特夫妇撰写了一些关于管理人员的选拔、评估和发展的优秀文章。罗杰斯将社会心理学研究应用于现实问题，他撰写的关于学校的文章非常值得一读。

奥普萨尔和杜内特发表在《心理学公报》上的文章对薪酬研究进行了很好的综述。坎贝尔等人在其讨论管理效率的大型著作中对此项工作进行了更新。关于差异制度，雅克的《公平薪酬》和布朗的《组织》均有讨论。

8.3 个体发展

沙因的文章、马克韦尔和罗伯茨的文章呈现了有关个体发展研究的一般方法。

本章对正规教育的讨论主要基于我发表在《欧洲商业》上的文章。另外，瑞万斯对正规教育及其危害的看法非常值得关注，相关观点在其《培养管理者》一书中有所阐述。坎贝尔等人综述并评论了其他相关研究。

摩根在雷克汉姆等人的编著中，总结了对小组学习评估的相关研究。坎贝尔等人提供了更多的细节和参考资料。此外，摩根对各类小组发展方法进行了详尽的梳理。莫里斯在其文章中提到，公司和商学院对项目学习及其他手段的使用，是培养能够引领组织内部发展活动的管理者的重要方式——该研究是对管理教育实践可能的发展趋势的睿智预见。

在这一议题框架下，"发展对象是群体还是个体"是个易被混淆的问题。"两者可以同时发生"的说法会模糊该问题，因为此种说法缺乏明确的证据支持。

莱文森对个人发展的"辅导"机制进行了精彩的分析。伯鲁和霍尔在讨论新员工早期职业生涯的文章中，出色地研究了高期望对绩效的影响。沙因对新毕业生早期职业生涯的研究表明，如果处理不当，社会化可能会产生不利影响。人生规划是明确个人愿景和目标的一种方法。

8.4 总结和讨论

或许我应该花更多的篇幅，而不是一个小节来讨论整个组织发展专题。在我看来，组织发展实际上贯穿本书。管理者在变革中的作用应在第 13 章中讨论。在这里，我们只关注作为个体发展替代方案的组织发展技术。沃伦·伯克的文章很好地总结了二者的区别。如果想对组织发展方法有更全面的了解，可以参阅贝克哈德的著作。保罗·希尔生动介绍了壳牌石油公司的组织发展计划；保罗和罗伯逊梳理了帝国化学工业有限公司的工作丰富计划。这两个案例都很好地说明了，改变大型组织的工作方式是提高个体效率和其对组织贡献的一种方法。

克里斯·阿吉里斯的大部分研究都以个体和组织为主题。他认为，整合二者的目标，并在组织目标的约束下实现个体心理发展是必要的。他更关心大多数管理实践的负面影响，对社会化并不是特别感兴趣。相关观点在其 1964 年出版的著作中已经得到详尽阐述。怀特的书对社会化危险有着精彩的讨论，至今仍具现实意义，读来令人振奋。更多关于美国公司社会化的现代研究，可参阅彼得斯和沃特曼的著作。关于日本，可参阅帕斯卡尔和阿托斯，以及奥奇的研究。埃文斯和巴托洛梅对组织与家庭之间关系的研究令人担忧，但非常重要。

参考文献

ALFRED, T. M. (1967), 'Checkers or choice in manpower management', *Harvard Business Review*, January–February.

ARGYRIS, C. (1964), *Integrating the Individual and Organization*, Wiley.

BECKHARD, R. (1969), *Organization Development: Strategies and Models*, Addison-Wesley.

BERLEW, D., and HALL, D. (1966), 'The socialization of managers: the effects of expectations on performance', *Admin. Science Quarterly*, September.

BERRY, D. F. (1968), 'Applied research in motivation performance and assessment', Bath Conference.

BROWN, W. (1971), *Organization*, Heinemann.

BURKE, W. W. (1971), 'A comparison of management development and organization development', *Management Science*.

CAMPBELL, J. P., DUNNETTE, M. D., LAWLER, E. E., and WEIK, E. E. (1970), *Managerial Behaviour, Performance and Effectiveness*, McGraw-Hill.

CAPLAN, E. H. (1971), *Management Accounting and Behavioural Science*, Addison-Wesley.

DUEU, C. (1971), *Management Kinetics*, McGraw-Hill.

EVANS, P., and BARTOLOMÉ, F. (1980), *Must Success Cost So Much?*, Grant McIntyre.

FLAMHOLZ, E. (1971), 'Should your organization attempt to value its human resources?', *California Management Review*.

FORDYCE, J. K., and WEIL, R. (1971), *Managing with People*, Addison-Wesley.

HANDY, C. B. (1971), 'Exploding the myth of management education', *European Business*, Spring.

HEKIMIAN, J. S., and JONES, C. H. (1967), 'Put people on your balance sheet', *Harvard Business Review*, January–February.

HILL, P. (1971), *Towards a New Philosophy of Management*, Gower Press.

JACQUES, E. (1961), *Equitable Payment*, Wiley.

LEVINSON, H. (1970), 'A psychologist looks at executive development', in G. W. Dalton, P. R. Lawrence, and L. E. Greina, *Organizational Change and Development*, Irwin and Dorsey.

LIKERT, R. (1967), *The Human Organization: its Management and Value*, McGraw-Hill.

McFARLAND, D. E. (ed.), *Personnel Management Readings*, Penguin.

MARKWELL, D. S., and ROBERTS, T. J. (1970), *Organization of Management Development Programmes*, Gower Press.

MEYER, H. H., KAY, E., and FRENCH, J. R. P. jnr (1965), 'Split Roles in Performance Appraisal', *Harvard Business Review*, January–February.

MORRIS, J. (1971), 'Development management and management development', *Personnel Review*, December.

NICHOLS, R. G. (1967), 'Listening is good business', in Huneryager and Heckman, *Human Relations in Management*, Arnold.

OPSAHL, R. L., and DUNNETTE, M. D. (1966), 'The role of financial compensation in industrial motivation', *Psychological Bulletin*.

OUCHI, W. (1981), *Theory Z. How American Business can meet the Japanese Challenge*, Addison-Wesley.

PASCALE, R. T., and ATHOS, A. G. (1982), *The Art of Japanese Management*, Penguin.

PAUL, W. J., and ROBERTSON, K. B. (1970), *Job Enrichment and Employer Motivation*, Gower Press.

PETERS, T. J., and WATERMAN, R. H. (1982), *In Search of Excellence*, Harper & Row.

RACKHAM, N., HONEY, P., and COLBERT, M. (1971), *Developing Interactive Skills*, Wellens Publishing.

REVANS, R. G. (1971), *Developing Effective Managers*, Longman.

ROBBINS, S. P. (1978), *Personnel: The Management of Human Resource*, Prentice-Hall.

ROGERS, C. (1982), *A Social Psychology of Schooling*, Routledge & Kegan Paul.

SCHEIN, E. H. (1969), 'Management development as a process of influence', *Industrial Management Review*, May.

SCHEIN, E. H. (1980), *Organizational Psychology*, 3rd Edition, Prentice-Hall.

STEWART, A., and STEWART, V. (1981), *Tomorrow's Managers Today*, 2nd Edition, Institute of Personnel Management.

TOWNSEND, R. (1970), *Up the Organization*, Michael Joseph.

VETHER, E. (1968), *Manpower Forecasting*, Bureau of Industrial Relations, University of Michigan.

WHYTE, W. H. (1957), *The Organization Man*, Cape.

第 9 章 研究指南

9.1 引言

近十年来，关于组织结构的著述浩如烟海，本书难以在一个章节中覆盖所有细节，我将重点关注其中的关键原则和核心议题。任何读者若想进一步了解该议题，本书之外也有更多选择。

明茨伯格在《组织的结构》中，提出了一个令人印象深刻的新分析框架，并以此为基础进行了文献综述。由于该书篇幅较长，内容繁复，他又撰写了一个篇幅较短，但学术色彩浓厚的版本，即《五种结构》。蔡尔德的书更通俗易懂，但又不失权威性，书中列举了大量现实案例。加尔布雷思的《组织设计》（专门为管理者和员工撰写）也是如此。卡尔·韦克的作品充满洞察力，值得一读。

劳伦斯和洛希的经典著作《组织与环境》对我而言非常具有影响力，这一点在本书正文中就能看出来。他们因使用定性的、感性的衡量标准，而非硬性的、客观的衡量标准而饱受批评。蔡尔德对该问题的研究结果表明，环境并非总像劳伦斯和洛希所主张的那样具有因果关系。许多管理者认为组织结构与他们的工作内容及工作地点是无关的。因此，尽管时间使这些研究结论成为"真理"，但对其进行考察和反思至关重要。

萨德勒在自己的书中提供了一个很好的方法，来解决施行构思过程中遇到的实际问题，以及揭示在施行过程中妥协的必要性。

9.2 结构设计

在多项研究中，各种形式的"多样性"都被视为组织设计的决定因素。温肖尔主要关注组织设计的结构特征，但他清楚地阐述了结构与设计制定过程的范围之间的关系。他引用了其他学者的研究来支持其观点，特别是斯托普福德的研究。我不清楚有哪些学者强调了我所主张的连续统一体的另一极"统一性"。实际上,"统一性"这个词并不完全贴切,它带有一些不受欢迎的色彩。我也考虑过"一致性"和"规律性"这两个词,但它们同样无法完全传达所需的全部意义。同样地,我使用的"多样性"概念也比劳伦斯和洛希的"差异"更加广泛。每当社会科学家试图用日常用语来精确地描述组织或现实的某一特征时,就会面临这些语义困难。为解决这种困难,研究者发明新术语及其专属定义是可以理解的。遗憾的是,虽然这些术语的精确度有所提升,但对于非专业人士而言却不太容易使用。

加尔布雷思在 1973 年出版的书中对矩阵式组织及其特点和问题展开了详细讨论。他提出了一个有趣的观点,即将组织视为信息处理设备。该观点至今影响深远。

彼得斯和沃特曼在分析美国公司时,列举了大量多样性结构的案例。因为他们不愿承认自己"优秀"的公司存在任何问题,所以其关于多样性控制的论述并不那么具有说服力。彼得斯的新书相对而言更胜一筹。

汤普森的书是一部经典著作,虽然晦涩,但颇有助益。书中记录了成功的组织加强环境控制,特别是选择适当的"领域"进行控制的方式。

米尔斯提出的"集群组织"具有说服力,但并不适合所有组织。

9.3 多样性管理

康宁玻璃公司践行了劳伦斯和洛希的理论,从分析判断、以调查问卷开展调查和访谈到实施等各环节。他们在 1971 年 9 月向**美国心理学会**提交了一系列论文,详细介绍了这一实践。不过,本文仅引用了这一系列论文中的最后一篇,即汉德特关于项目团队的论文。

祖博夫探讨了计算机对工作和权力的潜在影响,并指出"自动化"和

"信息化"之间的重要区别，提供了宝贵的见解。

9.4　工作设计

工作丰富化，无论是通过数据反馈、社会技术干预还是工作再设计，都已经成为一个独立完整的行业。帕斯摩尔对该议题下为数不多的成果进行了出色的概述。蔡尔德也对该议题展开了深入的讨论。

9.4.3　参与

"参与"相关的文献基本上就是第 4 章（关于领导力）中列出的内容。坦南鲍姆和马萨里克在其文章中列举了实际问题，其文章更适用于管理者而非理论家。

9.4.4　授权

"授权"是从业者和撰稿人热衷的话题之一，但在很大程度上被研究人员所忽视，或是被置于诸如扩大工作或参与等其他议题的框架下。然而，根据我的经验，这是一个与众不同的议题，且是许多管理者面临的现实困境。德鲁克早在 1954 年就认识到了这一点，并提出了目标管理及其机制实施的最初构想。

9.4.5　自主工作组

特里斯特等人对达勒姆煤田的研究是讨论自主工作组价值的经典著作。希尔在书中简明扼要地回顾了这项研究以及其他塔维斯托克研究，介绍了他们在英国壳牌石油公司的工艺技术中创建这些小组的尝试。某种意义上，这些作者是管理哲学的先知。虽然在思想上与他们一致，但我认为有必要在本章中阐明成功的基本条件，这些条件的缺失导致失败，致使我们放弃尝试实施这些理念。

参考文献

BAVELAS, A., and STRAUSS, G. (1961), 'Group dynamics and inter-group relations', in W. G. Bennis (ed.), *The Planning of Change*, H. Holt.

CHILD, J. (1984), *Organizations*, Paul Chapman.

FOY, N. (1980), *The Yin and Yang of Organizations*, Grant McIntyre.

GALBRAITH, J. R. (1973), *Designing Complex Organizations*, Addison-Wesley.

GALBRAITH, J. R. (1977), *Organization Design*, Addison-Wesley.

HARRISON, R., 'Effective organization for start-up', unpublished paper.

HILL, P. (1971), *Towards a New Philosophy of Management*, Gower Press.

HUNDERT, A. T. (1971), 'Problems and prospect for project teams in a large bureaucracy', paper presented to *Am. Psych. Assoc.*, 3 September.

LAWRENCE, P. R., and LORSCH, J. W. (1967), *Organization and Environment*, Harvard University Press.

MARCH, J. G. (1980), 'The Technology of Foolishness', in Leavitt, H., *et al.*, *Readings in Managerial Psychology*, 3rd Edition, University of Chicago Press.

MILLS, D. Q. (1991), *Rebirth of the Corporation*, Wiley.

MINTZBERG, H. (1979), *The Structuring of Organizations*, Prentice-Hall.

MINTZBERG, H. (1983), *Structure in Fives*, Prentice-Hall.

NYSTROM, P. C., and STARBUCK, W. H. (1981), *Handbook of Organization Design*, Oxford University Press.

PASMORE, W. A. (1984), 'Turning People on to Work', in Kolb, D. A., *et al.* (ed.), *Organizational Psychology*, Prentice-Hall.

PAUL, W. J., and ROBERTSON, K. B. (1970), *Job Enrichment and Employee Motivation*, Gower Press.

PETERS, T. J. (1992), *Beyond Hierarchy*, Alfred Knopf.

PETERS, T. J., and WATERMAN, R. H. (1982), *In Search of Excellence*, Harper & Row.

SADLER, P. (1971), 'Designing an organization structure', *International Management Review*.

SCHEIN, E. H. (1980), *Organizational Psychology*, 3rd Edition, Prentice-Hall.

STOPFORD, J. M., 'Growth and organizational change in the multinational firm', unpublished doctoral dissertation.

TANNENBAUM, R., and MASSARYK, F. (1950), 'Participation by subordinates in the managerial decision-making process', *Canadian Journal of Economics and Political Science*, August.

THOMPSON, J. D. (1967), *Organizations in Action*, McGraw-Hill.

TRIST, E. L., HIGGIN, G. W., MURRAY, H., and POLLOCK, A. B. (1963), *Organizational Choice*, Tavistock.

WEICK, K. (1979), *The Social Psychology of Organizing*, Addison-Wesley.

WEINSHALL, T. D. (1970), *Applications of Two Conceptual Schemes of Organization Behaviour, in Case Study and General Organizational Research*, Ashridge.

ZUBOFF, S. (1989), *In the Age of the Smart Machine*, Heinemann.

第 10 章　研究指南

关于组织政治的著作越来越多。我对此持欢迎态度，这表明学术界越来越关注组织的实际运作方式，而不是如果组织更加合乎逻辑、理性，它们可能会如何运作。明茨伯格的《组织里和组织周围的权力》是这些著作中最全面的一部，该书试图建立一个包罗万象的分析框架，具有极强洞察力，但对非专业人士而言过于详细和复杂。普费弗的《权力》稍微简单一些，该书同样是基于美国的研究，因此受到美国文化环境的影响。卡卡巴德斯的著作更具规范性、趣闻性和英国特色。福伊从外部审视组织的做法颇为离经叛道。可以预见的是，有关这一议题的书籍将在未来十年中越来越多。

"差异管理"是麦格雷戈《专业管理者》一书中最后一章的标题，简要概括了全书主题。据编辑所言，麦格雷戈去世时，这一主题已开始占据其思想的主导地位。施密特和坦南鲍姆探讨了管理个体差异或争议的方式，其中许多观点也适用于群体。赛尔斯在其关于管理行为的书中充分解析了横向关系。他识别的角色比我在本章中提出的更多，但其中许多似乎有所重叠。达顿和沃尔顿回顾了既有文献，并对组织冲突进行分析。道尔顿的《管理者》逐一描述了两个组织间的冲突和分歧。他的描述性材料比概念性分析更丰富、更有价值。赛尔特和马奇的《公司行为理论》与该议题密切相关，但我不太喜欢其中对组织及其构成部分的论述，因为它过于理性了。卡普洛列举了大量国际和国家事务而非组织事务的案例，其中有很长一章是关于冲突的，并提出了一些有用的概念。托马斯和本尼斯的《变革与冲突》是一本实用的汇编。阿德里的《地域法则》和马基亚维利的《君主论》则属于不同类型。这两部作品展现了跨越不同地域的独特类比和平行对照。虽然它们无法提供组织领域精确的、确凿的定理，但如果我们像追求科学证据一样追求洞察力，就不应错过这两位作者的作品。

权力交换理论具有重要的学理价值，但终究不够充分。彼得·布劳对此进行了详细阐述。安德鲁·佩蒂格鲁基于现实，侧重于探究专家与部门主管之间的政治关系，此项工作非常具有启发性。克罗齐耶的《官僚现象》是对组织中的权力关系进行实地研究的最佳著作之一。其他相关研究大多涉及医院和监狱等政治问题更为明显的地方。安塞尔姆·施特劳斯对精神健康领域各群体之间关系的研究颇有见地。

10.1　引言

雷克汉姆等人在他们1971年编写的书中引用了一项他们的调查，该调查考察了一系列英国经理人对关键问题事件的感知，来解释互动技能的重要性。冲突感知的百分比取自阿吉里斯的一项研究，他最近在《干预理论与方法》一书中引用并评估了该研究。

10.2　竞争

本节大部分论述都是以施密特和坦南鲍姆的《差异管理》为基础的。这本书富有洞察力和实用性，主要涉及如何解决个体之间的特定争端。

组织**内部**竞争这一议题尚未得到充分的讨论。扎莱兹尼克的文章是为数不多的论述该问题的文章之一。他区分了联盟与勾结，并列举了几个支持性案例。但他对竞争可能产生的有益影响的分析通常都是用一段话总结，并将其作为冲突问题的导言。鉴于组织间竞争是资本主义的一个基本信条，我认为此种处理方式对组织内部竞争这一议题来说是不公平的。

当然，有关"攻击性"的文献非常丰富，对于攻击性是先天形成还是后天形成的争论也不计其数。阿德里对该问题的研究可读性强，但具有争议性。正如我在本章中所说，组织学的学生需要认识到：无论攻击性是如何形成的，人类确实具有这种倾向。

10.3 冲突

达顿和沃尔顿确定了冲突的九个前因——相互依赖、不对称性、奖励、组织差异、角色不满、模糊性、共同资源、沟通障碍。这些通常是冲突的结果而非原因，但它们很好地整合了有关冲突的各种研究。

施特劳斯对采购代理角色的详尽分析是一个研究范例，说明了许多冲突的原因和表现。塞勒对相对地位排名的研究、劳伦斯和洛希对相关行业中有效公司的比较也是如此。

专栏中列举了阿德里的一些观点。安东尼·杰伊和罗伯特·海勒等人近期提出，可以在组织竞赛中使用流行的人类学和动物学概念（如《赤裸的经理人》）。但据我所知，还没有人尝试过将阿德里的概念系统地应用到组织中。我发现，"领地"这一隐喻及其背后的假设为组织分析提供了许多启示。

10.4 冲突的策略

佩蒂格鲁的论文详细介绍了如何利用信息控制为企业的投资决策提供特定的解决方案。这并不涉及决策的对错，而是运用信息这一权力资源来获取决策。

卡卡巴德斯对不同文化下冲突处理方式的研究意义重大。他提出的四种文化类型与第 7 章中讨论的文化类型有很多共同之处。克里宾在其讨论领导力的著作中列出了一份实用的冲突策略清单，比我列出的清单更为详细。

10.5 冲突管理策略

达顿和沃尔顿针对两个风格迥异的部门，对其冲突与合作开展了极具启发性的研究。他们观察入微，并从中得出了有趣的结论，大部分结论都在本章中有所体现。

沙因在讨论过程咨询时，很好地记录了群体冲突涉及的内容。基于特定策略，他设计了一整套干预方法。阿吉里斯在《介入理论与方法》一书中深入探讨了该方法的概念基础和实际应用。虽然此策略在理论上合乎情理，但在实际应用中却往往不加区分。若冲突的根源在于目标或领地的分配，那么增进冲突群体间的理解与沟通，或许能有助于消除对彼此的偏见。然而在现实中，这种做法往往只是掩盖了更深层次的裂痕。

哈里森的"角色协商"是切实可行的方法，可以消除冲突中一些不必要的愤怒，使冲突变得可控。这种方法尤其适用于小群体中的个体，也可用于群体间情境。他在为《欧洲商业》撰写的一篇论文中对此进行了分析。

组织发展的核心历来都是聚焦于优化群体间及其内部的互动过程。但我们有时忽视了组织的政治现实，没有深入探寻原因，仅仅停留于冲突表象的处理，这往往使我们的努力被贴上"无效"的标签。

10.6　引导变革

变革是时代的主题之一。关于变革的规范性和描述性研究浩如烟海。但多数著作因过于叙事化且概念不够清晰而价值有限。不过坎特撰写的可读性强且发人深省的著作是个例外。她在书中探讨了所谓的"后创业"管理。帕斯卡尔分析美国和日本的大型汽车公司的著作同样值得阅读。西方世界花了很长时间才认识到戴明博士不断追求质量的哲学——一旦认识到这一点，他的观点便不会被遗忘，请参考戴明的原著或学生们对他的看法。斯图尔特的书的副标题很贴切，"如何夺回权力并解放组织"。该书主要基于英国的案例，既易于阅读又实用。

参考文献

AGUAYO, R. (1990), *Dr Deming*, Mercury.
ARDREY, R. (1967), *The Territorial Imperative*, Collins.

ARGYRIS, C. (1970), *Intervention Theory and Method*, Addison-Wesley.

BLAU, P. M. (1964), *Exchange and Power in Social Life*, Wiley.

CAPLOW, T. (1964), *Principles of Organization*, Harcourt, Brace.

CRIBBIN, J. J. (1981), *Leadership – Strategies for Organizational Effectiveness*, Amacom.

CROZIER, M. (1964), *The Bureaucratic Phenomenon*, Tavistock.

CYERT, R. M., and MARCH, J. G. (1963), *A Behavioural Theory of the Firm*, Prentice-Hall.

DALTON, M. (1959), *Men Who Manage*, Wiley.

DEMING, W. E. (1986), *Out of the Crisis*, Cambridge.

DEUTSCH, M. (1969), 'Conflicts: productive and destructive', *Journal of Social Issues*.

DUTTON, J. M., and WALTON, R. E. (1962), 'Interdepartmental conflict and co-operation: two contrasting studies', *Human Organizations* 20.

DUTTON, J. M., and WALTON, R. E. (1969), 'The management of interdepartmental conflict', *Admin. Science Quarterly*, March.

FOY, N. (1981), *The Yin and Yang of Organizations*, Grant McIntyre.

HARRISON, R. (1972), 'When power conflicts trigger team spirit', *European Business*, Spring.

KAKABADSE, A. (1983), *The Politics of Management*, Gower.

KANTER, R. M. (1989), *When Giants Learn to Dance*, Simon & Schuster.

LAWRENCE, P. R., and LORSCH, J. W. (1967), *Organization and Environment*, Harvard University Press.

McGREGOR, D. (1967), *The Professional Manager* (ed. W. E. Bennet and C. McGregor), McGraw-Hill.

MACHIAVELLI, N. (1967), *The Prince* (trans. G. Bull), Penguin.

MINTZBERG, H. (1983), *Power In and Around Organizations*, Prentice-Hall.

PASCALE, R. T. (1990), *Managing on the Edge*, Viking.

PETTIGREW, A. M. (1973), 'Information control as a power resource', *Sociology*, May.

PETTIGREW, A. M. (1973), *The Politics of Organizational Decision-Making*, Tavistock.

PFEFFER, J. (1981), *Power in Organizations*, Pitman.

RACKHAM, N., HONEY, P., and COLBERT, M. (1971), *Developing Interactive Skills*, Wellens Publishing.

SAYLES, L. (1964), *Managerial Behaviour*, McGraw-Hill.

SCHEIN, E. H. (1969), *Process Consultation*, Addison-Wesley.

SCHMIDT, W., and TANNENBAUM, R. (1960), 'The management of differences', *Harvard Business Review*, November–December.

SEILER, J. A. (1963), 'Diagnosing inter-departmental conflict', *Harvard Business Review*, September–October.

STEWART, V. (1990), *The David Solution*, Gower.

STRAUSS, A., *et al.* (1964), *Psychiatric Ideologies and Institutions*, Glencoe, Ill., Free Press.

STRAUSS, C. (1962), 'Tactics of lateral relationship: the purchasing agent', *Admin. Science Quarterly*, vol. 7.

THOMAS, J. M., and BENNIS, W. G. (1972), *Management of Change and Conflict*, Penguin.

ZALEZNIK, A. (1970), 'Power and politics in organizational life', *Harvard Business Review*, May–June.

第 11 章　研究指南

11.1　引言

本章略有不同，减少了对他人研究成果的分析，增加了有关管理者角色的问题与困境的推断。很多关于组织的图书面向的是研究者，但本书是为在组织中工作和管理组织的人所写，旨在帮助他们更好地理解组织。因此，本章旨在为本书其余部分的分析提供某种研究视角。

11.2　管理者的工作

关于管理者工作的研究较为丰富。明茨伯格通过观察五位首席执行官的行为，产生了其最具影响力的研究成果。相较而言，其他人的工作可能没那么复杂，也没那么有趣。斯图尔特的研究则是基于更广泛的英国管理者样本，主要是基层或中层管理者。斯隆对管理通用汽车公司的论述，反映出其对管理者工作方式的另一种研究路径。这个故事之所以引人入胜，部分原因在于他五十多年前的组织思想就已经非常清晰。麦考比对领导者行为的研究，为理解不同管理者的角色分工提供了一些很好的启发。

11.3　作为全能管理者

彼得斯和沃特曼，以及帕斯卡尔的著作中都有"7 个 S"清单。这个理论看似很简单，但每当需要改变现状时，它总能中肯地提醒我们组织的复杂性。

11.4　管理困境

托夫勒的《未来的冲击》及其后续著作《第三次浪潮》记录了大量趣

闻轶事，并以此对未来进行了展望。其中一些内容已经与我们息息相关。

11.5 作为个体的管理者

埃文斯和巴托洛梅对成功管理者及其妻子进行访谈，这种研究尤为有趣。坎特著作的最后一部分既有现实意义，又切中要害。另外，我自己的书也对此进行了探讨。关于自我发展的其他研究，可以阅读迈克·伍兹的小型实用书籍。

参考文献

EVANS, P., and BARTOLOMÉ, F. (1980), *Must Success Cost So Much?*, Grant McIntyre.

HANDY, C. (1989), *The Age of Unreason*, Business Books.

KANTER, R. M. (1989), *When Giants Learn to Dance*, Simon & Schuster.

LEAVITT, H. J. (1965), 'Applied Organizational Change in Industry', in March, J. G. (ed.), *Handbook of Organizations*, Rand McNally.

MACCOBY, M. (1981), *The Leader*, Simon & Schuster.

MINTZBERG, H. (1973), *The Nature of Managerial Work*, Harper & Row.

PASCALE, R. T. (1990), *Managing on the Edge*, Viking.

PETERS, T. J. and WATERMAN, R. H. (1982), *In Search of Excellence*, Harper & Row.

SLOAN, A. P. (1954), *My Years with General Motors*, Doubleday.

STEWART, R. (1983), *Choices for the Manager*, McGraw-Hill.

TOFFLER, A. (1970), *Future Shock*, Bodley Head.

WOODS, M. (1988), *The New Manager*, Element Books.

第 12 章　研究指南

12.1　引言

　　若想展望组织的未来，必须查阅关于社会未来可能性的文献。该议题框架下的文献丰富，更新迭代的速度非常快。大卫·贝尔关于后工业社会的论述至今仍有现实意义。詹姆斯·罗伯逊在其最新著作中主张建立一个更为乐观，并处于稳态的世界。尽管也许这一主张难以被所有人接受，但他在《理智的选择》一书中回顾了其他可能的图景，从而提供了一份实用的清单。美国的海泽尔·亨德森提出了类似观点。希金斯则主张更具灾难性的观点，认为未来是一系列灾难场景的集合，而我们只能艰难地躲避这些灾难。赫希的观点与此不同，他认为唯物主义具有内在局限性，这种局限性更多的是社会性的，而非物质性的。虽然他的论证并不全面，但提出了一些有趣的观点。托夫勒和奈斯比特是两位最具可读性的未来学家。他们都假设西方国家正在脱离大型分层组织和唯物主义价值观，但他们可能夸大了此种情况发生的速度。在英国撰文的作家金斯曼也对这套新价值观持乐观态度。彼得·德鲁克一如既往地发人深省、实事求是。

12.2　变化的假设

　　舒马赫的《小即是美》一书广为人知。然而，他的影响力主要归功于他晚年的演讲和在小型期刊上发表的文章。这些内容在他去世后出版的两部作品中都没有得到充分体现。

　　库恩的"范式"概念非常重要，这在他的书中有所阐述。

　　埃里奥特·雅克在一部重要著作《官僚主义通论》中总结了其在组织方面的工作。这是一本严肃读物，但对于任何想全面了解雅克观点的人来说都值得一读。

12.3　未来的线索

关于未来组织形态的论述非常匮乏。人们普遍假设，组织将维持旧有的形态，仅为应对更复杂多变的环境压力而稍做调整。针对该议题，明茨伯格的著作以《**管理政策理论**》为总标题（第一卷《**组织结构**》于 1979 年出版），提出了一系列中肯的建议，这些建议可能是最有用的。林德布洛姆近期出版的关于政治与市场的著作，对组织在现代社会中的生存能力进行了考察。尽管未进行详细阐述，但其对组织研究的影响深远。

另一种研究趋势是关注组织的政治性质，将组织视为微型国家。正如第 8 章所述，这是一个早就值得关注的问题，但目前还没有达到所需的面向未来的程度。威廉森这部艰涩的《**市场与等级制度**》是阐释这种研究趋势的重要著作。

大卫·贝尔假设我们正在进入服务型社会。乔纳森·格舒尼通过对后工业社会的研究，回应了贝尔的该假设，其观点对组织而言具有重要意义。

弗雷德·赫希关于社会增长极限的讨论是一个有趣的推测，需要更多的思考。

牛津大学罗斯金学院院长约翰·休斯提出了角色理论的观点并做了相关研究。

12.4　可能性和问题

我在《**管理之神**》和《**非理时代**》两部著作中对上述观点进行了更深入的阐述。书中提出，若要避免社会分崩离析，就必须在组织理解自身职责的方式上发生重大变革。

联邦主义是一个鲜为人知的概念。德里克·希恩在一本小册子中对该概念进行了详尽的阐述。不出所料的话，新欧洲正在向每个人传授有关联邦主义的知识。

参考文献

BELL, D. (1974), *The Coming of Post-Industrial Society*, Heinemann.

DRUCKER, P. (1989), *The New Realities*, Heinemann.

GERSHUNY, J. (1979), *After Industrial Society*, Macmillan.

GERSHUNY, J. (1984), *Social Innovation and the Division of Labour*, Oxford University Press.

HANDY, C. B. (1989), *The Age of Unreason*, Business Books.

HANDY, C. B. (1991), *Gods of Management*, Business Books.

HENDERSON, H. (1979), *Creating Alternative Futures*, Berkeley Publishing Corp.

HIGGINS, R. (1978), *The Seventh Enemy*, Hodder & Stoughton.

HIRSCH, F. (1977), *The Social Limits to Growth*, Routledge & Kegan Paul.

JAQUES, E. (1976), *A General Theory of Bureaucracy*, Heinemann.

KANTER, R. H. (1989), *When Giants Learn to Dance*, Simon & Schuster.

KINSMAN, F. (1991), *Millennium*, Penguin.

KUHN, T. S. (1962), *The Structure of Scientific Revolutions*, University of Chicago Press.

LINDBLOM, C. E. (1977), *Politics and Markets*, Basic Books Inc.

MINTZBERG, H. (1989), *Mintzberg on Management*, The Free Press.

NAISBITT, J. (1990), *Megatrends 2000*, Sidgwick & Jackson.

NAISBITT, J. (1983), *Megatrends*, Warner.

ROBERTSON, J. (1978), *The Sane Alternative*, Robertson.

SCHUMACHER, E. F. (1973), *Small is Beautiful*, Blond & Briggs.

SCHUMACHER, E. F. (1977), *A Guide for the Perplexed*, Cape.

SCHUMACHER, E. F., and GILLINGHAM, P. N. (1977), *Good Work*, Cape.

SHEANE, D. (1976), *Beyond Bureaucracy*, Management Research.

TOFFLER, A. (1981), *The Third Wave*, Pan.

WILLIAMSON, O. E. (1975), *Markets and Hierarchies: Analysis and Antitrust Implications*, The Free Press.

致谢

R. Ardrey, *The Territorial Imperative*, 1967: Collins, Publishers/Atheneum Press, New York

C. Argyris, *Personality and Organization*, 1948: Chapman and Hall Ltd

R. Blake and J. Mouton, 'The Management Grid', *Advanced Management Journal*: The Society for Advancement of Management, New York

E. H. Caplan, *Management Accounting and Behavioral Science*, 1971: Addison-Wesley, Massachusetts

N. Dornbusch, *The Military Academy as an Assimilating Institution*, 1953: University of North Carolina Press

P. F. Drucker, *The Practice of Management*, 1954: Harper & Row, New York

J. M. Dutton and R. E. Walton, *Interdepartmental Conflict and Co-operation: Two Contrasting Studies*, 1966: The Society for Applied Anthropology, Washington, D. C.

H. Garfinkel, *Studies in Ethnomethodology*, 1967: Prentice-Hall Inc., Englewood Cliffs, New Jersey, USA

D. Hargreaves, *Social Relations in a Secondary School*, 1967: Routledge & Kegan Paul/Humanities Press, New York

R. Harrison, *What Kind of Organization?*: Development Research Associates Kelly, 'The Organizational Concept of Leadership', 1970: *International Management*

F. Landis, *What Makes Technical Men Happy and Productive?*, 1971: American Society of Mechanical Engineers

P. R. Lawrence and J. W. Lorsch, 'Distribution of Influence in Two Organisations', 1967: *Organisation & Environment*, Harvard

R. Likert, *New Patterns of Management*, 1961: McGraw-Hill, New York

D. Miller, *Using Behavioral Science to Solve Organization Problems*, 1968: International Personnel Management Association

R. L. Peabody, 'Perceptions of Organizational Authority: A Comparative Analysis', *Administrative Science Quarterly*, 1962: Cornell University, USA

M. Sherif and C. W. Sherif, *An Outline of Social Psychology*, 1956: Harper & Row, New York

A. J. M. Sykes and J. Bates, 'A study of conflict between formal company policy and the interest of informed groups', *Sociological Review*, 1962: *Sociological Review*, University of Keele

R. Tannenbaum, I. R Weschler and F. Massaryk, *Leadership and Organisation*, 1961: McGraw-Hill, New York

T. D. Weinshall, *Applications of Two Conceptual Schemes of Organizational Behaviour in Case Study and General Organizational Research*, 1971: Ashridge Management College, Herts.

译者后记
Postscript

　　受邀翻译《理解组织》之时，适逢我结束海外合作研究工作并回到国内。对中国企业组织的认识源于 30 年前，这 30 年间，我探索中国央企（国企）治理制度和政策的设计与制定，致力于现代企业制度的实践推进，并深入开展了中国上市公司治理评价的研究。在此过程中，中外组织的发展变迁和颠覆式创新常令我惊叹不已。此次翻译《理解组织》的旅程，宛如为我开启了一扇通晓之门，使我得以拨开迷雾，解开困惑，深入洞悉组织建设与发展的哲学逻辑。对读者而言，阅读这部作品不仅是对组织理论框架的探寻，更是一次融合自身经验与组织环境的深刻反思之旅，将成为组织研究者与管理者的一段启迪心智的奇妙旅程。

　　《理解组织》以多维度视角剖析组织理论，帮助管理者深刻领悟到组织的本质是"由人组成的微观社会"。因此，理解个体和组织文化的复杂性，探究组织、个体及社会之间的内在联系，是重新认识组织本质与管理复杂性的关键所在。书中通过动机、角色感知、领导力、权力和影响力、群体有效性、组织文化、人才管理、组织工作设计、政治与变革、管理者角色及组织未来等多重视角，构建了一个系统而全面的理论框架，为管理者在纷繁复杂的组织理论中寻找方向，提供选择的路径。

　　《理解组织》将组织有效性等复杂特征归因于诸多变量的相互作用。管理和组织理论作为解释性框架，要求管理者将自身的直觉、假设、信念融入理论体系，从而提升问题诊断与决策的能力。其中，"动机计算"作为整个决策过程的核心，其机制深植于个体与群体之间的心理契约中。动机理论揭示了个体决策行为的内在逻辑，而角色理论则将个体研究与组织线索有机融合。

在组织理论的探讨中，领导力研究与应用无疑是另一个重要里程碑。群体有效性的核心常依赖于群体领导力的有效发挥。权力和影响力不仅构成了组织运作的基石，更是复杂精妙互动关系的关键纽带。而群体有效性则深受组织文化、领导风格与结构等环境因素的影响。书中清晰区分了竞争与冲突的本质差异，强调管理者应将多样化的意见引导为变革的动力，从而推动组织的可持续发展。同时，管理者在组织中扮演着从人际互动到信息处理，再到决策制定等多重角色。这种角色的多样性赋予了管理策略和风格以灵活性，使管理者能够在复杂环境中有效平衡角色需求，适应变化，并做出高效决策。

此外，书中深入探讨了新技术与新价值观所带来的范式转移，诸如通信革命、以费用而非工资计酬、工具而非机器的应用、质量经济学等新模式，为组织思维的革新勾勒出全新的蓝图。同时，生命周期规律，这一源自自然界、社会与人类生存的古老法则，揭示了组织生存与发展的内在奥秘。

《理解组织》由我和王泽瑶翻译。在翻译过程中，我得到了南开大学中国公司治理研究院、南开大学商学院、南开大学经济金融学院、哈佛大学法学院经济中心、北京大学新结构经济学研究院等多位学者的宝贵建议。本人获得国家自然科学基金"公司治理中高管层决策神经机制与治理评价研究"（71172216）、天津市哲学社会科学规划课题重点项目（TJGL19-008）、教育部社会科学研究规划基金（07JA630073）、中国博士后科学基金面上及特别课题（2012T50023）、哈佛大学和美国国家经济研究局（NBER）合作研究课题（CSC201208120037）的支持。翻译《理解组织》的过程，是一场与原书充满乐趣与智慧的对话。书中引经据典，语言兼具哲学思辨与艺术表达的优雅，让人受益匪浅。回溯历史，我们不难发现，每一次组织理论的演进都承载着对社会变革的深远影响，蕴含着颠覆式创新的力量。这份深远的影响与启示，正是《理解组织》恒久魅力的源泉所在。

张国萍

中国管理现代化研究会公司治理专业委员会秘书长

南开大学央视指数研究创新中心执行主任

2024 年 12 月

包政30年研究经验集中分享

打通分工与组织的关系,帮助企业完成思考,学会构建中国人自己的商业理论。

管理的本质（珍藏版）
ISBN：978-7-111-74341-5

企业的本质（珍藏版）
ISBN：978-7-111-74336-1

营销的本质（白金版）
ISBN：978-7-111-74402-3

未来管理的挑战（珍藏版）
ISBN：978-7-111-74399-6

卓有成效的经理人
ISBN：978-7-111-77725-0

通用汽车总裁斯隆一生的管理经验。
德鲁克、比尔·盖茨、克里斯蒂·麦克唐纳、包政推荐。

经理人的工作：向斯隆学管理
ISBN：978-7-111-75450-3

我在通用汽车的岁月
ISBN：978-7-111-67511-2

查尔斯 · 汉迪管理经典

当代极具创见的组织行为大师
管理哲学之父 新秩序的预言家 伦敦商学院创始人
查尔斯 · 汉迪
解答"组织和个人如何可持续发展"的问题

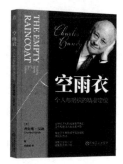

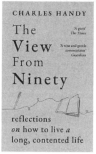

汉迪生前最后一本书
预计2026年1月出版